高等院校财政金融专业应用型教材

投资银行理论与案例

李凤云　主　编

崔　博　副主编

清华大学出版社

北　京

内容简介

本书首先介绍投资银行的基本概念和组织架构，对投资银行的核心——价值评估、投资分析的理论和方法作了重点介绍；在此基础上，再介绍投资银行的传统业务——证券的发行与承销、证券交易、企业并购，以及投资银行的创新性业务——私募股权投资、资产证券化、项目融资、金融工程、投资管理；最后，介绍投资银行的风险管理与监管的理论与方法。

为便于学习和掌握，本书在编写过程中注重引发学习兴趣，突出实践环节，强化学习效果。章前配有本章精粹、章前导读、核心概念，章中配有材料解析、案例分析，章后配有本章小结、典型案例及多种习题。

本书可作为金融、投资、理财等专业的大学本科生和研究生的教材，还可以作为投资银行从业人员的培训资料，也可供一般读者使用。

本书封面贴有清华大学出版社防伪标签，无标签者不得销售。
版权所有，侵权必究。侵权举报电话：010-62782989 13701121933

图书在版编目(CIP)数据

投资银行理论与案例/李凤云主编；崔博副主编. --北京：清华大学出版社，2011.4（2020.1重印）
(高等院校财政金融专业应用型教材)
ISBN 978-7-302-24964-1

Ⅰ.①投… Ⅱ.①李… ②崔… Ⅲ.①投资银行—高等学校—教材 Ⅳ.①F830.33

中国版本图书馆 CIP 数据核字(2011)第 023748 号

责任编辑：张丽娜
装帧设计：杨玉兰
责任校对：周剑云
责任印制：刘祎淼
出版发行：清华大学出版社　　地　址：北京清华大学学研大厦 A 座
http://www.tup.com.cn　　邮　编：100084
社 总 机：010-62770175　　邮　购：010-62786544
投稿与读者服务：010-62776969, c-service@tup.tsinghua.edu.cn
质量反馈：010-62772015, zhiliang@tup.tsinghua.edu.cn
印 刷 者：北京富博印刷有限公司
装 订 者：北京市密云县京文制本装订厂
经　销：全国新华书店
开　本：185mm×260mm　　印　张：25.5　　字　数：616 千字
版　次：2011 年 4 月第 1 版　　印　次：2020 年 1 月第 9 次印刷
定　价：46.00 元

产品编号：034757-01

前言

一个发达的市场经济必须有发达的资本市场，而投资银行是资本市场的核心与灵魂。虽然2008年发生的金融危机导致了华尔街前五大投资银行或破产被收购或转型为银行控股公司，但是投资银行作为金融体系中为直接融资提供中介服务的机构，仍然具有强大的生命力。中国经济的发展同样离不开资本市场的强大、投资银行业的繁荣，而投资银行业的繁荣必将带来对投资银行业人才的需求。为此，本书从培养投资银行理论与实践相结合的人才角度出发，全面地介绍了投资银行的基本理论、基本业务以及业务发展的趋势。

本书具有以下特色。

首先，在结构安排上，突出了投资银行家的核心技能——公司价值评估。本书特请有多年投资银行经验的从业人员用较大篇幅介绍了价值评估的基本理论和方法，并运用从实践中总结出的案例来说明估值方法的应用，而且还包括业内的经验方法及估值参数，具有很强的实践价值。

其次，结合投资银行学研究的最新成果，以及投资银行领域业务的新进展和新趋势，在内容体系上既涵盖了对投资银行传统业务的深入分析，又包括了对创新性业务的详细介绍。特别是在私募股权投资、投资管理等方面有所拓展。

再次，结构新颖、内容丰富。教材的每章都通过案例引入提高读者的阅读兴趣；每章都列有核心概念归纳，便于读者掌握核心内容；每章都配有相关的材料解析，帮助读者了解相关背景知识；每章都配有案例分析，帮助读者更进一步理论联系实际；每章都配有各式练习题，帮助读者巩固所学知识。

最后，本书还具有模块化的特点，教师可以根据授课时数选择或组合安排授课内容。

全书共分为十五章，分为四个部分。第一部分为第一章和第二章，主要介绍了投资银行的基本概念、基本业务及演进趋势，投资银行的组织结构、投资银行业的职业路径，投资银行家的素质与招聘等。第三章至第六章为投资银行业务的理论基础部分，详细地介绍了价值评估的方法以及证券投资分析的方法。第七章至第十四章为投资银行的实务部分，这部分既包括投资银行的传统业务——承销、交易、并购等，也包括投资银行的创新性业务——私募股权投资、资产证券化、项目融资、金融工程、投资管理等。第十五章详细地讨论了投资银行的风险管理与监管。

在本书的撰写过程中，就写作大纲、内容安排与崔博先生、谢学军先生进行过多次探讨。崔博现任中航证券有限公司总裁助理，曾经先后任职于德勤会计师事务所审计部，中国国际金融有限公司投行部、国信证券股份有限公司投行部，有多年的投资银行从业经验。谢学军现为南方基金管理有限公司研究部执行总监，在海外有多年的金融业从业经历，对华尔街的运作非常熟悉。他们对本书的内容、结构安排给出了很多有益的建议。

本书由李凤云主编，崔博为副主编。具体分工为：中国人民大学的李凤云撰写了第一章、第二章、第七章至第十章及第十二章；中航证券的崔博撰写了第三章至第五章；深交所的李靖宇撰写了第六章、第十三章；中国工商银行总行投资银行部的谢刚博士撰写了第十一章；中国人民大学的郭堃撰写了第十五章。

在本书第十四章的撰写过程中，谢学军先生提出了大纲，对撰写后的初稿提出了诸多修改建议，并亲自做了很多修改。南方基金管理有限公司的孙仁海先生提供了南方基金的相关案例。荷兰廷伯根学院的王童为本书撰写了关于高盛、中信证券和长期资本管理公司(LTCM)的案例。王本林、邓明军、孙彬、张辉、兴开楠同学协助编写了相关的案例与习题。全书由李凤云通读定稿。

在本书的写作过程中，天津商业大学的李妍同学帮助做了很多繁琐的资料整理、图表绘制及排版工作。

尽管我们在本书的写作过程中付出了很多努力，但由于时间紧迫和水平有限，书中还存在着诸多的遗憾，也可能存在未及发现的错误，恳请读者批评指正。

编　者

目　录

第一章　投资银行概述

【本章精粹】

- 投资银行的基本概念
- 投资银行的基本业务
- 投资银行的历史与发展

【章前导读】

美林证券成立于 1885 年，是全世界最大的全球性综合投资银行之一。美林公司的业务涵盖了投资银行的所有方面，包括债券及股票的承销、二级市场经纪及自营业务、资产管理、投融资咨询及财务顾问。自 1988 年起，美林连续 10 年成为全球最大的债券及股票承销商。美林集团在纽约交易所、伦敦交易所和其他许多股票交易市场的股票交易额均名列首位。

美林集团拥有阵容强大、范围全面的调研分析队伍，是全球拥有最强研究实力的投资银行之一。1997 年 11 月 24 日，美林集团以 53 亿美元收购英国水星资产管理公司，使美林资产管理公司成为全球最大的资产管理机构之一，兼并后所管理的资产已超过 5000 亿美元。1998 年 2 月，它收购了日本山一证券公司在日本的大部分业务，并据此建立了美林日本证券公司。

2008 年，受次贷危机拖累，美林证券蒙受了超过 500 亿美元的损失以及资产减计。2008 年 9 月，公司决定接受美国银行提出的竞购请求，以避免面临破产的命运。美国银行对外界宣布于 2009 年 1 月 1 日完成对美林公司的 330 亿美元的收购。于此，美林证券作为独立投资银行画上了句号。美国银行将拥有全球最大规模的财富管理业务，拥有大约 20 000 名金融顾问以及超过 2 万亿美元的客户资产。美国银行与美林的合并也加强了在债券和股票承销、销售和交易以及并购咨询领域的实力，同时创造出加深与全球企业及机构客户关系的重大机会。

那么，投资银行到底从事哪些业务？作为全球顶尖投资银行的美林为什么会被收购，从而失去其独立投资银行的地位？美国银行作为银行控股公司，其从事投资银行业务的优势是什么？

(资料来源：根据下列资料整理：美林证券. 百度百科；美国银行 330 亿美元收购美林证券收官. 网易财经，2009-1-1；美国银行 1 日完成收购美林缔造第一大金融服务品牌. 世华财讯，2009-1-2)

【核心概念】

投资银行　证券承销　证券交易　企业并购　投资管理　私募股权投资　资产证券化　项目融资　金融创新　分业经营　混业经营

第一节　投资银行的基本概念

“投资银行”(Investment Bank)，很多人按照其字面含义将其理解为从事投资业务的银行，或者是从事投资业务的金融机构，其实，投资银行不是本源意义上的银行，它也不仅仅从事投资业务。投资银行涉及的业务领域相当广泛，和传统从事存贷款业务以赚取利差的商业银行完全不同。

一、投资银行概念的界定

投资银行的名称源自美国，它是 20 世纪 30 年代从商业银行中分离出来的一类金融机构，它并不从事任何传统银行业务，而是以经营证券业务为主业。人们一般将投资银行简称为“投行”，以区别于商业银行“银行”的简称。

需要提及的是，在华尔街，许多从事投资银行业务的机构并不在名称中冠以“银行”二字，如摩根士丹利(Morgan Stanley)、高盛(Goldman Sachs)。一般人们常将投资银行称为“华尔街金融公司”(Wall Street Firms)。在中国、日本等亚洲地区从事投资银行业务的机构被称为“证券公司”(Securities Co. Ltd)，在欧洲经营投资银行业务的金融机构被称为“商人银行”(Merchant Bank)。相比之下，欧洲的商人银行多是综合性银行，它们同时经营商业银行业务和投资银行业务。

早期美国的投资银行在市场上扮演资金中介的角色，作为资金提供者和需求者之间的桥梁，主要从事股票和债券的承销。所以在《韦伯斯特词典》中对投资银行的定义是：“一种向市场销售新发行的股票、债券等证券的公司，它常常与同类公司联手合作将一宗发行的证券整体买下，然后加价出售给投资者。”

《大不列颠百科全书》也将投资银行定义为“发起认购与分销公司企业和政府机构新发行证券的企业”，“投资银行以某价格买进一公司全部新发行的证券，再以包括其推销费和利润的价格将小额新证券转售给投资大众。在认购和分销发行证券中，大多组织一个投资银行辛迪加”。

随着金融环境的变迁，投资银行所从事的业务也日益多元化，不仅仅从事传统的证券承销业务，而且还从事证券交易、企业兼并与重组、项目融资、投资管理、风险投资等多种业务，对投资银行的定义也随着投资银行业务的改变而随之改变。

迄今，国内外尚无对投资银行比较权威、统一的定义，大多采用美国金融学家罗伯特·库恩(Robert L. Kuhn)的观点，根据投资银行的业务及发展趋势对其进行界定。库恩认为对投资银行可以有 4 种定义。

(1) 广义定义是指经营华尔街金融业务的所有金融机构。业务包括：证券、保险、不动产投资等所有的金融业务。

(2) 较广义定义指经营所有资本市场业务的金融机构。业务包括：证券承销与经纪、公司融资、兼并与收购、基金管理和风险投资，但不动产经纪、抵押业务以及保险业务不包括在内。

(3) 较狭义定义指经营部分资本市场业务的金融机构。业务内容着重证券承销与经纪、企业的兼并与收购，但风险投资、基金管理、风险管理业务不包括在内。

(4) 狭义定义仅限于在一级市场从事证券承销，在二级市场上从事经纪业务的金融机构。

目前被普遍接受的是较广义的定义，即投资银行是经营所有资本市场业务的金融机构。值得注意的是这个定义是动态的，因为随着资本市场业务的不断发展，投资银行的内涵也在不断发展。正如罗伯特·库恩所言：“投资银行业务是一个有机的过程——经常在变化、发展、进化，任何书籍都无法精确而详尽。”因此，不应该对上述投资银行的定义进行机械的理解。

需要指出的是，人们为了避免混淆，英文中常用 Investment Bank 来表示机构层次的投资银行，但仍有人还是按习惯用 Investment Banking 来称呼它。另外，投资银行业务有时专指证券承销和并购交易业务，例如国内证券公司的投资银行部进行的业务就是指证券承销和并购交易业务。

二、投资银行与商业银行的联系与区别

由于投资银行被冠以银行的名称，所以人们常常将其与商业银行相混淆，但投资银行与商业银行并不是一类金融机构，它们既有联系又有区别。

投资银行和商业银行都是现代金融体系中重要的金融中介机构，从本质上来讲，投资银行和商业银行都是资金盈余者与资金短缺者之间的中介，一方面帮助资金供给者充分利用多余资金以获取收益，另一方面又帮助资金需求者获得所需资金以求发展。从这个意义上讲，二者的功能是相同的。然而，在发挥金融中介作用的过程中，二者还是有很大的不同，投资银行是直接融资的金融中介，而商业银行则是间接融资的金融中介。

投资银行主要在资本市场上从事资金融通活动，是直接融资的媒介。在直接融资过程中，投资银行为筹资者寻找合适的融资机会，为投资者寻找合适的投资机会。在一般情况下，投资银行仅扮演中介人的角色，不介入投资者和筹资者之间的权利和义务之中，只收取佣金，投资者和筹资者直接拥有相应的权利并承担相应的义务，如图 1-1 所示。

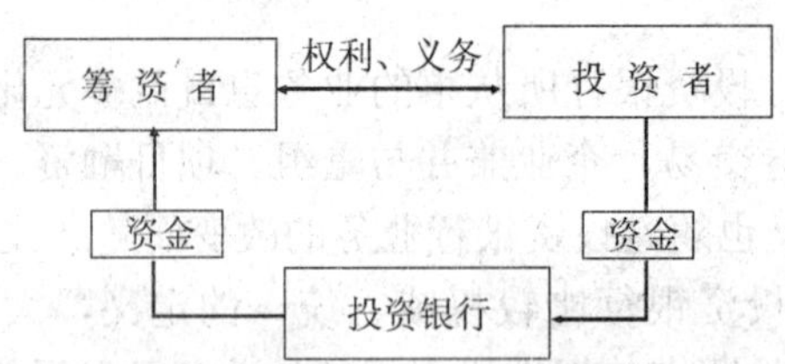

图 1-1　投资银行的直接融资作用

商业银行主要在货币市场上从事资金融通活动，是间接融资的媒介。在间接融资过程中，商业银行既是资金的需求者又是资金的供给者，对于存款人来说它是资金的需求方，存款人是资金的供给者；对于借款人而言银行是资金供给者，借款人是资金的需求者。在这种情况下，资金存款人与贷款人之间不直接发生权利与义务关系，即双方不存在直接的债权债务关系，而是通过商业银行间接发生债权债务关系，如图 1-2 所示。

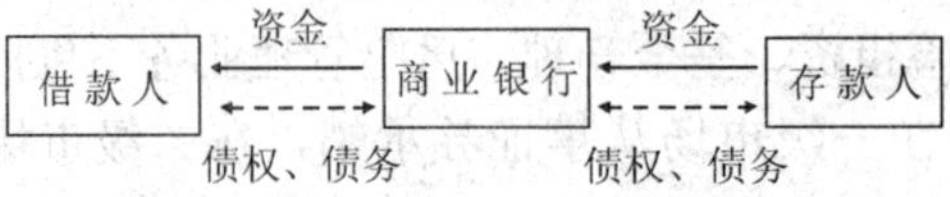

借款人　资金　商业银行　资金　存款人
债权、债务　债权、债务

图 1-2　商业银行的间接融资作用

除了功能上的差别外，投资银行和商业银行在本源业务、主要利润来源、经营方针和原则、宏观管理等方面还存在着一定的区别，参见表 1-1。

表 1-1　投资银行与商业银行的区别

项目＼银行	投资银行	商业银行
本源业务	证券承销	存贷款
功能	直接(并着重长期)融资	间接(并着重短期)融资
业务概貌	无法用资产负债表反映	可通过表内业务与表外业务反映
利润来源	佣金	存贷款利差
经营方针	重视金融创新和风险防范	重视收益性、安全性、流动性三者结合
宏观管理	证券监管机构	中央银行、银监会

三、投资银行的功能

投资银行是金融体系中的重要中介机构，在现代社会经济发展中发挥着媒介资金供求、构造资本市场、优化资源配置、推动产业升级以及服务资本增值等重要作用。投资银行具有以下功能。

(一)资本供求的媒介者

投资银行是资金提供者和资金需求者之间的媒介者，它帮助资金需求者寻找资金来源，同时帮助资金盈余者寻求投资机会；帮助设计合理的交易结构，促使交易双方达成协议。

投资银行充当直接融资的媒介，并不介入投资者和筹资者的权利义务关系中，投资者与筹资者相互之间拥有权利、承担义务，从而投资银行并不承担资金使用的风险。

由投资银行媒介的直接融资将零星的、分散的资金转化为巨额资金，将短期资金转化为长期资金，同时将投资风险分散给广大投资者，由众多的投资者来承担。

(二)资本市场的构建者

资本市场是一个国家金融市场的基本组成部分。投资银行在资本市场中起着穿针引线、联系不同主体、构建证券市场的重要作用。具体表现为以下几个方面。

在一级市场中，投资银行通过咨询、承销、分销、代销等方式辅助构建证券发行市场。没有投资银行，就不可能有高效率、低成本、规范化的证券一级市场。

在二级市场中，投资银行分别以自营商、经纪商和做市商的身份参与交易市场，维持价格的稳定性和连续性，提高交易效率，维持市场秩序，搜集市场信息，进行市场预测，吞吐大量证券，发挥价格发现的功能，从而起到活跃并稳定市场的作用。

投资银行作为金融领域最活跃、最积极的力量，从事金融工具的创新，创造出满足资本需求者和投资者不同风险收益偏好的金融产品，使金融市场更为活跃，使资本尽快地流动起来。同时这些金融衍生工具还为市场参与者提供了一种风险控制机制——资本的需求者可以控制资本成本，投资者可以有效地控制其投资组合的风险。

投资银行还是一个信息中介，通过提供各项信息服务，可以使信息更迅捷、更客观地反映在交易过程中，保障了证券市场参与主体在信息享有上的效率与公平。

投资银行通过代理债券还本付息、股息红利的发放等业务，便利了投资者获取投资收益，降低了运作成本，提高了证券市场的整体运营效率。

(三)资源配置的优化者

投资银行通过帮助政府债券的发行，使政府可以获得足够的资金用于提供公共产品，加强基础设施建设，从而为经济长远发展奠定基础；同时，投资银行还帮助政府发行和买卖政府债券等，从而调节货币供应量，保障经济的稳定发展。

投资银行通过帮助经营业绩优良、具有发展潜力的企业发行股票和债券，不仅解决了企业资本短缺的问题，同时使资本流向了使用效率高的企业，为资金盈余者提供了获取更高收益的渠道，从而使国家整体的经济效益和福利得到提高；而且使发行企业的经营管理置于广大股东和债权人的监督之下，有益于企业建立科学的激励机制与约束机制，推动企业的发展。

投资银行通过兼并和收购业务，促进了经营管理不善的企业被并购，绩优企业得以迅速发展壮大，实现规模经济，从而促进了产业结构的调整和生产的社会化。

投资银行通过代理发行股票或债券方式为许多尚处于新生阶段、经营风险较大的朝阳产业的企业提供筹资机会，支持其发展，因而促进了产业的升级换代和经济结构的调整。

(四)产业升级的推动者

产业升级包括两个方面的含义：一是产业结构的升级，二是产业组织方式的升级。产业结构的升级又包括两层含义：其一是指在各个产业之间那些附加价值高的、技术含量高的产业所占的比重的提高，这是广义的产业升级；其二是指产业内部产品结构的升级，具有高附加价值的产品比重的上升，这是狭义的产业升级。产业组织方式的升级是指企业组织由大而全、小而全、小规模走向了大规模、高度的专业化分工。

产业结构的升级进程，在资本市场出现之前，是通过企业自身成长的内在动力以及企业之间的优胜劣汰缓慢进行的。在资本市场出现之后，其注重未来的企业价值评价机制为资金流向提供了一种信号来引导资金更多地流向高级的产业。投资银行适应资本市场中投资者的评价标准，通过募集资本的投向、并购方案的设计，引导资金流向成长预期高的高科技产业，从而实现产业结构的优化，这大大加快了产业结构升级的进程。

在产业组织方式升级的过程中，企业并购起着非常重要的推动作用，而企业并购是一项专业技术性很强的工作，特别是在第二次世界大战之后，大量的并购活动是通过证券二级市场来进行的，其手续更繁琐，要求更严格，操作更困难。没有投资银行作为财务顾问和代理人，并购业务几乎无法进行。从这一意义上来说，投资银行成为产业集中过程中不可替代的重要力量。

(五)资产增值的服务者

居民收入的增加、社会财富的增长客观上要求投资银行等金融中介机构提供更加优质的资产管理服务。随着经济的全球化，新技术的突飞猛进，经济领域竞争加剧，国际金融市场经常出现剧烈的动荡，通货膨胀率、利率频繁变动，企业和个人的投资理财和风险管理变得更加复杂。投资银行凭借其专家的实力、经验，在为私人客户、机构投资者、其他

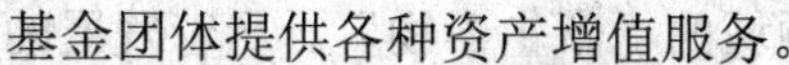

基金团体提供各种资产增值服务。

四、投资银行的发展模式

投资银行发展至今，主要有三种模式：独立的投资银行、金融控股公司下的投资银行以及全能银行模式的投资银行。

(一)独立的投资银行

这种模式的投资银行是独立的市场主体，大多是专营至少是主营投资银行业务，行业内专业化程度高，信誉卓著。1929 年经济危机之后、2008 年金融危机前的美国著名投资银行高盛、美林、摩根士丹利、雷曼兄弟等都属于独立的投资银行，这些投资银行历史悠久，如美林成立于 1885 年，雷曼兄弟成立于 1850 年，高盛成立于 1869 年，均有百年发展历史。其中也有部分产生于 20 世纪 30 年代美国的《格拉斯-斯蒂格尔法案》(Glass-Steagall Act，又称《1993 年银行法》)颁布，由其他金融机构分拆独立而成，如摩根士丹利。

独立投资银行模式的最大缺陷是投资银行规模普遍偏小，营业场所和业务集中在纽约、伦敦等金融中心，尽管部分已通过横向并购 (如摩根士丹利与添惠)规模有所扩大，还是容易被其他模式的投资银行并购，市场份额明显受到冲击，比如，第一波士顿已被瑞士信贷集团收购，信孚(Bank’s Trust)被德意志银行收购，华宝(Warburg)也已并入瑞士联合银行(UBS)。

自从 2008 年金融危机以来，大型投资银行要么被收购或直接破产，要么变成了商业银行控股公司，因此华尔街上已经不存在严格意义上的独立大型投资银行。

目前，日本的证券公司——如野村证券，以及中国的大多数证券公司都以独立投资银行模式存在着。

材料解析

投资银行按规模的分类

在美国，一般还把投资银行按照规模分为三类，即大型(Bulge Bracket)、中型(Middle Market)和小型(Boutique)。按照分支机构和业务范围，也可以分为全国性和地区性两类。Bulge Bracket 有“大量”、“批量”的意思，据说是因为大型投资银行在美国国债和机构债券的拍卖中，总是能买下较大的份额。这些投资银行在规模、实力、客户、信誉方面达到卓然超群的水平，例如美林、摩根士丹利、高盛等。中型投资银行规模、实力不如大型投资银行，提供的服务范围为某些业务或某些区域。Boutique 直译为精品店、专卖店，一般只经营某些特定业务，或为某一特定行业提供投资银行服务。

(二)金融控股公司下的投资银行

这种模式的投资银行和商业银行同属于某一金融控股公司，投资银行部门相对独立，投资银行业务与其他业务之间存在较为明显的“防火墙”，母公司对投资银行实行较松散的控制，通常被称为金融控股公司模式。

通常这类金融控股公司主要是商业银行对投资银行的兼并、收购后形成的。从投资银行的历史来考察，这种金融控股公司模式属于投资银行领域的“新生事物”。尽管发展的时间不长，但投资银行业务发展神速，如花旗集团、J.P.摩根大通、美国银行的投资银行业务已经在全球的投资银行中占据了相当重要的位置。

2008 年金融危机后，高盛和摩根士丹利都转变为银行控股下的投资银行，这样，它们既可以从事商业银行业务，也可以从事投资银行业务。

这种模式的投资银行有下列比较优势：一是投资银行业务与其他业务之间有明显的隔离措施，金融风险难以在实体内传染；二是投资银行相对独立，投资银行部门责、权、利明晰，约束和激励均衡；三是可以广泛地利用商业银行的经营网络交叉销售投资银行产品，实现规模经济与范围经济，协同效应显著。

(三)全能银行模式的投资银行

全能银行不仅从事商业银行业务，还从事投资银行、保险等业务，并且可以持有工商企业的股权。投资银行部门并不独立存在而依附于全能银行，投资银行业务与商业银行业务也没有截然分开而保持紧密联系。

全能银行模式的投资银行在 20 世纪 30 年代以前是投资银行的主流模式，在 30 年代经济大萧条后，美国政府通过立法强行将投资银行与商业银行分拆，其他国家纷纷仿效，全能银行模式在美、日等国家销声匿迹。但欧洲本土的国家，特别是德国和瑞士均仍然实行全能银行制度，所以德国的前两大银行德意志银行、德累斯顿银行，瑞士的前两大银行瑞士联合银行和瑞士信贷银行一直是欧洲最著名的投资银行，在全球投资银行业也占有相当重要的地位。20 世纪 80 年代中期欧洲金融“大爆炸”以后，欧洲的其他大银行如法国巴黎银行(BNP Paribas(音译为巴黎巴))、ABN 阿莫罗集团、苏格兰皇家银行也选择了全能银行道路。从欧洲考察，全能银行是投资银行的主流模式。

中国投资银行的发展模式大致可以划分为三类：第一种是独立发展模式，目前大部分证券公司都属于这种模式；第二种是金融控股公司型模式，如招商证券、中信证券、光大证券等；第三种是银行控股公司型模式，中国国际金融有限公司(简称中金公司)、中银国际证券均属于此种模式，中金公司和中银国际证券分别为中国建设银行和中国银行下属的投资银行。

第二节　投资银行的基本业务及演进趋势

“投资银行业务”(Investment Banking)是一个非常含混的概念，主要是指某些类型的直接融资业务(与商业银行的间接融资业务对立)。本节所指的投资银行业务是在较广义的投资银行定义下来界定的。

一、投资银行的基本业务

传统的投资银行业务主要集中在证券承销、证券交易、企业并购三大方面；资产证券化、项目融资、私募股权投资、投资管理及金融创新正逐渐成为现代投资银行的主体业务。

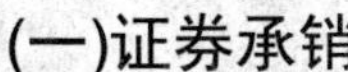

(一)证券承销

证券承销是投资银行最本源、最基础的业务活动。投资银行承销的证券范围很广，包括本国中央政府、地方政府、政府机构发行的债券，企业发行的股票和债券，外国政府和公司在本国和世界发行的证券，国际金融机构发行的证券等。投资银行在承销过程中一般要按照承销金额及风险大小来权衡是否要组成承销辛迪加和选择承销方式。

证券的发行方式分为公募发行和私募发行两种。公募发行就是发行者把证券销售给社会公众，私募发行是发行者不公开发行证券，而是仅售给数量有限的机构投资者，如保险公司、共同基金等。投资银行在私募发行中，主要帮助发行者设计融资结构、制订私募计划，寻找潜在投资者。

(二)证券交易

投资银行在二级市场中扮演着经纪商(Broker)、交易商(Dealer)和做市商(Market Maker)三重角色。

(1) 作为经纪商，投资银行代表买方或卖方，从事有价证券的委托买卖。经纪商本身并不承担证券价格涨跌的风险，其收入来源主要是客户委托买卖时所支付的手续费或佣金。在美国，经纪商依其提供服务的不同，分为折扣经纪商与全套服务经纪商，其中，折扣经纪商只提供受托买卖业务，不提供咨询服务等，所以费率通常比较低。

(2) 作为交易商，投资银行有自营买卖证券的需要，这是因为投资银行接受客户的委托，管理着大量的资产，必须要保证这些资产的保值与增值。交易商以本身账户进行买卖，属于证券交易主体之一，对本身所承担的风险负责。

(3) 作为做市商，投资银行运用自己的账户从事证券买卖，通过不断地买卖报价维持证券价格的稳定性和市场的流动性，并从买卖价差中获利。

(三)兼并与收购

企业兼并与收购已经成为现代投资银行除证券承销与经纪业务外最重要的业务组成部分。投资银行可以以多种方式参与企业的并购活动，例如：寻找兼并与收购的对象，向收购公司和被收购公司提供有关买卖价格或非价格条款的咨询，帮助收购公司制订并购计划或帮助被收购公司针对敌意的收购制订反收购计划，帮助安排资金融通等。

(四)资产证券化

资产证券化(Asset Securitization) 是指将缺乏流动性的资产，转换为在金融市场上可以自由买卖的证券的行为，使其具有流动性。进行资产转化的公司称为资产证券发起人。发起人将持有的各种流动性较小的金融资产，如住房抵押贷款、信用卡应收款等，按信贷类型、期限、利率风险等分为不同的资产组合，出售给特定的交易组织——特殊目的载体(Special Purpose Vehicle，SPV)，即金融资产的买方，再由特定的交易组织以买下的金融资产为担保发行资产支持证券，用于收回购买资金。投资银行在资产证券化过程中的主要工作为承销并包装证券，将证券销售给投资者。

(五)项目融资

项目融资是对一个特定的经济单位或项目策划安排的一揽子融资的技术手段，借款者可以只依赖该经济单位的现金流量和所获收益用作还款来源，并以该经济单位的资产作为借款担保。发起项目融资的公司称为项目发起人。项目发起人通过建立一个项目公司来运作项目。项目融资和一般融资不同，其主要差异在于项目融资的资金供给者仅着重于该投资项目的现金流量及风险程度，而与项目发起人无关。项目融资对于项目融资发起人公司的财务报表和信用评级等并不会产生直接的影响。投资银行在项目融资中的主要工作是：项目可行性分析、项目融资结构设计、投资结构设计、融资方案设计、融资谈判等。

(六)私募股权投资

私募股权投资(Private Equity)是指通过私募形式对企业进行的权益性投资。广义的私募股权投资包括风险投资(Venture Capital，VC)和杠杆收购投资(Buyout Investment)等。

投资银行涉足风险投资有不同的层次：采用私募的方式为风险企业筹集资本；对于某些潜力巨大的风险企业有时也进行直接投资，成为其股东；更多的投资银行是设立“风险基金”或“创业基金”向风险企业提供资金来源。再有，投资银行还帮助风险投资通过公开发行证券、转让股份等形式退出。

投资银行在杠杆收购中所扮演的角色包括两个方面：其一是作为杠杆收购公司的一般合伙人，管理私募股权基金；其二是作为金融中介机构为杠杆收购提供服务。

(七)投资管理

投资管理也称为资产管理。投资管理业务具有多种形式，既包括为中高端投资者提供的资产管理业务，也包括为普通投资者提供的共同基金业务。

投资银行既可以为单一客户量身定做，办理定向资产管理业务，也可以为众多客户办理集合资产管理业务，还可以为客户提供专项资产管理等。

投资银行为证券投资基金提供以下服务：首先，投资银行可以作为基金的发起人，发起和设立基金；其次，投资银行可作为基金管理者管理基金；最后，投资银行可以作为基金的承销人，帮助基金发行人向投资者发售受益凭证。

(八)金融衍生工具的创设与交易

金融衍生工具是金融理论发展和金融工具创新的产物，一般分为三类：期货类、期权类和掉期类。这些衍生工具被用作套期保值、规避金融资产价格风险的技术手段和投机手段。

通过金融衍生工具的创设与交易，投资银行进一步拓展了投资银行的业务空间和资本收益。首先，投资银行作为经纪商代理客户买卖这类金融工具并收取佣金；其次，投资银行也可以通过投资金融工具获得一定的价差收入；最后，投资银行还可以通过这些金融创新工具进行风险控制。

二、投资银行业务演进的趋势

整个金融行业大致分为买方(Buy-Side)和卖方(Sell-Side)两大类。卖方做的主要是把各种资产变成各种金融产品，提供给市场，投资银行一般被称为卖方。买方主要进行的是投资管理的业务，它主要由各种机构投资者组成，包括共同基金、养老基金和对冲基金等。

传统上，投资银行主要从事“卖方”业务，投资银行业务的原始含义仅仅是股权融资，有时也包括直接债权融资；随着投资银行资本金的提高、社会财富的增长，自营投资、资产管理业务等“买方”业务就变得日益重要。投资银行业务日益呈现出“卖方”和“买方”相互融合、“中介业务”与“自营业务”联系愈加紧密的趋势。

(一)投资银行业的业务演进趋势

直到 20 世纪 70 年代，传统的投资银行业务一直占据着美国投资银行的主导地位。特别是被称为“投资银行业务之王”的首次公开发行 (Initial Public Offerings，IPO)业务，一直被认为是衡量投资银行实力的主要指标。

为了保证其承销的股票和固定收益证券在二级市场上有比较稳定的表现，投资银行必须负责为自己承销的证券造市(Market Making)，即从事交易所经纪业务。此外，投资银行经常帮助与自己关系密切的企业进行大宗证券交易，即所谓的机构经纪业务。这两项经纪业务与证券承销有非常密切的关系，因此一般被视为较广义的投资银行业务；今天的综合性金融服务公司往往称其为“资本市场业务”。除了交易所经纪和机构经纪之外，针对中小投资者的零售经纪也是资本市场的重要组成部分。在历史上，投资银行为了维护其“上流”形象，宁可将这部分业务拱手让给零售经纪公司或地方证券公司。随着个人投资者和共同基金力量的增长，零售经纪在经纪业务中的份额日益提升，而且零售经纪与基金管理、金融咨询等业务有非常密切的联系，因此各大投资银行目前基本都开设了零售经纪业务。1975 年，美国证券交易委员会(U.S. Securities and Exchange Commission，SEC)放弃了对股票交易手续费的限制，实行手续费的完全自由化，从而使美国投资银行的收入结构发生了根本的变化。佣金收入的减少促使美国投资银行不得不寻求新利润来源而重新调整发展战略。

20 世纪 70 年代以后，敌意收购与反敌意收购的浪潮日益高涨，企业并购涉及的金额不断上升，为兼并收购设计的各种金融工具也逐渐成熟，兼并收购与业务重组就成为投资银行最重要的业务增长点之一。许多大企业的兼并和分拆往往同时进行，分拆和出售业务同样需要投资银行的协助；此外，破产企业的重组也日益市场化，成为最富有挑战性的金融业务之一。现在，兼并收购实际上涵盖了各种各样的企业财务重组和业务重组，成为投资银行的核心业务。

20 世纪 80 年代以来，在银行业不断放松管制以及允许不同的金融机构在业务上适当交叉的背景下，投资银行业务也开始呈现出了多元化的发展趋势。

传统上，投资银行属于金融业的“卖方”，即主要帮助企业出售证券或其他金融资产，从投资者手中募集资金；在投资银行纷纷向公众发行股票之后，资本金普遍大幅提高，且随着社会财富的增长，出现了财富管理的需要，由此，自营交易与投资业务等“买方”业务(即用资金购买合适的金融资产)就变得日益重要，而且这些业务已经成为大部分投资银行的核心业务。到了 20 世纪 90 年代，市场竞争的日益激烈以及金融创新工具的不断发展和完善，进一步加速了这一趋势的形成。

从 1975 年到 1996 年的 20 多年间，投资银行的业务收入从以承销业务和经纪业务收入为主转变为其他业务收入为主。1975 年承销收入和佣金收入占总收入的比例分别为 13.3%

和 49.9%，其他收入仅占 9.9%。到 1996 年，承销收入和佣金收入占总收入的比例分别为 9%和 15.4%，而其他收入则上升到 47.6%，见表 1-2。

表 1-2　美国投资银行业务收入结构的变化(1975 及 1996 年)　%

项目＼年份	1975	1996
佣金	49.90	15.40
本金交易	15.60	17.10
承销收入	13.30	9.00
利息收入	7.80	5.80
共同基金销售	0.60	3.80
商品	3.00	1.30
其他收入	9.90	47.60
总收入	100	100

(资料来源：Managing Financial Institutions An Asset/Liability Approach (Fourth Edition) Mana J.Gardner ,Dixie L.Mills, Elizabeth S.Cooperman The Dryden Press，2000)

20 世纪 90 年代末，投资银行已经完全跳出了传统证券承销与证券经纪狭窄的业务框架，形成了证券承销与经纪、私募发行、兼并收购、资产证券化、项目融资、资产管理、风险投资等多元化的业务结构。进入 21 世纪后，随着金融创新的发展，投资银行的业务更是发生了巨大的变化，其主要的收入来源于与资本市场有关的证券收入。

从整个美国证券行业的业务构成来分析(见表 1-3)，现代投资银行已经完全不同于传统的投资银行。传统投资银行依赖的证券承销佣金早已不是最重要的证券业务，经纪佣金也呈现日益下降的趋势，资产管理逐渐占据了一定的份额，但增长最快的还是“有关证券的其他收入”，其中包括兼并收购咨询费、私募证券中介费、证券投资账户的利息收入，等等。其中，私募证券中介费可以被视为“传统的”投资银行收入，而证券投资账户的利息收入则主要是资产管理与基金管理产生的收入。

表 1-3　美国投资银行业的收入构成(2001—2007 年)　%

项目＼年份	2001	2002	2003	2004	2005	2006	2007
佣金	16.12	20.61	21.18	19.92	14.34	11.20	11.50
交易收入(损失)	11.82	8.88	14.45	9.93	7.24	9.86	−1.26
投资收益(损失)	0.58	0.51	1.42	1.13	0.89	1.27	0.84
承销收入	6.23	6.8	8.09	8.08	6.21	5.41	5.59
保证金利息收入	5.05	3.00	2.46	2.94	4.12	5.45	6.81
共同基金销售收入	6.09	7.34	7.61	7.88	6.42	5.27	5.44
资产管理费	6.96	8.43	8.43	8.81	7.23	6.39	6.98
研发收入	0.07	0.07	0.08	0.09	0.04	0.05	0.02
商品收入	1.96	2.85	−0.87	0.63	0.39	−0.13	0.37
有关证券的其他收入	33.78	29.74	25.52	28.57	39.33	44.36	49.55
其他收入	11.34	11.74	11.62	12.04	13.78	10.89	14.16
总收入	100.00	100.00	100.00	100.00	100.00	100.00	100.00

(资料来源：SIFMA，美国证券业协会)

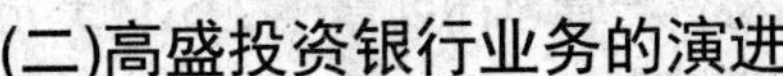

(二)高盛投资银行业务的演进

表 1-3 中的数据描述的是整个美国投资银行业的业务演进趋势，但在这个行业中存在大量的仅从事零售经纪、资产管理或某一特定金融咨询业务的中小型公司，它们与人们熟悉的大型投资银行有很大区别。下面以高盛为例，来看大型投资银行的业务演进情况。

在 2008 年 9 月高盛公司变更为商业银行控股公司前，其主要业务由投资银行、交易与自营投资、资产管理和证券服务三部分构成，涉及了资本市场的所有方面，见表 1-4。

表 1-4　2005—2007 年高盛集团 3 个业务板块的收益结构

年份 项目	2005		2006		2007	
	营业收入/亿美元	占比/%	营业收入/亿美元	占比/%	营业收入/亿美元	占比/%
投资银行	36.71	14.8	56.3	14.4	75.55	16.5
其中：财务顾问	19.05	7.7	25.8	6.85	42.22	9.2
承销	17.66	7.1	30.5	7.55	33.33	7.3
交易与自营投资	163.62	66	255.62	67.7	312.26	67.8
其中：FICC	84.84	34.2	142.62	37.8	161.65	35.1
股权	56.5	22.8	84.83	22.5	113.04	24.6
自营投资	22.28	9	28.17	7.4	37.57	8.1
资本管理与证券服务	47.49	19.2	64.74	17.9	72.06	15.7
其中：资产管理	29.56	11.9	42.94	11.4	44.9	9.8
证券服务	17.93	7.3	21.8	6.5	27.16	5.9
总计	247.82	100	376.66	100	459.84	100

(资料来源：高盛集团 2005—2007 年年报)

高盛传统的投资银行业务分为两个部门：财务顾问部(为并购、重组、反敌意收购、企业分拆与分立提供咨询)与证券承销部(承销股票、债券的公开发行与私募)。其 2007 年投资银行业务收入只占高盛年度总收入的 16.5%。

交易与自营投资是高盛三个核心业务中最大的业务，其收入占高盛总收入的 67.8%。这一业务由三个部门组成：固定收益证券、外汇与商品交易部(从事利率、信用产品、抵押贷款证券化产品、外汇、商品、结构性与衍生产品的交易)，股票交易部(从事股票及股票衍生产品等交易)，自营投资部(利用高盛自己的资金为高盛自己账户进行交易)。这三个部门不仅从事固定收益证券等资本市场业务，而且从事外汇、利率这些资本市场之外的金融市场的业务。

资产管理与证券服务业分为两个部门：资产管理部(为机构与富有的个人投资者提供投资顾问、财务规划服务；管理共同基金：从事对冲基金、私募股权基金等投资)，证券服务部(提供证券经纪以及为对冲基金、共同基金等提供融券等服务)。2007 年，资产管理与证券服务业利润占高盛年度总利润的 15.7%。2006 年，高盛资产管理部以管理 295 亿美元的资金而成为美国最大的对冲基金，2007 年高盛对冲基金规模为 325 亿美元。

高盛的资产管理部从事私募股权投资，但高盛同时创建了“高盛资本合伙”作为高盛的一个独立、专门从事私募股权基金投资的部门。1986 年，高盛开始进行私募股权投资，到 2006 年，高盛总共进行了 170 亿美元的投资。其中最主要的是始建于 1990 年的“高盛资本合伙基金”系列。“高盛资本合伙基金 5”募集了 85 亿美元的股权资本。2007 年 4 月 23 日结束资金募集的“高盛资本合伙基金 6”总共募集了 200 亿美元的资金。

第三节　投资银行的历史与发展

“投资银行”一词源于美国，美国的投资银行业也是全球金融市场上最为发达的。本节以美国投资银行的历史演进过程为例，简单回顾投资银行的历史。

一、投资银行的初期繁荣

投资银行始于欧洲，早在 19 世纪初，于 18 世纪开始出现的与跨大西洋贸易紧密相关的一些贸易商，如欧洲的罗斯柴尔德家族、巴林家族、布朗家族就已经开始充当商人银行，为贸易双方提供必要的融资。

20 世纪初在美国开始出现了投资银行。早期的投资银行和商业银行是混业经营，即投资银行可以从事商业银行的业务，商业银行也可以从事投资银行的业务。20 世纪初，美国的工业化进程不断发展，石油、电力和钢铁这些部门持续扩张，同时还出现了汽车、飞机、电影和广播等新兴工业部门。以摩根为首的投资银行也获得了长足的发展，它们不仅帮助企业在证券市场上发行证券融资，还帮助铁路、钢铁和石油等行业重组。20 世纪 20 年代，美国的股市持续繁荣，面对投资银行的赚钱效应，各大商业银行纷纷组建证券部门，以获得证券发行的丰厚利润。不仅如此，商业银行还开办证券经纪机构，提供保证金交易，和证券经销商一起鼓励美国投资者投资于股票市场。

二、20 世纪 30 年代确立分业经营

1929 年股市的崩溃引发了经济危机，1930—1933 年间美国共有 9000 多家银行倒闭，许多银行储户的存款随之化为乌有。商业银行是否应该为那次崩溃承担罪名，人们至今争论不下。但有一点是肯定的，商业银行参与的投机活动起到了推波助澜的作用。危机发生后，美国政府很快就颁布了一个对金融业影响巨大的《格拉斯斯-蒂格尔法案》，这一法案明确规定：银行与其证券子公司分离；商业银行可以做政府债券业务，不可以做与公司证券有关的证券业务；商业银行和投资银行的业务必须严格分离开来；禁止银行在证券公司安排雇员或董事会成员。

这一法案对商业银行和投资银行的影响力都是巨大的，它直接促成了商业银行和投资银行的分业经营。当时主宰美国金融业的 J.P.摩根公司也不得不将从事投资银行业务的部门分离出来，成立了摩根士丹利公司，某种意义上说，J.P.摩根公司的业务分离是美国金融业

一个新时代的开始，或者说现代投资银行正式诞生的标志。

1933 年推出的《证券法》对投资银行业产生了深远的影响，表现为：一是强化了信息披露制度。一级市场上承销商必须保证证券发行机构披露的财务信息是完整的，任何有意提供虚假财务报表的行为都要受到民事和刑事处罚。二是改革了证券发行方式。尽管大多数证券仍沿用协议承销的发行方式，但 20 世纪 40 年代后在公用事业类证券的承销中使用了竞价投标的发行方式，它使投资银行的募集能力开始变得愈加重要。三是促进了市场的规范化，制定了统一的市场交易操作规则等。其后，投资银行业出台了一系列法规，成为美国立法最健全的行业之一。在这一阶段，随着经济的发展，投资银行实力不断增强。

三、分业经营下投资银行业的发展

《格拉斯-斯蒂格尔法案》对于美国的投资银行无疑是一个福音，没有了商业银行的竞争，投资银行在从事证券的发行、经纪、并购、投资管理等业务时大获其益。

第二次世界大战后经济扩张时期的20 世纪 50 年代以及其后的 60 年代，投资银行得到了长足的发展和繁荣。60 年代以来，美国金融业及其面临的内外环境已经发生了很大的变化：首先，工商业以发行债券、股票等方式从资本市场筹集资金的规模明显增长，资本市场迅速发展，交易商、经纪人、咨询机构等不断增加，保险业与投资基金相继进入资本市场，资本市场在美国金融业中的地位日益上升；由于银行储蓄利率长期低于市场利率，而证券市场则为经营者和投资者提供了巨额回报，共同基金的兴起吸收了越来越多的家庭储蓄资金，甚至证券公司也开办了现金管理账户为客户管理存款。

20 世纪 80 年代开始一直到 20 世纪末，投资银行经历了难得的好日子。1981—1999 年间，美国 GDP 的复合增长率为 7%(名义值)，而世界股权市场的资本化及交易量是这一增长速度的两倍。新发行的股票和债券分别以 19%和 25%的速度增长。与此同时，世界范围的并购数量每年也以超过 25%的速度增长。

应该说，20 世纪 80 年代是投资银行的分水岭，随着放松管制以及金融技术的发展，给投资银行带来了巨大的发展机会。投资银行也在竞争中逐渐学会了快速响应顾客的需求，为顾客提供更好的产品和价格。如通过大宗交易适应机构投资者，通过包销、过桥贷款等手段方便客户的融资和交易。

而且，20 世纪 80 年代应该说是一个创新的 10 年， 70 年代出现的金融技术在 80 年代得到了迅速发展，利率及货币互换以及抵押贷款的证券化这两种早期的金融衍生产品将金融业引入了一个新的纪元。第二世界布雷迪金融债券的发行，整个欧洲、亚洲以及拉丁美洲的国有企业的私有化浪潮将投资银行推向了国际舞台。进入 80 年代以来，投资银行的国际业务更是取得了惊人的进展。许多投资银行建立并逐步完善了全球的业务网络；国际业务规模也迅速膨胀，不仅在国际金融市场上经营传统的投资银行业务，而且还在国际范围内从事兼并与收购、资产管理、财务咨询、证券清算、风险控制、资金借贷等活动；高盛、摩根士丹利等全球投资银行都建立了负责协调管理全球业务的专门机构。不仅如此，投资银行还拥有大量的国外资产，在国际范围内从事资产组合管理和风险控制等活动。

在投资银行获得突飞猛进的发展之时，商业银行却饱受“金融脱媒”的困扰，所谓“金融脱媒”就是资金盈余者(投资者)和资金短缺者(融资者)脱离了银行这一金融中介机构而直接进入证券市场。原来需要在商业银行贷款的客户大量流失，先是一流客户的流失，因为这些信用级别高的企业可以直接到证券市场上发行股票、债券和商业票据等；再后来，二、三流的客户也可以到证券市场上发行“垃圾债券”(即那些风险很高，但同时利息收入也很高的债券，也称为高收益债券)，从而导致了商业银行资产业务的萎缩。而原来在商业银行存款的客户也进入了证券市场，投资于债券、共同基金等金融产品，这又导致了商业银行负债业务的萎缩。

面对这一窘境，美国商业银行越来越觉得有必要绕过分业经营的制度框架，银行控股公司也就应运而生并得到了迅速发展，成为绕过监管、从事包销证券的有效途径。商业银行坚持不懈地游说政府，要求取消法律对其进入投资银行领域的限制。1986 年美联储通过了一项允许部分美国银行提供有限投资银行业务的政策，放松了对银行控股公司和其证券公司的监管；1989 年美联储甚至批准 J.P.摩根公司重返证券业，此后许多大商业银行也纷纷设立了证券机构。

四、20 世纪末期以来投资银行业的混业经营

20 世纪 80—90 年代，日本、加拿大、西欧等国相继经历了金融大爆炸，银行几乎可以毫无限制地开展投资银行业务，这也是美国放松金融管制的外在原因。商业银行试图进入投资银行业务版图的努力在 90 年代后期达到了顶峰。到了 20 世纪末期，1933 年颁布的《证券法》和《格拉斯-斯蒂格尔法案》等制约金融业自由化的法律体系已经名存实亡。

1999 年 11 月，克林顿政府颁布了《现代金融服务化法》(又称格拉姆-里奇-布里雷法案)，使禁锢了美国金融业达半个多世纪的分业经营的金融体制彻底打破。这个法案的核心是银行可以通过金融控股公司从事任何类型的金融业务或与任何类型的金融公司联营，银行在从事任何非银行业务之前，不需要得到美联储的批准。

《现代金融服务化法》使商业银行打破了多年的从事投资银行业务的禁锢，因此，大量商业银行开始大规模从事投资银行业务活动，其中，最典型的代表就是花旗银行(Citi-Group)。1998 年，花旗银行与保险公司——旅行者集团合并组成了花旗集团，这是一个将银行业与保险业服务合为一体的公司，这一合并在 1993 年宣布，1994 年完成，但合并保险与证券公司违背了《格拉斯-斯蒂格尔法案》及《银行持股公司法》，因此，它只好临时放弃。但《现代金融服务化法》通过立法后便承认了这些合并的合法性。

投资银行面对商业银行的竞争以及金融创新工具的不断发展和完善，大力拓展传统投资银行以外的业务。投资银行凭借其强大的客户关系、信息和分析能力开始从事“买方”业务，已经完全跳出了传统证券承销与证券经纪狭窄的业务框架，形成了多元化的业务结构。

五、美国金融危机对投资银行业务模式的影响

2008 年美国由于次贷危机引发了金融危机，2008 年 3 月 16 日，美国第五大投资银行贝尔斯登为了避免陷入破产境地，被摩根大通银行整体收购；2008 年 9 月 14 日，华尔街第三大投资银行美林被美国银行收购；9 月 15 日，以债券业务闻名的第四大投行雷曼兄弟向法庭申请破产保护；9 月 21 日，华尔街最大的两家投资银行摩根士丹利和高盛被美国联邦

储备委员会批准成为银行控股公司。银行控股公司可以接受零售客户的存款，成为银行控股公司将有助于两家公司重构自己的资产和资本结构。

至此，华尔街五大投资银行均已放弃了其原有的独立法人地位，取而代之的则是以《1956 年银行控股公司法案》为基础的、得以开展综合金融业务经营的一类集团化金融机构形态。华尔街大型投资银行将不再只受美国证券交易委员会的监管，而将处于美国银行监管机构的严密监督之下，它们需要满足新的资本要求，接受额外的监管。如今，几乎所有美国大型金融机构的母公司也都将处于美国联邦储备委员会等机构的监管之下。

转型为银行控股公司的投资银行与拥有投资银行业务部门的商业银行将会竞争，出现更加做大的倾向，投资银行和商业银行的合并将催生出庞大的金融巨头。投资银行业务与原本的商业银行业务会如何相互影响，如何控制连带风险，以及对整个金融体系将构成怎样的影响，是值得深入探讨的问题。

本 章 小 结

投资银行概述	投资银行的基本概念	投资银行基本概念。 投资银行与商业银行的联系与区别：投资银行和商业银行都是现代金融体系中重要的金融中介。二者在本源业务、功能、业务概貌、利润来源、经营方针、宏观管理等方面有所区别。 投资银行的功能：资本供求媒介者、资本市场构建者、资源配置优化者、产业升级推动者、资产增值服务者。 投资银行的发展模式：独立的投资银行，金融控股公司下的投资银行以及全能银行模式的投资银行
	投资银行的基本业务及演进趋势	投资银行基本业务：证券承销、证券交易、企业并购、投资管理、私募股权投资、资产证券化、项目融资及金融创新。 投资银行业务演进趋势：投资银行已经完全跳出了传统证券承销与证券经纪狭窄的业务框架，形成了证券承销与经纪、私募发行、兼并收购、资产证券化、项目融资、资产管理、风险投资等多元化的业务结构。与资本市场有关的证券收入成为投资银行的主要收入来源
	投资银行的历史与发展	投资银行的初期繁荣；投资银行分业经营的确立和发展；20 世纪末期以来投资银行业的混业经营；美国金融危机对投资银行业务模式的影响

典型案例

摩根士丹利

摩根士丹利(Morgan Stanley)是一家全球金融服务公司，在华尔街上，也被称为大摩，它原是 J.P.摩根公司中的投资部门。1929 年的金融危机结束后，华尔街遭遇前所未有的信任危机。1933 年 6 月 16 日，国会通过《格拉斯-斯蒂格尔法案》(Glass-Steagall Act)，禁止公司同时提供商业银行与投资银行服务，摩根必须作出抉择：是从事存款银行业务，还是做投资银行业务？

1935年9月5日下午4时，摩根财团(在实行罗斯福新政之前，摩根财团指的是J.P.摩根公司)的三位资深合伙人拉蒙特、惠特尼和士丹利，在华尔街23号向记者宣布，摩根财团正式分家。摩根继续保持存款银行不变，但分离出一部分成立一家完全独立的投资银行——摩根士丹利，当时摩根财团400多名员工中只有20人愿意加盟到新公司。新公司中，一共只有3位来自摩根财团的合伙人——哈罗德·士丹利、小摩根的儿子哈里和威廉·尤因。新公司还有两位德雷克塞尔的合伙人——佩里·霍尔和爱德华·约克。

在摩根士丹利最初的700万美元无投票权优先股的启动股本金中，J.P.摩根及其合伙人拥有其中的660万美元。杰克·摩根及其家族拥有优先股中的大约50%，汤姆·拉蒙特及其家族持有40%。而拥有投票控制权的50万美元普通股，则几乎完全掌握在摩根士丹利的高级职员手中，

摩根财团在美国乃至全球金融市场上叱咤风云近200年，其历史几乎就是美国以至全球在摩根所处时代的金融发展史。摩根财团最早可追溯到1838年，它由美国银行家乔治·皮博迪创办于伦敦，后由摩根家族继承，迁至纽约后声名鹊起。1870年，J.P.摩根向在普法战争中陷入困境的法国政府大胆提供了1000万英镑的贷款，从而建立了为各国政府担任融资顾问的地位。

作为美国金融成功的丰碑，近200年间，摩根财团一直屹立于美国十大财团的核心地位，而其他财团则不断进入或者被挤出十大财团之列。J.P.摩根对美国现代金融和经济影响巨大，1880年，重组并发行了众多的股票和债券，用于对多家铁路公司提供融资，通过这一行动，成功控制了上述铁路公司的董事会并集中控制了当时占美国六分之一的铁路系统。1901年，建立了美国钢铁公司，是当时世界上首家拥有超过十亿美元资产的大型公司。此外，通用电气公司、国际Harvesler公司和AT&T公司等也是J.P.摩根组建的。

J.P.摩根多次引入欧洲资金“拯救”美国于金融危机中。在华尔街和伦敦金融区的历次大危机中，摩根财团担当美国央行的角色时间长达150年。1907年，皮尔庞特·摩根组织多位银行家共同安排了2500万美元的一揽子援助计划，以协助当时陷入恐慌之中的华尔街。几个月后，又安排了2000万美元的融资，协助纽约证交所维持正常交易活动。“一战”中，J.P.摩根担任美国政府代理，为盟国提供巨额资金(其中一次的融资额就达5亿美元)。

尽管摩根财团预测罗斯福新政会扼杀资本市场，但在1935年摩根士丹利却非常繁荣，承销量翻了四番。在开业的第一年摩根士丹利接受了10亿美元的证券发行业务，席卷了四分之一的市场。逐渐地，许多J.P.摩根的常客都转向这家新公司。到了30年代后期，纽约中央铁路公司、AT&T、通用汽车、杜邦公司、美国钢铁公司和新泽西标准石油公司以及阿根廷和加拿大政府都来要求做证券业务。与分离前的摩根银行一样，在包括公用事业、电话公司、铁路、重工业、采矿以及外国政府在内的同样业务领域，摩根士丹利力量都非常大。华尔街的其他人都推断摩根士丹利继承了其摩根财团的权力衣钵。

摩根士丹利的迅速成功引起人们的怀疑，他们认为摩根士丹利只不过是原来公司的翻版而已。摩根士丹利自称独立自主地经营的声明没有多大的说服力，因为它的大多数优先股为J.P.摩根公司的雇员所拥有。为了一劳永逸地摆脱J.P.摩根控制的幽灵，摩根士丹利公司于1941年12月5日兑现并取消了它的优先股。虽然那些看不见的千丝万缕的联系在以后的几十年中仍把这两个公司捆在一起，但这就结束了它们之间的任何正式联系。

早期，摩根士丹利规模非常小，合伙人不到20个，100多个雇员，资本只有微不足道

的300万美元。直到1970年，摩根士丹利也才只有34个普通合作伙伴、4个有限合作伙伴和165名员工，员工中有65人是专业人士。但它是投资银行业务的楷模，发挥着巨大的影响力。摩根士丹利拥有《财富》杂志500强的客户，它继续牢牢控制着老摩根财团的铁杆客户，20世纪40年代后期增加了美孚、壳牌和许多其他公司。

摩根士丹利的合伙人是大公司的密友，他们和首席执行官打交道，参与秘密的长期发展计划，控制客户公司的股票和债券发行。华尔街银行家和公司经历的那个亲密的世界在20世纪50年代达到顶峰。摩根士丹利主持着20世纪50年代大多数创纪录的证券发行，如1953年通用汽车公司3亿美元的债券和1957年3.28亿美元的股票发行，1957年IBM公司2.31亿美元的股票发行等。

从1935年到1970年，摩根士丹利一统天下的威力令人侧目，今后再也不会有哪个投资银行能与之相提并论。它的客户囊括了全球十大石油巨头中的6个，美国十大公司的7个。摩根士丹利的第一个广告画面上是一道闪电刺破乌云，标题是“如果上帝要融资，他也会找摩根士丹利”。有人评说“摩根士丹利继承了美国历史上最强大的金融集团——摩根财团的大部分贵族血统，代表了美国金融巨头主导现代全球金融市场的光荣历史”。因此，《摩根财团》一书认为“摩根的战略就是使得客户感觉到自己获准加入了一家私人俱乐部，而其账户就相当于贵族社会的成员卡一样”。

摩根士丹利坚持公司客户与其建立独家业务关系。在股票上市或发行债券时，摩根士丹利坚持要求只有它一家担任主承销，将其名字印在墓碑广告(报纸上用黑色线条框起来的证券承销商名单的公告栏)的上端。摩根士丹利总是勤勉地为客户服务。但随着金融业的发展，资本已不是那么稀缺的资源，摩根与客户传统的纽带开始减弱。

当罗伯特·鲍德温执掌公司后，开始了公司经营方式的变革。鲍德温认识到摩根士丹利必须为生存而奋斗。他不安地看到以交易为重点的所罗门兄弟公司和高盛公司的崛起，而摩根士丹利却保持着传统的“交易商”低“银行家”一等的势利偏见。摩根士丹利总是与资本的使用者——大公司保持良好关系，而所罗门和高盛则相反，它们与资本的提供者——占纽约证券交易量四分之三的投资机构保持密切的关系，力量的天平正倾向于资本的提供者。

鲍德温认为，要保持主导地位，摩根士丹利必须吸收那些长期被视为乌合之众的推销员和交易员，向证券交易和经销方面转变，而不是简单地将证券分销给其他公司去出售。这一举措打破了摩根士丹利小巧高雅的、当时只有250人的格局。1971年的一次公司规划会议通过了开发证券销售和交易业务的决定，从而结束了摩根士丹利自创立以来高贵的承销商历史。公司这样评价这个决定：我们作出了一项决定，就是这样简单的决定才使得我们公司有了日后所有这一切的发展。

公司在20世纪70年代迅速扩张，雇员从250多人迅速增长到超过1700人，并开始在全球范围内发展业务。为吸引交易员，公司推行了注重实绩的报酬制度，打破了相互平等的关系，带来了新的竞争和紧张的气氛。鲍德温对这种严酷竞争的环境感到自豪，他说：“投资银行想要具有竞争力，唯一的途径就是要不择手段。”绅士银行家准则的主要内容很快被逐条打破，摩根士丹利只有在它的地盘不受侵犯的情况下才保持着绅士的光环；一旦遭到威胁，它就会进行报复。华尔街优雅、安逸的世界被兼并者掠夺性的世界和交易商无所顾忌、冒犯冲撞的世界所取代。

摩根士丹利辉煌业绩面临的另一个主要威胁是公司那条著名但已日显脆弱的政策，即要使公司的名字作为独家主承销商出现在墓碑广告的顶端。为了保持政策的连续性，摩根士丹利不得不放弃一些有权势的客户，因为它们要求由联合主承销商承担证券发行任务。1979 年 IBM 公司要发行 10 亿美元债券，这是历史上最大的一笔工业借款，该公司要求摩根士丹利接受所罗门兄弟作为联合主承销商来承担这笔业务。摩根士丹利的董事进行了激烈讨论，最终所有人都赞成拒绝 IBM 并要求独家经营这笔业务。IBM 公司则回话说不作丝毫让步，仍按计划由所罗门兄弟牵头做这次债券发行。这是华尔街历史上的一个里程碑：黄金锁链被砸碎了。随后不久，一些投资银行便开始大肆抢夺摩根士丹利的其他客户。摩根士丹利于是只得放下架子，同意与别的公司一起承担证券发行业务。在遭受了那些蓝筹客户公司的冷落之后，摩根士丹利也开始以新的姿态接受新兴公司。

但是，投资银行作为中介人和资本市场把门人的历史作用愈来愈小。新的交易和经销部门支撑着摩根士丹利的承销业务。1974 年，它进行了第一次现代敌意大兼并，其后的 20 多年里，大摩一直是美国头号兼并顾问。20 世纪 80 年代，它使垃圾债券登上大雅之堂，积聚高达 22 亿美元的专项基金进行杠杆收购，成为 20 世纪 80 年代最富风险的创举。

1986 年，摩根士丹利为了给它的杠杆收购业务筹集资金，也为了加强在世界资本市场的地位，向公众出售了 20%的股份，在纽约证券交易所挂牌交易。摩根士丹利通过公开招股加强了实力。第二年，它就发行了另一份杠杆收购基金，最后从包括通用汽车公司和 AT&T 公司的养老基金、日本的信托基金公司、中东政府机构等 60 多个机构募集到 22 亿美元。摩根士丹利在其中扮演双重角色，它既管理这份基金，又将自己的 2.25 亿美元投资于其中。摩根士丹利不仅将从基金的资本收益中获得三分之一，而且还将收取 2%的酬金。

1987 年的股市崩溃似乎并没有影响摩根士丹利，实际上，这家公开上市的投资银行这一年的收入增加了。1988 年，它的利润达到 3.95 亿美元——在整个不景气的环境下异乎寻常地上升了 71%。此时，它的对手却长期困于内部矛盾，大伤元气，而它却无此弊端。尽管业绩惊人，摩根士丹利却已经与 1935 年创立的那家温文尔雅的公司没有任何共同点，它遵循追求利润的彻头彻尾的本能，从事风险越来越大的活动。

进入 20 世纪 90 年代，摩根士丹利进一步扩张：于 1995 年收购了一家资产管理公司；1997 年 2 月 5 日，摩根士丹利又与一家零售金融服务公司添惠(Dean Witter)合并，添惠的业务涵盖信用卡及零售证券商业务，新公司称为“摩根士丹利添惠”。2001 年 4 月，摩根士丹利添惠又更名为摩根士丹利，因为摩根士丹利国际知名度高，新名称显示了公司加速全球化的用心。

在 2008 年的金融危机中，作为华尔街涉足债券抵押较少的一家投行，其股票价格也直线下跌。为了防止摩根士丹利和高盛深陷次贷危机泥潭，2008 年 9 月 21 日，美国联邦储备委员会宣布，批准摩根士丹利和高盛集团从投资银行转型为传统的银行控股公司。

2009 年 1 月 12 日，摩根士丹利向花旗集团支付 27 亿美元，收购美邦(Smith Barney)经纪业务部门的控制权，组建名为“摩根士丹利美邦”(Morgan Stanley Smith Barney)的合资经纪业务公司，该公司是摩根士丹利的财富管理部门与花旗的美邦(Smith Barney)经纪部门合并而成的，其中摩根士丹利控股 51%，花旗集团控股 49%。

2009 年 6 月 2 日晚，摩根士丹利与花旗集团宣布，已经提前完成了合资经纪公司的启动，由此两个在财富管理领域中最强大的品牌，联手创建了一个新的行业领导者，新的合资公司——摩根士丹利美邦公司成为全球最大的证券商。

按双方公司此前所宣布，摩根士丹利美邦公司由摩根士丹利全球财富管理集团和花旗集团旗下的美邦、英国奎尔特(Quilter)和澳大利亚美邦公司的零售部门合并而成，从而形成一家集聚 130 多年经验的财富管理公司。摩根士丹利美邦将拥有 18 500 名以上卓越理财顾问、680 万名家庭客户以及全球 1000 余家分支机构。

在此次合并中，摩根士丹利以旗下全球财富管理事业 100%的股权取得摩根士丹利美邦公司 51%的股权；花旗以 100%的美邦证券、澳洲美邦和在英国提供私人投资管理服务的奎尔特的股权及 27 亿美元现金，但不含花旗私人银行以及日本的 Nikko Cordial(日兴证券)，取得摩根士丹利美邦公司 49%的股份。合并第 3 年后，摩根士丹利和花旗集团都有权购买或出售在新公司中的股份，但花旗至少在 5 年内都会持有相当大的股权。

将美邦收编，这是摩根士丹利自 1997 年以来首笔涉及零售股票经纪公司的重大交易。合并的成功，意味着摩根士丹利的零售经纪业务一举超过美林。美邦是花旗集团全球理财业务的两大组成部门之一，也是该集团旗下难得的优质资产。花旗集团 2008 年第三季度财报显示，即使在金融危机最严峻的前 9 个月，美邦的盈利依旧保持了 2%的同比增长率，为花旗集团创造了 79.38 亿美元收入，在花旗集团的全球理财业务中占据了逾八成的份额。即使撇开花旗集团，美邦本身在华尔街历史上也有着举足轻重的地位；而摩根士丹利的大宗经纪业务是全球最大的，也是其最盈利和最成功的业务之一。

尽管 1935 年的时候，摩根人期望将来有一天《格拉斯-斯蒂格尔法案》被取消就能重组摩根财团，但在 1999 年废除这一法案的《现代金融服务化法》真正获得通过时，摩根财团的三个继承者已经形同陌路。J.P.摩根和大通曼哈顿合并成立 J.P.摩根大通银行，而摩根财团在欧洲的一翼“摩根建富”早在 1989 年丑闻之后被德意志银行收购。在各个业务领域，它们之间都进行着惨烈的竞争。实际上，除了都还有摩根两字之外，它们之间已经没有任何联系。

多年来，摩根士丹利都是《财富》杂志评出的最适合工作的 10 个公司之一和最受尊敬的公司。摩根士丹利总公司下设 9 个部门，包括股票研究部、投资银行部、私人财富管理部、外汇/债券部、商品交易部、固定收益研究部、投资管理部、直接投资部和机构股票部，涉足的金融领域包括股票、债券、外汇、基金、期货、投资银行、证券包销、企业金融咨询、机构性企业营销、房地产、私人财富管理、直接投资、机构投资管理等。

在全球 5 万多名员工中，有超过 120 种不同国籍，会讲超过 90 种不同语言。他们分驻全球 28 个国家的 600 多个办事处，形成一个独有的全球金融网络。

在中国，摩根士丹利于 1994 年 2 月在上海设立首家代表处，后于同年 8 月在北京设立第二家代表处，主要从事投资银行业务，包括企业融资和协助客户通过发行股票及债券筹集资金、并购咨询及房地产投资服务、股票研究及私募股本投资。

1995 年 8 月摩根士丹利与中国建设银行合资组建中国国际金融有限公司，控股 34.3%。摩根士丹利也因此成为首家在中国内地建立合资投资银行的国际金融公司。通过在中国的合资银行，摩根士丹利得以为许多中国公司提供在海外上市的服务，包括中国联通、中石化、中国铝业、中国财险和中国电信等，筹得的总资金超过 100 亿美元。

2003 年初，摩根士丹利成为中国首批“合格境外机构投资者”(Qualified Foreign Institutional Investor，QFII)之一。公司在华从事的业务主要分为两大类：证券业务和投资管理业务。证券业务包括股票、债券、外汇、股票金融服务、商品交易、投资银行、企业咨询服务、证券包销、机构性企业营销和房地产金融；而投资管理业务包括资产管理、私人财富管理、直接投资和机构投资管理。

资料来源：

摩根士丹利的传奇. 李哲. 中国工商，2003 年第 6 期

摩根士丹利官方网站 (http://www.morganstanley.com/)

摩根士丹利亚太区网站 (http://www.morganstanleychina.com/)

摩根士丹利和花旗集团正式启动合资公司. 石贝贝. 中国证券网

复习思考题

一、不定项选择题

1. 以下不属于投资银行业务的是(　　)。

A. 证券承销　　B. 兼并与收购

C. 不动产经纪　　D. 资产管理

2. (　　)是投资银行的传统核心业务。

A. 证券承销　　B. 兼并与收购

C. 证券经纪业务　　D. 资产管理

3. 现代意义上的投资银行起源于(　　)。

A. 北美　　B. 亚洲

C. 南美　　D. 欧洲

4. 证券市场由(　　)主体构成。

A. 证券发行者　　B. 证券投资者

C. 管理组织者　　D. 投资银行

5. 以下属于投资银行功能的是(　　)。

A. 媒介资金供需　　B. 构造证券市场

C. 促进产业整合　　D. 优化资源配置

6. 2008 年 9 月 21 日，华尔街最大的两家投资银行(　　)和(　　)被美国联邦储备委员会批准成为银行控股公司。

A. 摩根士丹利　　B. 高盛

C. 雷曼兄弟　　D. 美林

二、简答题

1. 列出投资银行的四种定义及其功能。
2. 说明投资银行和商业银行的联系与区别。
3. 阐述投资银行的基本业务及其演进趋势。
4. 说明美国投资银行业的发展历程。
5. 论述美国金融危机对投资银行业务模式的影响。

第二章　投资银行的组织结构与职业

【本章精粹】

- ◆ 投资银行的组织结构
- ◆ 投资银行业的职业路径
- ◆ 投资银行家的素质及招聘

【章前导读】

说起投资银行家的生活，浮现在你眼前的或许会是舒适优越的工作环境和极其丰厚的收入等。然而，这并不是他们真实人生的全部，在成功的背后，每个人都倾注了自己的全部精力，付出了异乎常人的巨大努力。让我们来看一名高盛投资银行部经理的一天。

8:30 a.m.：进入办公室，查看电子邮件和语音留言。

9:00 a.m.：与经理们一起吃早饭，并交流情况。

10:00 a.m.：一些与客户的电话会议，通常是30分钟，讨论下周将要介绍给客户的内容以及还应该讨论哪些话题。基本上是交流想法。

11:00 a.m.：给总经理发电子邮件报告电话会议的内容。

11:30 a.m.：会见分析员并给他们分配工作。通常给全职分析员分配工作并让他们全权负责操作。对于暑期实习分析员来说，会确保他们对工作有良好的认识并且在学习。为了检验他们是否明白以及是否具备成为全职分析员的必要条件，也会确保提供给他们足够多的机会。

12:30 p.m.：午饭时间。一周大概有四天会从食品店买来三明治，坐在办公桌前吃。有时和一些人在餐厅吃，这种感觉很好。

1:30 p.m.：与一名高盛总经理和客户机构的CEO进行电话会议，讨论下周的会面。

3:00 p.m.：在电话会议的基础上准备下周会面的报告。

6:30 p.m.：与分析员会面给他们分配工作(例如研究和金融建模)。

7:00 p.m.：订晚饭，并和办公室的其他人一起吃。

8:00 p.m.：继续准备明天和下周会面的报告。

00:00 a.m.：叫车回家。什么时候离开取决于情况。平均说来，通常在午夜离开办公室，但在凌晨1点之后离开也不是没有。有时，虽然不常见但是在业务少时，会在晚上7点或8点离开办公室。第三年的经理周末总共工作10到20个小时。对于第一年和第二年的经理来说，简直就是全天工作。

那么，投资银行有哪些业务部门，到底有哪些职位，需要什么样的素质呢？

(资料来源：Vault Career Guide to Investment Banking Vault， Inc. 2005年3月)

【核心概念】

组织结构　合伙制　现代公司制　银行/金融控股公司制

第一节　投资银行的组织结构

广义的组织结构既包括一个组织制度层面的资本组织形式，也包括组织内部各部门的构成及其关系，我们称其为狭义的组织结构，或内部组织结构。纵观投资银行的发展历程，投资银行的资本组织形式主要有合伙制、现代公司制和银行/金融控股公司制三种类型。

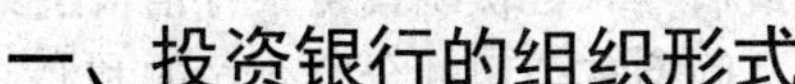

一、投资银行的组织形式

1. 合伙制

合伙人公司是指由两个或两个以上合伙人拥有公司并分享公司利润，合伙人即为公司所有人或股东的组织形式。其主要特点是：合伙人共享企业经营所得，并对经营亏损共同承担无限责任；它可以由所有合伙人共同参与经营，也可以由部分合伙人经营，其他合伙人仅出资并自负盈亏；合伙人的组成规模可大可小。

从历史来看，早期的包括美国在内的世界各国投资银行除家族企业模式外，其他大多采取了合伙制这样一种组织形式。1862 年创办的 J.P.摩根公司，1869 年成立的高盛公司，1915 年创办的美林，1923 年的贝尔斯登等最初都是合伙企业，其公司名称也往往以其合伙人的名字命名。

从当时的情况看，尽管最初由于成员有限，这些机构采取了普通合伙制，但随着企业业务规模的不断扩大以及所需资本规模的不断增大，很多投资银行逐渐采取有限合伙制这种组织模式。所谓有限合伙制，是指在企业中存在两类人：一类是有限合伙人，另一类是普通合伙人。有限合伙人可以是自然人，也可以是法人，它只提供资金，不直接参与决策与经营，以出资额为上限承担有限责任。而普通合伙人也出一部分资金，并参与经营管理，对经营损失负有无限责任。有限合伙制比合伙制的优越之处在于，有限合伙制企业中的普通合伙人只需提供小部分注册资本，其余的大部分资金由有限合伙人承担，这就解决了投资银行注册资本的资金来源问题，而又能真正起到对经营者的激励和约束作用。

在有限合伙制投资银行中，有限合伙人提供大约 99%的资金，分享约 80%的收益；而普通合伙人则享有管理费、利润分配等经济利益。管理费一般以普通合伙人所管理资产总额的一定比例收取，大约为 2%～3%。而利润分配中，普通合伙人以 1%的资本最多可获得 20%的投资收益分配。

有限合伙制由于经营者同时也是企业所有者，并且承担无限责任，因此在经营活动中能够自我约束控制风险，并容易获得客户的信任；同时，因其所有权与管理权合二为一，能充分调动管理者的积极性。另外，由于出色的业务骨干具有被吸收为新合伙人的机会，合伙制可以激励员工进取和对公司保持忠诚，并推动企业进入良性发展的轨道。由于有限合伙制具有独特的较为完善的激励约束机制，因此一度被认为是投资银行最理想的组织形式。

2. 现代公司制

现代公司制度赋予公司独立的人格，其确立是以企业法人财产权为核心和重要标志的。法人财产权是企业法人对包括投资和投资增值在内的全部企业财产所享有的权利。法人财产权的存在显示了法人团体的权利不再表现为个人的权利。现代公司制度使投资银行在资金筹集、财务风险控制、经营管理的现代化等方面都获得较传统合伙制所不具备的优势。

1970 年，美国证券市场上出现了第一家公开上市的投资银行——唐纳德·卢夫金和杰略特公司。但由于影响有限，直到 1971 年 7 月，美林证券公开发行上市，才真正揭开了大型投资银行由合伙制向股份制转变的序幕。1981 年 10 月，所罗门公司脱离了合伙制的轨道成为公众公司。高盛公司于 1999 年完成了公开发行，美国最后一家合伙制投资银行消失了。高盛在 1999 年之前的组织形式一直是合伙制，由各合伙人共同拥有公司并分享公司的利润。对到底要不要上市的问题，合伙人辩论了几十年。最后，高盛决定仅仅将公司的一小部分股权公开发售。48%的股权仍由原来的合伙人持有，22%的股权由非合伙人的员工持有，18%的股权由已退休的高盛合伙人和两个长期投资人住友银行和夏威夷活动联合会持有，余下的仅 12%的股权由公众持有。

如今，美国所有的投资银行都变成了股份制上市公司。有限合伙制投资银行之所以向股份制上市公司转化，主要是基于扩充资本金的压力、承担无限责任的风险和压力以及人才竞争的压力等。从实践来看，美国投资银行由合伙制改为股份制并上市，确实带来了很大的好处：募集到大量资本，充实了资本金；雄厚的资金实力可以获得所赖以发展的人才；可以实施股票期权并提供变现的渠道，激励机制得以创新并作用明显；增加了投资银行的透明度，改善了公司治理机制等。

3. 银行/金融控股公司制

银行/金融控股公司制是以控股公司形式组建的金融控股集团，至少从事两种以上的银行、证券和保险业务，是金融业实现全能化的一种组织形式。这种金融集团的母体是一个控股公司，控股公司可能是以一项金融业务为载体的经营机构，如银行控股公司，也可能是一个单纯的投资机构，如纯粹的金融控股公司。

2008 年 9 月，华尔街 5 大投资银行整体性消亡，转而以银行/金融控股公司为载体开展投资银行业务，这是它们在巨大外部压力下作出的一个现实选择。

银行/金融控股公司作为一个具有独立法人资格的机构，可以使银行业、证券业、保险业、信托业等以其为载体在一个巨大而复杂的机构平台上同时开展业务。

从理论上说，银行/金融控股公司通过银行、证券和保险等金融业务的混业经营，不仅可以获得信息优势、规模经济或范围经济等利益，还可以借助业务多元化、联邦安全网提供的救助机制实现较强的机构稳定性，从而可以提升全球竞争力。

然而，银行/金融控股公司制也存在着诸多的缺陷，如，银证业务的合并可能会产生严重的利益冲突；银行/金融控股公司客观上为业务种类极为庞杂、资产规模极为庞大的“巨无霸”式金融机构的出现提供了可能，这有可能会威胁金融系统的安全和稳健性，而且可能在压抑市场创新的同时，阻碍与投资银行业务相关的专有隐含技能的传承，导致金融服务效率的下降。

二、投资银行的内部组织结构

公司内部组织结构有很多种形式，最基本也是最早的是直线职能制，后来又发展为事业部制，再后来又从事业部制中演生出超事业部制结构、矩阵制结构、多维制结构等多种公司内部组织结构。

(一)直线职能制(U 型结构)

直线职能制又称为 U 型结构(Unitary Structure)。其基本特征在于，将公司按照职能的不同划分成若干个部门，而每一部门均由公司最高层领导直接进行管理。直线职能制实现了

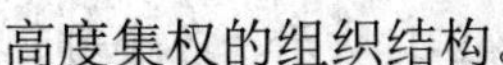

高度集权的组织结构。

(二)事业部制(M 型结构)

事业部制即 M 型组织结构(Multidivisional Structure)。它是一种分权式结构，即在其总公司之下的各事业部或分公司都是具有相对独立性的利润中心。由多样性经营所引致的管理上的需求可以说是 M 型组织机构发展的基本动因。事业部的划分往往按产品、地区或国家来进行，各事业部一般都采用 U 型结构。

M 型组织结构是一种集权与分权相结合的组织创新形式，它将日常经营决策权下放到掌握相关信息的下属部门，总部只负责制定和执行战略决策、计划、协调、监督等职能，从而可以解决大规模企业内部诸如产品多样化、产品设计、信息传递和各部门决策协调的问题，使企业的高层管理者既能摆脱日常经营的繁琐事务，又能和下属企业保持广泛的接触，同时也降低了企业内部的交易成本，因而成为现代企业广泛采取的一种企业组织形式。然而，这种组织结构在一定程度上也存在着总部与分部之间信息不对称，容易导致分部产生本位主义，只顾眼前的局部利益、忽视长远的整体利益等问题。

目前，国际大型投资银行普遍采用事业部制组织结构，我国证券公司也大都采用事业部制。以业务为划分的事业部是独立的利润中心。由于不同的事业部的服务对象存在着利益冲突，通过事业部之间的“防火墙”，保证了证券公司经营上的公正性，同时也有效地避免了风险在不同事业部之间的扩散。

(三)矩阵结构

矩阵制结构即在原有的直线职能制结构基础上，再建立一套横向的组织系统，两者结合而形成一个矩阵，它是 U 型结构与 M 型结构的进一步演变。这一结构中的执行人员(或小组)既受纵向的各行政部门领导，同时又接受横向的、为执行某一专项功能而设立的工作小组的领导，这种工作小组一般按某种产品或某种专业项目进行设置。

目前，中国的投资银行既有规模相对庞大的综合类证券公司，也有众多规模较小的专业化证券公司。从总体上来看，中国证券公司的组织结构大同小异。各个证券公司在部门设置上基本分三大块，即业务部门、职能部门、地区管理总部。但由于受体制、技术、规模、发展战略等诸多因素的影响，各个证券公司在组织结构的设置上还存在一定差别。概括起来，中国投资银行组织结构主要有三种类型，即集权式直线制组织结构、分权式的事业部制和混合型组织结构。

在中国，一些规模较小的证券公司普遍采用集权式直线制组织结构，分权式的事业部制组织结构在中国许多大的证券公司的地区分公司中被采用。在实际中，中国投资银行中很少有纯集权式直线型组织或纯分权式事业部型组织结构，大部分是这两者结合的混合型组织结构。

案例点击

高盛的组织结构

高盛的组织结构是按客户及产品范围双重标准设置的，部门划分为财务部、全球合规部、全球投资研究部、人力资本管理部、投资银行部、投资管理部、法律与管理控制部、商人银行/私募股权投资部、运营部、证券部、服务部和技术部，如图 2-1 所示，各个部门由管理委员会统一管理。这种投资银行的组织结构属于事业部型组织结构，每一事业部有其本身的管理阶层，自行经营事业部的业务。每一事业部对于总公司必须贡献一份实质的利润，总公司的利润为各事业部利润的总和。

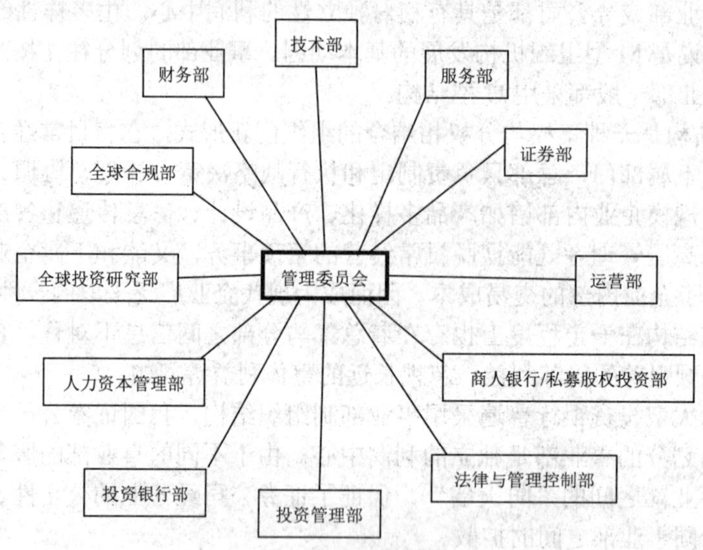

图 2-1　高盛的组织结构

1. 财务部

财务部是高盛内部的一大关键部门，负责公司的资本管理与风险监控，通过完善的资本管理和风险防范支持全球业务部门的持续盈利。在一些最为关键的领域内(如控制公司全球风险敞口(Risk Exposure)和各项业务的营利性与结构等)，财务部门的团队充当着高级管理层的顾问。

财务部的主要工作是：追踪与分析公司的资本流动；管理公司与外部监管机构的关系；根据各个区域所适用的会计准则，准备公司的法定财务信息与报表；密切配合公司其他所有的业务活动；衡量、分析和控制公司的风险敞口。

2. 全球合规部

全球合规部为公司各项业务提供建议与支持，确保公司业务符合相关法律法规。通过与每个业务部门密切配合，全球合规部负责为业务开展、测试、监督、监管报告、培训与监视提供建议；管理监管部门的审查与质询；制定并实施公司政策与程序等。全球合规部的专业人员遍布全球金融中心以及重要的发展中市场，向公司解释各地监管要求并确保公司符合这些要求，同时决定公司如何合理利用全球市场机会。

3. 全球投资研究部

全球投资研究部长期进行全球客户为本的经济、投资组合策略、衍生产品、股票和债券方面的研究。负责向股票、固定收益、外汇及大宗商品市场的客户提供增值研究，并向客户提供投资与交易的建议及策略。其外部客户包括养老金管理公司、对冲基金和共同基金的机构投资者；内部服务对象包括销售部与交易部。除了开展研究、撰写报告之外，全球投资研究部的专业人员还与客户打交道，并安排投资者与企业发行人的会议。

4. 人力资本管理部

人力资本管理部负责延揽、发展、挽留和管理公司最重要的资产：员工。分布在美洲、欧洲、印度和亚洲其他区域的人力资本管理团队负责公司全球内容广泛的人事工作，包括：招聘、挽留、继任规划、风险管理、员工队伍多元化、递增薪酬福利体系的设计与实施、员工关系、培训需求分析，课程设计与实施、绩效评估、平衡工作与生活的办法。

5. 投资银行部

投资银行部通过高水平的战略建议和创造性的融资解决方案实现价值，为政府、企业与机构经手最重要的交易。其工作职能包括：为杠杆收购确定合理的资本结构、为企业客户提供跨国兼并的顾问建议、设计客户公司的首次公开发行结构、帮助客户对未偿还的债券进行再融资、重新平衡养老基金的外汇敞口等。

其融资团队根据服务领域不同细分为：①股票资本市场部，主要负责在一级市场募集和二级市场销售股票；②债务部，根据客户独特的债务水平、当前的资金状况、风险承受能力与回报目标，选择最理想的债务型投资战略；③结构性融资团队，专注于基础设施资产类别与其他结构性融资机会，包括资产证券化、债务抵押债券与可提前赎回债券；④养老金部，为客户及其养老基金提供关于固定收益计划的顾问意见；⑤固定收益、外汇与商品和股票衍生产品团队，侧重于运用衍生产品构建风险管理解决方案，帮助公司与主权国家降低利率与外汇风险；⑥股票衍生产品团队，专门从事股票衍生工具为主的战略型交易，通过衍生工具的定价、与交易员互动、与投资银行部和公司各交易团队合作支持其日常运作；⑦杠杆融资团队，专门运用债务融资对公司及其业务部门的收购或再融资进行结构设计；⑧银团贷款团队，负责创建、设计与执行债券或债券相关融资产品，并同时设定基于债务的风险管理战略。

6. 投资管理部

投资管理部负责联络包括个人投资者与大型金融机构在内的客户，为其设计先进的投资组合管理策略，帮助其实现个人或机构的特定金融目标。投资管理部主要由两部分国际性业务组成：私人财富管理部与高盛资产管理部。此外，投资管理部还有一个业务规划团队，负责为部门高管提供金融分析支持与战略建议。

7. 法律与管理控制部

法律与管理控制部为公司在财务、运营与监管领域优化机会、控制风险，负责履行高盛对监管机构的承诺，管理公司所有法律事宜，评估公司的控制环境。

8. 商人银行/私募股权投资部

作为全球最大的私人投资者之一，设计、执行和管理在全球的企业、房地产和基础设施投资。

9. 运营部

运营部是高盛业务运作的核心所在，负责开发流程与控制，确保业务的开展具有准确性、完整性和及时性，与公司的各个部门通力合作，为全球客户提供投资银行、销售、交易和资产管理服务。对于每一项达成的交易、新推出的产品、新进入的市场或完成的项目，运营部始终是业务开展的推动者。除了上述重要职能外，运营部还提供关键的风险管理和控制，以保护并提升公司的资产与声誉。

10. 证券部

高盛证券部侧重于全球市场的分析以及全球股票、债券、外汇、大宗商品及衍生产品的交易。对这些市场的信息跟踪与透彻理解推动着市场的运转，使其能够为企业、政府和机构投资客户制定有效的策略，通过全球化的市场交易为客户创造价值、实现创新。其机构客户包括投资组合经理、共同基金、货币管理公司、保险公司、银行及对冲基金等。

11. 服务部

服务部负责在全球范围内提供必要的服务，促进公司业务开展，维护公司引领业界的基础设施，且在大多数情况下积极影响公司的盈利能力。

12. 技术部

技术部是高盛内部的一个大型部门，处在公司内部与行业变化的最前沿，构思、开发和应用行业领先的创新技术，以推进公司业务并拓展公司的业务范围。

(资料来源：http://www2.goldmansachs.com/china/our-firm/about-us/index.html，http://en.wikipedia.org/wiki/Goldman_Sachs)

第二节　投资银行业的职业路径

投资银行的内部结构比较复杂，按照产品划分大致分为股权和固定收益两大类。按照业务划分大致分为投资银行部(Investment Bank Department，IBD)、资产管理部(Asset Management)、销售交易部(Sales & Trading)等部门。

一、投资银行部门的职位

投资银行业务部门的职能是为公司、金融机构和政府部门的公开市场和非公开市场交易提供相关服务。这些交易包括股票或债务资本的发行、兼并、收购、分立，或者这些交易的组合。作为投行业务部门的一员，其主要职责是帮助公司发展和维护客户关系，参与顾问团，为一系列金融交易的构建和执行提供帮助。投资银行部门的职位包括金融分析师(Analyst)和经理(Associate)等。

案例点击

中金的投资银行部

投资银行部为客户提供包括股本融资、债务融资以及财务顾问等全方位的投资银行服务。

(1) 股本融资业务包括境内外资本市场的首次公开发行、再融资以及私募融资等。

(2) 债务融资业务包括企业债券、公司债券、可转换债券、可分离交易的可转换债券、短期融资券、中期票据、金融债券、资产证券化产品、结构化产品等。

(3) 财务顾问业务包括为企业间的兼并、收购提供财务顾问服务，以及包括帮助企业进行内部的资产重组、改制等操作。

(资料来源：中国国际金融有限公司网站)

在欧美发达国家与地区，许多大学毕业生在刚进入投资银行时都是从分析师做起的，投资银行会招聘那些工作积极主动、热爱学习并且学习成绩优异的人。被录用者的背景和学术兴趣也形形色色。虽然很多投资银行家拥有商学学位，但一些非常成功的投资银行家在开始从事投资银行业务的时候甚至没有任何与商业有关的经历。要想做好这个工作，必须具有特别的技能，并且能思路清晰地分析问题，这样才有可能成为高级经理。在事业的中期，成功取决于能否与客户交流并能顺利进行交易的能力。同时，还要了解市场、政治和宏观经济情况以及运作机制。

1. 金融分析师

金融分析师(Analyst)在参与交易的团队里的作用至关重要。其主要职责是进行价值分析，协助执行遍及各个业务领域的复杂交易。高水平的分析能力会使分析师从职业经历中收获颇多，包括对投资银行的所有基本技能有一个全面掌握。投资银行一般会从应届大学毕业生中招聘金融分析师，金融分析师阶段一般要持续两到三年。在完成这一阶段之后，公司会邀请其继续留在公司并提升为经理；一些人也会去寻求各种其他的机会，离开投资银行业的人一般都回到商学院或法学院深造，或者跳槽到私人股权投资公司、对冲基金，或遍布世界的其他公司。

2. 经理

经理(Associate)是交易团队的一员。经理参与各种类型的交易，涉及不同行业、产品和地区，而这些经历也使其积累了投资银行和管理方面的经验。在这个位置上大约会待上三年半左右的时间，这将为其成为副总裁或执行董事参与高层交易管理奠定基础。从经理升为副总裁(Vice President，VP)这个晋升程序具有普遍性。

投资银行从世界各地主要的商学院中招募经理，研究生学位的或者商业经历突出的人则直接成为经理，好多经理也是从分析师的职位升上来的。

美国科班投资银行家的职业生涯过程通常是，美国名校本科毕业到投资银行作分析师2～3年，然后到名牌商学院去读2年MBA，然后回投资银行做经理大约3年半，升为副总裁，2～4年后升为董事(Director)，在这个位置上待2～4年后，成为董事总经理(Managing Director，MD)。成为董事总经理的提升并不是普遍的，有些副总裁会一直在这个位置上呆到职业生涯结束。美国投资银行业为各个不同的职位提供与其相配的薪金水平。不同的公司，不同的地区，薪金标准各不相同。

二、资产管理部门的职位

投资银行已经将其业务领域延伸到了资产管理，资产管理既包括为富人提供的定制的资产管理，也包括为一般投资者提供的基金管理。如高盛的资产管理部门由遍及全球的两大业务组成：私人财富管理团队为富人提供金融资产管理服务；高盛资产管理团队为养老基金、捐赠基金、基金会、金融机构、公司和政府管理资产。资产管理部门同样提供金融分析师和经理的职位。

资产管理部门的职责有：为机构、公司、政府和个人客户开发并管理定制的投资组合和独立支配基金；设计并管理共同基金；建立与维护与投资者及其投资顾问的良好关系；管理投资者关系，为其提供全面的报告和核算服务；与其他部门协作开发新的客户网络，并设计出新的产品等。

资产管理部门为顾客提供专门的资产组合管理服务、投资顾问服务、营销服务、个人与机构客户服务和私人银行服务。

资产管理部门需要那些对不同投资品感兴趣，有很强的分析、组织和沟通能力，并且喜欢与各式各样的客户打交道，乐于与他人合作的人。

三、销售交易部的职位

销售交易部的工作内容就是在股票交易中充当客户的代理人，负责销售的员工通常称为销售(Sales)。销售交易部的机构客户包括组合管理者、共同基金和保险公司等。作为一个销售交易商，要想办法通过提供与市场、证券和企业交易活动等有关的信息，来引起客户的兴趣，从而使得交易更加顺利。销售人员要及时了解客户的投资组合策略和证券持有状况，对客户的需求进行预测并满足客户的需求。这些销售人员需要极强的沟通能力和良好的人际交往能力。这个职位并不一定需要有经济学或金融学的学位，很多这个领域的成功人士都只拥有艺术或自然科学的学位。但活力、热情、好学、创造性和忠诚却是必需的。

交易商是以团队形式进行工作的，负责下指令交易的人员称为交易员(Trader)，这些交易员从事某些特定行业的交易，监控这些行业证券价格和交易量的趋势，并执行交易。负责交易的员工必须适应与数字打交道，并且保持精力旺盛、市场感觉敏锐、良好的适应性和高度抗压性的人格特质。

案例点击

中金公司销售交易部成立于1997年4月，从事国内和国际资本市场股票与债券的一级市场销售与二级市场的代客与自营交易。销售交易部拥有上海交易所、深圳交易所和香港联交所的交易席位，并已成为中国国债市场和企业债市场的积极参与者。销售交易部的主要服务对象为机构投资者，如国内外著名基金公司、保险公司及大型综合性企业。销售交易部为客户提供由中金公司研究部撰写的高质量的有关宏观经济、行业以及上市公司投资潜力的分析报告，提供及时的市场信息与投资资讯建议，以及执行客户的交易指令。在国内资本市场上，销售交易部建立了一整套市场分析交易执行和风险控制体系，为客户提供具有国际水准的经纪人服务。在国际资本市场上，销售交易部已创下“中国通”的品牌，为投资中国股票的客户提供一流的研究、最好的上市公司介入以及准确及时的市场信息。

(资料来源：中国国际金融有限公司网站)

四、研究部的职位

研究部的工作内容是对宏观经济、行业和公司做基础研究和分析，其目标是帮助其客户获得高额回报。投资研究部门的客户群包括两类：一类是外部客户，如共同基金、养老基金和对冲基金等机构投资者；另一类则是内部客户，如股票销售和交易部门。研究部的工作职位包括分析师、高级分析师、经理等。

研究部通常包括宏观经济研究、投资组合策略研究和股票研究三个研究团队。大学毕

业后进入研究部一般会从分析师做起，进入行业研究团队，其日常工作包括分析企业状况，处理数据，运用金融模型，与销售人员和客户进行沟通。

研究分析师一般要具备定性、定量分析能力，娴熟的书面和口头沟通能力，强烈的求知欲、创造性思维以及对企业信息的全面掌握。具有多个学科背景的学生比较受欢迎。

除了上述业务部门外，不同的投资银行还可能设置资本市场部、直接投资部、固定收益部等业务部门。除了业务部门外，公司的业务还需要很多其他职能部门的支持，如法律事务部、管理控制部、运营部、技术部等。这些职能部除了从其他部门调入员工之外，也对外招聘员工。

第三节　投资银行家的素质与招聘

投资银行作为一个高智力的服务性行业，没有高精尖的技术和机器，要区别于其他公司并在竞争中取胜，最大的砝码就是人才。优秀的投资银行家是投资银行的灵魂，所以投资银行都对其从业人员的素质有基本的要求。

一、投资银行家的基本素质

1. 诚信的品质

诚信是一切商业活动的基础，在投资银行业尤其如此。投资银行只愿意雇用那些他们认为值得信任的人。无论对个人而言，还是对职业生涯来说，信任是业务的核心，诚实的声誉是发展未来业务的最好资本。优秀的投资银行家应保持最高的道德水准，并保证所做的一切都符合公平原则。

2. 渴望挑战，充满激情

投资银行业是竞争激烈及压力非常大的行业，投资银行业充满了挑战。投资银行家一个重要的品质就是渴望挑战，追求事业的成就感，向往那种能够让智力与热情发挥到极致的工作。在激烈而漫长的竞争过程中，始终对所从事的工作充满激情，保持昂扬的斗志、充足的信心，以及不畏艰难的勇气，全身心投入工作。

3. 学习能力

投资银行是一个新产品、新方法及新工具层出不穷的行业，这就要求投资银行家具备出色的学习能力。投资银行会招聘学业优秀的学生，这从一定程度上说明了学生的学习能力。投资银行一般并不对人才的专业背景进行限制，但是具备相当的金融知识，能够熟练运用金融分析工具，具备很强的分析能力也很重要。

4. 创新能力

投资银行的生命力在于不断创新。纵观国际投资银行业务的发展，从传统的证券承销、经纪到自营业务，发展到兼并收购、投资管理、项目融资、资产证券化、金融工程等，均是不断创新的结果。投资银行的业务创新来源于其具备大批创新型人才。投资银行从业人员必须具有创新能力，在旧事物、旧思路、旧工具出现问题时，会去构思和尝试新事物、新思路、新工具。

5. 沟通能力

投资银行需要那些在各种情况下都能与客户进行良好的沟通，并最终解决问题的人。投资银行家要具备沟通能力，要会倾听顾客的需求，听取同事的意见，要会清晰、简洁地表达自己的观点，并注意突出要点。

6. 团队合作能力

投资银行的业务必须靠团队合作才能得以顺利完成，因而投资银行人才必须具备团队合作精神。无论什么情况，只要有可能，团队里的每一位成员都要达成共识，并按照共识行事。团队里所有的成员都必须得到其他成员的承诺，把各自的工作做好。

7. 领导力

要在投资银行业谋求职位，领导力很重要。领导力并非要你超过周围的同事，而是要像领导者那样思考问题，要有全局意识，主动地从不同角度思考问题，为那些可能已经运作良好的流程和制度寻求改进的办法，乐意为客户或同事提供帮助。

8. 自律与毅力

投资银行是一个高工作强度的行业，每周平均工作 50～90 小时。这就要求投资银行家具有持久的耐心和坚强的毅力，对自己的生活方式高度自律，做好长期奋斗的心理准备，调整自己的生活节奏，保持坚持不懈的专业精神。当资本市场并不朝着预想的方向发展，必须保持应变能力、自律，坚持完成余下的工作。

二、投资银行的招聘

(一)面试的过程

对应届毕业生来说，招聘是从招聘者到学校来做校园演讲开始的，时间一般是秋季的那个学期。学生们在校园招聘会上递交简历，或网上申请。如果你符合条件，招聘者就会与你联系，安排面试，讨论你可以获得的工作机会。第一轮的面试有可能在学校，也有可能安排到公司。第一轮面试结束后，通常会在公司进行一整天的第二轮面试，这轮面试要与来自公司不同部门的专家们进行面谈。

如果所在的学校没有安排校园招聘，就要尽可能提前了解公司的招聘情况，然后网上申请。一般实习面试是两轮。而对正式工作的面试要经过三到四轮。

1. 第一轮面试

对分析师的候选者来说，第一轮面试常常是整个公司参与的面试。即使你对某一部门很感兴趣，但很可能在面试的时候根本碰不到该部门的人，你可能要接受来自其他部门的人的面试。第一轮面试可能不太具有技术含量，还不涉及某一部门所需要的能力。面试者只是想发现一些各部门共同需要的能力，比如基本的分析能力、良好的沟通技巧、领导潜力等。

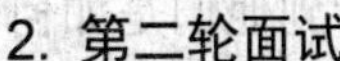

2. 第二轮面试

在第二轮面试中，你可能要接受最多两个部门的面试，你要表现出对某个部门的兴趣。因此，如果你面试的是股票服务部门或固定收益部门，你就得表现出对金融市场的兴趣，并做过较好的研究。你并不需要是这个领域的专家，但如果你想成为交易员或销售员的话，你至少得表现出对市场动态有基本的了解，并对它有兴趣。在第二轮面试中可能会碰到与特定部门有关的面试问题。如在给投行业务部门招人时，面试官就会想知道你对投行业务中金融分析师工作内容的看法，希望你至少对这个领域有大致的了解，在这个业务上的竞争者是谁，还希望你对这个领域有所研究，至少知道这个领域的一些经典案例。面试官会重视你表现出来的对公司案例的兴趣。

如果你面试的是固定收益部门，那么面试官可能会问："你认为未来半年里利率将会如何变动？"虽然面试官知道这个问题没有一个标准的答案，但只是想了解面试者对证券市场的看法。假如你面试的是股票服务部门，面试官可能会问你一直关注的某个公司的股票的情况。这样面试官会知道你对股票市场感兴趣，并且你已经开始形成了一种市场导向的思维。

(二)面试要注意的事项

1. 做好面试的准备

首先，要对面试官的提问做准备，要带着问题来面试。面试官会对你的背景、资格、实习经历或工作经历、教育经历、你简历中所列举的成就等提问。带着需要的材料去面试总是有帮助的，因为你可以随时参考。面试的时候，一般要准备一份成绩单，因为不同国家不同学校的成绩评定机制是不一样的。与此同时，你还应当准备问面试官一些问题，因为面试就是一个了解你岗位的角色和责任、所在工作组及公司一般情况的机会。

其次，要做好着装方面的准备。面试时要注意商务着装，打扮得体。参加面试之前，要早点休息，尽量留出些额外的时间，以免时间太紧。

最后，要花时间去研究，并利用一切渠道获取信息，以对公司的基本情况、公司文化以及所应聘部门的业务职责有所了解。应清楚地认识并说明你想做什么以及为什么你会适合这个岗位。

2. 面试中的注意事项

(1) 要充满激情。在面试的时候，一开始就要显得充满激情、精力充沛和热情洋溢，一个良好的开端非常重要。一般来说，面试只有30～45分钟，在面试者自我介绍完之后，已经剩下不了多少时间了。因此，面试者应从进门开始就微笑、显出活力，并迅速进入状态。

(2) 要真诚。投资银行喜欢真诚的人，不要试图去伪装成与你情况不符的人，对不了解的问题，不要假装知道答案。面试者可以展示能够体现团队合作精神的业余活动，或者是作出超越常规的事情并取得很好的成绩，这也会给面试官留下较深的印象。

(3) 要自信而不自大。面试者需要一定程度的自信，但还要有点自谦，不自谦的人很难被聘用。投资银行乐于聘用有幽默感的人。

(4) 要学会分享信息。成功的面试就是面试者和面试官之间的坦诚交流。面试不是只有一方在侃侃而谈。成功的面试者不要局限于有一答一，要让面试官看到他们是如何做决定或得出答案的。一般来说，面试官提出的问题都是开放式的。在面试中，面试者应当列举一些在业余或学术活动中遇到的真实的场景。面试时，可以根据公司的情况做些笔记，因为这表示你想听到和了解公司所做的事情。

(三)面试的问题

要想面试成功需要充分的准备。回答要清晰、简洁。面试的问题一般都不会太难。

1. 一般性问题

介绍一下你自己。
你的优势和劣势是什么？
你的朋友怎么描述你？
你有事业心吗？
工作中什么对你来说是最重要的？
举个展现你领导力的例子。
举个例子说明你在一个团队中是如何工作的。
你觉得自己有创造力吗？举个例子说明。
你为什么会对投资银行业有兴趣？
描述一下我们公司里你认为理想的岗位。
你觉得一个人在商界成功需要具备怎样的品质？
你为什么觉得自己胜任这个岗位？
你为什么会选择你所在的学校或商学院学习？
你最喜欢哪门课？最不喜欢哪一门？为什么？
你所学的哪些东西有助于你与我们一道工作？
你业余时间都做些什么？
除了你简历上写的，还有哪些是你最想让我们知道的？

2. 投行业务部门的面试问题

投行业务岗位的面试问题比一般面试的问题更具体一些，会涉及对投资银行业务的理解以及相关技能。

为什么投资银行要将销售和交易区分开来？这两者有什么不同？
举个例子来说明你的定量分析能力。
你想从事投资银行哪个领域的工作？
举个你不得不与他人发展关系的例子。

3. 投资管理部门的面试问题

你是市场追随者吗？追随的时间有多长？你投资了没有？
举一个你很难获得所需要的信息的例子，并说明你最终是如何成功地获得这些信息的。
你关注过股票吗？关注过哪些股票？为什么关注这些股票？
你正在面试的这家公司昨天的股价是多少？

举个你工作中或工作之外的例子，你在其中起到了关键作用。

4. 销售和交易部门的面试问题

销售和交易部门的岗位要求头脑灵活，对销售技巧、市场、风险承受等方面要有浓厚的兴趣。面试问题的例子有：

与投行业务相比，为什么你会对销售和交易部门感兴趣？

你对销售和交易感兴趣吗？为什么？

交易员是做什么的？销售员呢？

你想销售还是想交易权益或债务工具？为什么？

在你的人生中，衡量成功的标准是什么？

为什么你会觉得自己能够做销售？

你的哪些性格会使得你能够成为一个好的交易员？

假如利率上升，债券的价格将会如何变化？为什么？

以上这些面试问题、面试技巧等可以在高盛、摩根士丹利等投资银行的网站上看到。在很多院校的 BBS 上还可以找到投资银行的面试经验(在网站上俗称“面经”)。

本 章 小 结

投资银行的组织结构与职业	投资银行的组织结构	1. 现代投资银行的组织结构形式主要有三种：合伙制、现代公司制和银行/金融控股公司制。 2. 投资银行的组织结构类型主要有三种：直线职能制(U 型结构)，事业部制(M 型结构)，矩阵结构
	投资银行业的职业路径	投资银行中，投行业务部的职能是为股票或债务资本的发行、兼并、收购、分立等业务提供服务；投资管理部的职责则包括为富人提供的定制的资产管理和为一般投资者提供的基金管理；销售交易部则是在股票交易中充当客户的代理人；研究部的工作内容是对宏观经济、行业和公司做基础研究和分析
	投资银行家的素质与招聘	该部分内容涉及投资银行家所需的多种素质，投资银行招聘中面试的过程，面试前应做的准备和面试中可能被问及的问题等

典型案例

中信证券的组织结构

中信证券股份有限公司(以下简称“中信证券”或“公司”)是中国证监会核准的第一批综合类证券公司之一，前身是中信证券有限责任公司，于 1995 年 10 月 25 日在北京成立，现注册资本 6 630 467 600 元。2002 年 12 月 13 日，经中国证券监督管理委员会核准，中信证券向社会公开发行 4 亿股普通 A 股股票，2003 年 1 月 6 日在上海证券交易所挂牌上市交易，股票简称“中信证券”，股票代码“600030”。

中信证券的主营业务范围为：证券经纪；证券投资咨询；与证券交易、证券投资活动有关的财务顾问；证券承销与保荐；证券自营；证券资产管理；融资融券；证券投资基金代销；为期货公司提供中间介绍业务。

中信证券长期以来秉承“稳健经营、勇于创新”的原则，在若干业务领域保持或取得了领先地位。2009 年底，经纪业务合并市场份额为 8.36%，排名第一；股票承销业务的合并市场份额为 24.13%，债券承销的合并市场份额为 11.30%，均排名第一；控股基金公司所管理资产规模超过 3000 亿元，排名第一。

中信证券积极开拓创新业务，2009 年底，公司共完成 4 单直投项目上市。公司积极备战融资融券、股指期货等业务，其中，公司已于 2010 年 3 月 19 日顺利取得融资融券业务资格；股指期货业务方面，公司获得 IB(Introducing Broker)业务资格；境外业务方面，公司利用全资子公司中信证券国际有限公司为平台，努力开拓国际市场，2009 年上半年，公司对中信证券国际有限公司进行了增资，增资后的实收资本达 37.37 亿港元。

截至 2009 年 12 月 31 日，中信证券持股 5%以上的股东为中国中信集团公司(持股比例为 23.45%)和中国人寿保险股份有限公司(5.52%)。公司依托第一大股东——中国中信集团公司，与中信银行、中信信托、信诚人寿保险等公司共同组成中信控股之综合经营模式，并与中信国际金融控股共同为客户提供境内外全面金融服务。

中信证券下属中信建投证券有限责任公司、中信金通证券有限责任公司、中信万通证券有限责任公司、中信证券国际有限公司、华夏基金管理有限公司、中证期货有限公司、金石投资有限公司、中信产业投资基金管理有限公司 8 家控股子公司，下属建投中信资产管理有限公司、中信标普指数信息服务(北京)有限公司 2 家参股子公司。包括所属子公司在内，中信证券在境内合计拥有 222 家证券营业部、13 家证券服务部、12 家期货营业部、7 家香港分行。截至 2009 年，公司及所属子公司员工人数约 1 万人。

中信证券组织结构中部门的设置较为全面，下设投资银行委员会、企业发展融资部、股票销售交易部、债券销售交易部、资产管理部、资金运营部、交易与衍生产品业务部、经纪业务管理部、投资管理部、总经理办公室、人力资源部、计划财务部、综合管理部、法律监察部、风险控制部、清算部、研究部、信息技术中心和子公司等(如图 2-2 所示)。

中信证券的投资银行业务，致力于为国内大中型重点企业和高端客户的重组改制、发行上市和上市公司再融资等股权融资活动提供专业服务。其投资银行委员会又下设运营部、资本市场部、资产重组部、资产证券化部、债券部、企业并购部和投资银行。

上市以来，中信证券进行了两次增资扩股：2006 年非公开发行 3.5 亿股，募集资金约 46.40 亿元；2007 年公开发行 3.34 亿股，募集资金约 250 亿元。2008 年 4 月，公司实施资本公积转增。转增完成后，公司总股本达 6 630 467 600 股。截至 2009 年 12 月 31 日，公司总资产 2068.07 亿元，净资产 615.99 亿元，净资本 349.04 亿元，是国内规模最大的证券公司。

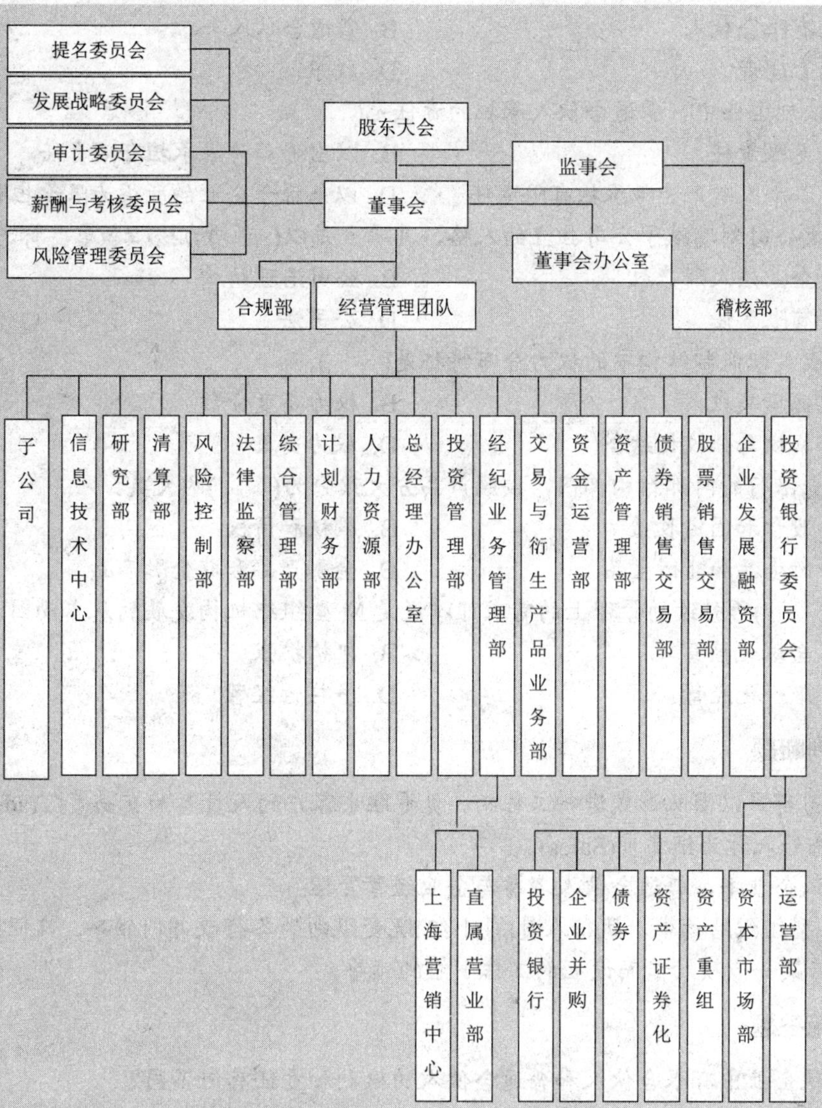

提名委员会
发展战略委员会
审计委员会
薪酬与考核委员会
风险管理委员会
股东大会
监事会
董事会
董事会办公室
合规部
经营管理团队
稽核部
子公司
信息技术中心
研究部
清算部
风险控制部
法律监察部
综合管理部
计划财务部
人力资源部
总经理办公室
投资管理部
经纪业务管理部
交易与衍生产品业务部
资金运营部
资产管理部
债券销售交易部
股票销售交易部
企业发展融资部
投资银行委员会
上海营销中心
直属营业部
投资银行
企业并购
债券
资产证券化
资产重组
资本市场部
运营部

图 2-2　中信证券的内部组织结构图

资料来源：

中信证券简介

http://www.cs.ecitic.com/about_citics/index.html

下属子公司

http://www.cs.ecitic.com/main.jsp? menuId=198&level=2

复习思考题

一、不定项选择题

1. 所谓有限合伙制，是指在企业中存在两类人，这两类人指(　　)。

A. 有限合伙人　　B. 普通合伙人
C. 管理者　　D. 股东

2. 合伙制企业中，普通合伙人承担的责任是(　　)。
A. 无限责任　　B. 以出资额为限承担有限责任
C. 以个人财产为限承担有限责任　　D. 以来源于企业的所得为限承担有限责任

3. 现代公司制度赋予公司独立的人格，其确立是以(　　)为核心和重要标志的。
A. 企业法人财产权　　B. 公司治理结构
C. 有限责任　　D. 公司法

4. 直线式职能制结构中的权力分布特征是(　　)。
A. 高度集权　　B. 权力高度分散
C. 集权与分权相结合　　D. 权力交叉

5. 投资银行的内部结构部门，按照产品分大致分为(　　)两大类。
A. 股权和固定收益　　B. 股权和债权
C. 衍生品和非衍生品　　D. 金融产品和非金融产品

6. 由(　　)所引致的管理上的需求可以说是M型组织机构发展的基本动因。
A. 全球化经营　　B. 机构扩张
C. 单一化经营　　D. 多样性经营

二、判断题

1. 交易商是以团队形式进行工作的，负责联系客户的人员称为交易员(Trader)，而负责下指令交易的人称为销售员(Sales)。(　　)

2. 合伙企业中，普通合伙人不参与企业经营管理。(　　)

3. M 型组织结构中，执行人员(或小组)既受纵向的各行政部门领导，又同时接受横向的、为执行某一专项功能而设立的工作小组的领导。(　　)

三、简答题

1. 合伙企业中有限合伙人和普通合伙人的权利和责任有何不同?
2. 简述投资银行内部可以采取的三种组织结构：直线职能制、事业部制和矩阵制。
3. 简述投资银行部、销售和交易部、资产管理部和研究部各自的业务。

第三章　公司价值评估

【本章精粹】

◆ 公司价值评估的用途

◆ 贴现现金流法和乘数估值法的基本方法

◆ 不同估值方法的优劣比较

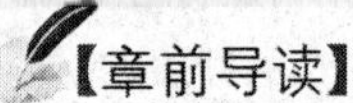

【章前导读】

吉利集团以18亿美元收购沃尔沃轿车

浙江吉利控股集团有限公司(简称：吉利集团)今天宣布已与福特汽车签署最终股权收购协议，获得沃尔沃轿车公司(简称：沃尔沃轿车)100%的股权以及相关资产(包括知识产权)。吉利集团将以18亿美元收购沃尔沃轿车。

吉利集团董事长李书福和福特汽车公司首席财务官 Lewis Booth 在哥德堡签署了该协议，中华人民共和国工业和信息化部部长李毅中以及瑞典副总理兼企业能源部长 Maud Olofsson 出席了签署仪式。

吉利集团董事长李书福表示："中国这一全球最大的汽车市场将成为沃尔沃轿车的第二个本土市场。作为国际知名的顶级豪华汽车品牌，沃尔沃轿车将在发展迅速的中国释放出巨大的市场潜力。"

福特汽车总裁兼首席执行官 Alan Mulally 表示："沃尔沃是一个卓越的品牌，拥有一流的产品。本协议为沃尔沃轿车的未来可持续发展奠定了坚实的基础。"

除了股权收购，本协议还涉及沃尔沃轿车、吉利集团和福特汽车三方之间在知识产权、零部件供应和研发方面达成的重要条款。这些协议充分保证了沃尔沃轿车的独立运营、继续执行既有的商业计划以及未来的可持续发展。

吉利集团将以18亿美元收购沃尔沃轿车。所有的收购资金已经到位，同时，吉利集团也准备好了沃尔沃轿车今后业务发展所需的营运资金贷款。

吉利集团将保留沃尔沃轿车在瑞典和比利时现有的工厂，同时也将适时在中国建设新的工厂，使得生产更贴近中国市场。

李书福董事长另外表示："我们为和福特达成最终协议感到高兴，作为新股东，吉利将继续巩固和加强沃尔沃在安全、环保领域的全球领先地位。沃尔沃轿车的用户可以放心，这个著名的瑞典豪华汽车品牌将继续保持其安全、高品质、环保以及现代北欧设计的核心价值。"

作为此交易的组成部分，吉利集团将继续保持沃尔沃与其员工、工会、供应商、经销商，特别是与用户建立的良好关系。

交易完成后，沃尔沃轿车的总部仍然设在瑞典哥德堡，在新的董事会指导下，沃尔沃轿车的管理团队将全权负责沃尔沃轿车的日常运营，继续保持沃尔沃轿车在安全环保技术上的领先地位，拓展沃尔沃轿车作为顶级豪华品牌在全球100多个市场的业务，并推动沃尔沃轿车在高速增长的中国市场的发展。

吉利集团收购沃尔沃轿车交易中，一个重要方面是沃尔沃的定价问题，沃尔沃是否值18亿美元？在当前中国经济高速发展的同时，中国企业不断通过收购、兼并国内外同类企业或上下游企业以达到迅速扩张的目的。在此过程中，收购方的领导者必须对被收购的企业价值有一个充分的评估。

(资料来源：http://finance.sina.com.cn，新浪财经，2010年3月28日)

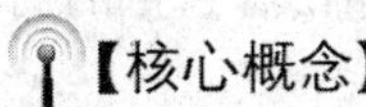

估值乘数 价值驱动因素 可比公司 控制权溢价

第一节 公司价值评估的基本思想

在购买企业或股权时，应当出价多少来购买？在出售企业或股权时，可以以什么价格出售？在企业公开发行股票时，如何确定发行价及募集资金规模？在企业进行重组时，通过重组能够产生多少价值？在企业准备开展新业务时，新业务能够给企业带来多少价值？以上问题都需要通过价值评估来解决。

一、公司价值评估的基本概念

公司价值体现在其拥有的各种资产上，包括实物资产和金融资产，因此将每一类资产分别进行价值评估并且汇总到一起就得到了一个公司的总体价值。

在对资产进行价值评估前，首先应区分清资产价值的两种表现形式，即账面价值和市场价值。账面价值就是会计账簿上反映出的价值，即资产负债表上反映的总资产、净资产，主要反映的是企业以前取得资产时候的价值，即历史成本。市场价值是自愿买方与自愿卖方在评估基准日进行正常的市场营销之后所达成的公平交易中，当事人双方以精明、谨慎行事、不受任何强迫压制的情形下某项资产的交易价格。如股票的市价、兼并收购中支付的对价等，主要反映该资产未来收益的多少。

在多数情况下，账面价值和市场价值存在着较大差异。账面价值主要用于会计目的，是对企业历史交易的记录。而资本市场上的投资者更为关注的是企业未来的收益情况，即市场价值。因此，对于一个公司的价值评估，一般情况下都是指对一个公司市场价值的评估。第三章公司价值评估、第四章公司估值方法——贴现现金流法以及第五章公司估值方法——乘数估值法，都是指对公司的市场价值进行评估。

通常情况下，用来衡量公司的市场价值的指标有两个，分别是公司价值和公司的股权价值。公司价值是一个公司中归属于全部投资者的价值，是公司未来产生的全部现金流贴现后现值的总和。而公司的股权价值指的是公司价值中归属于股权投资者的那部分价值，即公司未来产生的归属于股权投资者的现金流贴现后现值的总和。其中，公司价值为公司股权价值与公司债权价值的总和：

公司价值=公司股权价值+公司债权价值

公司价值评估就是通过建立估值模型，计算公司价值或者其股权价值。

二、公司价值评估的局限性

公司价值评估被广泛运用于公司的财务管理、兼并收购以及投资组合管理中。公司的管理者可以通过评估公司价值的变化来考核公司管理的优劣。对于兼并收购的收购方，需要通过评估被收购公司来确定所需支付的对价。对于投资者来说，在何种价位上购买一个公司的股票就需要对公司的价值进行充分的评估。但是公司价值评估也存在着一定的局限性。

1. 估值模型建立在众多假设基础上，存在较大的主观性

对公司的价值进行评估，首先需要构建一个完整的估值模型。通过构建估值模型来描述一个企业的业务流程、财务结构，最终通过合理的计算得到相应的估值结果。这个估值模型是一个数量化的模型，该模型的结构客观地反映了公司的总体情况。但是，估值模型的运行需要输入大量的数据，其中包含大量与公司未来经营业绩及财务状况相关的预测数据。这些被输入模型的预测数据都是估值模型构建者的主观判断。判断是建立在模型构建者对目标公司自身和对目标公司所在行业的认知的基础上的。因此不同的模型构建者对同一个公司的认知不同，则其对公司未来经营业绩及财务状况的预测不同，从而导致最终得到的估值结果也不同。

例如，行业研究员对于行业内的某一家公司的了解与公司管理层对其公司自身的了解是有差异的。行业研究员比公司管理者更了解行业总体方面的情况和统计数据，可以更准确地判断整个行业的发展方向。可是行业研究员对公司的发展策略、财务制度、历史数据的了解不可能与公司的管理者相比。由于所掌握的信息不相同，观察企业和行业的视角不同。因此即使将一个相同结构的估值模型分别给予研究员和公司的管理者让其对公司进行估值，最终得到的估值结果也不可能相同。同样，在兼并收购中，由于收购方与被收购方对于标的资产的看法不同以及估值的目的不同，也会影响输入模型中的各种假设，从而导致估值结果的差异。

由此可见，估值模型虽然是数量化的、客观的，但是由于估值模型的假设存在较大的主观因素，因此不同的分析员或投资者通过估值模型计算得到的同一个公司的估值结果可能存在较大的差异。

2. 信息有限，无法可靠地进行价值评估

在建立估值模型对公司进行估值时，需要收集大量的行业信息、公司业务信息及财务信息，这些信息是建立一个完整模型的基础。但是在很多情况下，相关信息的收集是十分困难的。一方面，公司业务信息及财务信息难以取得。例如：由于公司对信息的保密，公司外部人员无法取得公司的历史数据，或者所需要的公司数据从日常公司财务系统和经营统计上很难得到。另一方面，由于行业的特殊性导致行业信息难以取得。例如：军工行业的行业数据存在保密性；规模较小的行业没有权威性的统计数据等。以上两个方面的问题直接导致通过建立估值模型评估公司价值的基础数据不完备。在此情况下，通过估值模型计算得到的估值结果可能存在较大误差。

3. 复杂的估值模型，不一定能够得到准确的估值结果

估值模型反映的是一个公司生产经营的全过程。但是如果将生产经营的所有细微环节都建立到模型之中必然要求输入大量的变量来完成模型的运算。输入的变量越多，则主观因素越多，从而可能使模型的运算结果更加偏离公司的实际价值。

4. 通过估值不能得到一个准确的估值结果，而是得到一个相对准确的价值区间

由于估值模型存在众多假设条件及主观预测数据的输入，因此通过模型不能得到一个有关公司价值的准确数据。通常情况下，通过对假设条件及输入的预测数据进行敏感性分析，从而得到一个有关公司价值的估值区间。

例如：通过乘数估值法对公司进行估值时，如果目标公司的可比公司有三个，并且这三个公司的估值乘数都不相同，那么在并不能确定用哪个公司的估值乘数作为目标公司的估值乘数更准确的情况下，可以通过三个公司的估值乘数的最大值和最小值分别计算目标公司的公司价值，这样就得到了目标公司公司价值的最大值和最小值，从而得到了目标公司的估值区间。

5. 估值结果需要市场检验，不能脱离市场

通过估值模型得到的一个公司的价值需要接受市场的验证。市场上公开的公司价值信息，比如已经上市交易公司的股票价格、相关资产出售的合同价格或者可比公司的股票价格等都是验证估值结果是否合理的重要信息。分析出估值结果与市场价值之间的差异原因可以判断估值结果的准确性。一个公司的估值结果如果远远偏离市场公开价值信息，并且不能找到合理的理由解释这种差异，则此估值结果是不合理的。

第二节　公司价值评估的基本方法

用何种方法对一个公司的价值进行评估，需要从公司的实际情况出发，选取最佳的估值方法。目前，资本市场上普遍应用的估值方法有两种，即贴现现金流法(DCF)和估值乘数法。贴现现金流法是通过加权平均资本成本(WACC)，计算流向全部资本提供者的现金流(FCF)的现值来进行估值的方法。其中，全部资本提供者包括普通股股东、优先股股东和债权人。乘数估值法是通过可比公司或历史上可比交易的估值乘数和被估值公司的营运指标对公司进行估值的方法。

本节主要概述以上两种估值方法及其适用性。

一、贴现现金流法

1. 贴现现金流法估值的基本方法

现金流贴现法的基础是现值原则，即资产的价值等于其预期所能产生的全部现金流贴现后现值的总和。用公式表示为

$$V=\sum_{t=1}^{n}\frac{\mathrm{CF}_t}{(1+r)^t}$$

式中：V——资产的价值；

n——资产的寿命；

CF_t——资产在 t 时点产生的现金流；

r——反映预期现金流风险的贴现率。

例 3-1 现金流贴现计算。

假定 A 公司预期未来五年能产生的现金流为 50 万元、60 万元、70 万元、80 万元、90 万元、假设贴现率为 10%，A 公司未来五年现金流贴现的现值计算如下。

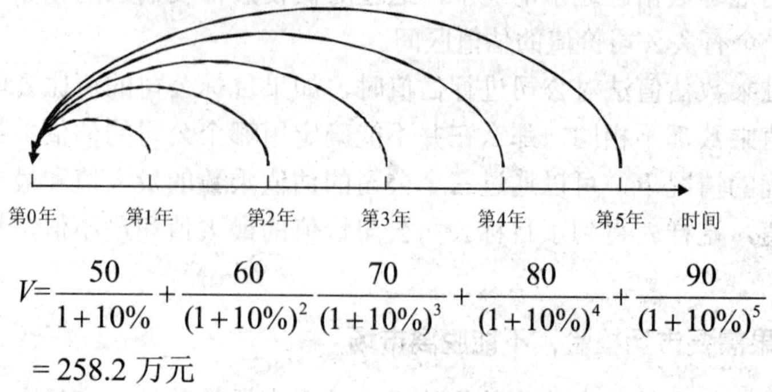

$$V=\frac{50}{1+10\%}+\frac{60}{(1+10\%)^2}\frac{70}{(1+10\%)^3}+\frac{80}{(1+10\%)^4}+\frac{90}{(1+10\%)^5}$$
$$=258.2 \text{ 万元}$$

2. 公司价值与股权价值

通过贴现现金流方法我们可以得到两种估值结果：一是公司价值；二是股权价值。如果将一个公司所有资产所产生的属于全部投资者的现金流贴现，就可以得到公司的整体价值即公司价值。如果将一个公司所产生的只属于股东的现金流贴现，那么仅得到这个公司的股权价值。计算公司价值的公式如下：

$$\text{公司价值}=\sum_{t=1}^{\infty}\frac{\mathrm{FCFF}_t}{(1+\mathrm{WACC})^t}$$

式中：FCFF_t——t 时点预期的公司整体现金流；

WACC——加权平均资本成本。

加权平均资本成本是以公司各种资本在公司全部资本中所占的比重为权数，对各种长期资金的资本成本加权平均计算出来的资本总成本。以加权平均资本成本对公司所有资产所产生的属于全部投资者的现金流贴现就得到了公司价值。计算公司股权价值的公式如下：

$$\text{股权价值}=\sum_{t=1}^{\infty}\frac{\mathrm{FCFE}_t}{(1+K_e)^t}$$

式中：FCFE_t——t 时点预期的属于公司股东的现金流；

K_e——权益资本成本。

权益资本成本是公司权益投资者所要求的回报率。以权益资本成本对属于公司股东的现金流贴现就得到了股权价值。

虽然两种方法所使用的现金流及贴现率不同，但是如果假设条件相同，就会得到一致的结论。因为公司价值应该等于股权价值与公司净债务之和，即

公司价值=股权价值+净债务

式中：净债务=公司总债务-现金及现金等价物

二、乘数估值法

1. 乘数法估值的基本方法

总体而言，处于同一行业的公司由于其业务模式和经营管理模式相似，因此同一行业

内公司的业务指标和财务指标也具有很强的相似性。乘数估值法就是利用同行业公司的相似性，通过研究行业内可比公司的比例指标作为乘数乘以某一公司的价值驱动因素，从而计算出其公司价值。用公式表示为

公司价值=价值驱动因素×乘数

在此公式中的价值驱动因素是指实际驱动公司价值增长的变量。这些驱动因素反映的是公司本身的盈利能力或拥有的资源，可以是利润、每股利润、收入、总资产、净资产或用户数等。乘数是可比公司较为恒定的比率。通常使用的乘数包括：市盈率(PE)、市净率(PB)及公司价值/EBITDA 等。

2. 乘数估值法的分类

我们有两条途径获得目标公司的估值乘数：一个是从可比公司得到合适的估值乘数，另一个途径是从可比的历史交易中获得合适的估值乘数。因此乘数估值法又可以分为可比公司法和历史交易法。

第三节　公司价值评估方法的比较

任何一种估值方法都不是完美的，因此不是每种估值方法都适合运用于各种情形下的估值。在对企业进行估值时，需要根据估值的目的选取合适的估值方法。因此，在这里我们通过分析贴现现金流法和乘数估值法的优点和缺点，以便大家能够正确地选取合适的估值方法。

一、贴现现金流法的特点

(一)贴现现金流法的优点

1. 理论上最完善的方法

贴现现金流法亦称为现金流贴现法，是通过预测未来若干年的自由现金流，并用恰当的贴现率(通常为加权平均资本成本)和终值计算这些现金流和终值的现值，从而预测出合理的公司价值和股权价值。现金流贴现法分析了一个公司的整体情况，既考虑了资金的风险，也考虑了资金的时间价值，是理论上最完善的估值方法。

2. 估值结果接近股权的内在价值

贴现现金流法最大的优点是最贴近公司的实际内在价值。通常会计科目中数据的记录往往带有主观判断，因而可能产生误差，例如，一项开支是否核算为费用支出还是新增资产就会因人而异。贴现现金流法是通过对公司未来的自由现金流计算得出公司价值的，单纯追踪属于投资者的资金流，并不完全基于历史财务数据，因此计算出的价值更加贴近公司的内在价值。

3. 充分反映公司的经营战略

为了预测公司未来的自由现金流，首先需要按照公司的业务流程建立一个估值模型。

好的估值模型的结构可以充分反映公司采购、生产及销售等各个业务环节。在设计好估值模型的结构后，根据公司未来的经营战略，把相应的数据输入模型中，最终得到预测的自由现金流。因此，通过贴现现金流法计算的估值结构可以反映公司的经营战略。

4. 受市场短期及周期性变化的影响较少

利用贴现现金流法进行估值的预测期要超过公司的成熟期，通常预测未来 5~10 年的数据。由于预测期较长，因此可以完全覆盖掉市场短期情况或者行业周期性变化对估值的影响。

(二)贴现现金流法的缺点

1. 估值方法复杂，工作量大

首先，贴现现金流估值模型的结构复杂，并且模型的建立需要对行业和公司的情况有充分的理解。其次，贴现现金流法的估值模型不是建立在一系列固定不变的数据基础上的，因此，在行业未来前景出现变化，或者公司的经营策略进行转变的情况下，都需要随时调整模型所需要输入的数据。因此相对乘数估值法而言，工作量较大，操作不便。

2. 估值区间的范围大，估值结果可用性有限

首先，现金流贴现法的估值结果对于公司未来发展速度以及市场走势的假设很敏感。如果对于自由现金流，贴现率以及永久增长率的预测仅仅基于主观判断，得到的估值区间可能会很大，因此估值结果的参考价值有限。

贴现法的准确性有赖于对未来现金流的精确判断，对于难以预测销售和成本走势的企业而言则很难准确预测未来的现金流。仅仅是预测未来几年的现金流已经很困难，无限延长后的预测数字其准确性则更值得商榷。为了保证公司的真实价值处于估值区间之中，就需要对众多假设进行敏感性分析，从而最终得到的估值区间可能很大。

3. 较难捕捉短期盈利机会

贴现现金流法的优点之一是不受市场短期波动的影响，因此贴现现金流法无法应用在短期投资上的估值。虽然贴现现金流法可以很大程度上规避最终投资泡沫的风险，但也很可能使投资者错过股票短期上涨的盈利机会。以微软公司为例，如果通过贴现现金流法对其估值，1995 年微软公司的股价是被高估的，但它稍后迅速控制了整个软件市场，行业霸主的地位令众多投资者趋之若鹜。

二、乘数估值法的特点

乘数估值法的最大特点在于计算简单，一目了然。越来越多的投资者把乘数估值法作为估值的快捷工具。作为乘数估值法的代表，市盈率的估值是目前最主流的估值手段之一。乘数估值法又可分为可比公司法和历史交易法两种。

通过分析可比公司的交易和营运统计数据，得到该公司在公开的资本市场的隐含价值。该估值法的可靠性依赖于其他公开交易公司的可比程度，包括行业、产品类别、收入规模、地理位置、收益率、发展阶段等。可比公司法有助于公司对经营状况进行比较和分析。我

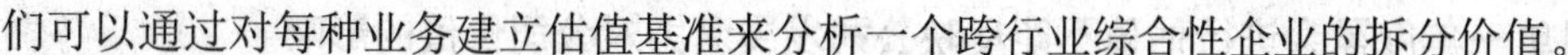

们可以通过对每种业务建立估值基准来分析一个跨行业综合性企业的拆分价值。

(一)乘数估值法的优点

1. 易于计算，快捷高效

乘数估值法通常只需要一个明确的假设，即这些公司的乘数相等。一旦找到了可比公司，估值过程就变得相当简单。假如乘数估值法可以捕捉贴现现金流理论关于乘数变化趋势的预测，那么它就能与使用贴现现金流方法一样正确。

2. 采用当前股价或交易价格计算，提高了估值的准确性

在一个有效市场中，当前股价是最好的估值数据之一。乘数估值法由于采用当前股价计算，提高了估值的准确性。另外，由于乘数估值法使用当前股价估值，因此是即将上市公司最适合选用的估值方法之一。

3. 少数股权投资的最佳估值方法

对于仅占少数股权的投资，用可比公司法计算出来的股权价值具有更高的参考性，因为可比公司法计算的估值结果不包含控制权溢价。

(二)乘数估值法的缺点

1. 很难找到完全一致的可比公司

正如世界上找不到两片完全相同的叶子，完全可比的公司是不存在的，公司与公司之间总会存在一定的差异。我们在选择可比公司时只能从产品类型、产品结构、地理位置、公司规模、盈利能力、成长性及资本结构等方面寻找与目标公司尽量相似的公司。因此就要寻找可比公司与目标公司的差异，将可比公司的估值乘数进行调整，这种主观的调整可能会对目标公司的估值带来误差。

2. 估值结果的准确性受市场影响较大

利用可比公司法进行估值的一个前提条件是市场是有效的，这意味着可比公司的交易价格反映了该公司的实际价值。如果目前整个行业都被高估或者低估了，通过乘数估值法得到的公司价值必然也被高估或者低估了。另外，如果可比公司的市值较小、公众持股量小或者交易不活跃，则公司的估价可能已经偏离了其实际价值，尽管可比公司与目标公司有很强的可比性，但是由于市场对可比公司估值的影响，也会影响到日标公司估值结果的准确性。

3. 会计政策的选择会影响估值的结果

乘数估值法的价值驱动因素是会计收入或者利润而不是现金流。由于不同会计准则的应用，对公司的收入和利润指标会有较大的影响，因此同一家公司选择的会计政策不同，得到的估值结果也不一样。更有甚者，有的经理人通过选择会计方法来提高或者降低公司的收入或利润。因此，用乘数估值法估值时，如果目标公司的财务数据是被粉饰过的，那么计算出的估值结果将不能反映公司的实际价值。

4. 使用单一年度盈余进行估值不能反映公司发展潜力对公司价值的影响

乘数估值法只使用一年的经营结果作为估值基础，而不是公司未来预期的现金流。这个方法实际上没有考虑到公司未来发展的潜力对公司价值的影响。例如：如果预计 A 公司未来 5 年的净利润固定为 100 万元，而 B 家公司未来 5 年的净利润预计将从 100 万元增长到 500 万元，这两家公司显然应该具有不同的价值。但是如果我们用两家公司第一年的净利润乘以同一个估值乘数对其进行估值，则得到的估值结果是完全相同的。

小结：乘数估值法中的可比公司法和历史交易法的估值方法是完全相同的，因此两种方法的优劣是基本一致的。但是由于可比公司法是从可比公司上寻找估值乘数，而历史交易法是从历史实际发生的交易中寻找估值乘数，因此使用可比公司的估值乘数进行估值不包含控制权溢价，而使用历史交易中的估值乘数进行估值则包含了控制权溢价信息。

本 章 小 结

<table>
<tr><td rowspan="3">公司价值评估</td><td>公司价值评估的基本思想</td><td>公司价值评估的基本概念：公司价值评估就是通过建立估值模型，计算公司价值或者其股权价值。
公司价值评估的局限性：模型建立在众多假设基础上，存在较大的主观性；信息有限，无法可靠地进行价值评估；复杂的估值模型，不一定能够得到准确的估值结果；只能是得到一个相对准确的价值区间；估值结果需要市场检验，不能脱离市场</td></tr>
<tr><td>公司价值评估的基本方法</td><td>贴现现金流法：贴现现金流法的基础是现值原则，即资产的价值等于其预期所能产生的全部现金流贴现后现值的总和。
乘数估值法：乘数估值法是利用同行业公司的相似性，通过研究行业内可比公司的比例指标作为乘数乘以某一公司的价值驱动因素，从而计算出其公司价值。公式为公司价值=价值驱动因素×乘数</td></tr>
<tr><td>公司估值评估方法的比较</td><td>贴现现金流法的特点：
1. 优点：充分反映了公司的经营战略；估值结果接近股权的内在价值；受市场短期及周期性变化的影响较少；理论上最完善的方法。
2. 缺点：较难捕捉短期盈利机会；估值区间的范围大，估值结果可用性有限；估值方法复杂，工作量大。
乘数估值法的特点：
1. 优点：少数股权投资的最佳估值方法；采用当前股价或交易价格计算，提高了估值的准确性；易于计算，快捷高效。
2. 缺点：使用单一年度盈余进行估值不能反映公司发展潜力对公司价值的影响；估值结果的准确性受市场影响较大；会计政策的选择会影响估值的结果；很难找到完全一致的可比公司</td></tr>
</table>

复习思考题

一、不定项选择题

1. 资产价值的表现形式为(　　)。

A. 账面价值　　B. 现金价值

C. 市场价值　　D. 历史价值

2. (　　)是指公司未来产生的归属于股权投资者的现金流贴现后现值的总和。

A. 公司价值　　B. 账面价值

C. 市场价值　　D. 公司股权价值

3. 公司价值评估可以被运用于(　　)。

A. 财务管理　　B. 股票投资

C. 兼并收购　　D. 投资组合管理

4. 现金流贴现法的基础是(　　)。

A. 账面价值　　B. 现值原则

C. 市场价值　　D. 历史价值

5. 乘数估值法包括 (　　)。

A. 收益现值法　　B. 贴现现金流法

C. 可比公司法　　D. 历史交易法

6. 乘数估值法的基本假设是(　　)。

A. 目标公司与可比公司的价值驱动因素相等

B. 目标公司与可比公司的乘数相等

C. 目标公司与可比公司的价值驱动因素不等

D. 目标公司与可比公司的乘数不等

二、简答题

1. 公司价值评估的局限性包括哪些方面？
2. 简述贴现现金流法的优缺点。
3. 简述乘数估值法的优缺点。

第四章　公司估值方法——贴现现金流法

【本章精粹】

- 贴现现金流法的基本原理
- 贴现现金流法的应用
- 如何预测公司未来的自由现金流
- 公司资本加权平均成本的含义及其计算方法

【章前导读】

合众思壮投资要点摘录

合众思壮是国内最早从事卫星导航应用的企业，提供行业应用解决方案和汽车、行人导航设备。公司技术先进，品牌知名度高，在专业市场和大众市场都确立了领先的市场地位。卫星导航应用在国内处于高速增长期，2010—2012 年，预测公司收入复合增长率为 43%，净利润复合增长率为 40%。每股盈余(Earnings Per Share，EPS)分别为 0.96、1.32 和 1.87 元。给予公司 28.4～34.1 元的估值区间。

我们的估值基准日为 2010 年 3 月 1 日。根据贴现现金流(Discounted Cash Flow，DCF)估值法得到公司每股权益价值为 30.7 元，相当于公司 2010 年摊薄每股收益 0.96 元的 32 倍。估值区间为 28.4～34.1 元，对应 2010 年的 PE 为 29.5～35.5 倍，对应 2009 年的 PE 为 45.8～55 倍。DCF 估值法主要参数见表 4-1，DCF 估值敏感性分析见表 4-2。

表 4-1 DCF 估值法主要参数

WACC 计算		企业估值		
项 目	数 值	项 目	价值/百万元	占总价值比例/%
无风险利率	2.3%	显性/半显性预测价值	1005	27
权益β	0.86	终值价值	1914	52
风险溢价	10.0%	企业核心评价价值 AEV	2919	79
权益成本 K_e	10.9%	加：非核心资本	760	21
所得税税率	10.0%	企业总价值	3680	100
债务成本 K_d	6.0%	减：净负债	0	
当期债务权益比 D/E	0	减：少数股东权益	0	
WACC	10.9%	权益评估价值	3680	
名义长期增长率	2.0%	每股权益价值/元	30.7	

表 4-2 DCF 估值敏感性分析

每股内在价值/元		加权资本成本 WACC				
		10.3%	10.8%	11.4%	11.8%	12.3%
永续增长率	1.0%	32.6	30.7	28.9	27.5	25.6
	1.5%	33.8	31.6	29.7	28.4	26.3
	2.0%	35.0	32.7	30.7	29.0	26.9
	2.5%	36.5	34.1	31.7	29.9	27.7
	3.0%	38.1	35.3	32.9	30.9	28.5

(资料来源：合众思壮——国内卫星导航应用的拓荒者和领头羊. 招商证券，2009 年 3 月 10 日)

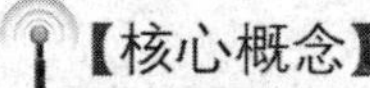

贴现现金流法　公司现金流循环　权益成本　债务成本　加权平均资本

第一节　贴现现金流法的估值模型

贴现现金流法(Discounted Cash Flow Method)是目前资本市场上应用最为广泛的估值方法之一，基本适用于各种类型的企业。利用贴现现金流法估值，首先要建立贴现现金流模型，然后根据贴现现金流模型一步步地预测出未来每年的自由现金流量，从而计算出公司价值。

一、贴现现金流模型

(一)贴现现金流基本模型

自由现金流可以分为股权自由现金流和公司自由现金流。股权自由现金流就是归属于股东的现金流，即公司在履行了包括偿还债务在内的所有财务义务和满足了再投资需要之后的全部剩余现金流。公司自由现金流是归属于公司所有投资者的现金流总和，既包括股权投资者，也包括债权投资者。使用加权平均资本成本(Weighted Average Cost of Capital，WACC)对公司自由现金流(Free Cash Flow，FCF)贴现后得到的现值就是公司价值；使用股权成本对股权自由现金流贴现后得到的现值就是股权价值。计算公司价值的公式可以表示为

$$\mathrm{FV}=\sum_{t=1}^{n}\frac{\mathrm{FCF}_t}{(1+\mathrm{WACC})^t}$$

式中：FV——公司价值(Firm Value)；

n——公司的寿命；

FCF_t——公司在 t 时点产生的公司自由现金流；

WACC——加权平均资本成本。

(二)估值模型中的预测期

通过贴现现金流法计算公司价值的基础是对公司未来若干年的自由现金流进行预测。预测一般分为预测期及预测期以后两个阶段。

(1)　预测期的长度一般超过公司的成熟期，大部分贴现现金流模型的预测期一般在 5～10 年左右。这样考虑的原因是：在这段期间内，公司处于快速增长阶段，相应地其现金流的变化也不是平滑的，因此需要对每年的现金流进行单独的预测。

(2)　在预测期以后这个阶段，公司的业务发展应该已经达到平稳状态，并且公司的收入、利润及现金流的变化趋于平滑。在此阶段就不需要对公司每年的现金流进行单独的预测，而通过确定一个反映公司未来预期情况的永续增长率将未来公司预测期以后直至永久的现金流合并预测。

(三)终值及其计算

预测期以后产生的现金流的总价值为终值。常用计算终值的方法有永续增长率法和退出倍数法。

1. 永续增长率法

假设在预测期以后，公司每年的自由现金流将以一个恒定的比率永远增长下去。这样预测期以后全部自由现金流的贴现值可以用无穷递缩等比数列求和公式计算得出：

$$\mathrm{TV}=\sum_{i=1}^{\infty}\frac{(1+g)^i}{(1+r)^i}\times\mathrm{FCF}\times(1+g)=\frac{\mathrm{FCF}\times(1+g)}{r-g}$$

式中：TV——终值(Terminal Value)；

g——永续增长率；

FCF——预测期最后一年的自由现金流；

r——贴现率，其值等于 WACC。

利用永续增长率法计算终值的步骤如下：首先确定预测期最后一年的自由现金流，然后分析可比公司的情况，确定合适的永续增长率；其次利用选定的永续增长率和公司的加权平均资本成本计算公司预测期最后一年的终值；最后将终值贴现到估值基准日得到终值的现值。

如图 4-1 所示，假设某公司估值基准日为 2009 年 12 月 31 日，公司估值的预测期为 2010 年 1 月 1 日至 2014 年 12 月 31 日，公司 2014 年的无杠杆自由现金流为 100 万元，公司的永续增长率为 3%，公司的加权平均资本成本为 12%，则

$$\mathrm{TV}=100\times(1+3\%)/(12\%-3\%)=1144.4\ (\text{万元})$$

$$\text{终值的现值}=1144.4/(1+12\%)^5=649.4(\text{万元})$$

则该公司的终值的现值为 649.4 万元。

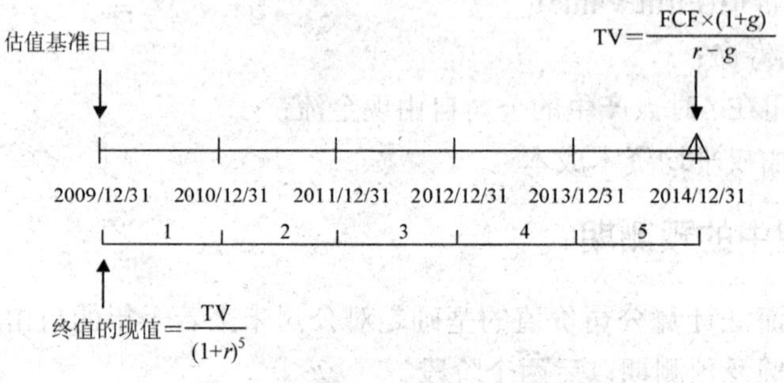

图 4-1　永续增长率法计算终值

2. 退出乘数法

假设被估值的公司在预测期期末被出售，出售该公司所能得到的价值通常按照一定的估值乘数估算。例如，可以按照预测期最后一年的 EBITDA(Earnings Before Interest，Taxes，Depreciation and Amortization，扣除利息、税额、折旧及摊销之前的利润)和可比公司的公司价值/EBITDA 乘数估算。用退出乘数法计算终值的公式如下。

$$\text{TV}=\text{价值驱动因素}_n\times\text{乘数}_n$$

式中：TV——终值；

价值驱动因素 $_n$——预测期最后一年的价值驱动变量；

乘数 $_n$——预计预测期最后一年的乘数。

通过退出乘数法计算终值的步骤如下：首先确定预测期最后一期的价值驱动因素，可以是 EBITDA、EBIT(Earning Before Interest and Tax，息税前利润)或其他变量。其次分析可比公司的情况，确定合适的估值乘数。然后用价值驱动因素乘以估值乘数得到终值，最后将终值贴现到估值基准日得到终值的现值。

如图 4-2 所示，假设某公司估值基准日为 2009 年 12 月 31 日，公司估值的预测期为 2010 年 1 月 1 日至 2014 年 12 月 31 日，公司 2014 年的 EBITDA 为 100 万元，预期 2014 年 12 月 31 日可比公司的 EV/EBITDA 乘数为 6 倍，公司的加权平均资本成本为 10%，则

$$\text{TV}=100\times6=600\ (\text{万元})$$

$$\text{终值的现值}=600/(1+10\%)^5=372.6\ (\text{万元})$$

则该公司的终值的现值为 372.6 万元。

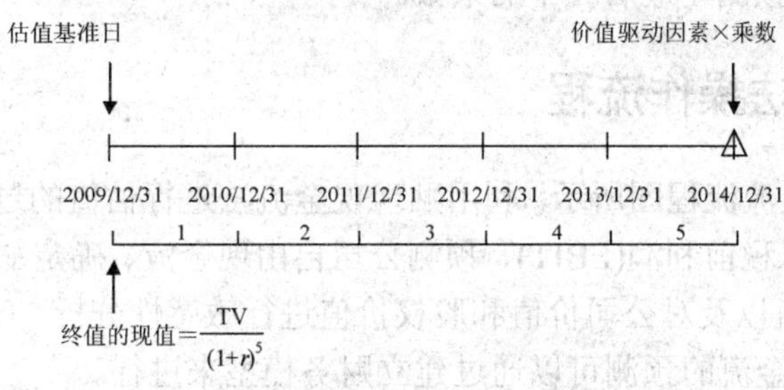

图 4-2　退出乘数法计算终值

(四)考虑终值后的贴现现金流模型

考虑终值后，贴现现金流模型变化为

$$\text{FV}=\sum_{t=1}^{n}\frac{\text{FCF}_t}{(1+\text{WACC})^t}+\boxed{\frac{\text{TV}}{(1+\text{WACC})^t}}\leftarrow \text{终值的现值}$$

式中：FV——公司价值；

n——预测区间；

FCF_t——公司在 t 时点产生的公司自由现金流；

WACC——加权平均资本成本；

TV——终值。

1. 永续增长率法下的贴现现金流模型

通过永续增长率法计算终值，由此推出公司价值的计算公式变化为

$$\text{FV}=\sum_{t=1}^{n}\frac{\text{FCF}_t}{(1+\text{WACC})^t}+\frac{\text{FCF}_n\times(1+g)}{(\text{WACC}-g)(1+\text{WACC})^t}$$

式中：FV——公司价值；

n——预测期最后一年；

FCF_t——公司在 t 时点产生的公司自由现金流；

FCF_n——预测期最后一年公司自由现金流；

WACC——加权平均资本成本；

g——永续增长率。

2. 退出乘数法下的贴现现金流模型

通过退出乘数法计算终值，由此推出公司价值的计算公式变化为

$$FV = \sum_{t=1}^{n} \frac{FCF_t}{(1+WACC)^t} + \frac{价值驱动因素_n \times 乘数_n}{(1+WACC)^t}$$

式中：FV——公司价值；

n——预测期最后一年；

FCF_t——公司在 t 时点产生的公司自由现金流；

WACC——加权平均资本成本；

价值驱动因素 $_n$——预测期最后一年的价值驱动变量；

乘数 $_n$——预计预测期最后一年的乘数。

二、贴现现金流法操作流程

如图 4-3 贴现现金流流程图所示，利用贴现现金流法进行估值的过程包括预测收入、预测成本和费用、计算息税前利润(EBIT)、预测公司自由现金流、确定加权平均资本成本、计算公司价值和股权价值以及对公司价值和股权价值进行敏感性分析。其中收入、成本费用、EBIT 及无杠杆自由现金流的预测可以通过建立财务模型来进行。

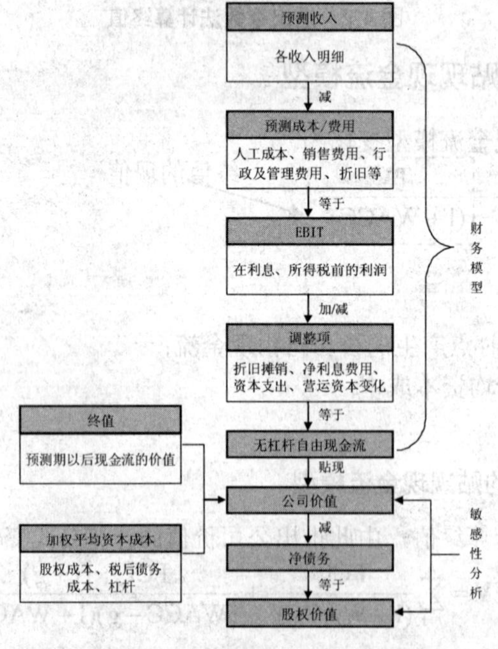

图 4-3　贴现现金流法的流程图

(一)建立财务模型

财务模型是由公司的资产负债表、利润表和现金流量表三张主表组成的。同时根据公司的业务模式的复杂程度，每张主表后面可以附带数张附表。附表是对主表的支撑，针对主表上需要通过复杂方法进行预测的科目都可以单独设立一张附表。

在建立财务模型时，考虑到公司的业务种类过多，影响每种业务收入的驱动因素都不相同，因此我们可以单独设计一张有关收入预测的附表来专门预测该公司未来的收入，并将最后的总收入链接到该公司利润表的收入项目中。

无论是主表还是附表，都包含了公司历史数据和未来预测数据两部分。表 4-3 所示为腾讯公司财务模型中的三张主表，即腾讯公司的利润表、资产负债表和现金流量表。每张报表分为两部分：第一部分是公司历史数据，即 2007 年及 2008 年数据；第二部分为公司预测数据，即 2009－2011 年数据。

表 4-3 腾讯公司财务模型主表

利润表 百万元

项目 \ 年度	2007	2008	2009(E)	2010(E)	2011(E)
收入	3 821	7 155	12 157	16 185	21 887
毛利润	2 703	4 984	8 388	11 366	15 523
EBIT	1 635	3 246	5 952	8 297	11 579
利息费用	−16	−36	13	35	61
税前利润	1 533	3 105	5 977	8 332	11 640
所得税	34	−289	−822	−1 250	−1 746
少数股东权益	−2	−31	−55	−83	−116
归属于股东的净利润	1 564	2 785	5 100	6 999	9 778
收入增长率/%		87.3	69.9	33.1	35.2
EBIT 增长率/%		98.5	83.4	39.4	39.6
净利润增长率%		78.0	83.2	37.2	39.7
毛利率/%	70.8	69.7	69.0	70.2	70.9
EBIT 占收入的比例/%	42.8	45.4	49.0	51.3	52.9
净利润率/%	40.9	38.9	42.0	43.2	44.7

资产负债表 百万元

项目 \ 年度	2007 年底	2008 年底	2009 年底(E)	2010 年底(E)	2011 年底(E)
现金及银行存款	3 553	4 730	8 646	13 861	21 239
应收账款	536	983	1 702	2 253	3 040
其他流动资产	746	782	908	1 080	1 390
固定资产	951	2 041	2 585	3 317	4 225

续表

年度 项目	2007 年底	2008 年底	2009 年底 (E)	2010 年底 (E)	2011 年底 (E)
无形资产	392	370	461	559	668
其他非流动资产	747	948	948	948	948
总资产	6 925	9 856	15 252	22 019	31 511
应付账款	786	1 258	2 127	2 832	3 830
短期贷款	292	0	0	0	0
其他流动负债	571	833	833	833	833
其他非流动负债	41	645	645	645	645
少数股东权益	65	98	153	236	353
所有者权益	5 170	7 021	11 493	17 472	25 850
负债及所有者权益合计	6 925	9 856	15 252	22 019	31 511

现金流量表

百万元

年度 项目	2007 年底	2008 年底	2009 年底 (E)	2010 年底 (E)	2011 年底 (E)
税前利润	1 533	3 105	5 977	8 332	11 640
折旧摊销	193	361	185	239	296
所得税支付	-106	-322	-822	-1 250	-1 746
其他非现金项目调整	162	235	-13	-35	-61
运营资本变化	52	202	24	-18	-99
经营活动产生的现金流	1 836	3 580	5 349	7 268	10 030
资本支出	-764	-1 404	-821	-1 068	-1 313
投资	88	-344	0	0	0
其他投资活动	-58	-766	15	35	61
投资活动产生的现金流	-734	-2 515	-805	-1 033	-1 252
股利支付	-210	-258	-628	-1 020	-1 400
股权变动	-3	-301	0	0	0
贷款变动	292	-292	0	0	0
其他筹资活动	0	-19	0	0	0
筹资活动产生的现金流	79	-870	-628	-1 020	-1 400
汇兑损益	-76	-76	0	0	0
期初现金余额	1 844	2 949	3 068	6 984	12 198
期末现金余额	2 949	3 068	6 984	12 198	19 577

注：括号中的 E 表示预测。

(资料来源：Standard Chartered Research，2010 年 2 月 10 日)

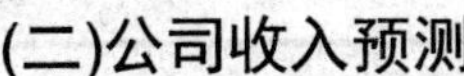

(二)公司收入预测

根据公司的业务模式和公司的产品分类，首先将收入分成若干分项收入；然后根据每项收入的不同驱动因素设计财务模型的结构，财务模型的结构应该尽可能地反映公司的业务模式；最后将公司的各分项收入加总得到公司的总收入。

不同行业的公司其收入的驱动因素不同，因此各业务收入的预测的方法也不同。下面是一些预测收入的例子。

(1) 银行业收入=经济增长×上年度贷款额×利率

(2) 制造行业、汽车生产行业收入=目标市场容量×市场需求×市场份额×单价

(3) 零售业收入=经济增长×上年度销量×单价

(4) 媒体行业、通信行业收入=目标市场容量×市场需求×市场份额×通话量×资费

(5) 航空业、造纸业、能源行业收入=生产或服务能力×利用率×资费

(6) 矿业、石油和天然气行业=储量×提炼能力×开采比例×单价

确定了收入的驱动因素后，通过对未来驱动因素的预测，计算得到公司未来的收入。例如，X 公司生产两种产品，这两种产品的收入分别受到其未来销量和产品未来价格走势的影响，因此我们可以先分别预测公司未来的销量和单价，然后通过收入=销量×单价这个公式计算得到其收入。

表 4-4 所示为 X 公司收入预测附表。我们已经确定了该公司收入的计算方法，因此建立财务模型的结构就要反映收入预测的方法。对于 A 产品的收入，是由 A 产品的销量和 A 产品的单价两个因素决定的。因此应该先预测 A 产品未来的销量情况。公司未来的销量可以用公司历史销量增长速度为基础进行预测。从历史数据可以看到，公司 2008 年销量的增长率为 30%，2009 年的销量增长率为 23.3%，公司的销量增长速度处于逐渐下降趋势。如果公司未来没有新增大型的生产线，且公司的营销策略没有大的变化，则可以预测公司的销量的增长速度不会大幅提高。同时，通过了解 X 公司的营销战略后，我们了解到 X 公司未来将增加营销渠道，因此可以判断公司未来的销量将继续增长，但是增长率将逐年下降，从而预计公司 2010—2012 年的产量增长率分别为 20%、15%和 8%，这样就可以计算出销量分别为 444、511 和 551。然后预测公司产品 A 未来的价格走势。一般可以通过寻找公开的统计数据和研究资料来判断公司未来产品的价格走势，如果产品 A 为石油，则可以直接引用某权威机构对未来石油价格走势的判断。在完成预测产品 A 在未来每年的销量和单价后，可以计算得到产品 A 每年的销售收入。用同样的方法，可以计算出产品 B 的销售收入。然后将产品 A 和产品 B 的收入加总就得到了 X 公司未来每年的总收入。这个总收入就是财务模型利润表中的收入，是计算公司未来 EBIT 的重要科目。

表 4-4　X 公司收入预测附表

年份 / 项目	历史数据		预测数据			公　式
	2008	2009	2010(E)	2011(E)	2012(E)	
产品 A						
销量/吨	300	370	444	511	551	a1
销量增长率/%	30	23.3	20.0	15.0	8.0	

续表

项目 \ 年份	历史数据		预测数据			公式
	2008	2009	2010(E)	2011(E)	2012(E)	
单价/(元/吨)	150	140	132	125	120	b1
单价变化率/%	−8	−6.7	−6	−5	−4	
产品A收入/元	45 000	51 800	58 430	63 835	66 184	c1=a1×b1
产品B						
销量/吨	100	150	220	290	350	a2
销量增长率/%	60	50.0	46.7	31.8	20.7	
单价/(元/吨)	200	184	173	166	163	b2
单价变化率/%	−12	−8.0	−6	−4	−2	
产品B收入/元	20 000	27 600	38 051	48 152	56 952	c2=a2×b2
收入合计/元	65 000	79 400	96 482	111 987	123 137	C=c1+c2
收入增长率/%	23	22.2	21.5	16.1	10.0	

初步预测收入后，还要通过分析公司的历史收入水平和公司历史的收入增长率对未来预测收入的合理性进行审核，从而尽量保证未来收入预测的准确性。可以从上表中看到，X公司2008—2009年历史收入增长率分别为23%和22.2%，未来预测增长率为21.5%、16.1%和10.0%处于逐年下降趋势，说明随着公司规模的逐渐扩大，增长速度逐渐放缓，公司进入成熟期，因此预测较为合理。

(三)公司成本及费用的预测

成本费用项目的核算及其驱动因素在不同的行业比较相似，都是与公司的收入相配比的，因此通常情况下，大部分成本费用可以通过其占收入的百分比指标进行预测。首先根据历史成本及费用占收入的比例作为基础，预计未来公司成本费用占未来收入的百分比，然后将其乘以已经预测得到的公司未来每年收入，从而得到相应的成本费用。

沿用表4-4中X公司的例子，首先我们已经知道了公司2008年和2009年的历史收入，以及各项历史成本费用，因此可以计算出2008年及2009年各项成本费用占收入的比例。以人工成本为例，2008年及2009年人工成本占收入的比例分别为15.1%及14.7%。从历史数据上可以看出，X公司的人工成本占收入的比例在下降。同时知道许多公司给予员工的工资及薪酬奖励都是与公司业绩相挂钩的，甚至有些公司的人力资源部门就是通过总人工成本占收入比例作为核定全年员工薪酬的重要指标。因此可以先预测X公司2010—2012年人工成本占收入的比例，然后根据该比例乘以当年预测的收入得到当年预测的人工成本。同时，考虑到一般员工工资增长的幅度要小于收入增长的幅度，因此在预测人工成本占收入的比例时，占比应该是逐渐减少的趋势，这也符合公司历史数据的趋势。

通过类似的分析和判断，也可以得到其他各项成本费用的预测数据。将各分项成本费用汇总后得到公司未来各年预测的总成本费用。

预测完成后，还要根据总成本费用占收入百分比指标以及总成本费用变化率指标来复核各分项成本费用的预测是否合理。从表4-5可以看出，X公司总成本费用占总收入的比例从 2008 年的 83.4%逐年下降到 2012 年的 71.3%，说明公司的利润率水平在逐年提高。如果认为公司未来在管理水平和生产效率等方面将逐步提高，并且规模效益逐渐显现，那么这个预测与我们对公司的看法相一致，所以预测结果相对合理。

表 4-5　X 公司成本费用预测附表

元

年份 项目	历史数据		预测数据		
	2008	2009	2010(E)	2011(E)	2012(E)
收入	65 000	79 400	96 482	111 987	123 137
人工成本	9 814	11 682	13 956	16 008	17 065
占总收入的百分比/%	15.1	14.7	14.5	14.3	13.9
销售费用	11 475	13 656	16 112	18 478	19 825
占总收入的百分比/%	17.7	17.2	16.7	16.5	16.1
行政及管理费用	10 575	12 728	15 276	17 739	18 961
占总收入的百分比/%	16.3	16.0	15.8	15.8	15.4
其他经营费用	1 637	1 411	1 531	1 700	1 780
占总收入的百分比/%	2.5	1.8	1.6	1.5	1.4
折旧摊销	20 679	24 217	27 980	29 117	30 168
占总收入的百分比/%	31.8	30.5	29.0	26.0	24.5
成本费用合计	54 180	63 694	74 855	86 401	93 341
占总收入的百分比/%	83.4	80.2	77.6	74.2	71.3
变化率/%	19.0	17.6	17.5	10.9	5.7

当然，通过各项成本费用占收入的比例来预测公司未来的各项成本费用是一个简易的方法。分析人员可以根据公司的实际情况、取得目标公司数据的多少，来选取最合适的方法预测某一项成本费用。比如，对于折旧的预测，如果能够取得更详细的数据资料，包括目前公司固定资产净额、目前固定资产的折旧年限、未来新增固定资产的价值和时间、未来固定资产处置的价值和时间，则可以更为准确地预测公司未来每年的折旧额。

另外，某些行业由于行业的特点决定了其毛利率是基本恒定的或者是可比的，由此可以更简便地直接预测公司的毛利润，而不预测公司各分项成本费用。根据公司历史毛利率指标以及未来行业的毛利率变化趋势预测公司未来毛利率水平，用预测的毛利率乘以预测收入得到预测的毛利润。此方法通常适用于零售等行业。

(四)公司 EBIT 的预测

在预测了公司未来的收入、成本及费用后，可以通过报表各科目之间的勾稽关系计算得到公司未来各年度的 EBIT。结合表 4-4 及表 4-5 中 X 公司的数据，可以预测未来 X 公司的 EBIT，如表 4-6 所示。

(五)预测公司自由现金流

公司自由现金流一般是以 EBIT(息税前利润)或净利润为起点计算的。通过预测折旧摊销、运营成本变化、资本支出及利息费用等调整项目，将 EBIT 或者净利润最终调整为公司自由现金流。折旧摊销等调整项目的预测是建立在未来资产负债表科目预测数据的基础上计算得到的，具体调整项目的预测，以及将 EBIT 调整为公司自由现金流的过程详见本章第二节。

表 4-6　X 公司 EBIT 预测附表

元

项目＼年份	历史数据		预测数据		
	2008	2009	2010(E)	2011(E)	2012(E)
收入	65 000	79 400	96 482	111 987	123 137
成本费用	54 180	63 694	74 855	83 042	87 800
EBIT	10 820	15 706	21 627	28 946	35 337

(六)确定公司的加权平均资本成本

根据公司的权益成本、债务成本及公司的财务杠杆计算公司的 WACC，作为公司的贴现率。WACC 的具体计算详见本章第三节。

(七)计算公司价值和股权价值

将预测的公司未来自由现金流以 WACC 为贴现率进行贴现后得到公司价值，将公司价值减去公司的净债务后得到股权价值。表 4-7 以腾讯公司为例，演示了公司价值及股权价值的计算过程。

表 4-7　腾讯公司估值模型

百万元

项目＼年份	2010(E)	2011(E)	2012(E)	2013(E)	2014(E)	2015(E)	2016(E)	2017(E)	2018(E)	2019(E)	终值
EBIT×(1-税率)	7 010	9 800	12 663	14 824	17 424	20 233	23 286	26 823	30 921	35 672	32 981
加：折旧摊销	239	296	360	426	500	580	666	765	881	1 014	4 521
减：资本支出	−1 068	−1 313	−1 668	−1 976	−2 319	−2 688	−3 087	−3 549	−4 084	−4 703	−4 521
减：运营资本增加	−18	−99	−8	−9	−11	−13	−14	−17	−19	−22	0
无杠杆自由现金流	6 163	8 684	11 348	13 264	15 595	18 113	20 850	24 022	27 699	31 962	32 981
永续增长率/%	4										
WACC/%	10										
2010—2019 年现金流现值	96 248										
终值现值	192 662										
公司价值	288 910										
减：净债务	−6 417										
股权价值	295 327										
以港币计价的股权价值	335 196										
公司总股份数	1 844										
每股价格/港元	182										

(资料来源：Standard Chartered Research，2010 年 2 月 10 日)

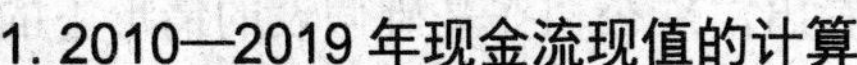

1. 2010—2019 年现金流现值的计算

2010—2019 年现金流现值=6163/$(1+10\%)^1$+8684/$(1+10\%)^2$+…+31 962/$(1+10\%)^{10}$
=96 248(百万元)

也可以通过 Excel 表格中的净现值公式计算：

2010—2019 年现金流现值=NPV(10%,6163,8684,…,31 962)=96 248(百万元)

2. 终值现值的计算

根据终值现值公式：

终值现值=32 981/(10%−4%)/$(1+10\%)^{11}$=192 662(百万元)

3. 公司价值的计算

公司价值=2010—2019 年现金流现值+终值现值
=96 248+192 662=288 910(百万元)

4. 净债务的计算

净债务为估值基准日公司的债务减去现金的净额。腾讯公司的净债务为−6417，负数说明腾讯公司 2009 年底账面现金余额高于账面债务余额，腾讯公司现金盈余。

5. 股权价值的计算

股权价值=公司价值−净债务=288 910−(−6417)=295 327(百万元)

(八)敏感性分析

敏感性分析是估值过程中的一个重要步骤。估值是否准确完全取决于输入模型中的各种假设是否准确合理，但是很多时候只能保证假设的合理性而无法保证假设的准确性。

假设公司处于发展初期，可以有充分的理由认为公司未来几年的收入会不断地增长，所以将公司未来的收入按照一定的增长比例进行预测，但是具体到某一年的收入，却无法确定预测收入增长 5%准确还是预测增长 6%更准确。因此就要进行敏感性分析，通过敏感性分析，尽量将未来实际出现的收入增长率包含在假设区间内。虽然不能确定收入增长率是 5%还是 6%，但能确信未来收入的增长率在 3%～8%之间，因此 3%和 8%就是对收入进行敏感性分析的下限和上限。这样就能够保证最后得到一个估值区间，并且能够确信公司的价值就在这个估值区间内。

基本上每一个输入估值模型的变量都可以作为敏感性分析的对象，同时一次可以仅对一个假设进行敏感性分析，也可以对多个假设同时进行敏感性分析。

1. 单一假设的敏感性分析

以 X 公司收入假设为例，进行敏感性分析，如表 4-8 所示。

表 4-8　X 公司收入敏感性分析

收入变化率/%	−20	−10	0	10	20
公司价值/万元	28.8	31.1	32.7	34.0	37.0
公司价值变化率/%	−12.0	−5.0	0	4.0	13.0

通过对 X 公司收入假设进行敏感性分析可以看出，X 公司在基础假设的情形下的公司价值为 32.7 万元。在未来每年预测收入上升 10%的情形下，公司价值上升 4%达到 34 万元。在未来每年预测收入下降 20%的情形下，公司价值下降 12%，为 28.8 万元。

2. 多假设的敏感性分析

尽管单个假设的敏感性分析是有一定用处的，但是通常一个假设的变化会直接导致其他假设产生相应的变化。比如一个公司的销量增加了，则公司的收入将会增加。但是由于销量提高了，可能会导致销售单价的下降，因此收入的增加与销量的增加不一定成比例，见表 4-9。

表 4-9　X 公司销量和单价的敏感性分析

万元

单价变化率 \ 销量变化率	-20%	-10%	0%	10%	20%
-10%	33.3	35.3	37.7	40.6	44.2
-5%	31.3	33.0	35.0	37.3	40.3
0	29.6	31.0	32.7	34.7	37.1
5%	28.0	29.3	30.7	32.4	34.4
10%	26.7	27.8	29.0	30.4	32.1

通过对 X 公司的销量和单价同时进行敏感性分析，可以得到一个估值矩阵。公司销量相对基础情形增加 10%，同时单价下降 5%，则 X 公司的公司价值从 32.7 万元上升到 37.3 万元。

通常用贴现现金流法进行估值时，最常用的敏感性分析是针对 WACC 和永续增长率这两个变量进行的，见表 4-10。

表 4-10　腾讯公司价值敏感性分析

百万元

WACC \ 永续增长率	3.0%	3.5%	4.0%	4.5%	5.0%
9.0%	294 436	311 951	332 969	358 657	390 767
9.5%	276 800	291 620	309 135	330 153	355 841
10.0%	261 387	274 090	288 910	306 425	327 442
10.5%	247 768	258 777	271 480	286 300	303 815
11.0%	235 622	245 255	256 264	268 967	283 787

根据表 4-10 可以看到腾讯公司基础情形下的估值为 2889.1 亿元人民币。由表 4-10 可见，当永续增长率在 3%～5%之间，WACC 在 9%～11%之间，腾讯公司的公司价值区间在 2356.22 亿～3907.67 亿元之间。

第二节 自由现金流分析

现金流是一段时间内企业现金流入和流出的数量。它是独立于任何会计准则以外的，虽然企业所使用的会计准则都存在差异，但是现金流不受各种会计准则的影响。现金流是企业生存和发展的命脉，企业缺乏现金，就难免会出现债务危机，甚至可能倒闭。发达国家许多企业在破产时账面仍是盈利的，导致它们倒闭的原因是现金流的不足。我国也是如此，曾经是香港本地规模最大的投资银行百富勤公司和珠海极具实力的巨人公司，都是在盈利能力良好，但现金净流不足以偿还到期债务时，引发财务危机而陷入破产境地的。

自由现金流可以分为公司自由现金流和股权自由现金流。公司自由现金流是归属于公司所有投资者的现金流总和，既包括股权投资者，也包括债权投资者。股权自由现金流就是归属于股东的现金流，即公司在履行了包括偿还债务在内的所有财务义务和满足了再投资需要之后的全部剩余现金流。

一、公司现金流循环

现金流是在公司发展过程中不断往复循环的。如图 4-4 所示，公司的现金流分为三个部分：融资活动中的现金流、运营活动中的现金流及投资活动中的现金流。

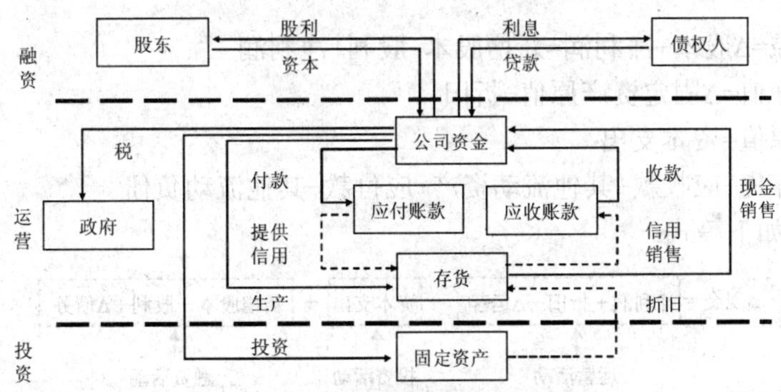

(注：虚线代表非现金项目)

图 4-4 公司现金流循环

在融资活动中，股东向公司投入资本金，债权人向公司提供贷款，现金流由公司外部流入公司。在公司盈利后，公司将股利分配给股东，将利息支付给债权人，从而构成了融资活动中的现金流流出。

在运营活动中，公司需要支付现金购买原材料进行生产，通过生产得到存货。公司将生产的商品销售出去，从而将现金收回。同时，公司在盈利后需要缴纳相应的税款。这就构成了一个简单的公司运营的现金流循环。

在投资活动中，公司需要支付现金购买固定资产，从而扩大生产。同时，固定资产折旧将计入存货的成本，并通过出售商品，将现金收回。

二、自由现金流的推导

自由现金流可以从会计恒等式推导出来。

首先，根据会计恒等式：

资产=负债+所有者权益

从而可以推导出年度资产的变化与年度负债和所有者权益的变化是相等的，即

Δ资产=Δ负债+Δ所有者权益

式中：Δ表示年度变化。

将资产、负债和所有者权益这三个科目进一步分解，可以得到以下等式：

Δ现金+Δ存货+Δ应收款+Δ其他流动资产+Δ固定资产净值=Δ应付款+Δ其他流动负债+Δ债务+Δ所有者权益

因此：

Δ现金=Δ应付款+Δ其他流动负债+Δ债务+Δ所有者权益-(Δ存货+Δ应收款+Δ其他流动资产+Δ固定资产净值)

=Δ所有者权益+Δ债务-(Δ存货+Δ应收款+Δ其他流动资产-Δ应付款-Δ其他流动负债)- Δ固定资产净值

由于所有者权益、固定资产净值、固定资产原值和运营资本可以分别用以下等式分别表示：

Δ所有者权益=Δ股本+净利润=新增股本-股利+净利润

Δ固定资产净值=Δ固定资产原值-折旧

Δ固定资产原值=资本支出

运营资本=存货+应收款+其他流动资产-应付款-其他流动负债

因此，可以推出如下等式：

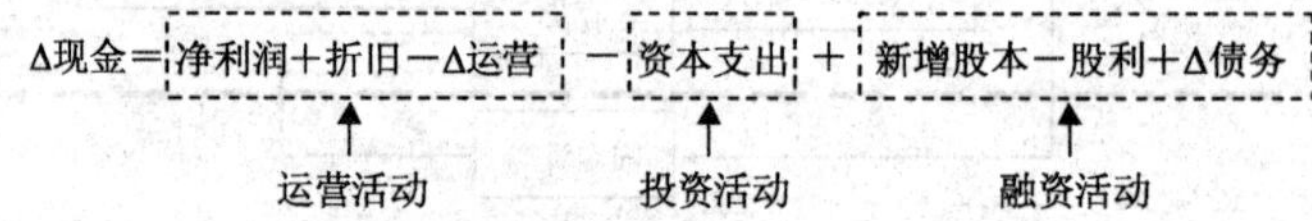

由于净利润可以用 EBIT 进行如下表示：

净利润=(EBIT-利息费用)×(1-税率)=EBIT×(1-税率)-利息费用×(1-税率)

因此有

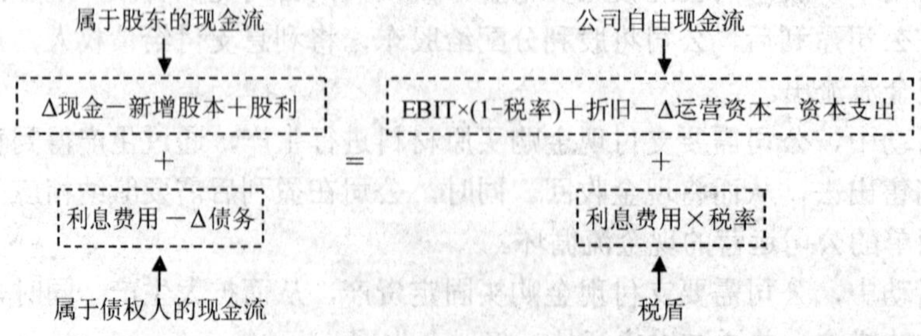

通过以上推导可以看出，归属于股东的现金流+归属于债权人的现金流=公司自由现金流+税盾。

因此，如果从 EBIT 作为计算公司自由现金流的起点，则公司自由现金流的计算方法如下：

公司自由现金流= EBIT×(1-税率)+折旧-运营资本的增加额-资本支出

三、公司自由现金流预测

在第三章已经介绍了如何预测公司未来每年的 EBIT。只需要预测折旧、运营资本变化及资本支出等调整项，就可以计算出未来每年的公司自由现金流。

(一)各调整项目的预测

1. 资本支出的预测

资本支出可以分为新增资本支出和维护性资本支出两部分。

通常，新增资本支出是最难预测的变量，需要专业的技术和工程方面的知识。建立过于细化和专业性强的预测模型是毫无意义的，关键的假设必须存在充分的支持数据或资料，特别是可以用已知的行业数据验证其可靠性，例如：工业企业平均每吨产能的资本支出或其他行业中的每条生产线、每用户的资本支出。

除了用于形成新的生产和服务能力的新增资本性支出外，通常企业还要发生维护性资本支出，这些投资并不形成新的产能或容量，但对于维持原有设备或网络的生产和服务能力是必需的。维护性资本支出通常表现为占收入的一定百分比。

如表 4-11 所示，通过预测 X 公司未来每吨产能新增资本支出以及新增产能，可以计算出未来每年新增资本支出。在预测未来产能时，要与公司未来的销量指标进行比较，预测的数据要有合理性，符合企业的预期发展速度，避免出现新增产能加原产能小于当年销量的不合理情况。结合表 4-4 中 X 公司的收入，以及预期的未来每年维护资本支出占收入的百分比可以预测出 X 公司未来每年的维护资本支出。

表 4-11　X 公司资本支出预测附表

年份 项目	历史数据		预测数据		
	2008	2009	2010(E)	2011(E)	2012(E)
收入/元	65 000	79 400	96 482	111 987	123 137
新增资本支出/元	150 000	80 000	14 000	13 000	12 600
每吨产能新增资本支出/(元/吨)	1 000	800	700	650	630
新增产能/吨	150	100	20	20	20
维护资本支出/元	5 200	5 558	6 561	7 391	7 881
维护资本支出占收入百分比/%	8.0	7.0	6.8	6.6	6.4
资本支出合计/元	155 200	85 558	20 561	20 391	20 481

2. 折旧的预测

在第三章中介绍了通过成本费用占收入的比例的方法预测未来的折旧额，这里介绍一种更详细的预测折旧的方法。

首先我们将折旧分成现有固定资产的折旧以及新增固定资产折旧两部分。现有固定资产折旧就是按照公司目前拥有的固定资产的实际使用情况，在使用年限内将折旧提完。新增固定资产折旧是由每年新增固定资产带来的，企业每年新增固定资产的价值实际上就是企业当年的资本支出。然后我们根据公司对不同资产的折旧年限和残值率计算每年新增的固定资产折旧。可以通过建立一张单独的折旧预测附表进行预测，如表 4-12 所示。

表 4-12 X 公司折旧预测附表

年份 项目		2009	2010(E)	2011(E)	2012(E)	公 式
总折旧/元			27 980	29 117	30 168	A=B+E
现有固定资产折旧/元		27 500	27 003	26 195	25 305	B
新增固定资产/元			20 561	20 391	20 481	C
折旧年限/年	10					D
残值率/%	5					
新增固定资产折旧/万元			977	2 922	4 863	E=F+G+H
	2010(E)		977	1 953	1 953	F
	2011(E)			969	1 937	G
	2012(E)				973	H

通过建立 X 公司的折旧预测附表，首先对 X 公司的现有固定资产折旧进行预测。2009 年 X 公司的现有固定资产折旧为 27 500 元，由于公司现有固定资产不断地到达使用年限后不用继续提取折旧，因此公司未来每年现有固定资产折旧应该逐渐下降。

然后预测 X 公司每年新增的固定资产折旧。首先预测公司每年的新增固定资产，即资本支出的金额。根据公司采用的折旧政策确定公司新增固定资产的折旧年限和残值率。根据表 4-11 预测的 X 公司未来资本支出，2010 年 X 公司新增固定资产为 20 561 元。假设新增固定资产在当年期中进入公司，因此综合考虑，2010 年的新增固定资产在当年计提的折旧的期限为半年，即 2010 年新增固定资产折旧=20 561×(1−5%)/10/2=977 元。2010 年新增的固定资产在 2011 年计提折旧的期限为 1 年，因此 2010 年新增固定资产在 2011 年的折旧=20 561×(1−5%)/10=1953 元。以此类推，可以计算出 2011 年新增的固定资产在当年及以后年度的折旧额。将它们相加后就得到了表 4-12 中第 E 行的新增固定资产折旧。现有固定资产折旧加新增固定资产折旧，就得到了未来每年的总折旧额。

当然，一个公司的固定资产类别有多种。由于不同类别的固定资产折旧年限和残值率不同，一般情况下，可以将公司的固定资产分为房屋建筑物、机器设备、其他设备分别进行预测后汇总。

3. 运营资本的预测

运营资本是指用于支持公司流动资本的那一部分资本，一般用流动资产与流动负债的差额来表示，即企业为维持日常经营活动所需要的净投资额。运营资本的增加通常会带来收入的增长。一般通过运营资本占当年收入的百分比这个指标来预测公司未来的运营资本。结合表 4-4 中 X 公司的收入，X 公司的运营资本预测如表 4-13 所示。

表 4-13　X 公司运营资本预测附表

项目＼年份	历史数据		预测数据			公　式
	2008	2009	2010(E)	2011(E)	2012(E)	
收入/元	65 000	79 400	96 482	111 987	123 137	A=B×C
运营资本占收入的比例/%	65	65	65	65	65	B
运营资本/元	42 250	51 610	62 713	72 792	80 039	C
运营资本增加额/元		9 360	11 103	10 078	7 248	

从表 4-13 中可以看到，X 公司的运营资本变化随着收入的变化而变化，保持了预测值之间的一致性。

(二)公司自由现金流预测举例

根据公司自由现金流推导公式，结合表 4-6、表 4-11～表 4-13 所计算出的 X 公司的数据，在假设 X 公司的有效税率为 25%的情况下，可以预测 X 公司未来的现金流，如表 4-14 所示。

表 4-14　现金流预测表

	项目＼年份	预测数据		
		2010(E)	2011(E)	2012(E)
	EBIT	21 627	28 946	35 337
	税率/%	25	25	25
	EBIT×(1-税率)	16 220	21 709	26 503
+	折旧	27 980	29 117	30 168
−	运营资本的增加额	11 103	10 078	7 248
−	资本支出	20 561	20 391	20 481
=	公司自由现金流	12 536	20 356	28 943

第三节　估值中的贴现率

在介绍贴现现金流法估值时已经提到，估值中的贴现率对估值的影响非常大。估值模型中的贴现率应该如何选取，是我们用贴现现金流法进行估值的关键。选择合理的贴现率，才能准确地计算公司的价值。

一、加权平均资本成本

一个公司的资本成本由两部分组成：权益成本和债务成本。股东和贷款人分别对各自提供的资金有一个期望的投资回报率。资本成本对股东和债权人而言就是他们的预期投资回报率。而加权平均资本成本就是企业以各种资本在企业全部资本中所占的比重为权数，对各种长期资金的资本成本加权平均计算出来的资本总成本。

要理解加权平均资本成本，不妨把一个公司想象成一个钱袋。钱袋里的钱平均地由股东和债权人两方共同提供。业务运转产生的收益不能算作第三方资金，因为偿付了所有债务后，任何未归还股东而遗留下的现金都会作为股息以股东的名义保存在钱袋中。如果债权人要求5%的投资回报率，股东要求10%的回报率，那么钱袋所投资的项目就需要获得平均至少7.5%的回报率，才能满足双方的需求。这个7.5%就是加权平均资本成本。

在贴现现金流模型中，对于归属于不同的资本提供者的现金流，应该使用不同的贴现率。如果是对公司的股权自由现金流进行贴现，应该使用权益成本作为贴现率，对公司自由现金流进行贴现时，应该选用加权平均资本成本作为贴现率。因为公司自由现金流既包含了归属于股东的自由现金流也包含了归属于债权人的自由现金流，而加权平均资本成本也同时考虑了股东和债权人要求的回报率。

二、加权平均资本成本的计算

计算加权平均资本成本需要涉及一个公司的权益成本和债务成本。首先来了解权益成本的部分。

(一)权益成本

估计权益成本非常困难，因为与其他资本来源不同，普通股权益没有固定的回报率。权益价格是在投资者对未来现金流的期望和他们要求的期望回报率的基础上制定的。如果公司无法满足股权持有人的期望回报率，股东便会抛售手中的股票，导致股价下跌。所以一家企业的权益成本也可以理解为公司在理论上满足投资人所要求的股价所需的成本。因为不能直接观察该期望回报率，必须用资产定价模型来推算要求的回报率，最普遍使用的是资本资产定价模型(Capital Asset Price Model，CAPM)。

(二)资本资产定价模型

资本资产定价模型(CAPM)是诺贝尔经济学奖得主、金融经济学家威廉·夏普在20世纪70年代提出的。这个模型引发了一个新的观点，即一个个体投资的风险可分为两类：系统性风险和非系统性风险。

(1) 系统性风险即市场风险。系统性风险包括政策风险、经济周期性波动风险、利率风险、购买力风险、汇率风险等。这种风险不能通过分散投资加以消除，因此又被称为不可分散风险。系统性风险可以用β系数来衡量。

(2) 非系统性风险。由于非系统风险是个别公司或个别资产所特有的，所以也被称为特有风险。这类风险是指发生于个别公司的特有事件造成的风险。例如，公司的工人罢工、新产品开发失败等。个股中的非系统风险部分不与市场走势直接关联，可以通过投资组合分散掉。

由于系统性风险无法规避，通常成为最令投资者头疼的难点，资本资产定价模型便应运而生。资本资产定价模型是基于风险资产的期望收益均衡基础上的预测模型，它所表明的是单个证券的合理权益风险溢价，取决于单个证券的风险对投资者整个资产组合风险的贡献程度。

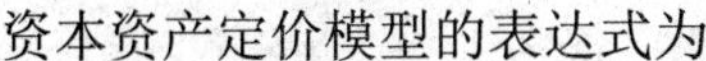

资本资产定价模型的表达式为

$$K_e = R_f + m\beta = R_f + (R_m - R_f)\beta$$

式中：K_e——权益成本；

R_f——无风险收益率；

m——权益风险溢价；

R_m——市场预期收益率。

R_f 是无风险转让货币的报酬，体现的是纯粹的货币时间价值。权益风险溢价是指股票市场长期平均的回报率高出无风险收益率的部分，它反映投资者投资于股票市场为补偿整体市场风险所要求的溢价。β 是特定公司相对于股票市场的波动性，它反映了特定公司自身的风险，用于计算投资者投资该公司股票时所要求的权益风险溢价。要计算公司的权益成本，就需要先确定无风险收益率、权益风险溢价和公司的 β。

1. 无风险收益率

无风险收益率代表投资中不包含信用风险的收益部分，一般等同于国家发行的国债收益率。计算一系列现金流的现值的贴现率应该与现金流的持续时间相匹配，因此对于国债到期日的选择取决于被折现的现金流的长度。在评估公司价值时所用的现金流通常有比较长的持续时间，因此通常以 10～30 年的长期国债作为无风险收益率。

2. 权益风险溢价

权益风险溢价是预期收益率与无风险收益率之间的差额。投资者一旦持有任何含风险的股票，就会要求一个高于无风险收益率的回报补偿。权益风险溢价的设定范围随个股的风险指数波动，通常股票风险越高，投资者要求的溢价也越高。通过历史数据可以看到，股票获得的收益永远比债券高。美国股市在过去 20 年内的任何相同时间段的收益都要高于同期的债券收益。因此可以通过历史数据计算出历史平均权益风险溢价水平。虽然历史有了可参考的数据，但是很明显今天期望的溢价水平与历史溢价是不同的，而我们更希望知道明天的权益风险溢价是多少。关于计算未来权益风险溢价的方法存在很多争论，下面介绍四种确定权益风险溢价的途径。

(1) 实际走访调查，征询业内专家。

(2) 以历史平均权益风险溢价为基础，在此基础上进行调整。

(3) 从需求方入手，根据目前市场环境，求出投资者要求的回报率。

(4) 从供给方入手，预测股票市场预期收益率。用股票市场预期收益率减去无风险收益率得到权益风险溢价。

3. 估计 β

β 是资本资产定价模型中与股票风险相关联的指标。它衡量的是股票的相对波动性，即随着市场的变化单只股票的变化程度。如果一只股票与市场的起伏保持完全一致，那么这只股票的 β 就等于 1。如果一只股票的 β 是 1.5，说明市场每上涨 10%，这只股票就会上涨 15%；市场每下跌 10%，这只股票就会下跌 15%。

下面介绍两种计算β值的方法。

1) 通过回归分析计算β值

一般通过统计数据、股票每日走势对比同一时段的市场每日走势，从而获得β值。金融经济学家 Black、Jensen 和 Scholes 在他们 1972 年名为《资本资产定价模型：实例测试》的著名研究报告中首次确认了股票组合资金收益和它们的β值的线性关系：

$$R_t = \beta R_{mt} + \varepsilon$$

式中：R_t——第t天的公司回报率；

R_{mt}——第t天的市场回报率；

ε——某个方差的随机变量，独立于第t天的市场回报率。

例如我们计算中国移动的β值，由于中国移动在香港上市，所以可以根据中国移动的历史股价数据，以及相同时间段香港恒生指数的数据作为样本进行回归分析，从而得到中国移动的β值。

在估计β值时，我们需要使用尽可能多的数据样本来减小误差，普遍做法是追溯历史五年内的每日数据，这是一个估计β的一个较为合理的区间。但时间段也不应该设定得过长，以防止公司出现显著变化扰乱数据可靠性。如果公司在过去五年内发生合并重组等重大变动，则应该使用更短的估计区间。

2) 通过可比公司计算β值

如果分析的目标公司没有上市，则没有股价信息，也不能通过回归分析得到相应的β值。因此我们可以通过分析可比公司的β值，经过调整后得到目标公司的β值。通过可比公司计算β值的步骤如下。

第一步，获取可比公司的β值。

第二步，由于可比公司的资本结构可能与被估值公司差异很大，因此要将可比公司的β值折算成无杠杆的β。

第三步，可比公司无杠杆β的平均值/中间值用做被估值公司近似的风险系数。为反映财务风险，需要重新考虑被估值公司的资本结构，计算有杠杆β。

无杠杆β和含杠杆β的关系如下：

$$\text{Unlevered}\beta = \frac{\text{Levered}\beta}{1 + D/E(1-t)}$$

式中：Unlevered β——无杠杆β；

Levered β——含杠杆β；

D——债务价值；

E——股权价值；

t——税率。

例 4-1 假设可比公司信息如表 4-15 所示，计算目标公司 X 的β。

表 4-15 可比公司基本信息

项目 公司	历史β	债务价值/股权价值/%	税率/%
可比公司 A	0.82	68	25
可比公司 B	0.93	45	25

续表

公司＼项目	历史 β	债务价值/股权价值/%	税率/%
可比公司 C	0.75	76	30
可比公司 D	1.02	120	33
可比公司 E	1.17	88	33

首先，计算可比公司无杠杆 β。根据表 4-15 的信息，以及无杠杆 β 和含杠杆 β 的关系式，可以计算出可比公司无杠杆 β。其中：A 公司的无杠杆 β=0.82/[1+68%×(1−25%)]=0.65。其他公司的无杠杆 β 如表 4-16 所示。

表 4-16　可比公司无杠杆 β 的计算

公司＼项目	历史 β	债务价值/股权价值/%	税率/%	无杠杆 β
可比公司 A	0.82	68	25	0.54
可比公司 B	0.93	45	25	0.70
可比公司 C	0.75	76	30	0.49
可比公司 D	1.02	120	33	0.57
可比公司 E	1.17	88	33	0.74
平均值				0.61

然后，以可比公司的无杠杆 β 的平均值 0.61 为基础，根据目标公司的资本结构计算目标公司含杠杆的 β。

假设目标公司债务价值/股权价值为 50%，税率为 25%，则目标公司含杠杆 β=0.61×[1+50%×(1−25%)]=0.84。目标公司 X 在不同资本结构下的含杠杆 β 值如表 4-17 所示。

表 4-17　目标公司 X 在不同资本结构下的含杠杆 β 值

无杠杆 β	债务价值/股权价值/%	税率/%	含杠杆 β
0.61	0	25	0.61
0.61	25	25	0.72
0.61	50	25	0.84
0.61	75	25	0.95
0.61	100	25	1.07
0.61	150	25	1.30

4. 通过资本成本定价模型计算权益成本

例 4-2　以腾讯公司为例，计算权益成本(参考 Standard Chartered Research，2002 年 2 月 10 日)。

(1) 根据目前10年期美国国债利率为3.6%，中国20年期国债利率为3.5%，因此预测市场无风险利率 R_f–4%。

(2) 假设长期市场回报率 R_m=10%，则权益风险溢价 R_m-R_f =6%。Ibbotson 协会 2002 公布的1928—2000年平均权益风险溢价为5.9%。

(3) 因为腾讯是恒生指数的成分股之一，所以预测 β=1。

(4) 根据资本成本定价模型，计算得到腾讯公司的权益成本为10%。

$$K_e = R_f + m\beta = R_f + (R_m - R_f)\beta$$
$$=4\%+(10\%-4\%)\times1=10\%$$

(三)债务成本

相比权益成本而言，债务成本在计算上要简单得多。用来计算债务的利率应该使用公司偿还债务的目前市场基准利率。如果公司不是按照市场利率偿还债务，那么我们就预测一个恰当的计算公司还贷的市场利率。

由于公司可以从所支付的贷款利息上获得税务减免，债务的净成本实际上等于支付的贷款利息减去因利息产生的税收豁免。因此：

税后债务成本=税前债务成本×(1−有效税率)

(四)WACC 的计算

分别讲述了权益成本和债务成本后，接下来我们可以进一步计算 WACC。WACC 是权益成本和债务成本基于股权和债务比例的加权平均值，可以用下列公式表述：

$$\text{WACC} = \frac{E \times K_e + D \times K_d \times (1-t)}{D+E}$$

式中：E——股权价值；

K_e——权益成本；

D——债权价值；

K_d——债务成本；

t——有效税率。

例 4-3 假设一个公司总共融资100万元，其中70万元来自股东的股权投资，30万元来自银行贷款。其中股东要求的回报率为15%，银行贷款利率为8% ，公司的有效税率为25%，计算公司的 WACC。

该公司 WACC=[70×15%+30×8％×(1−25%)]/100=12.3%

公司的资本结构每年都可能变化，这取决于公司的成长周期和财务政策。在用贴现现金流法估值时，预测期开始一般负债比率较高，资本支出大并且利润率低。理想情况下，对于同一个公司每年应该使用不同的 WACC 来反映变化的资本结构和企业价值。但是，这会是一个循环的过程，我们既需要 WACC 来计算股权价值，又要用股权价值来计算 WACC。在实际操作中，一般先设定公司的目标债务资本比率，即 5～10 年后公司逐步达到的稳定的债务资本比或者行业平均负债水平。

本 章 小 结

<table>
<tr><td>公司估值方法——贴现现金流法</td><td>贴现现金流估值模型</td><td>贴现现金流模型：使用加权平均资本成本对公司自由现金流贴现后得到的现值就是公司价值。
贴现现金流法操作流程：利用贴现现金流法进行估值的操作流程包括预测收入、预测成本和费用、计算息税前利润(EBIT)、预测公司自由现金流、确定加权平均资本成本、计算公司价值和股权价值以及对公司价值和股权价值进行敏感性分析</td></tr>
<tr><td rowspan="2">公司估值方法——贴现现金流法</td><td>自由现金流分析</td><td>公司现金流循环：现金流是在公司发展过程中不断往复循环的。公司现金流分为三个部分：融资活动中的现金流、运营活动中的现金流及投资活动中的现金流。
自由现金流推导：从会计恒等式出发，可推导出公司自由现金流。
公司自由现金流预测：先预测折旧、运营资本变化及资本支出等调整项，便可以计算出未来每年的公司自由现金流</td></tr>
<tr><td>估值中的贴现率</td><td>加权平均资本成本：加权平均资本成本是企业以各种资本在企业全部资本中所占的比重为权数，对各种长期资金的资本成本加权平均计算出来的资本总成本。
加权平均资本成本计算：计算加权平均资本成本一般需要涉及该公司的权益成本和债务成本</td></tr>
</table>

复习思考题

一、不定项选择题

1. (　　)是公司在履行了包括偿还债务在内的所有财务义务和满足了再投资需要之后的全部剩余现金流。

A. 公司自由现金流　　B. 股权自由现金流
C. 税前自由现金流　　D. 税后自由现金流

2. 计算终值的方法包括(　　)。

A. 可比公司法　　B. 永续增长率法
C. 未来适用法　　D. 推出倍数法

3. 自由现金流一般是以 EBIT 或净利润为起点计算得到的，其中调整项目包括(　　)。

A. 运营成本变化　　B. 折旧摊销
C. 利息费用　　D. 资本支出

4. (　　)是独立于任何会计准则以外的，不受会计准则影响的。

A. 收入　　B. 营业利润
C. 净利润　　D. 现金流

5. (　　)是指发生于个别公司的特有事件造成的风险。

A. 非系统性风险　　B. 系统性风险

C. 市场风险　　D. 特有风险

6. 假设无风险收益率为 4%，市场预期收益率为 10%，β 系数为 1.3，根据资本资产定价模型计算权益成本为(　　)。

A. 9.2%　　B. 11.2%

C. 11.8%　　D. 17.0%

二、思考题

1. 使用贴现现金流法进行公司价值评估时，预测期如何确定？

2. 假设某公司估值基准日为 2010 年 1 月 1 日，公司估值的预测期为 2010 年 1 月 1 日至 2019 年 12 月 31 日，公司 2019 年的无杠杆自由现金流为 3500 万元，公司的永续增长率为 1%，公司的加权平均资本成本为 15%。试用永续增长率法计算该公司的终值是多少，该公司终值的现值是多少。

3. 简要描述贴现现金流法的操作流程。

4. 假设 A 公司估值基准日为 2010 年 1 月 1 日，A 公司终值的永续增长率为 2%，WACC 为 11%，公司 2010—2014 年预测数据如下。

万元

年份 / 项目	预测数据				
	2010(E)	2011(E)	2012(E)	2013(E)	2014(E)
EBIT	1080	1450	1640	1710	1800
税率/%	40	40	40	40	40
折旧摊销	60	70	75	80	85
资本支出	280	150	100	60	40
运营资本增加	50	50	50	50	50

试计算:

(1) A 公司 2010—2014 年的公司自由现金流。

(2) 用贴现现金流法计算 A 公司的公司价值。

5. 沿用第 4 题的数据及结论，假设 A 公司的永续增长率在 1%～3%之间，WACC 在 10%～12%之间，则对 A 公司进行敏感性分析后，A 公司的估值区间是什么？

6. 假设 XYZ 公司的可比公司 β 值、资本结构及税率如下表，试用可比公司法计算 XYZ 公司的 β 值。

项目 / 公司	历史 β	债务价值/股权价值/%	税率/%
可比公司 A	0.76	74	30
可比公司 B	1.13	58	33
可比公司 C	0.85	55	28
可比公司 D	1.32	62	25
可比公司 E	1.21	45	25

7. 假设 XYZ 公司总共融资 500 万元，其中 280 万元来自股东的股权投资，220 万元来自银行贷款。其中股东要求的回报率为 13%，银行贷款利率为 6%，公司的有效税率为 30%，试计算 ZYZ 公司的 WACC。

第五章　公司估值方法——乘数估值法

【本章精粹】

- 乘数估值模型
- 乘数估值法的步骤
- 选取可比公司
- 应用乘数估值法

【章前导读】

国金证券元器件行业研究简报摘要

这篇报告延续了我们的“行业景气反弹持续到 9 月份，超配元器件行业”的投资观点，是先前推出的 2009 年第二季度行业策略报告的补充。我们建议投资者积极把握此次行业景气反弹带来的阶段性投资机会。

投资逻辑补充：我国内地 PCB(印制电路板)行业景气反弹强化了“行业景气反弹持续到 9 月份”的判断，成为再次推荐元器件行业的重要逻辑补充。

PCB 行业景气反弹的原因：“家电下乡”与“3G 推广”带来的需求增量推动了我国内地 PBC 行业的景气反弹。

投资策略补充：景气向上，估值应该回升；从 PB 估值角度考虑，目前行业估值仍合理；同时，目前也存在行业景气向上导致各公司业绩向上而修正的可能。

选 A 股市场优质上市公司为样本，从 PB 估值角度考虑，上一轮行业景气周期，半导体行业估值水平在 2.21～4.58 倍，目前行业平均估值水平相对合理。

若以 2007 年上市公司 EPS 计算，目前受惠景气反弹公司 PE 平均在 18 倍附近，这个估值在行业景气向上的背景下，也相对合理。

我们继续推荐法拉、莱宝、超声、国光、华微、长电等，推荐投资组合如下。

稳健配置：法拉、莱宝、超声、国光。

激进配置：法拉、超声、华微、生益、长电。

推荐的元器件公司目前估值水平如表 5-1 所示。

表 5-1　推荐的元器件公司目前估值水平

项目 公司	每股 净资产/元	2007 年 EPS	2008 年 EPS	2009 年 EPS	PB	2009 年 PE
广州国光	3.80	0.39	0.43	0.50	2.09	15.88
莱宝高科	4.84	0.69	0.64	0.72	2.46	16.50
长电科技	2.20	0.20	0.12	0.11	2.04	40.45
华微电子	2.88	0.34	0.14	0.19	1.89	28.88
生益科技	2.15	0.49	0.14	0.24	3.02	26.75
法拉电子	4.23	0.60	0.44	0.45	2.27	21.62
超声电子	3.37	0.28	0.23	0.31	2.21	24.03
平均值					2.28	24.87

从投资银行的研究报告中可以看出，对于行业中公司的分析首先分析公司的价值驱动因素，然后通过各个公司的内在指标，以及行业平均乘数来分析公司的价值。

(资料来源：元器件行业研究简报. 国金证券研究所，2009 年 3 月 24 日)

【核心概念】

价值评估　贴现现金流法　乘数估值法

第一节　乘数估值模型

乘数估值法是成熟的资本市场上最常使用的对公司进行估值的一种估值方法。在第三章第二节中，已经简要介绍了乘数估值法，本节我们将进一步讨论乘数估值模型和乘数的分类。

一、乘数估值模型概述

通过分析可比公司的乘数对目标公司进行估值的公式如下：

公司价值=价值驱动因素×乘数

这里隐含有两类估值结果：一类是公司价值，另一类是股权价值。两类估值结果的关系是

公司价值=股权价值+债权价值

估值乘数是一个比值，其分子与分母应具有相同的含义，相互对应。如果分母选择的是与所有资本提供者相关的指标，则分子就是公司价值，因此得到的估值结果是目标公司的公司价值。如果分母选择的是仅与股权投资者相关的指标，则分子就是股权价值，因此得到的估值结果是目标公司的股权价值。无论是先得到公司价值还是股权价值，都可以通过公司价值与股权价值之间的关系进行二者之间的换算。估值结果示意图如图 5-1 所示。

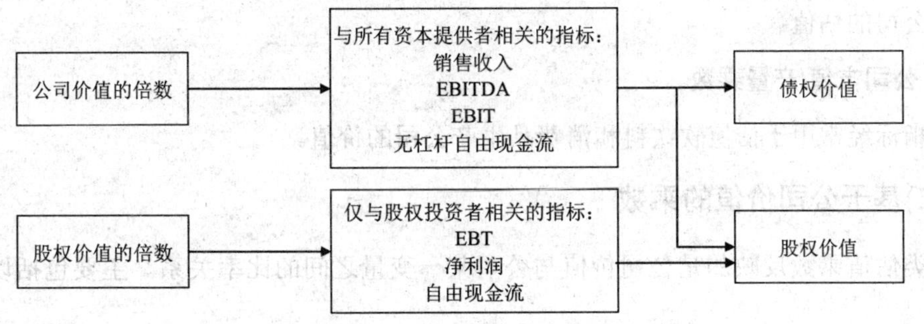

图 5-1　估值结果示意图

如何选取适当的估值乘数是应用估值乘数法的关键。估值乘数既可以是损益表上的变量，也可以是资产负债表上的变量，甚至是其他公司业务上的变量。公司的估值可以建立在任何相关变量与公司价值之间长期稳定的关系基础上。这些变量包括收入、净利润、净资产等传统估值变量，也包括用户数、网页点击率等变量。

但是，在运用乘数估值法时应该注意价值驱动因素与乘数的一致性。首先，价值驱动因素与乘数应该保持一致的经济含义。如果选取的价值驱动因素为目标公司的净利润，则乘数必须是基于可比公司净利润的乘数。其次，选择的价值驱动因素与乘数应该处于同一时间段。如果选取的价值驱动因素为目标公司 2009 年的净利润，则乘数也应该是基于可比

公司 2009 年的净利润的乘数。

二、估值乘数的分类

资本市场上通常使用的估值乘数可以概括为三大类：基于公司股权价值的乘数、基于公司价值的乘数和与公司增长相关的乘数。

(一)基于公司股权价值的乘数

这类估值乘数反映的是公司股权价值与公司某一变量之间的比率关系。主要包括以下估值乘数。

1. 市盈率(PE)=公司市值/净利润=每股价格/每股收益

市盈率是最为普遍运用的估值乘数，适用于经营业绩稳定、相对成熟的公司。

2. 市值/销售收入乘数(*P*/*S*)=公司市值/销售收入=每股价格/每股销售收入

该指标适用于公司发展到一定阶段有较为稳定的经营收入时。通常用于对互联网、通信设备、公共及制药公司的估值。

3. 市净率(PB)=公司市值/净资产=每股价格/每股净资产

该指标主要用于强调规模效益的行业的估值，通常用市净率对银行进行估值。

4. 公司市值/用户数乘数

该指标适用于处于发展初期、还没有稳定的收入的公司，或者用户数对公司未来发展能力比收入、净利润等财务指标更能反映公司价值的行业。通常运用于对互联网公司和手机生产公司的估值。

5. 公司市值/产量乘数

该指标经常用于估值软饮料和消费品生产公司的价值。

(二)基于公司价值的乘数

此类估值乘数反映的是公司价值与公司某一变量之间的比率关系。主要包括以下估值乘数。

1. 公司价值/息、税、折旧、摊销前利润乘数(EV/EBITDA)

这是较为普遍使用的估值乘数，适用于电信行业的估值。

2. 公司价值/销售收入乘数(EV/SALES)

该指标适用于公司发展到一定阶段有较为稳定的经营收入时，通常用于对互联网、通信设备、公共及制药公司的估值。

3. 公司价值/公司自由现金流乘数(EV/FCF)

其中，公司的自由现金流量(FCF)=税息前利润×(1-税率)+折旧及摊销-营运资本增加额-

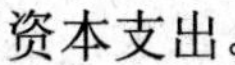

资本支出。

(三)与公司增长相关的乘数

这类估值乘数的分母为某一增长率。主要包括以下估值乘数。

1. 市盈率/每股收益增长率乘数(PEG)

该比率主要用于增长性行业，例如奢侈品、保健商品及技术行业等。

2. (公司价值/EBITDA)/ EBITDA 增长率乘数(EV/EG)

该乘数也主要用于增长性行业，特别是保健技术、电信等。

第二节 乘数估值法的步骤

从乘数估值模型可以看出，通过乘数估值法评估公司的价值需要确定两个变量：一个是公司的价值驱动因素，另一个是估值乘数。因此乘数估值法估值的过程，就是寻找适合公司的价值驱动变量和估值乘数。无论是寻找价值驱动变量或者是估值乘数，首先要寻找合适的可比公司。

一、确定可比公司

(一)选择可比公司的重要性

通过乘数估值法对目标公司价值进行评估时，选取适当的可比公司是成功运用乘数估值法的关键。如果选取的可比公司不具有可比性，则通过乘数估值法得到的目标公司价值就会产生很大的误差。

表 5-2 所示为国内三家上市公司 2008 年及 2009 年的市盈率情况。中国石油、华谊兄弟及深发展分处不同行业，从 2009 年市盈率可以看出，三家公司的市盈率水平差异较大。

表 5-2 上市公司市盈率比较

项目 公司	股价(元)	2008 年每股收益/元	2009 年每股收益/元	2008 年市盈率	2009 年市盈率
中国石油	12.77	0.62	0.56	20.60	22.80
华谊兄弟	62.95	0.57	0.64	110.44	98.36
深发展	22.81	0.20	1.62	114.05	14.08

注：股价为 2009 年 3 月 26 日收盘价。

(资料来源：上市公司年报、证券交易所公开数据)

假设用乘数估值法对石化类公司进行估值，应该选择真正可比的公司的乘数作为估值的基础，即用中国石油 2009 年的市盈率作为对目标公司的估值乘数。如果错误地将华谊兄弟作为可比公司，并且用 2009 年华谊兄弟的市盈率作为目标公司乘数，则目标公司的估值结果将远高于同行业公司的水平，其估值结果不合理。

通过上面的例子可以看出，可比公司选择的差异对公司价值的评估影响十分重大，这就要求在运用乘数估值法对公司进行估值时必须充分重视可比公司的选择。然而，选择合适的可比公司是相当困难及复杂的问题。不同的公司在许多变量上都存在着差异，这就导致它们的乘数也不尽相同。因此，在判断两个公司是否可比时，应该关注两个公司的各种可能影响乘数变化的变量是否都具有相似性。

(二)选择可比公司应考虑的因素

寻找合适的可比公司是困难的。世界上找不到两片完全相同的叶子，同样也找不到两个完全相同的公司，公司与公司之间总会存在一定的差异。其中有些差异会对公司价值产生实质性的影响，而有些因素对公司价值不会产生影响。因此在选择可比公司时，应该分析可能影响公司可比性的各个方面的因素，一般包括两方面的因素：一是业务上的因素，主要包括公司的产品类型、产品结构、所处地理位置等；二是财务上的因素，主要包括公司的规模、盈利能力、成长性及资本结构等。

1. 产品类型

公司生产并销售产品，是公司利润产生的源泉。产品的种类直接影响公司的盈利能力，进而影响公司的乘数。有些公司生产的产品市场相对饱和，而有些公司生产的产品处于新兴领域，处于饱和市场的公司的盈利性通常不如处于新兴行业公司的盈利。因此一般情况下，投资者给予市场相对饱和行业的公司的乘数低于给予处于新兴行业的公司的乘数。

2. 产品结构

大多数公司生产的产品是一系列的，而不是单一的。有些大型公司的产品覆盖了上下游产业链的各个环节。更有综合类的公司产品覆盖几个完全不同的领域。因此在分析产品类型后还要分析公司的产品结构是否具有相似性。

假设 A、B、C、D、E 五家公司生产的产品占比如表 5-3 所示，并且由于生产的产品不同，投资者给予 A 公司和 B 公司的估值乘数相差较大，那么我们在判断 E 公司的可比公司时，应该充分考虑公司产品构成对公司估值乘数的影响。

在选择 E 公司的可比公司时，应考虑 E 公司的产品结构。E 公司生产的产品 a 占比 40%，产品 b 占比 60%，明显与 A 公司或者 B 公司的产品结构不相同，如果简单地将 A 公司或者 B 公司作为 E 公司的可比公司，对 E 公司的估值会带来很大的差异，因此 A 公司和 B 公司都不能直接作为 E 公司的可比公司。虽然 C 公司的产品类型与 E 公司一致，但是由于 C 公司两种产品的占比与 E 公司相差较大，因此从产品结构上看，两者的相似程度较差。D 公司生产两种产品的结构与 E 公司最相似，因此 D 公司与 E 公司最可比。从产品结构因素分析，D 公司是 E 公司的最佳可比公司。

表 5-3　不同公司产品构成

项目 公司	产品 a 占比/%	产品 b 占比/%
A	100	0
B	0	100

续表

公司＼项目	产品 a 占比/%	产品 b 占比/%
C	70	30
D	35	65
E	40	60

3. 地理位置

地理位置也是影响公司估值乘数的变量，因此在判断一个公司的可比公司时，应该考虑地理位置因素。假设两家同样是生产奢侈品的公司，如果一家公司的产品销售区域在发达地区，而另外一家的产品销售区域在贫困地区，则两家公司的销售收入存在差异，因而公司的估值乘数有差别。再假设两家制药企业，一家制药企业的生产工厂临近药材原材料产地，另一家制药企业的生产工厂远离原材料产地，则远离原材料产地的制药企业要承担很重的运输成本，从而两家公司的盈利能力不同，则公司的估值乘数也不同。

地理位置上的差异如果能让目标公司存在明显的优势或者劣势，并且这种优势或者劣势能够体现在公司的盈利能力上，则在选取目标公司的可比公司时要充分考虑地理位置是否具有相似性。

4. 公司的规模

不同规模的企业其抗风险能力、增长潜力甚至核心价值驱动因素都可能不尽相同，因此同一行业内的公司由于规模不同，其估值乘数也存在差异。投资者不可能对奇瑞汽车和丰田汽车给予相同的估值乘数。通常情况下，通过比较公司总资产、销售收入、净利润或市值等指标来判断公司在规模上是否具备可比性。

比如，衡量银行规模的主要指标是总资产，进而体现在银行网点的多少、客户的数量及质量上。规模效益是银行业的重要特征，银行的规模效益不是像传统制造业那样简单地通过扩大规模来降低平均成本，而是通过扩大其资产规模和网点的覆盖率，使得银行能够更全面、更方便、更有效地为更多的客户提供服务。

大型银行拥有众多营业网点和庞大的客户资源，这不仅有利于其开展存、贷业务，而且能使其得到更多的中间业务机会，包括银行卡业务、代理业务、担保业务、金融衍生业务、基金托管业务以及咨询顾问业务等，从而获取更多的收益。中、小型银行大多在农村开展业务，面向的客户多为低收入客户。规模不但决定了银行收入的大小，同时还影响银行的收入结构以及产生利润的效率和质量，从而导致估值乘数的不同。因此规模差别较大的银行不适合互为可比公司。

5. 盈利能力

净利润是公司最重要的财务指标之一，但其反映的是盈利的数量而不是盈利的能力，只有相同规模公司的净利润才具有可比性。因此反映公司盈利能力的指标通常是净资产收益率、总资产报酬率、收入利润率等。

盈利能力是衡量一个公司经营业绩好坏的重要指标。盈利能力较强的公司比盈利能力较弱的公司具有更大的活力和更好的发展前景。因此，只有盈利能力相似的公司在估值上才具有可比性。

6. 成长性

公司的成长是公司内部及外部因素共同影响的结果。公司内部因素包括技术的进步，资源投入的增加、管理效率的提高等方面。公司外部因素包括宏观经济走势、行业周期、市场竞争等。因此公司的成长性指标包含了公司内部及外部的影响因素，这些因素将影响公司的估值乘数。因此两个当前状况完全相同的企业如果未来的增长率存在明显差异，其价值显然应该具有本质差别。处于增长期的公司，无论是使用市盈率法还是市净率法对其进行估值，都可以给予一定的溢价。

7. 资本结构

资本结构反映的是公司对财务杠杆的使用程度。资本结构的差异一方面表现为公司财务风险的差异，因为负债率较高的公司其股东面临的偿债风险会更大；另外，资本结构也会对净利润等指标产生影响，从而扭曲了公司间的可比性质。因此应当选择近似资本结构的公司作为可比公司。

(三)选择可比公司的一般方法

寻找可比公司的第一步是确定可比公司的范围，然后分析在此范围内的各个公司与目标公司的相似程度，逐渐缩小可比公司的选择范围，最终确定与目标公司各个方面相似度最高的公司作为可比公司。Alford(1992)根据行业、规模(风险)以及盈余增长率选择可比对象调查了使用市盈率估值的效果。他发现，随着用来挑选可比公司的行业定义由宽变到窄，估值误差逐渐下降。

最常使用的寻找可比公司的步骤如下。

(1) 将与目标公司处于同一行业的公司作为选择可比公司的范围。同一行业公司拥有类似的业务结构、产品类型、毛利率水平、相同的市场发展空间及增长速度，因此它们将会高度相关。

中华人民共和国国家统计局制定的行业分类标准将行业分为20个大行业，每个大行业内又分若干子行业。除了国家统计局公布的行业分类标准外，各个研究机构以及大型投资银行都对行业有类似的分类。在寻找可比公司时，应该首先确定目标公司所处的行业具体到某个子行业，并将此行业内的公司作为可比公司选择的基础。

(2) 确定潜在可比公司的范围后，就要通过分析研究可能影响可比公司可比性的因素，来从中筛选合适的可比公司。这些影响因素包括前面所讲到的产品类型、产品结构、所处地理位置等；还包括财务方面的因素，主要包括公司的规模、盈利能力、成长性及资本结构等。

在实际操作中，可以首先将行业内的潜在可比公司的各种数据、指标先列出来，然后经过比较后确定最终的可比公司。如表 5-4 所示，可以将行业内的潜在可比公司的收入、EBIDA 及利润等指标列示出来分析是否和目标公司具有相同的规模。比较潜在可比公司与目标公司的收入增长率、EBITDA 增长率及净利润增长率，来分析是否在增长性上具有相似性。比较它们的债务资本比，来确定它们与目标公司在资本结构上是否可比。当然也可以挑选其他变量来分析潜在可比公司与目标公司的可比性。

表 5-4 潜在可比公司运营指标

公司 项目	销售收入	收入增长率/%	EBITDA	EBITDA 率/%	净利润	净利润率/%	债务资本比/%
A	24 093	−2.2	7 007	0.2	2 272	10.7	67.8
B	10 441 696	−1.3	3 262 626	−0.6	519 771	5.6	45.8
C	13 257	1.3	6 688	1.8	3 030	−2.4	98.0
D	8 456	2.3	3 419	1.5	977	5.1	27.7
E	25 813	2.2	11 746	6.0	4 490	11.0	73.0
F	21 051	0.9	5 929	1.3	1 859	0.2	47.3
G	53 069	1.5	18 964	−0.1	5 812	4.6	21.4
H	62 523	1.0	19 518	1.8	3 689	12.5	35.9
I	61 676	4.6	23 688	4.9	8 662	13.4	76.6
J	14 743	0.9	5 210	2.6	1 737	7.2	56.5
平均值		1.1		1.9		6.8	55.0
中间值		1.1		1.6		6.4	51.9

二、确定估值乘数

估值乘数的选择主要受到两个方面因素的影响：一个是目标公司的成熟度，另一个是公司所在行业的特点。

1. 估值乘数与目标公司成熟度的关系

公司在不同的发展阶段，其所适用的估值乘数不同。图 5-2 所示的是根据网络公司的特点，在不同的发展阶段所适合选取的估值指标。

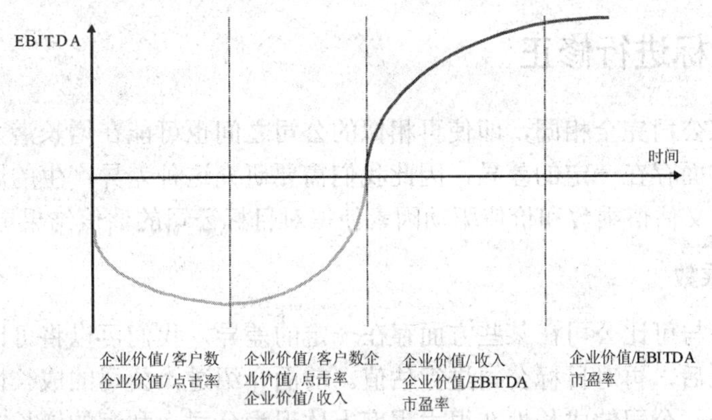

图 5-2 估值乘数与公司成熟度的关系

可以看出，在网络公司建立之初，公司进行了大量的投入，以吸引用户来关注其网络，将各种广告形式，增加网络的知名度和点击率。在这个阶段，网络公司没有产生收入，其 EBITDA 及净利润等数据都为负数。此时衡量一个网络公司未来发展前景好坏的指标是公司所有的潜在客户数，以及网站的点击率。因此在此阶段，根据网络公司的特点，我们可以将企业价值/客户数或企业价值/点击率作为乘数对公司进行估值。经过一段时间的发展，企业开始有了一定的收入后，可以考虑用企业价值/收入作为乘数对公司进行估值。随着公司的进一步发展，当公司有了稳定的收入及利润后，逐渐可以用企业价值/EBITDA 或市盈率作为乘数对公司的价值进行评估。

2. 公司所在行业的特点

由于所处的行业不同，公司的业务模式不同，因此虽然有众多估值乘数可供选择，但是不是每种估值乘数都适合任何公司，或者说某几个估值乘数更加适合某些行业。由此，每种行业都有一些被投资者所认可的常用的估值乘数。表 5-5 列举了几种行业常用的估值指标。

表 5-5　常用估值乘数

行　业	常用的估值乘数
汽车制造业	市值/收入
化工业	企业价值/收入、企业价值/EBITDA
银行业	市净率
建筑业	企业价值/无杠杆自由现金流、企业价值/EBITDA
航空业	企业价值/EBITDA
公用事业	市值/收入

例如，银行业公司的价值体现在银行的规模，即银行的总资产、网点覆盖率以及客户数上。银行规模的大小比其目前的利润水平更能反映出银行未来业务发展前景的好坏，因此对银行进行估值时，一般采用市净率作为估值乘数比用市盈率做估值乘数更适当。

因此要根据不同公司所处行业的特点选择最能体现公司未来发展的指标作为公司估值的乘数，这样得到的估值结果才能更准确。

三、对估值指标进行修正

由于没有两家公司完全相同，即使再相似的公司之间也可能在增长潜力、会计核算方法或资本结构等方面存在一定的差异，因此我们需要研究这种差异产生的原因，通过修正估值乘数、重新定义估值乘数和价值驱动因素使得对目标公司的估值结果更可靠。

1. 修正估值乘数

如果目标公司与可比公司在某些方面存在一定的差异，我们可以将可比公司的估值乘数进行一定的修正后，再对目标公司进行估值。前面介绍过，公司的成长性是确定可比公司的影响因素之一。公司的成长性在很大程度上体现为公司净利润的增长。如果可比公司与目标公司的净利润的增长速度不同，则直接用可比公司的市盈率作为目标公司的估值乘数就会产生一定的估值误差，因此就要对可比公司的市盈率指标进行一定的调整。如果我们能够量化净利润增长率与市盈率之间的变动关系，就可以根据目标公司与可比公司在净利润增长率上的差异，调整可比公司的市盈率，用调整后的市盈率对目标公司进行估值。

2. 重新定义估值乘数

如果可比公司与目标公司的差异会影响已经选定的估值乘数，我们可以通过重新定义已经选定的估值乘数，从而尽量减少这种差异对估值结果的影响。比如可比公司的资本结构与目标公司的资本结构不同，并且由于市盈率对杠杆十分敏感，则使用市盈率作为估值指标就会对估值结果产生一定的误差。此时，我们可以对市盈率进行一定的调整，使其建立在无杠杆的基础上，即将其定义为股权价值与债权价值之和与扣除债务成本前的净利润的比率，这样就降低了资本结构对估值乘数的影响。

3. 修正价值驱动因素

由于目标公司与可比公司之间采用的会计核算方法不同等原因，使得目标公司与可比公司的价值驱动因素的含义产生了一定的差异，因此就要修正价值驱动因素，使二者建立在同一基础上。

在使用市盈率等作为估值乘数时，我们要对目标公司和可比公司的净利润进行分析。在估值过程中，值得关注的是非经常性损益对净利润的影响。中国证监会于 2001 年 4 月发布了《公开发行证券的公司信息披露规范问答第 1 号——非经常性损益》，对有关非经常性损益的问题做了明确的规定。根据其规定，非经常性损益是指公司发生的与生产经营无直接联系，以及虽与生产经营相关，但由于其性质、金额或发生频率，影响了真实、公允地评价公司当期经营成果和获利能力的各项收入、支出。例如资产的处置或置换损益以及债务重组损失、有关资产的盘盈或盘亏以及补贴收入及相关的税收优惠、返还等项目。因此在运用市盈率等基于公司净利润的指标作为估值乘数时，应该使用扣除非经常性损益的净利润作为计算基础，这样才能更加真实地反映公司的价值。

四、控制权溢价调整

控制权溢价是指控制权交易中超出股份的市场价值的利益，一般为控制股东享有。例如，A 公司的市值为 100 万元，B 公司收购 A 公司 60%的股份，支付的收购价款为 80 万元。为什么收购对价不是 100×60%=60 万元呢？为什么支付价款比 60%股权的市场价值高出了 20 万元呢？这 20 万元实际上就是控制权溢价。因为 B 公司通过收购 A 公司 60%的股权后，对 A 公司形成了控制，对 A 公司的这个控制权是有价值的。因此，通常在兼并收购交易中会出现控制权溢价。

如果对兼并收购中的被收购方用乘数估值法进行估值时，要考虑控制权的价值。然而，可比公司的估值乘数并不包含控制权溢价，那么就要从另一个渠道寻找包含控制权溢价的估值乘数。最常用的方法是通过分析历史可比交易的估值乘数。选择与目标公司的可比公司在历史上的交易作为分析对象，分析历史交易中是否发生了控制权的转让。如果控制权转让了，则当时确定交易价格的估值乘数就包含了控制权溢价部分的价值。可以将找到的有控制权转让交易中的估值乘数进行平均，这个平均后的指标就是所选用的估值乘数。

五、数据收集

前面介绍了使用乘数估值法时，首先要确定可比公司，然后确定股指乘数，最后要对可比公司的估值乘数进行修正，从而计算公司的价值。在实际操作中，我们不用一步步地去判断哪些公司是目标公司的可比公司，哪些估值乘数适用于目标公司，实际上，资本市场上有很多现成的资料可供使用和参考。

1. 行业报告或统计数据

在各大行业领域中，都会有一些行业团体常年跟踪和研究本行业的情况，包括行业规模、市场数据、行业未来发展趋势等。这些行业报告和统计数据为理解公司所在行业的特点提供了有用的帮助，由此可以尽快找到行业内的公司名称和部分公司数据。

2. 财经资讯公司

市场上有专业的资讯公司收集、整理、统计和分析各个行业及行业内的各个公司，比如彭博资讯(Bloomberg)、路透社(Reuters)等。可以通过这些资讯平台便捷地找到上市公司的各种新闻及数据。

3. 分析师的研究报告

投资银行以及大型的投资公司都有自己的研究机构。其行业专家会针对某些行业、某些公司进行深入的分析和研究。通常在分析师的研究报告中会列示行业中的可比公司，同时还会对这些公司进行比较分析。当寻找目标公司的可比公司时，可以先找该行业的分析师研究报告、分析师对行业内公司的比较分析，来判断是否适合做目标公司的可比公司。

4. 公司年报

公司年报中有最新公布的公司公开资料，并且通常情况下在同业竞争章节有对行业内其他公司与本公司的比较，通过公司管理层对本公司竞争对手的描述以及本公司与竞争对手的比较，来判断这些竞争对手是否适合作其可比公司。

本章小结

<table>
<tr><td rowspan="2">公司估值方法——乘数估值法</td><td>乘数估值模型</td><td>乘数估值模型的基本公式表示如下：
公司价值=价值驱动因素×乘数
资本市场上通常使用的估值乘数可以概括为三大类：基于公司股权价值的乘数、基于公司价值的乘数和与公司增长相关的乘数</td></tr>
<tr><td>乘数估值法的步骤</td><td>1. 确定可比公司：通过乘数估值法对目标公司价值进行评估时，选取适当的可比公司是成功运用乘数估值法的关键。
2. 确定估值乘数：确定估值乘数受两方面因素影响，一是目标公司的成熟度，二是公司所在行业的特点。
3. 对估值指标进行修正：通过修正估值乘数和价值驱动因素可使得对目标公司的估值结果更可靠。
4. 控制权溢价调整：控制权溢价是指控制权交易中超出股份的市场价值的利益，一般为控制股东享有。用乘数估值法估值确定估值乘数时，要考虑控制权溢价的调整。
5. 数据收集：行业报告或统计数据、分析师的研究报告、公司年报是进行数据收集时通常参考的资料</td></tr>
</table>

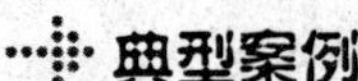

典型案例

香港资源控股有限公司(资源控股)收购中国金银集团有限公司(中国金银)40%股权

一、选择中国金银的可比公司

选择可比公司时，首先应考虑从事相同或类似业务的可比公司。由于中国金银从事的是珠宝奢侈品，因此不仅选择了从事珠宝零售业务的可比公司，同时也选择了从事奢侈品零售业务的可比公司。另外考虑到中国金银所处的地理位置，所有可比公司均为主要业务在香港地区的公司。表 5-6 所示为中国金银潜在的可比公司。

表 5-6　中国金银潜在可比公司

公司＼项目	股份代码	市值/百万港元	地区	描　述
六福集团(国际)有限公司	590.HK	3368.75	香港	金饰与黄金装饰品、宝石手饰与宝石零售及分销
周生生国际集团有限公司	116.HK	5405.24	香港	制造及零售黄金及宝石手饰产品
景福集团有限公司	280.HK	361.11	香港	制造、销售及推广珠宝首饰产品
谢瑞麟珠宝(国际)有限公司	417.HK	471.15	香港	制造、销售及推广珠宝首饰产品
英皇钟表珠宝有限公司	887.HK	2821.50	香港	零售名牌钟表及珠宝手饰产品设计及销售

另外，以上公司在可识别品牌名称、市场占有率和业务运营方面与中国金银具有可比性。同时，在业务、运营模式和品牌知名度上，英皇钟表珠宝有限公司与中国金银具有可比性。

二、确定中国金银的估值乘数

表 5-7 所示为中国金银可比公司估值乘数。

表 5-7　中国金银可比公司估值乘数

股份代码	市值/百万港元	EBITDA/百万港元	净利润/百万港元	*P*/EBITDA/倍	*P*/*E*/倍
590.HK	3368.75	350.96	275.16	9.6	12.2
116.HK	5405.24	650.96	476.47	8.3	11.3
280.HK	361.11	94.91	59.18	3.8	6.1
417.HK	471.15	209.94	104.80	2.2	4.5
887.HK	2821.50	203.50	151.00	13.9	18.7
中位数				8.3	11.3

选择的估值乘数为

P/EBITDA=8.3 倍

P/*E*=11.3 倍

三、非上市流通折让的考虑

中国金银是非上市公司。考虑到未来出售该公司业务通常会产生一定的成本，包括律师费用、会计费用及中介费用等，另外，中国金银既没有上市，也没有活跃的市场可以交易，因此在对中国金银的估值中选取10%作为其非上市流通折让。

四、控制权溢价分析

由于本次收购中国金银40%股权后，资源控股将控制中国金银100%的股权，因此交易中存在控制权的转移。所以需要对已经选择的P/EBITDA和*P*/*E*估值乘数进行调整。

首先分析可比交易，如表5-8所示。

表5-8　中国金银的可比交易

收购方	目标公司	目标公司业务	地区	收购前持有目标公司股权比例/%	收购后持有目标公司股权比例/%	溢价/%
Altra Business	Verite	珠宝手饰连锁店	日本		70.3	19.9
Etelle	Azumi	分销珠宝手饰产品	日本	28.9	55.5	13.7
James Pascoe	Angus & Coote	零售珠宝产品	澳洲	14.9	100	38.8
Holtzman Opportunity Fund	Whitehall Jewellers	制造及销售珠宝手饰产品	美国		100	10.3
Vistula & Wolczanka	W. Kruk	制造及销售金银手饰	波兰		66.0	11.1
中位数(取整)						14.0

通过分析可比交易得到控制权溢价为14.0%。

五、估值结论

表5-9所示为中国金银的估值计算。

表5-9　中国金银的估值计算

项目＼乘数		*P*/EBITDA	*P*/*E*
选定估值乘数/倍		8.3x	11.3
EBITDA及净利润/港元		184 320 153	114 334 714
初步估算股权价值/港元		1 530 495 053	1 297 048 633
加：控制权溢价/港元	14%	214 269 307	181 586 809
减：非上市流通折让/港元	10%	(174 476 436)	(147 863 544)
合计/港元		1 579 287 924	1 330 771 898
加权/%		50	50
加权股权价值/港元		1 450 529 911	
股权价值(取整)/港元	40%	580 200 000	

经过计算，中国金银40%的股权价值为580 200 000港元。

(资料来源：香港资源控股有限公司收购中国金银集团有限公司通函，2010年4月1日)

复习思考题

一、不定项选择题

1. 乘数估值法中的估值乘数包括(　　)。
   A. 基于公司股权价值的乘数　　B. 基于公司价值的乘数
   C. 基于公司债权价值的乘数　　D. 与公司增长相关的乘数
2. 以下哪些是基于公司股权价值的乘数？(　　)
   A. 市盈率　　B. EV/EBITDA
   C. PEG　　D. 市净率
3. 选择可比公司应考虑的因素包括(　　)。
   A. 产品类型　　B. 公司地理位置
   C. 盈利能力　　D. 资本结构

二、思考题

1. 简述影响公司可比性的因素。
2. 简述如何选择可比公司。
3. 简述如何修正估值指标。
4. 简述控制权溢价是如何产生的。

第六章　证券投资分析

【本章精粹】

◆　宏观经济分析

◆　产业分析

◆　公司分析

【章前导读】

巴菲特 1988 年买入可口可乐股票 5.93 亿美元，1989 年大幅增持近一倍，总投资增至 10.24 亿美元。1991 年就升值到 37.43 亿美元，2 年涨了 2.66 倍。1994 年，巴菲特继续增持可口可乐股票，总投资达到 13 亿美元，此后持股一直稳定不变。1997 年底巴菲特持有可口可乐股票市值上涨到 133 亿美元，10 年赚了 10 倍，仅仅一只股票就为巴菲特赚取了 100 亿美元，这是巴菲特最传奇最成功的股票投资案例。

以复权价格计算，可口可乐 1997 年底收盘 53.08 美元，1987 年底收盘价 3.21 美元，10 年上涨 15.53 倍。1997 年底标准普尔 500 指数收盘 970 点，1987 年底收盘 247 点，10 年只上涨了 2.93 倍。可口可乐 10 年涨幅是大盘的 4 倍以上。

为什么股价会涨这么快这么高？原因很简单，业绩成长飞快。可口可乐 1997 年盈利 41.29 美元，比 1992 年的 16.64 美元增长 1.48 倍，5 年复合增长率 19.9%，10 年复合增长率 16.3%。可以说巴菲特买到了一只超级成长股。

我们在慨叹巴菲特丰厚投资回报的同时，不禁会问，巴菲特是如何从众多股票中选出可口可乐这只大牛股的？他是如何进行投资分析的？常规的投资分析又是怎么样的？

(资料来源：第一财经日报，http://www.yicai.com，2009 年 9 月 5 日)

【核心概念】

基本分析　宏观经济分析　产业分析　公司分析

第一节　证券投资分析概述

同任何商品的价格一样，证券价格不是固定不变的。根据证券价格决定模型得出的证券价格只是证券的理论价格，它是在高度简化和严格假设条件下的结果。而实际的证券市场受多重因素的影响和作用，这些因素也常常处于变动之中，因此，证券价格不可能按照纯粹的理论价格变动。为了对证券价格进行更为准确的判断，对证券进行投资分析就变得十分必要。

目前，证券投资分析方法主要有两大类：基本分析法和技术分析法。

一、基本分析法

基本分析法主要是通过对决定证券投资价值及价格的基本要素的分析，评价证券的投资价值，判断证券的合理价位及其变动趋势，提出相应的投资建议的一种分析方法。它体现了以价值分析理论为基础、以统计方法和现值计算方法为主要分析手段的基本特征。

基本分析法认为，从本质上讲，证券价格是公司价值的体现。对证券投资价值及价格的基本要素进行分析，实质上是对影响或反映上市公司价值的各种因素进行分析，这些因素主要包括以下几个方面。

(一)宏观因素

宏观因素包括对证券市场价格可能产生影响的经济、政治、法律、军事、文化等方面。

1. 宏观经济因素

宏观经济环境状况及其变动对证券市场价格的影响，包括宏观经济运行的周期性波动等规律性因素和政府实施的经济政策等政策性因素。证券市场是整个市场体系的重要组成部分，上市公司是宏观经济运行微观基础中的重要主体，因此，证券市场价格理所当然地会随宏观经济运行状况的变动而变动，会因宏观经济政策的调整而调整。

2. 政治因素

政治因素即影响证券市场价格变动的政治事件。一国的政局是否稳定对证券市场有着直接的影响。一般而言，政局稳定则证券市场稳定运行；相反，政局不稳则常常引起证券市场价格下跌。

3. 法律因素

法律因素即一国的法律特别是证券市场的法律规范状况。一般来说，法律不健全的证券市场更具投机性，震荡剧烈，涨跌无序，人为操纵成分大，不正当交易较多；反之，法律法规体系比较完善、制度和监管机制比较健全的证券市场，证券从业人员营私舞弊的机会较少，证券价格受人为操纵的情况也较少，因而表现得相对稳定和正常。

4. 军事因素

军事因素主要指军事冲突。军事冲突是一国国内或国与国之间、国际利益集团与国际利益集团之间的矛盾发展到无法采取政治手段来解决的程度的结果。军事冲突使证券市场的正常交易遭到破坏，因而必然导致相关的证券市场的剧烈动荡。

5. 文化、自然因素

就文化因素而言，一个国家的文化传统往往在很大程度上决定着人们的储蓄和投资心理，从而影响证券市场资金流入流出的格局，进而影响证券市场价格；证券投资者的文化素质状况则从投资决策的角度影响着证券市场。一般地，文化素质较高的证券投资者在投资时较为理性，如果证券投资者的整体文化素质较高，则证券市场价格相对比较稳定；相反，如果证券投资者整体文化素质偏低，则证券市场价格容易出现暴涨暴跌。在自然因素方面，如发生自然灾害，生产经营就会受到影响，从而导致有关证券价格下跌；反之，如进入恢复重建阶段，由于投入大量增加，对相关物品的需求也大量增加，从而导致相关证券价格的扬升。

(二)产业和区域因素

产业和区域因素主要是指产业发展前景和区域经济发展状况对证券市场价格的影响。它是介于宏观和微观之间的一种中观性影响因素，因而它对证券市场价格的影响主要是结构性的。

在产业方面，每个产业都会经历一个由成长到衰退的发展过程，这个过程称为产业的生命周期。产业的生命周期通常分为四个阶段，即初创期、成长期、稳定期、衰退期。处于不同发展阶段的产业在经营状况及发展前景方面有较大差异，这必然会反映在证券价格上。处于成长期的产业证券价格呈上升趋势，而处于衰退期的产业证券价格则逐渐下落。

在区域方面，由于区域经济发展状况、区域对外交通与信息沟通的便利程度、区域内的投资活跃程度等的不同，分属于各区域的证券的价格自然也会存在差异，即便是相同产业的证券也是如此。经济发展较快、交通便利、信息化程度高的地区，投资活跃，证券投资有较好的预期；相反，经济发展迟缓、交通不便、信息闭塞的地区，其证券价格总体上呈下降趋势。

(三)公司因素

公司因素是指上市公司的运营对证券价格的影响。上市公司是发行证券募集资金的运用者，也是资金使用的投资收益的实现者，因而其经营状况的好坏对证券价格的影响极大。而其经营管理水平、科技开发能力、产业内的竞争实力与竞争地位、财务状况等无不关系着其运营状况，因而从各个不同的方面影响着证券市场价格。由于产权边界明确，公司因素一般只对本公司的证券市场价格产生深刻影响，是一种典型的微观影响因素。

二、技术分析法

技术分析法主要是利用统计学的方法，分析证券价格的运动规律，根据过去证券价格的变动情况来推测证券价格的未来走势。

技术分析的理论基础是建立在以下三个假设条件之上的。

1. 市场的行为包含一切信息

这条假设是进行技术分析的基础。它认为，影响证券价格的一切因素(如基本分析中考虑的因素以及心理因素)都反映在市场行为中，任何一个因素对证券市场的影响最终都必然表现在证券价格的变动上，在进行分析时，不必对影响股票价格的具体因素做过多的关心。

2. 价格以趋势方向演变

这条假设是技术分析的核心。其主要思想是股票价格的变动是按一定规律进行的，股票价格有保持原来方向运动的惯性。

3. 历史会重复

这条假设的出发点是人的心理因素。技术分析者认为人类的思维本性存在惯性。如果投资者按一种方法进行操作取得成功，那么以后遇到相同或相似的情况，就会按同一方法进行操作；如果前一次失败了，以后就不会再按之前的方法进行操作。

从这三个假设出发，技术分析者不仅提出了技术分析关注的要素(价格、成交量、时间和空间)，而且提出了一系列理论，其中比较有代表性的是道氏理论、波浪理论、江恩法则。此外，在技术分析大框架下，技术分析者又发展出了众多的分析指标及分析方法，使技术分析成为影响十分广泛的一大投资分析方法。

基本分析和技术分析目前都被投资者广泛使用，两者各有自己的优缺点。基本分析因

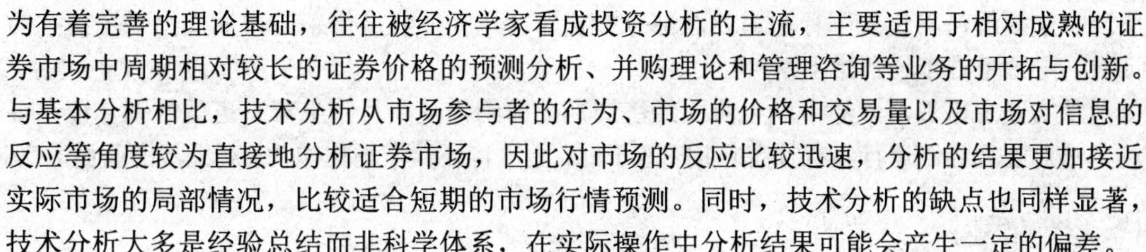

为有着完善的理论基础，往往被经济学家看成投资分析的主流，主要适用于相对成熟的证券市场中周期相对较长的证券价格的预测分析、并购理论和管理咨询等业务的开拓与创新。与基本分析相比，技术分析从市场参与者的行为、市场的价格和交易量以及市场对信息的反应等角度较为直接地分析证券市场，因此对市场的反应比较迅速，分析的结果更加接近实际市场的局部情况，比较适合短期的市场行情预测。同时，技术分析的缺点也同样显著，技术分析大多是经验总结而非科学体系，在实际操作中分析结果可能会产生一定的偏差。

第二节　宏观经济分析

在基本分析领域，从上而下的分析方法被广泛地采用，分析师依次进行宏观经济、产业及公司三个方面的分析。

所谓宏观经济分析是指对经济体的各宏观经济变量之间的相互作用关系及其运动规律的分析，它主要探讨各经济指标和经济政策对证券价格的影响。

在基本分析由上而下的流程中，宏观经济分析不但是第一环，也是最重要的一环。首先，这是因为宏观经济因素对证券市场的影响是根本性的。证券市场是整个市场经济体系的组成部分，由于专业化和分工的日益深化，现代经济体系中的各个环节、各个组成部分之间更加相互依赖，紧密联系。“一荣俱荣、一损俱损”已成为现代经济生活的基本特征，因此，从本质上讲，证券市场价格是由宏观经济所影响和决定的。事实上，其他宏观因素也是通过影响宏观经济来影响证券市场价格的，如政局的变动可能引致经济政策的改变，从而影响证券市场价格。

另外，宏观经济因素对证券市场的影响是全局性的。作为经济因素，产业或区域因素一般只会影响某个板块即某个产业或区域的证券价格，公司因素则一般只会影响本公司上市证券的价格，它们一般不会对整个证券市场构成影响。而宏观经济因素的影响几乎辐射到每只证券，因而必然影响证券市场全局的走向。

在宏观经济变量中，经济周期波动、物价水平、利率、汇率以及宏观经济政策与证券市场的关系非常密切。

一、经济周期波动

理论研究和经济发展的实证均表明，由于受多种因素的影响，宏观经济的运行总是呈现出周期性变化。这种周期性变化表现在许多宏观经济统计数据的周期性波动上，如国内生产总值、失业率等。

宏观经济周期一般经历四个阶段，即萧条、复苏、繁荣、衰退。从证券市场的情况来看，证券价格的变动大体上与经济周期相一致。一般是，经济繁荣，证券价格上涨；经济衰退，证券价格下跌。

证券市场价格的变动周期虽然大体上与经济周期相一致，但在时间上并不与经济周期相同。这是因为，投资者对经济走势的预期与实际经济走势并不一样。比如，当经济处于繁荣阶段时，公司的经营业绩不断提升，但是这时，部分市场投资者会预期经济存在过热趋势，社会总供给在不久的将来超过总需求，导致经济增长减速，公司业绩出现停滞甚至下降，宏观经济将步入下行通道。这部分投资者会选择在经济繁荣的末期卖出手中持有的证券，导致证券市场开始下跌。

从实践上来看，证券市场走势比经济周期提前约为几个月到半年。也就是说，证券市场走势对宏观经济运行具有预警作用，基于此，通常将证券市场称作“宏观经济的晴雨表”。

案例点击

2008 年席卷全球的金融危机爆发后，各国经济都受到了严重的影响。受此影响，我国的经济增长速度也放缓了脚步。根据国家统计局的数据，2009 年前两个季度，我国 GDP 增长速度为 7.1%，低于 2009 年全年的目标增长速度 8%,更远远低于 2008 年 9.6%的年增长水平；但是，同期，我国 A 股市场上证指数从 1820.81 点上涨到了 2959.36 点，涨幅超过 60%。

虽然我国宏观经济在 2009 年前两个季度处于衰退期，但是市场投资者预期我国经济即将复苏，正逐渐摆脱金融危机所带来的影响，因此，证券市场率先对宏观经济状况作出了反应。果然，在 2009 年第三季度、第四季度我国经济发展良好，整个 2009 年 GDP 增长速度提高到 8.7%。

二、物价水平/通货膨胀

通货膨胀是指商品和劳务的价格水平在一段时间内持续普遍上涨。通货膨胀的成因有很多，包括需求拉动的通货膨胀、成本推动的通货膨胀以及货币供给量迅速增加所造成的通货膨胀等，无论是何种原因导致的通货膨胀，都会对宏观经济体系造成冲击，进而影响到证券市场。

然而，通货膨胀对证券市场的影响非常复杂，不能一概而论，需要区分不同的通货膨胀水平。一般认为，通货膨胀率较低(如 5%以内)时，对宏观经济冲击不大且对证券价格还有推动作用。因为，温和的通货膨胀可能主要是因为货币供应量增多造成的。货币供应量增多，开始时一般能刺激生产，增加公司利润，推动证券价格上涨。但是，当通货膨胀率较高且持续到一定阶段时，经济发展和物价的前景就不可捉摸，整个经济形势会变得很不稳定。这时，一方面企业的发展会变得飘忽不定，企业利润前景不明，影响新投资注入；另一方面，政府会提高利率水平，从而使股价下降。在这两方面因素的共同作用下，股价水平将显著下降。

三、利率

利率的变动与股价的变动有着密切的关系。一般而言，当利率上升时，证券价格会下跌；利率下跌证券价格反而会上涨。利率上升造成证券价格下跌的原因主要有以下几点。

(1) 利率上升时，投资人的必要报酬率亦跟随上升，因此根据现金流折现理论预测出来的证券价值会降低，证券价格自然也会跟随其内在价值下降。

(2) 利率上升时，投资人使用资金的机会成本增加，如果投资证券的报酬率无法高于银行的存款报酬率时，理性的投资人会将资金从证券市场转移至银行，赚取较多的利息。一旦大量资金离开证券市场，证券价格将失去支撑的力量而下跌。

(3) 利率上升会影响公司的正常经营。这是因为，公司的资金来源除了自有资本之外，还必须依靠负债的支持。一旦利率上升，负债所产生的利息支出将会增加，资金成本增加导致公司的获利能力下降，进而造成证券价格的下跌。

利率下降对证券价格影响的分析过程与以上基本类似，其结果皆会促使证券价格上扬。

四、汇率

由于世界各国的产业政策以及在国际贸易中的地位各异，汇率变动对各国经济活动的影响程度也并不相同。对以进出口为主要经济活动的国家和地区而言，汇率的变动会对经济产生相当大的影响，进而影响证券价格。例如，当本国货币相对于外币升值时，本国出口产品的价格相对升高，这使本国产品在与其他国家和地区产品的竞争中处于不利的情形，从而影响外贸型企业的利润；反之，当本国货币相对于外币贬值时，则外销产品相对有较强的竞争力，厂商利润也能随之提升。

汇率的变动除了影响进出口贸易的变化外，也会促使资金在国家间进行流动，进而影响证券市场。比如，当预期某国货币升值时，国际资金会因为套利将资金转移至该国，这些资金一部分进入实体经济，另一部分则可能进入证券市场，该国证券价格可能会因为资金的推动而上涨。

五、宏观经济政策

根据经济学理论，政府既是市场管理者，又是市场的重要参与者，因此，一国政府所采用的宏观经济政策也会对该国的宏观经济产生巨大的影响。当代市场经济国家政府对经济的干预主要是通过货币政策和财政政策来实现的。根据宏观经济运行状况的不同，政府可采取扩张的或紧缩的货币政策和财政政策，以促进经济快速增长，保持物价水平的稳定，实现充分就业。

1. 货币政策

中央银行实施的货币政策对证券市场的影响，主要是通过以下几个方面产生的。

(1) 当增加货币供应量时，一方面证券市场的资金增多，另一方面通货膨胀也使人们为了保值而购买证券，从而推动证券价格上扬；反之，当减少货币供应量时，证券市场的资金减少，价格的回落也使人们对购买证券保值的欲望降低，从而使证券市场价格呈回落的趋势。

(2) 中央银行在公开市场上买进证券时，对证券的有效需求增加，促进证券价格上涨；中央银行卖出证券时，证券的供给增加，引起证券价格下跌。

(3) 中央银行的货币政策将影响市场的利率水平，如前所述，利率水平的变动将对证券市场产生较大影响。

2. 财政政策

财政政策是通过财政收入和财政支出的变动来影响宏观经济活动水平的经济政策。财政政策的主要手段有三个：一是改变政府购买水平；二是改变政府转移支付水平；三是改变税率。国家实行财政政策对证券市场产生影响，主要是通过以下几个途径。

(1) 扩大政府购买水平，增加政府直接投资，可直接促进所投相关产业发展，这些产业的发展又形成对其他产业的需求，从而以乘数的方式促进经济发展；减少政府购买水平的效应正好与此相反。

(2) 改变政府转移支付水平主要从结构上改变社会购买力状况，从而影响总需求。政府提高对低收入人群的转移支付水平，会使这部分人的收入水平得到提高，进而提高他们的消费能力，间接地促进了公司利润的增长，因此有助于证券价格的上扬；反之，降低政府转移支付水平将使证券价格下跌。

(3) 对公司和个人征税将直接影响公司的利润水平和个人的可支配收入，一般来说，税率提高，公司利润下降、个人可支配收入减少，证券价格上扬受到抑制；税率降低，对证券价格的影响相反。

从传导机制上讲，财政政策是以实体经济为媒介，通过控制财政收入和支出，经过企业的投入与产出来影响总需求的，从理论上讲其传导过程比较长，对证券市场的影响比较缓慢，但也比较持久；而货币政策以货币市场为媒介，通过利率等手段来调节货币需求，因此它对证券市场的影响直接而迅速。

第三节　产 业 分 析

当完成总体经济分析及确认产业分类之后，即可根据总体宏观经济环境，选择有潜力的产业作进一步分析。产业分析的重点主要在研究影响产业发展的重要因素，例如原料成本、市场需求、竞争状况、法令规章及研究创新等，再从这些因素的分析归纳出特定产业的投资可行性，进而缩小分析范围，以便针对此产业各个公司进行具体分析。因此，产业分析是基本分析自上而下分析过程中连接宏观经济分析和公司分析的重要桥梁。

产业决定了企业参与竞争的领域，产业的发展在一定程度上制约着企业的发展。产业分析的内容比较广泛，一般应重点分析以下几个方面。

一、产业生命周期分析

一般而言，任何产业的发展都会经历一个由产生到成长再到衰落的发展演变过程，这个过程便称为产业的生命周期。产业的生命周期可分为四个阶段，即初创阶段(也叫幼稚期)、成长阶段、成熟阶段和衰退阶段，如图 6-1 所示。

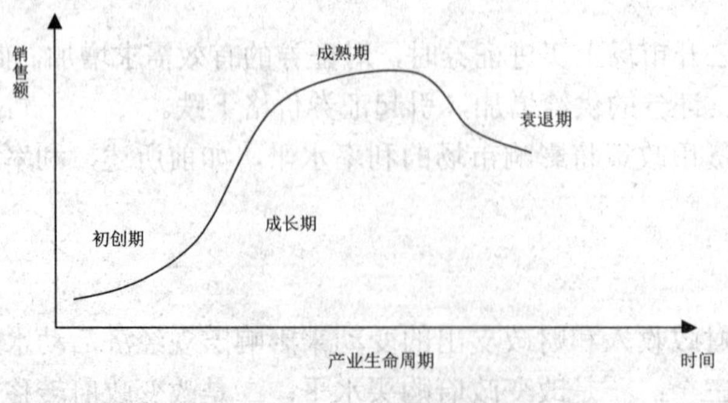

图 6-1　产业生命周期

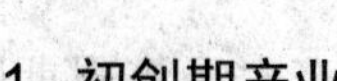

1. 初创期产业

初创期产业的特点是：投资于此产业中的企业数量很少，大部分企业处于亏损状态，风险很大，属于高风险低收益时期。

对投资入而言，投资处于初创期的产业风险极高，因为缺乏过去经营状况的资料辅证，并且初创期产业的产品可能并不适合市场需要。因此，除非是创投基金，一般投资人不会介入初创产业的投资。

2. 成长期产业

成长期产业的特点是：厂商数量开始增加，经营利润迅速提高，但亏损的风险很大，破产率和兼并率也比较高。

在成长期，产业的营业收入增长将领先于整体经济，风险也降低不少。另外，企业的利润迅速增加，产业规模亦日渐壮大。正由于风险降低且成长可期，成长期产业是最佳的投资品种。

3. 成熟期产业

成熟期产业的特点是：大量增加的企业由于竞争激烈优胜劣汰，少数在竞争中生存下来的大厂商开始垄断整个产业的市场，经营利润较高，风险不大，但增长速度放慢，进入一个稳定发展的时期。

对于追求稳定收入且风险承担能力较低的投资人而言，成熟阶段的产业应为合适的投资标的。

4. 衰退期产业

衰退期产业的特点是：由于市场对该产业产品的需求量下降，产品销售量下降，厂商数目逐渐减少，市场萎缩，利润不断下降，当正常利润无法维持时，整个产业便逐渐解体。

投资人应该尽量回避处于衰退期的产业。

二、产业对经济周期的敏感度分析

在上一阶段分析中，我们已经知道一国经济是呈现周期性增长的，而在经济周期的每一阶段，都会有一些产业比其他产业更加繁荣，根据不同产业在经济周期中的行为方式可将它们分为三类：成长型产业、周期型产业、防御型产业。

1. 成长型产业

成长型产业的销售收入和利润的增长速度独立于宏观经济的周期性而超常增长，不受或较少受经济衰退的消极影响。这些产业主要依靠技术进步、推出新产品、提供更优质的服务及改善经营管理来实现持续成长。例如，在过去的几十年内，计算机和 IT 业就是典型的成长型产业。

成长型产业向来都是投资人的首选，将会给投资者带来丰厚的回报。

2. 周期型产业

周期型产业的销售收入和利润随经济周期的变化而变化。当经济处于上升时期，这些产业会紧随其扩张；当经济衰退时，这些产业也相应跌落，而且通常会夸大经济周期的波动。产生这种现象的原因是，当经济上升时，对这些产业相关产品的购买被延迟到经济改善之后，如能源、汽车业及其他依赖于需求的具有收入弹性的产业就属于典型的周期型产业。

对于周期型产业，投资者应该根据经济周期的波动状况灵活地配置投资分布。经济上行时，增加对周期型产业的投资；经济下行时，减少对周期型行业的投资。

3. 防御型产业

防御型产业与周期型产业刚好相反。这种类型产业的运动状态并不受经济周期的影响。也就是说，不论宏观经济处在经济周期的哪个阶段，产业的销售收入和利润均很稳定。如，食品业和医药业就属于防御型产业，因为需求对其产品的收入弹性较小，所以这些公司的收入相对稳定。

一般来说，当经济周期处于衰退期时，投资者应该投资于防御型产业以规避风险。

三、竞争分析

产业竞争分析可以确定企业对各种竞争因素的态度和基本对策，帮助企业制订有效的战略。哈佛大学教授波特曾提出五力模型，较详细地阐述了竞争分析。

五力模型认为在任何产业中，无论是国内还是国外，无论是生产一种产品，还是提供一项服务，竞争规律都寓于五种竞争力量之中，即潜在进入者的威胁、买方的议价能力、供应商的议价能力、替代产品的威胁和现有竞争者的威胁。这五种基本竞争力量的状况及综合强度决定着产业竞争的激烈程度，同时也决定了产业的最终获利能力。图 6-2 简单描述了五力模型。

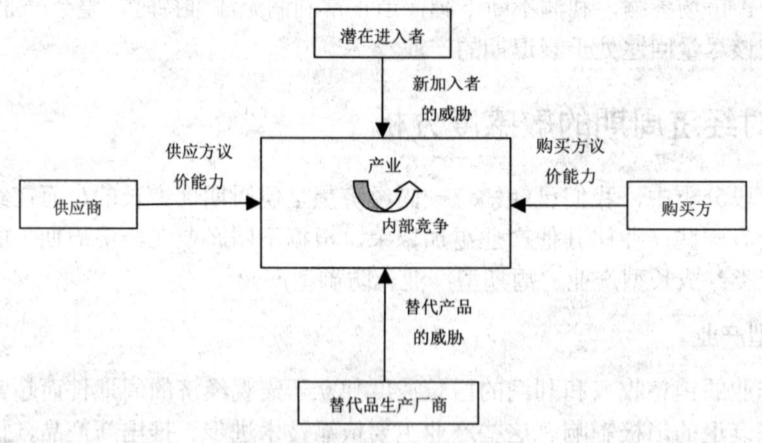

图 6-2　波特五力竞争模型

1. 潜在进入者的威胁

当潜在进入者进入一个产业后，将造成此产业的竞争环境改变，产业内原有公司的市场占有率将因此有所变动。当某产业利润率或发展前景优于其他产业时，必然会面临潜在进入者的威胁，而产业的进入壁垒则在一定程度上阻止了新公司的进入。

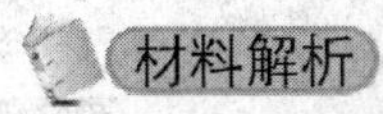

材料解析

进 入 壁 垒

进入壁垒是指阻碍观望者进入产业的因子，例如：完整的配销通路、长期客户关系、专利技术、高投入成本等都会使观望者却步。由此可知，进入障碍可视为潜在竞争者进入某特定产业的门槛；进入障碍愈低，则吸引愈多新竞争者加入，因此可预期未来这个产业的成长率及获利率将会受到影响。

2. 买方的议价能力

如果买方的议价能力很高，则公司在销售时处于不利地位，这将会影响公司的获利能力。通常，买方的议价能力取决于下列因素：买方规模大小、产业内公司多寡、买方资讯取得难易、产品标准化程度等。

3. 供应商的议价能力

如果供应商的议价能力高，则公司在采购原材料时将处于劣势，很可能受制于供应商而无法有效降低原料成本，最终影响公司利润。供应商的议价能力可能与下列因素有关：供应商数目、供应商是否具有关键产品、产品供应来源稀少性、公司的转换成本高低等。

4. 替代产品的威胁

对产业而言，替代产品的出现意味着来自相似产业的竞争力量，消费者在购买上有更大的选择空间，同时也代表着本产业产品消费量减少的可能。一般来说，替代产品产业影响被替代产品产业的因素有下列几点：技术发展程度、替代产品的功能、现有产品功能是否能提升等。

5. 现有竞争者的威胁

在产业中有其他竞争者采取竞争动作时，将连带影响到同产业其他公司的经营表现。现有竞争者的威胁大小与产业的竞争结构关系密切。现有竞争者的威胁与下列因素有关：竞争者多寡、产品差异化、退出障碍高低等。

四、技术进步

技术进步对产业的影响是巨大的，直接关系到产业的生存状态。“二战”后工业发展的一个显著特点是，新技术在不断推出新产业的同时，也在不断地淘汰旧产业。

一方面，技术进步能促进产业的发展。例如，生物科技领域的成果应用于农业，最终带来了更高的粮食产出率；电脑游戏软件的不断创新，推动了电脑硬件设备的迅速发展；新能源技术应用于汽车制造领域，正在逐渐改变汽车业的发展。

另一方面，技术进步导致部分产业退出了历史舞台。最典型的例子莫过于音乐播放器产业，最初流行的是录音机，但是随着 CD 播放机的产生，录音机逐渐销声匿迹了，目前随着 MP3 技术的发展，CD 播放机也渐渐被淘汰。

五、政府政策

政府的政策取向对于产业的发展也起着十分重要的作用，政府对于产业的管理和调控主要是通过产业政策来实现的。产业政策是国家干预或参与经济的一种形式，是国家系统设计的有关产业发展的政策目标和政策措施的总和。一般认为，产业政策包括产业结构政策、产业组织政策、产业技术政策和产业布局政策等。其中，产业结构政策与产业组织政策是产业政策的核心。

政府对产业的促进作用可通过补贴、优惠税、限制外国竞争的关税、保护某一产业的附加法规等措施来实现。同时，考虑到生态、安全、企业规模和价格因素，政府会对某些产业实施限制性规定，加重该行业的负担。譬如，我国对房地产产业进行的较严厉的产业调控，将会在一定程度上遏制房地产业的不正常发展。

六、社会习惯

社会观念、社会习惯、社会趋势的变化对企业的经营活动、生产成本和利润收益等方面都会产生一定的影响，足以使一些不再适应社会需要的行业衰退而又激发新兴行业的发展。譬如，随着我国经济水平的发展，人民已经不再简单满足于基本的温饱水平，开始追求更高层次的精神消费，由此引起了对健身、旅游、娱乐等方面的消费，极大地促进了这类产业的发展。

七、经济全球化

经济全球化使每一个产业和企业都置身于全球性竞争中，同时也使各产业各企业获得全球性的市场和资源。分析经济全球化对产业的影响，关键要看经济全球化是否有利于这一产业整合全球性的资源，是否有利于这一产业面向全球性的市场满足全球性的需求。

第四节　公 司 分 析

公司分析是基本分析自上而下流程中的最后一步，之前的宏观经济分析以及产业分析都是为进行公司分析做铺垫，因为公司分析直接涉及单个证券的选择。通常，完整的公司分析包括公司基本分析和公司财务分析。

一、公司基本分析

公司基本分析主要是一个定性分析的过程，分析的主要目的是了解公司的基本情况，主要涉及公司所处行业及行业竞争地位分析、公司经济区位分析、公司经营能力分析。

(一)公司所处行业及行业竞争地位分析

对公司进行分析时，首先要弄清楚公司所处的行业、公司的主要经营业务。这是因为，不同行业的发展现状各不相同，发展阶段互有差异，更为关键的是不同行业的利润率有着显著差别，比如，在我国，房地产行业的利润率明显高于大多数其他行业。在此情况下，确定公司所处的行业对公司分析来说至关重要。

在确定公司所处的行业之后，需要分析公司的行业竞争地位。在大多数行业中，无论其行业平均盈利能力如何，总有一些企业比其他企业具有更强的获利能力，这说明不同企业在行业中的竞争地位不一样。衡量公司行业竞争地位的主要指标是行业综合排序和产品的市场占有率。

(二)公司经济区位分析

经济区位是指地理范畴上的经济增长点及其辐射范围。上市公司的投资价值与区位经济的发展密切相关。进行区位分析时应该注意以下几个方面。

1. 区位自然条件及基础条件

自然和基础条件包括矿产资源、能源、交通、通信设施以及人才等，它们是上市公司所拥有的基本硬件条件，对区位内上市公司的发展起着重要作用。

2. 区位内政府相关政策

不同区位的地方政府通常会有自己的经济发展规划，也会据此制定一系列相关产业内的政策法规，支持当地经济的发展。在这个背景下，政府往往会确定区位优先发展和扶植的产业，并给予相应的各项政策优惠，因此，相关产业内的公司将得到较好的发展。

3. 区位内的经济特色

经济特色是指区位内外经济的联系和互补性及其发展活力与潜力的比较优势。特色在某种意义上代表着优势，比如，福建沿海地区形成了独特的服装制造集群化特色，该区位内的公司在服装制造方面比其他区位内的同类公司更有竞争力。

案例点击

宝钢股份地处全国经济最为发达和活跃的长三角地区，这也是国内钢材消费量最大的地区，具有明显的区位优势。华东、中南、西南、西北等地区的钢材生产量均小于消费量，特别是华东地区供求总量缺口最大，为该地区钢铁生产企业提供了良好的生存环境条件。同时，宝钢位于中国的经济龙头上海，在市场信息、运输成本、运输条件、服务质量以及资金、技术、人才等方面具有得天独厚的优势。

此外，在地区产业政策方面，钢铁一直是上海的支柱产业，得到了当地政府的重点扶持。良好的经济区位为宝钢的发展提供了坚实的基础，区位自然条件及基础条件、区位内政府相关政策与宝钢相契合，加之宝钢其他方面的优势，共同造就了我国钢铁业内的“航母”。

(三)公司经营能力分析

公司经营能力分析通常包括三个方面的内容：公司法人治理结构、公司管理人员素质和职员素质。

1. 公司法人治理结构

公司法人治理结构有狭义和广义两种定义。狭义上公司法人治理结构是指有关公司董事会的功能、结构和股东的权利等方面的制度安排；广义上的公司法人治理结构是指有关企业控制权和剩余索取权分配的一整套法律、文化和制度安排。健全的公司法人治理结构对提高公司的经营效率具有比较重要的作用，可以使公司避免“一股独大”、“员工缺乏工作积极性”等问题。

2. 公司管理人员素质

在现代企业中，管理人员不仅担负着企业生产经营活动等各项管理职能，而且还要负责或参与对各类非经理人员的选择、使用与培训工作。因此，管理人员的素质是决定企业能否取得成功的一个重要因素。在某种程度上，是否有优秀的企业管理人员，直接决定着企业的经营成果。

3. 职员素质

一个企业是由若干个职员构成的，因此，公司职员的素质也直接影响着公司的经营状况，一般来讲，公司职员应该具有以下一些素质：专业技术能力、对企业的忠诚度、责任感、团队合作精神和创新能力。

二、公司财务分析

公司财务分析是从公司的财务报表出发，对公司整体经营状态进行的定量分析。在进行公司财务分析时，通常从公司的偿债能力、营运能力、成长能力、盈利能力四个方面详尽地考察公司的状况。

(一)偿债能力分析

由于债务按到期时间分为短期债务和长期债务，所以偿债能力分析也分为短期偿债能力分析和长期偿债能力分析。

1. 短期偿债能力分析

1) 流动比率

流动比率是流动资产除以流动负债的比值，其计算公式为

流动比率=流动资产/流动负债

企业能否偿还短期债务，要看有多少债务，以及有多少可变现偿债的资产。流动比率假设全部流动资产都可用于偿还流动负债，流动资产越多，流动负债越少，则偿债能力越强。一般认为，生产企业合理的最低流动比率是2，这是因为处在流动资产中变现能力最差的存货金额，约占流动资产总额的一半，剩下的流动性较大的流动资产至少要等于流动负债，企业的短期偿债能力才会有保证。在实际中，计算出来的流动比率，只有和同行业平均流动比率、本企业历史的流动比率进行比较，才能知道这个比率是高还是低。

2) 速动比率

速动比率是速动资产与流动负债的比值，其计算公式为

速动比率=速动资产/流动负债

速动资产是流动资产中剔除存货、1 年内到期的非流动资产及其他流动资产后的部分。为什么在计算速动比率时要把存货等从流动资产中剔除呢？主要原因是它们的账面金额和变现金额可能存在较大差异，把它们从流动资产总额中减去计算出的速动比率，反映的短期偿债能力更加令人可信。

通常认为正常的速动比率为 1，低于 1 的速动比率被认为是短期偿债能力偏低。这仅是一般的看法，因为行业不同使速动比率会有很大差别，没有一个统一的标准。

3)　现金比率

现金比率是现金资产与流动负债的比值，其计算公式为

现金比率=(货币资金+交易性金融资产)/流动负债

现金资产包括货币资金、交易性金融资产等，它是流动性最强、可直接用于偿债的资产。

4)　现金流量比率

现金流量比率是经营活动现金流量与流动负债的比率，其计算公式为

现金流量比率=经营活动现金流量/流动负债

经营活动现金流量代表企业自发创造现金的能力，已经扣除了经营活动自身所需的现金流出，是可以用来偿债的现金流量。现金流量比率表明每一元流动负债的经营活动现金流量保障程度，该比率越高，偿债能力越强。

2. 长期偿债能力分析

1)　资产负债率

资产负债率是负债总额除以资产总额的百分比，也就是负债总额与资产总额的比例关系。计算公式为

资产负债率=(负债总额/资产总额)×100%

资产负债率反映在总资产中有多大比例是通过借债来筹资的，也可以衡量企业在清算时保护债权人利益的程度。资产负债率越低，企业偿债越有保障，贷款越安全。

2)　产权比率和权益乘数

产权比率和权益乘数是资产负债率的另外两种表现形式，计算公式分别为

产权比率=总负债/股东权益

权益乘数=总资产/股东权益

这两个比率越低，表示企业的长期偿债能力越强。

3)　利息保障倍数

利息保障倍数是指企业经营业务收益与利息费用的比率，用以衡量偿付借款利息的能力。其计算公式为

利息保障倍数=税息前利润/利息费用

利息保障倍数可以反映债务政策的风险大小。如果利息保障倍数小于 1，表明企业自身产生的经营收益不能支持现有的债务规模。

(二)营运能力分析

营运能力是指公司经营管理中利用资金运营的能力。企业营运能力分析建立在一系列

营运指标上，这些指标包括应收账款周转率、存货周转率、总资产周转率等。

1. 应收账款周转率

应收账款周转率是销售收入与应收账款的比率。它有两种表示形式：应收账款周转次数和应收账款周转天数。计算公式如下：

应收账款周转率=销售收入/平均应收账款

应收账款周转天数=360/应收账款周转率

应收账款周转率是反映应收账款周转速度的指标，一般来说，应收账款周转率越高，平均收账期越短，说明应收账款的收回越快。否则，企业的营运资金会过多地呆滞在应收账款上，影响正常的资金周转。影响该指标正确计算的因素有：①季节性经营的企业使用这个指标时不能反映实际情况；②大量使用分期付款结算方式；③大量的销售使用现金结算；④年末大量销售或年末销售大幅度下降。这些因素都会对该指标的计算结果产生较大的影响。

2. 存货周转率

存货周转率是销售成本与存货的比率，其计算公式为

存货周转率=销售成本/存货

分析存货周转率时，要特别注意，存货周转率并不是越快越好，存货过多会占用资金，存货过少则可能不能满足企业正常运转需要。

3. 总资产周转率

总资产周转率是销售收入与总资产的比率，计算公式如下：

总资产周转率=销售收入/总资产

总资产周转率代表一元总资产支持的销售收入，反映了企业经营的总体效率。

(三)成长能力分析

1. 总资产增长率

总资产增长率是企业本年总资产增长额同年初资产总额的比率，计算公式如下：

总资产增长率=(本期末总资产-本期初总资产)/本期初总资产×100%

总资产增长率反映企业本期资产规模的增长情况。总资产增长率越高，表明企业一定时期内资产经营规模扩张的速度越快。但在分析时，需要关注资产规模扩张的质和量的关系，以及企业的后续发展能力，避免盲目扩张。

2. 主营业务收入增长率

主营业务收入增长率是本期主营业务收入与上期主营业务收入之差与上期主营业务收入的比值。用公式表示如下：

主营业务收入增长率=(本期主营业务收入-上期主营业务收入)/上期主营业务收入×100%

主营业务收入增长率可以用来衡量公司的产品生命周期，判断公司发展所处的阶段。一般地说，如果主营业务收入增长率超过 10%，说明公司产品处于成长期；如果主营业务收入增长率在 5%～10%之间，说明公司产品已进入稳定期，不需要着手开发新产品；如果

该比率低于5%，说明公司产品已进入衰退期，保持市场份额已经很困难，如果没有已开发好的新产品，将步入衰落。

3. 净利润增长率

净利润增长率即本年净利润减去上年净利润之差再除以上期净利润的比值。计算公式为

净利润增长率=(本期净利润-上期净利润)/上期净利润×100%

净利润是公司经营业绩的最终结果。净利润的连续增长是公司成长性的基本特征，如其增幅较大，表明公司经营业绩突出，市场竞争能力强；反之，净利润增幅小甚至出现负增长也就谈不上具有成长性。

(四)盈利能力分析

盈利能力是公司赚取利润的能力，对一般公司而言，获利是公司存在的目的。反映公司盈利能力的指标很多，包括销售净利率、资产净利率、净资产收益率等。

1. 销售净利率

销售净利率是指净利润与销售收入的百分比，其计算公式为

销售净利率=(净利润/销售收入)×100%

该指标反映每一元销售收入能带来多少利润，通过分析销售净利率的升降变动，可以促使公司在扩大销售收入的同时，注意改进经营管理，提高盈利水平。

2. 资产净利率

资产净利率是指净利润与总资产的比率，计算公式如下：

资产净利率=(净利润/总资产)×100%

资产净利率是企业盈利能力的关键，把公司一定期间的净利润与公司的资产相比较，可表明公司资产利用的综合效果。该指标越高，表明资产的利用效率越高，说明公司在增加收入和节约资金使用等方面取得了良好的效果。

3. 净资产收益率

净资产收益率是指净利润与股东权益之间的比率，计算公式如下：

净资产收益率=(净利润/股东权益)×100%

净资产收益率反映公司股东的投资回报情况，对于股权投资者来说，具有非常好的综合性，概括了企业的全部经营业绩和财务业绩。

鉴于净资产收益率具有很强的综合性，美国杜邦公司以净资产收益率为主线，提出了杜邦分析方法，将公司在某一时期的销售成果以及资产营运状况全面联系在一起，层层分解，逐步深入，构成一个完整的分析体系。杜邦分析对净资产收益率的分解如下：

$$\text{净资产收益率}=\frac{\text{净利润}}{\text{销售收入}}\times\frac{\text{销售收入}}{\text{总资产}}\times\frac{\text{总资产}}{\text{股东权益}}$$

由于净利润/销售收入被称为销售净利率，销售收入/总资产被称为总资产周转率，总资产/股东权益被称为权益乘数，上式可写成

$$\text{净资产收益率}=\text{销售净利率}\times\text{总资产周转率}\times\text{权益乘数}$$

从上式可以看到，企业获利能力的驱动器有三个发动机，分别是销售净利率、总资产周转率、权益乘数。销售净利率取决于公司的经营管理，总资产周转率取决于投资管理，权益乘数取决于融资政策。因此，我们可以通过对三个比率的分析来了解企业经理人员在何种程度上贯彻了公司的各项战略。在进行比率分析时，一方面需要纵向比较，将公司连续几年的财务数据比率加以比较，用来检验公司在经营中执行既定战略的效率；另一方面需要横向比较，与行业内的其他结构相似的企业进行比较，用来检验公司经营的相对成绩。

本章小结

证券投资分析	证券投资分析概述	介绍两种主要的证券投资分析方法：基本分析法和技术分析法。简要介绍两种方法的主要关注因素
	宏观经济分析	分析经济周期波动、物价水平/通货膨胀、利率、汇率和宏观经济政策对宏观经济的影响
	产业分析	从产业生命周期分析、产业对经济周期的敏感度分析、竞争分析、技术进步、政府政策、社会习惯和经济全球化方面分析产业
	公司分析	公司基本分析及公司财务分析

典型案例

贵州茅台财务分析

贵州茅台(600519)是我国白酒制造领域的行业龙头，于2001年8月27日在上海证券交易所挂牌上市，下面将就偿债能力、营运能力、成长能力、盈利能力四个方面对贵州茅台进行财务分析。

一、偿债能力分析

表6-1显示了贵州茅台2006—2009年的偿债能力分析结果，从表中看以看出，2007年以后，不论是短期偿债能力还是长期偿债能力，贵州茅台均比2006年有了很大程度的提高。而2007—2009年，贵州茅台的偿债能力处于震荡之中，但都保持在较高水平上。从同行业的横向比较来看，2009年，贵州茅台各项指标都要强于行业平均水平(见表6-2)，说明贵州茅台偿债能力比较强。

表6-1　贵州茅台2006—2009年偿债能力分析

指标 \ 年份	2006	2007	2008	2009
流动比率	2.00	3.44	2.88	3.06
速动比率	1.41	2.35	2.15	2.24
现金比率	1.32	2.24	1.90	1.91
现金流量比率	0.62	0.83	1.23	0.83
资产负债率/%	36	20	27	26

表 6-2　酿酒行业主要上市公司 2009 年财务比率比较分析

指标＼企业	泸州老窖	古井贡酒	五粮液	洋河股份	水井坊	山西汾酒	贵州茅台	平均值
流动比率	1.75	1.59	2.12	4.58	1.72	2.76	3.06	2.51
速动比率	1.05	0.90	1.57	3.86	0.92	1.63	2.24	1.74
现金比率	0.54	0.68	1.20	3.71	0.53	0.99	1.91	1.37
现金流量比率	0.62	0.66	0.97	1.13	0.54	0.63	0.83	0.77
资产负债率/%	29	40	30	22	46	29	26	32
应收账款周转率	148	45	206	261	22	51	344	154
存货周转率	1.22	1.26	1.39	2.20	0.64	0.72	0.26	1.10
总资产周转率	0.79	0.94	0.65	0.92	0.63	0.93	0.54	0.77
总资产增长率/%	17	-12	54	197	11	19	25	44
主营业务收入增长率/%	15	-3	40	49	42	35	17	28
净利润增长率/%	33	-8	89	69	2	45	14	35
销售净利率/%	39	10	31	31	19	21	47	28
总资产净利率/%	28	10	20	19	12	14	22	18
净资产收益率/%	39	17	23	25	21	22	30	25

二、营运能力分析

贵州茅台 2006—2009 年的应收账款周转率逐年提高，并且提高的幅度相当之大，这很可能是由于公司销售政策以及信用政策发生了变化，对购买方的控制能力得到了加强。存货周转率逐年下降，说明存货的周转能力存在下降趋势。总资产周转率在 2006—2009 年处于小幅波动之中，无明显趋势。详见表 6-3。

在同行业的比较中，根据表 6-2，公司应收账款周转率明显高于行业水平，而存货周转率与总资产周转率显著低于行业平均水平，原因可能是贵州茅台的生产及销售模式与其他企业存在差异，需要进一步分析。

表 6-3　贵州茅台 2006—2009 年营运能力分析

指标＼年份	2006	2007	2008	2009
应收账款周转率	88	126	202	344
存货周转率	0.41	0.41	0.30	0.26
总资产周转率	0.56	0.72	0.63	0.54

三、成长能力分析

根据表 6-4，公司的成长能力比率在 2006—2009 年之间出现了剧烈的动荡，净利润增长率表现出了明显的下降趋势，与此同时，从表 6-2 可以看出，公司的成长能力要低于行业平均水平，表明公司在成长性方面确实遇到了瓶颈。

表 6-4　贵州茅台 2006—2009 年成长能力分析　%

指标 \ 年份	2006	2007	2008	2009
总资产增长率	17	9	50	25
主营业务收入增长率	25	48	14	17
净利润增长率	34	84	35	14

四、盈利能力分析

从表 6-5 可以看出，公司的盈利能力指标在 2007 年出现了一次飞跃，但是此后，各项指标趋向稳定，表明公司盈利能力稳定在了一个新阶段。从表 6-2 给出的同行业数据比较来看，公司的各项盈利指标均明显高于行业平均水平，表明公司在行业竞争中处于比较好的地位，产品的盈利能力比较强。

表 6-5　贵州茅台 2006—2009 年盈利能力分析　%

指标 \ 年份	2006	2007	2008	2009
销售净利率	31	41	49	47
资产净利率	16	27	24	22
净资产收益率	26	34	34	30

复习思考题

一、单选题

1. 一般地说，在投资决策过程中，投资者应选择(　　)型的行业进行投资。
   A. 成长　　B. 周期　　C. 防御　　D. 初创
2. 技术分析的优点是(　　)。
   A. 同市场接近，考虑问题比较直接
   B. 能够比较全面地把握证券价格的基本趋势
   C. 应用起来相对简单
   D. 进行证券买卖见效慢，获得利益的周期长
3. 基本分析的缺点主要有(　　)。
   A. 预测的时间跨度相对较长，对短线投资者的指导作用比较弱；同时，预测的精确度相对较低
   B. 考虑问题的范围相对较窄
   C. 对市场长远的趋势不能进行有益的判断
   D. 预测的时间跨度太短
4. (　　)财政政策将使过热的经济受到控制，证券市场将走弱。
   A. 紧缩性　　B. 扩张性　　C. 中性　　D. 弹性

5. 技术分析的假设前提是(　　)。

A. 宏观经济分析、产业分析、公司分析

B. 公司产品与市场分析、公司财务报表分析、公司证券投资价值及投资风险分析

C. 市场的行为包含一切信息、价格以趋势方向演变、历史会重复

D. 经济学、财政金融学、财务管理学、投资学

6. 用以衡量公司偿付借款利息能力的指标是(　　)。

A. 利息支付倍数　　B. 流动比率

C. 速动比率　　D. 应收账款周转率

7. 在经济周期的某个时期，产出、价格、利率、就业不断上升，直至某个高峰，说明经济变动处于(　　)阶段。

A. 繁荣　　B. 衰退　　C. 萧条　　D. 复苏

8. 进行证券投资分析的方法很多，这些方法大致可以分为(　　)。

A. 技术分析和财务分析　　B. 技术分析和心理分析

C. 技术分析和基本分析　　D. 市场分析和学术分析

9. 某一行业有如下特征：企业的利润由于一定程度的垄断达到了很高的水平，竞争风险比较稳定，新企业难以进入。那么这一行业最有可能处于生命周期的哪一阶段？(　　)

A. 初创期　　B. 成长期

C. 成熟期　　D. 衰退期

10. 下列哪种分析方法是从经济学、金融学、财务管理学及投资学等基本原理推导出的？(　　)

A. 技术分析　　B. 基本分析

C. 市场分析　　D. 学术分析

二、判断题

1. 通货膨胀会使股票价格上涨，绝对对证券市场有利。(　　)

2. 基本分析中，公司自身因素对证券市场的影响是根本性的。(　　)

3. 一般来说，应收账款周转率越高，平均收账期越短，说明应收账款的收回越慢。(　　)

4. 从总体上说，宽松的货币政策将使证券市场价格上扬，紧缩的货币政策将使证券市场价格下跌。(　　)

5. 周期型行业的运动状态与经济周期成负相关，即当经济处于上升时期，这些行业会收缩；当经济衰退时，这些行业会扩张。(　　)

三、简答题

1. 什么是“基本分析”？

2. 简述基本分析的具体分析流程。

3. 简述证券市场波动与经济周期的关系。

4. 产业生命周期包括哪些阶段？各阶段适合何种投资者？

5. 简述成长型产业、周期型产业及防御型产业的特点。
6. 简述波特五力竞争模型。
7. 简述公司偿债能力分析要点。
8. 什么是杜邦分析?

第七章　证券的发行与承销

【本章精粹】

- 证券发行与承销概述
- 股票发行与承销
- 债券发行与承销
- 海外上市与承销

【章前导读】

2001 年 1 月 8 日，中国海洋石油有限公司(简称中海油)宣布，分别向中国香港和美国证券交易机构提出上市申请，预计在第一季度完成招股上市。此次上市计划发行 16.4 亿股，每股发行价初步定为 0.825 美元，预计筹资额约为 13.5 亿美元。中海油曾经试图于 1999 年在海外上市，选中所罗门美邦作为主承销商。后来由于市况不佳临时取消。

总裁傅成玉表示，此次上市将考虑引入海外的战略投资者，不仅仅是为了集资，主要是为了吸收专业技术及国际市场经验。当初上市失败，主要是因为当时的投资环境对中国石油企业十分不利，而海外投资者大多对中国国企重组改制的信任度不高。实际上，海洋石油历史包袱较小，重组工作进行得比较顺利，如果不是大环境不利，海洋石油的上市不会如此不顺利。此次上市，卷土重来，承销商也从所罗门美邦一家改成由美林证券、瑞士信贷第一波士顿国际有限公司和中银国际三家承担。

那么，股票发行的成功与哪些因素有关？股票承销的过程是怎样的？到海外上市又要经过怎样的程序呢？

(资料来源：中国海洋报，2001 年 1 月 23 日)

【核心概念】

证券发行　证券承销　尽职调查　路演　绿鞋期权　债券评级　美国式招标　荷兰式招标　美国存托凭证

第一节　证券发行与承销概述

一、证券发行与承销的概念

证券发行是指政府、企业或其他组织为筹集资金，依据法律规定的条件和程序，向投资者出售代表一定权利的有价证券的行为。

当发行人通过证券市场筹集资金时，需要聘请投资银行来帮助其销售证券，这时投资银行所扮演的角色就是承销商。投资银行借助自己在证券市场上的声誉和能力，在规定的发行有效期限内将证券销售出去，这一过程称为证券承销。

证券的承销是投资银行的本源业务，也是最基础的业务。投资银行承销的证券范围很广，包括国债、地方政府债券、公司股票和债券等。证券承销能力是判断投资银行整体实力的重要标志。

二、证券发行监管制度

证券发行监管制度的核心是证券发行决定权的归属。目前国际上有两种类型的发行监管制度：一种是政府主导型，即核准制；另一种则是市场主导型，即注册制。

(一)证券发行核准制度

证券发行核准制度是指证券发行人在遵守信息披露义务的同时，证券发行必须符合证券法规定的证券发行条件并接受政府证券监管机构的监管；政府有权对证券发行人资格及其所发行证券作出审查和决定。新西兰、瑞典和瑞士的证券监管体制带有相当程度的核准制特点。

证券法规定证券发行人的发行资格及证券发行的实质条件，只有具备法定资格并符合法定条件的发行人才可以发行证券。证券监管机构对证券发行享有独立审查权，有权否决不符合规定条件的证券发行申请。

我国自 2001 年 3 月起对股票发行实行核准制。

(二)证券发行登记(注册)制度

证券发行登记(注册)制度是发达国家的普遍做法，澳大利亚、巴西、加拿大、德国、法国、意大利、荷兰、菲律宾、新加坡、英国和美国等国家，在证券发行上均采取注册制。其中，美国证券法是采取发行注册制的典型代表。在美国，一个公司上市，无须证券交易委员会或任何其他联邦管理机构的批准。任何公司，不论它有多大或多小，无论它是否盈利，不论它重要或不重要，均可上市，只要全面披露证券交易委员会要求的资料；当然，还要有一旦获得此种资料便要购买它的股份的投资者。

证券发行人在准备发行证券时，必须将依法公开的各种资料完全、准确地向政府的证券主管机关呈报并申请注册。主管机关仅要求发行人提供的资料不包含任何不真实的陈述和事项。如果发行人未违反上述原则，证券主管机关应准予注册。从法律关系来说，如果发行人所公开或呈报的资料在内容上有虚假成分，或重大遗漏，则应承担民事责任乃至刑事责任。

(三)我国证券发行监管制度的历史沿革

1998 年之前我国股票发行监管制度为审批制，证券主管部门对发行规模和发行企业数量采取双重控制，即每年下达公开发行股票的数量总规模，并在此限额内，各地方和部委切分额度，再由地方或部委确定预选企业，上报中国证券监督管理委员会(以下简称“中国证监会”)批准。

1998 年《中华人民共和国证券法》(以下简称《证券法》)出台后，提出要打破行政推荐家数的办法，以后国家就不再确定发行额度，发行申请人需要由主承销商推荐，由发行审核委员会(以下简称“发审委”)审核，中国证监会核准。股票发行核准制度结束了股票发行的额度限制，这一改变意味着我国证券市场在市场化方向上迈出了意义深远的一步。

2001 年 3 月，我国股票发行监管从审批制过渡到核准制，从政府选择企业改为由证券公司推荐企业发行上市。2003 年 12 月 28 日，中国证监会颁布了《证券发行上市保荐制度暂行办法》，于 2004 年 2 月 1 日开始实施。

2006 年 1 月 1 日实施的经修订的《证券法》在发行监管方面明确了公开发行和非公开发行的界限；规定了证券发行前的公开披露信息制度，强化社会公众监督；肯定了证券发行、上市保荐制度，进一步发挥中介机构的市场服务职能；将证券上市核准权赋予了证券交易所，强化了证券交易所的监管职能。

2006年9月17日证监会发布《证券发行与承销管理办法》，2006年9月19日开始施行。这部法规重点规范了首次公开发行股票的询价、定价以及股票配售等环节，完善了现行的询价制度。

2008年10月17日，中国证监会发布了《证券发行上市保荐业务管理办法》。

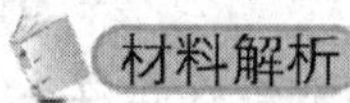

保荐人、保荐人制度和保荐代表人

保荐人是依照法律规定为公司申请发行股票和上市承担推荐责任，并为上市公司上市后一段时间内的信息披露行为向投资者承担担保责任的投资银行机构和个人。截至2010年7月26日，共有71家机构注册登记为保荐人。

保荐人制度是指由保荐人负责发行人的上市推荐和辅导，核实公司发行与上市文件中所载资料的真实性、准确性和完整性，协助发行人建立严格的信息披露制度，并承担风险防范责任；在公司上市后规定时间内，继续协助建立规范的公司治理结构，督促遵守上市规定，完成招股计划中所提标准，并对信息披露负连带责任的一种证券发行制度。

在保荐制度下，证券公司公开发行证券和上市时，必须指定依照规定取得保荐代表人资格的个人具体负责保荐工作。注册登记为保荐代表人需要通过保荐代表人胜任能力考试，并符合参与承销项目的相关条件。

三、证券发行的种类

(一)根据发行对象分类

根据发行对象划分可以将证券发行分为公募发行与私募发行。公募发行是指面向市场上大量的非特定的投资人发售证券的方式。公募发行具有如下优点：面向社会公众发行，发行对象庞大，筹资规模大；投资者范围广泛，股权分散，发行人具有较强的经营管理独立性；证券可在二级市场上流通转让，提高证券的流动性；能提高发行人的知名度；有助于发行公司巩固和扩大业务伙伴；扩大创业者的财富，具有财富放大效应。

案例点击

用友软件上市首日摸高百元　王文京身价暴涨逾50亿

2001年5月18日上市的用友软件(600588)以76元开盘，在瞬间下探73.88元后一路扶摇直上，最高上摸100元整数关，终盘报收于92元。数个新纪录宣告诞生：用友软件是首家采用核准制发行并上市的股票，发行价最高的股票(36.68元)，沪市第一只百元股，新股上市首日开盘价最高。

作为公司创始人之一，王文京虽然没有直接持有用友软件股份，但他分别持有大量用友软件五位法人股东的股份，其中主要包括：北京用友科技有限公司73.6%的股权、北京用友企业管理研究所有限公司73.6%的股权、上海用友科技投资管理有限公司90%的股权、南京益倍管理咨询有限公司42.8%的股权、山东优富信息咨询有限公司86%的股权。而上述五家公司则分别持有用友软件 41.25%、11.25%、11.25%、7.5%、3.75%的股权。

依此推算，王文京实际间接持有用友软件 5520 万法人股，占用友软件总股本的 55.2%。如果按 92 元计，王文京个人身价达到了 50.784 亿元。

(资料来源：北京青年报. http://finance.sina.com.cn，2001 年 5 月 20 日)

私募发行则是指仅向少数特定的投资者发售证券的方式。私募发行的对象主要有两类：一是个人投资者，如使用发行公司产品的用户或本公司的职工；二是机构投资者，例如，大的金融机构或与发行者有密切业务往来关系的公司。私募发行方式具有下列优点：私募发行通常不必向证券管理机关办理发行注册手续，从而可以节省发行时间和注册费用；由于私募发行一般都有确定的发行对象，发行成功率很高；相对于公募发行而言，私募发行更具灵活性，发行时机的选择并不十分重要；私募不需执行强制信息披露，可以避免泄露商业机密；节省发行费用，因为私募发行可以采取直接发行的方式，而不需要投资银行的承销，不需支付承销费用。

(二)根据发行方式分类

根据发行方式划分，证券发行可以分为直接发行和间接发行。

直接发行是指筹资者直接向投资者发行证券，证券中介机构不参与或者只参与小部分的辅导工作。直接发行手续简便，发行费用较低，灵活性大，但发行数额和发行范围较小，投资者比较集中，股票变现能力弱，市场流动性差。直接发行由筹资者独立承担风险，过大的风险又可能影响资金的筹集。私募发行的证券通常都采用直接发行方式。

间接发行指发行人通过金融中介机构代为发行证券。间接发行面向社会公众，发行对象广泛，易于筹集资金；间接发行由专业机构从事发行业务，成功率高，风险较小；间接发行股票流通性好，但发行手续复杂，成本较高。除金融机构外，绝大多数公募证券都采取间接发行方式。

(三)根据证券种类分类

根据发行的证券种类划分，证券发行大致可分为股票发行、债券发行和基金单位发行三种类型。股票发行是证券发行的基本类型，它是指股份有限公司以募集设立或增资扩股为直接目的，按照法律规定的程序向社会投资者出售股票。债券发行是指符合发行条件的政府组织、金融机构或企业部门，以借入资金为目的，按照法定的程序向投资者出售债券。根据债券发行人的主体类型，债券发行又可分为政府债券发行、金融债券发行和企业债券发行三类。

四、证券发行的当事人

(一)证券发行人

证券发行人是指为筹集资金而发行证券的政府或企业，它们是证券的供应者和资金的需求者。发行人的多少和发行证券数量的多少，决定了发行市场的规模和发达程度。一般而言，发行人主要包括政府、股份公司、金融机构和企业四大类。

中央政府为弥补财政赤字或筹措经济建设所需资金，在证券市场上发行国债，地方政府可为本地公用事业的建设发行地方政府证券(市政债券)；股份有限公司为了扩大资金来源，满足生产经营发展的需要，可以发行股票和债券；商业银行、政策性银行和非银行金融机构为筹措资金，经过批准可发行金融债券；非股份公司的企业经过批准，可在证券市场上发行企业债券筹集资金。

(二)证券投资者

证券投资者是指通过证券来进行投资的各类机构法人和自然人，他们是证券市场的资金供给者。证券投资者有很多类型，投资的目的也各不相同。有的意在长期投资以获取高于银行利息的收益，有的意在参与公司的经营管理。证券投资人一般可以分为机构投资者和个人投资者两大类。

1. 机构投资者

机构投资者是各类法人机构，包括企业、金融机构、基金和其他投资机构等。机构投资者在社会经济活动中的资金来源、投资目的、投资方向虽然不同，但一般具有投资的资金量大、收集和分析信息的能力强、注重投资的安全性、可通过有效的资产组合来分散投资风险、对市场影响大等特点。

2. 个人投资者

个人投资者是指从事证券投资的社会自然人，他们是证券市场上最广泛的投资者。个人投资者的主要投资目的是为了追求盈利，谋求资本的保值和增值，所以他们十分重视本金的安全和资产的流动性。

(三)证券承销商

在证券发行的过程中，投资银行作为证券承销商起着至关重要的作用，可以说，承销商是证券发行的核心和灵魂。牵头组织承销团的投资银行或独家承销某一只股票的投资银行为主承销商。主承销商作为证券发行人的推荐人，其信誉十分重要。由于投资者难以判断发行人的信誉，主要依赖承销商的推荐，发行人能否在市场上发行成功，与主承销商的信誉密不可分。

发行人在首次公开发行股票并上市，上市公司发行新股、可转换公司债券时，应当聘请具有保荐机构资格的证券公司履行保荐职责。同次发行的证券，其发行保荐和上市保荐应当由同一保荐机构承担。证券发行规模达到一定数量的，可以采用联合保荐，但参与联合保荐的保荐机构不得超过两家。证券发行的主承销商可以由该保荐机构担任，也可以由其他具有保荐机构资格的证券公司与该保荐机构共同担任。

保荐机构及其保荐代表人应当遵守法律、行政法规和中国证监会的相关规定，恪守业务规则和行业规范，诚实守信，勤勉尽责，尽职推荐发行人证券发行上市，持续督导发行人履行规范运作、信守承诺、信息披露等义务。保荐机构依法对发行人申请文件、证券发行募集文件进行核查，向中国证监会、证券交易所出具保荐意见。保荐机构应当保证所出具的文件真实、准确、完整。

2006 年 1 月 1 日开始实施的《证券法》规定，经国务院证券监督管理机构批准，证券

公司可以经营证券承销与保荐业务。经营单项证券承销与保荐业务的，注册资本最低限额为人民币 1 亿元；经营证券承销与保荐业务且经营证券自营、证券资产管理、其他证券业务中一项以上的，注册资本最低限额为人民币 5 亿元。除了资本金要求外，证券公司从事证券承销与保荐业务还须满足《证券发行上市保荐业务管理办法》的规定。

材料解析

保荐机构的资格

(1) 注册资本不低于人民币1亿元，净资本不低于人民币5000万元。

(2) 具有完善的公司治理和内部控制制度，风险控制指标符合相关规定。

(3) 保荐业务部门具有健全的业务规程、内部风险评估和控制系统，内部机构设置合理，具备相应的研究能力、销售能力等后台支持。

(4) 具有良好的保荐业务团队且专业结构合理，从业人员不少于35人，其中最近3年从事保荐相关业务的人员不少于20人。

(5) 符合保荐代表人资格条件的从业人员不少于4人。

(6) 最近3年内未因重大违法违规行为受到行政处罚。

(7) 中国证监会规定的其他条件。

(四)证券监管机构

证券监管机构的主要职责是：负责行业性法规的起草，负责监管有关法律法规的执行，负责保护投资者的合法权益，对全国的证券发行及证券交易、中介机构的行为等依法实施全面监管，维持公平而有秩序的证券市场。

(五)其他当事人

证券发行还包括如下当事人：律师事务所、会计师事务所、财务顾问公司、证券信用评级机构等。

五、证券承销的方式

所谓承销是指承销人帮助发行公司设计证券，并承诺购买这些证券，然后将其销售给投资者以获取利益的行为。根据投资银行在承销过程中承担的责任和风险的不同，承销可分为包销、代销及余额包销三种形式。

1. 包销

包销(Firm Commitment)即投资银行按议定价格直接从发行者手中购进将要发行的全部证券，然后再出售给投资者，发行人与承销商之间为买卖关系。

投资银行必须在指定的期限内，将包销证券所筹得的资金全部交付给发行人。采用这种销售方式，承销商要承担销售和价格的全部风险，如果证券没有全部销售出去，承销商只能自己承担损失。这样，发行失败的风险就从发行者转移给了承销商。但是，承销商承担风险是要获得补偿的，这种补偿通常就是通过扩大包销差价来实现的。发行人无须承担证券销售不出去的风险，而且可以迅速筹集资金，因而特别适合于那些资金需求量大、社会知名度低而且缺乏证券发行经验的发行人。一般包销商收取的包销佣金为包销股票金额的 1.5%～3%，承销费用一般根据股票发行规模由发行人与承销商协商确定。

2. 代销

代销也称为尽力推销(Best Efforts)，即承销商只作为发行公司的证券销售代理人，按照规定的发行条件尽力推销证券，发行结束后未售出的证券退还给发行人，承销商不承担发行风险。采用这种方式时，投资银行与发行人之间纯粹是代理关系，投资银行为推销证券而收取代理手续费。尽力推销一般在以下情况下采用：在投资银行对发行公司信心不足时提出；信用度很高、知名度很大的发行公司为减少发行费用而主动向投资银行提出采用；在包销谈判失败后提出采用。一般代销佣金为实际售出股票总金额的 0.5%～1.5%。

3. 余额包销

余额包销(Standby Commitment)是指承销商(承销团)按照规定的发行额和发行条件，在约定期限内向投资者发售股票，到销售截止日，如投资者实际认购总额低于预定发行总额，未售出的股票由承销商负责，并按约定时间向发行人支付全部证券款项。余额包销中承销商之间先是委托代理关系，而后对未售出证券是买卖关系。余额包销的承销商要承担部分发行风险，因此，承销费比代销高，比包销低。

案例点击

农行 H 股承销费 1.3%创四大行最低纪录

2010 年 7 月 16 日将在香港联合交易所上市的中国农业银行(601288.SH，1288 HK)，近期给出了 H 股承销商的承销费率。知情人士向《财经》记者透露，这宗即将创下全球有史以来最大规模首次公开发行的股票，同时也将创下中国四大国有银行最低承销费用纪录，H 股部分的承销费用是 1.3%。

农行此次 IPO(首次公开发行)总发行金额为 192 亿美元，H 股发行金额为 104 亿美元；由于承销费用不计算绿鞋机制额度，因此 H 股部分的承销费用收入为 1.352 亿美元，相当于 9.16 亿元人民币，将由 H 股承销商依照承销额度分配。

农行的 H 股承销商分别为中金公司、摩根士丹利、高盛、摩根大通、德意志银行、麦格里，以及农行的子公司农银国际。其中摩根士丹利、高盛、中金公司、农银国际则是这次史上最大 IPO 的联席全球协调人。

相较于过去建行、中行、工行给出的 2.5%左右比率的 H 股承销费，农行付出的承销费用足足低了超过一个百分点，农行用最低成本发出最大规模的股票。

一位熟悉农行 IPO 过程的市场人士表示，其实农行这类项目是各家投资银行必争的“指标型项目”(Landmark Transaction)，因此即使承销费用给得较低，各家投行仍会尽全力争取，因为大家都希望能在未来公司的客户名单上，增加一笔“全球最大 IPO 项目”。

(资料来源：胡采苹. 财经网，2010 年 7 月 14 日)

第二节　股票的承销

股票发行是指符合条件的发行人依照法定程序向投资者募集股份的行为。股票发行包括首次公开发行(Initial Public Offering，IPO)和二次发行(Secondary Offering)。

一般来讲，证券承销大致包括以下几个步骤，即上市公司与承销商的相互选择、尽职调查(Due Diligence)、编制募股文件与申请发行上市、组建承销团与确定承销报酬、路演(Road Show)、确定发行价格、稳定价格、发布墓碑广告和清算承销费用等。

在不同的国家，因为股票发行管理制度的不同、发行方式以及交易所要求的不同，股票发行和承销的程序会不尽相同。

一、证券承销商选择发行人

发行人的素质如何将关系到投资银行承销所承担的风险，并可能直接决定证券承销的成败。投资银行在选择发行人时一般要考虑如下几方面：是否符合股票发行条件；是否受市场欢迎；是否具备优秀的管理层；是否具备增长潜力等。

材料解析

上市公司首次公开发行股票的条件

在主板上市的公司首次公开发行股票应具备的条件如下。

(1) 发行人应当是依法设立且合法存续的股份有限公司。经国务院批准，有限责任公司在依法变更为股份有限公司时，可以采取募集设立方式公开发行股票。

(2) 发行人自股份有限公司成立后，持续经营时间应当在 3 年以上，但经国务院批准的除外。有限责任公司按原账面净资产值折股整体变更为股份有限公司的，持续经营时间可以从有限责任公司成立之日起计算。

(3) 发行人的注册资本已足额缴纳，发起人或者股东用作出资的资产的财产权转移手续已办理完毕，发行人的主要资产不存在重大权属纠纷。

(4) 发行人的生产经营符合法律、行政法规和公司章程的规定，符合国家产业政策。

(5) 发行人最近 3 年内主营业务和董事、高级管理人员没有发生重大变化，实际控制人没有发生变更。

在财务方面，发行人应当符合下列条件：①最近 3 个会计年度净利润均为正数且累计超过人民币 3000 万元，净利润以扣除非经常性损益前后较低者为计算依据；②最近 3 个会计年度经营活动产生的现金流量净额累计超过人民币 5000 万元，或者最近 3 个会计年度营业收入累计超过人民币 3 亿元；③发行前股本总额不少于人民币 3000 万元；④最近 1 期末无形资产(扣除土地使用权、水面养殖权和采矿权等后)占净资产的比例不高于 20%；⑤最近 1 期末不存在未弥补亏损。

在创业板上市的公司首次公开发行股票应当符合的基本条件如下。

(1) 发行人是依法设立且持续经营 3 年以上的股份有限公司。有限责任公司按原账面净资产值折股整体变更为股份有限公司的，持续经营时间可以从有限责任公司成立之日起计算。

(2) 最近两年连续盈利，最近两年净利润累计不少于1000万元，且持续增长；或者最近1年盈利，且净利润不少于500万元，最近1年营业收入不少于5000万元，最近两年营业收入增长率均不低于30%。净利润以扣除非经常性损益前后孰低者为计算依据。

(3) 最近1期末净资产不少于2000万元，且不存在未弥补亏损。

(4) 发行后股本总额不少于3000万元。

二、发行人选择承销商

投资银行在选定合适的发行人之后就开始了艰难的推介和公关活动，以努力使自己成为这家公司公开发行的主承销商。一般来说，公司通常会选择一家投资银行作为主承销商(Lead Underwriter)或辛迪加经理行(Syndicate Manager)，再由主承销商组成一个承销辛迪加(Underwriter Syndicate)来进行证券承销。选定主承销商后，公司将和主承销商就发行证券的类型、承销的方式、发行的价格范围以及发行股票的数量进行讨论。而后投资银行将发出意向书以正式确定随后签署的承销协议(Underwriting Agreement)。

由于主承销商是股票公开发行的灵魂，主承销商的好坏将直接决定股票发行的成败，因此公司在选择主承销商时非常慎重。发行人选择主承销商时所依据的几条常见标准有：声誉和实力，承销经验和类似发行能力；证券分销能力；融资能力；做市能力；承销费用。

案例点击

工行选定IPO承销商

中国工商银行新闻发言人昨日宣布，该行赴境外上市的承销团队已尘埃落定。此次选定的承销商共5家，即美林集团、中国国际金融有限公司投行团、瑞士信贷集团、德意志银行、工商东亚金融控股有限公司。

市场预计，工行的IPO规模将不低于100亿美元，超过此前中国建设银行92亿美元的全球四年来的最高纪录。按国际投资银行的收费比例，工行的承销商们将获得高达3亿美元的佣金。

承销商中，中金投行团由中金和摩根士丹利组成；工商东亚是工行与东亚银行在香港的合资投资银行；瑞士信贷则参与组建了工行旗下的工银瑞信基金管理公司。此外，工行还聘请了雷曼兄弟公司担当上市工作的财务顾问。

据四大行中率先上市的中国建设银行董事长郭树清介绍，确定首次公开发行投资银行之后，接下来就是撰写招股说明书，然后是分析师大会，再下来进行预路演、预定价，然后进行正式路演、对价格进行调整，最后才是定价发行上市。在一般情况下，从确定首次公开发行投资银行到最终发行上市至少需要半年时间。

(资料来源：中国证券报，2006年3月11日)

三、制订股票发行计划

当投资银行获得承销商资格后，就要制订股票发行计划。包括：拟发行股票的种类、

发行规模、发行价格、预计发行和上市的时间。股票的发行需要众多中介机构和相关机构的参与，需要准备大量的报批材料，主承销商必须协调好各有关机构的工作，确保所有材料在规定的时间内完成。通常主承销商会拟定一个发行上市的时间表，以确保发行上市工作按时、顺利完成。

四、组织IPO小组

IPO小组主要包括主承销商、公司的管理人员、律师、会计师和行业专家等。承销商是IPO小组的核心，它不仅要负担整个股票发行工作的大部分，还要充分协调小组其他成员，共同来完成整个股票的发行工作。

1. 律师的作用

律师在IPO小组中扮演着至关重要的角色，包括发行人的律师和承销商的律师。律师的作用主要包括以下几个方面。

在证券发行申请过程中和申请过程之后，向公司提供如何使公司行为遵守证券法的建议；为申请做准备工作，例如检查董事会和股东会的会议记录，检查设立股份公司的文件、合同和租赁合约，对主要资产的所有者地位进行确认等；律师还与其他成员相配合，解决证券机构提出的问题，同时对各种申请的报告和文件进行必要的修正。律师的能力和对申请过程的经验是证券发行成功与否的关键。律师的工作结论反映在招股说明(意向)书附录的律师工作报告中。

2. 会计师的作用

会计师的作用主要有：对发行人的资产进行评估；对发行人的财务状况进行分析；提出有法律效力的资产评估报告和财务报告；编制证券发行所需要的财务报表；帮助回答证券监管机构关于会计问题的询问，并说明这些财务报表符合证券发行的要求。

五、尽职调查

尽职调查(Due Diligence)是指中介机构(包括投资银行、律师事务所和会计师事务所等)在股票承销时，以本行业公认的业务标准和道德规范，对股票发行人及市场的有关情况及有关文件的真实性、准确性、完整性进行的核查、验证等专业调查。

从法律上来讲，公司在通过资本市场向社会公众发行股票时，如果出现虚假陈述、重大遗漏等欺诈公众的事件，除了发行公司之外，包括承销商在内的所有中介机构都必须承担法律责任。

但是，如果中介机构能够证明自己已经以其行业的业务标准和道德规范，以应有的勤勉和专注对发行人及有关文件进行了审查，仍无法发现欺诈行为，自己也是欺诈的受害者，则可以免责。因此，作为承销商的投资银行所进行的尽职调查，一方面直接关系到承销商对招股说明书的保证责任，另一方面也直接关系到其承销风险和承销利益。法律顾问通常保留一份尽职调查的档案。

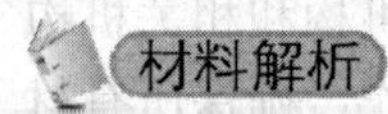

保荐人尽职调查

2006年5月29日中国证监会发布了《保荐人尽职调查工作准则》。

第七条　保荐人应在尽职调查基础上形成发行保荐书，同时，应当建立尽职调查工作底稿制度。工作底稿应当真实、准确、完整地反映尽职调查工作。

《证券发行上市保荐业务管理办法》第四十一条规定：

保荐机构应当建立健全工作底稿制度，为每一项目建立独立的保荐工作底稿。

保荐代表人必须为其具体负责的每一项目建立尽职调查工作日志，作为保荐工作底稿的一部分存档备查；保荐机构应当定期对尽职调查工作日志进行检查。保荐工作底稿应当真实、准确、完整地反映整个保荐工作的全过程，保存期不少于10年。

2009年3月中国证监会制定了《证券发行保荐业务工作底稿指引》，要求保荐机构按照指引的要求编制工作底稿。

六、准备募股文件及报批

股票发行阶段的实质性工作是准备招股说明书以及作为招股说明书编制依据和附件的专业人员的结论性审查意见，包括：招股说明书摘要；核查意见；资产评估报告；审计报告；盈利预测审核报告；法律意见书和律师工作报告。这些文件统称为募股文件。

1. 初步招股说明书

初步招股说明书也称为招股意向书，初步招股说明书在登记(备案)后发放给经纪人和预期的购买者。其目的是为了收集投资者的兴趣表示。这是承销辛迪加用来销售股票的主要文件。

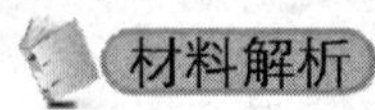

初步招股说明书或红鲱鱼

在美国，根据SEC的要求，初步招股说明书的封面上必须用红墨水写上“初步招股说明书”(Preliminary Prospectus)的字样(说明书由此得名“红鲱鱼”，Red Herring)以及以下陈述。

此处的信息可以更完善或加以修正。与这些证券相关的申请上市登记报告已经递交给证券交易委员会但尚未生效。在申请上市登记报告生效前不得出售这些证券，也不得接受对这些证券的购买要求。

在SEC的规则下，初步招股说明书可以不包括发行价格、承销折扣以及其他与发行价格有关的问题。在生效日到来时，可以在初步招股说明书中加入发行价格和生效日期。而后，公司发行最终招股说明书(Final Prospectus)。

我国规定，招股意向书除不含发行价格、筹资金额以外，其内容与格式应与招股说明书一致，并与招股说明书具有同等法律效力。发行人及其保荐机构应对招股意向书的真实性、准确性及完整性承担相应的法律责任。

2. 招股说明书

招股说明书(Prospectus)是公司发行股票时就发行中的有关事项向公众作出披露，并向特定或非特定投资人提出购买或销售其股票的要约或邀请的法律文件。公司发售新股必须制作招股说明书，编制招股说明书是发行准备阶段的基本任务。招股说明书必须对法律、法规、规章、上市规则要求的各项内容进行披露。招股说明书由发行人在主承销商及其他中介机构的辅助下完成，由公司董事会表决通过。审核通过的招股说明书应当依法向社会公众披露。

中国证监会专门制定了《公开发行证券的公司信息披露内容与格式准则第 1 号——招股说明书》，对招股说明书的编制作出了详细规定，其大致结构如下。

公开发行证券的公司信息披露内容与格式准则第 1 号
——招股说明书(2006 年修订)

第一章　总　则
第二章　招股说明书
　第一节　封面、书脊、扉页、目录、释义
　第二节　概　览
　第三节　本次发行概况
　第四节　风险因素
　第五节　发行人基本情况
　第六节　业务和技术
　第七节　同业竞争与关联交易
　第八节　董事、监事、高级管理人员与核心技术人员
　第九节　公司治理
　第十节　财务会计信息
　第十一节　管理层讨论与分析
　第十二节　业务发展目标
　第十三节　募集资金运用
　第十四节　股利分配政策
　第十五节　其他重要事项
　第十六节　董事、监事、高级管理人员及有关中介机构声明
　第十七节　备查文件
第三章　招股说明书摘要
　第一节　重大事项提示
　第二节　本次发行概况
　第三节　发行人基本情况
　第四节　募集资金运用
　第五节　风险因素和其他重要事项
　第六节　本次发行各方当事人和发行时间安排
　第七节　备查文件
第四章　附　则

七、路演

投资银行为了对所承销的证券进行准确定价，一般在证券主管机关批准股票发行后，投资银行就会在全国范围内组织“路演”(Road Show)，广为公布有关即将进行的发行信息。路演的目的除了为发行公司和投资银行本身收集证券出售价格的信息外，还为了向广大的投资者提供发行证券的有关信息，以吸引潜在的投资者。

路演推介是一个价格逐步发现过程。以2005年中国建设银行上市为例：路演初期，建行在香港初步确定招股价区间为每股1.8～2.25港元，随后根据市场情况，到伦敦路演后招股区间便上调至1.90～2.40港元，最终在纽约定为2.35港元。

现在，所有的路演都会在网上进行，网上路演的网址有：http://rsc.p5w.net/rsc/index.html以及 http://roadshow.cs.com.cn/rsweb/，等。

案例点击

工商银行路演

中国工商银行行长杨凯生先生谈境外路演：

在境外路演的过程中，董事长和总经理分别带红队、蓝队，到美洲、欧洲、亚洲跑了20多个城市，大型的和投资者的见面不说，就是一对一的会谈，我们安排了192场。在10天时间内安排了192场一对一的会谈。

曾经有两天没有看到过床。我们面对着190多个投资者，一对一地通过会谈，大体的会谈时间不能超过一个小时，因为我们一共有10天的时间。我们创造了一个资本市场的纪录，这192个投资者，经过我们的路演和推荐，创造了100%的下单的纪录。

(资料来源：摘自杨凯生在第十一届中国资本市场论坛上的发言)

中国工商银行股份有限公司10月18日在中证网成功地举行了首次公开发行A股网上路演。网上路演的热烈场面出乎意料，据统计，路演共吸引了近2000位股民在线提问，工行路演团队回答的问题近300个，内容涉及工行业绩增长、信贷管理、中间业务、国际化战略、股利政策等各个方面。

由于工行是国内首家以A股及H股同时发行方式在上海和香港两地同时上市的企业，因此工行董事会及管理层部分成员是在国际路演途中通过网络远程参加18日的网上路演的。

值得注意的是，工行为此次路演精心准备，派出了强大的阵容：董事长姜建清率领的红队人员在美国，行长杨凯生率领的蓝队在欧洲，副行长李晓鹏率领的橙队在北京的中证网网上路演现场。

(资料来源：卓尚进，李岚．工行网上路演场面热烈．金融时报，2006年10月19日)

八、组建承销团与分销团

单个投资银行以包销的方式承销证券会面临较大的风险，特别是对发行量很大的证券进行承销，因而会组成一个由承销辛迪加(Underwriting Syndicate)和销售集团(Selling Group)组成的承销团来分散风险。承销辛迪加的每一个成员即承销商(Underwriter)都负责承销一部分 IPO 股票，而销售集团成员不承担任何承销风险。

我国《证券法》明确规定，向不特定公众发行证券票面价值大于人民币 5000 万元的，应该由承销团承销。

独家承销某只股票或牵头组织承销团的证券经营机构称为主承销商。主承销商一般由实力雄厚的大型证券经营机构充当，其在承销团中承担主要的工作。主承销商的作用包括：组建承销团；代表承销团和发行公司签订承销合同和有关文件；决定承销团内各成员的承销份额；负责组织签订承销团内部成员的合同和有关文件；负责选择分销商和零售商；负责稳定发行市场的证券价格。

九、股票发行定价

在 IPO 的实际操作中，确定股票的发行价格是一件很重要也很复杂的工作。发行价格过高，势必影响股票的顺利发行，不仅难以及时筹得资本，而且还会增加发行费用；发行价格过低，则会使公司失去本来可以筹得的资本，还会影响股票在股市上的信誉。

因此，公司在首次公开发行股票时，必须认真进行测算，找出合适的发行价格。这就要求作为主承销商的投资银行有丰富的定价经验，对发行者及其所属的行业有相当的了解，对一级市场和二级市场上各类投资者都有深刻的观察。

股票发行定价方式有以下几种。

1. 固定价格方式

固定价格方式的基本做法是：在股票公开发售前，股票发行价格就已由主承销商和发行公司根据拟发行新股的估值协商确定，并通过募股说明书将发行价格公之于众，然后根据此固定价格公开发售股票。

固定价格方式是新兴市场国家或地区的证券市场通常采用的方式，我国内地的股票发行早期采用的就是固定价格方式。即按照前 3 年或预测的 15～20 倍的市盈率固定定价。

2. 累计订单方式

累计订单方式也称为公开定价方式。其一般做法是：首先，承销商根据对拟发行股票的估值，先与发行人商定一个股票出售的价格区间，作为潜在的投资者申报认购数量和出价的依据；接下来，投资银行再通过路演，向投资者介绍发行人的基本情况及拟发行股票的投资价值，要求投资者在累计投标期和给出的价格区间内按照不同的价位申报认购数量(即征集订单)；累计投标期结束后，承销商汇总有投资意向的股票订单，了解各对应价位的投资需求量；最后，由承销商和发行人按照总申购金额超过发行筹资额的一定倍数确定发行价格，按此价格向投资者配售股票。

累计订单方式在国际上最常用，尤其是在美、英等机构投资者比例较高的国家更为普遍。

3. 累计订单与固定价格相结合的方式

累计订单与固定价格相结合的方式是在发行过程中，主承销商首先在国际其他地区进行巡回推介，报出发行价格区间；待巡回推介结束后，采用累计订单方式确定股票发行价格，并向国际其他地区的投资者发售股票。然后，主承销商据此确定的发行价格作为在主要发行地区公开发行股票的固定价格。

累计订单与固定价格相结合的方式主要适用于股票发行量较大的国际筹资。一般在国际化程度越来越高，且本地散户投资者比例又较高的国家和地区，例如当前的香港市场采用。

4. 竞价(拍卖)方式

竞价(拍卖)方式的基本做法是：由承销商和发行人议定竞价拍卖的股份数量和发行底价，以及最低每标单位和单个投资者得标数量限制；在宣布发行公告后，接受投标人投标；开标时以投资者竞价高低顺序分配股票，即投标价格在底价以上高者优先得标，直到该竞价拍卖的股份数量销售完毕为止。

竞价方式是国际上比较常用的新股发行定价方式，目前主要应用于日本、欧洲大陆国家以及我国的台湾地区。

我国在 1994 年 6 月至 1995 年 1 月，曾设定了只设底价而不设价格上限的上网竞价发行方式。首先由发行人和承销商发布招股说明书，凡在交易所开设股东账户的投资者均可参与竞价；在规定发行期间，由投资者以不低于发行底价的价格竞价购买，然后由交易系统主机根据投资者申购的价格，按照价格优先、同价格时间优先的顺序从高价位到低价位依次排队，承销商根据实际认购总额应当等于拟发行总量的原则累计计算，当认购数量恰好等于发行数量时的价格，即为发行价格。凡高于或等于该价格的有效申购均可按发行价认购。

在此期间，曾有哈岁宝、青海三普、厦华电子和琼金盘 4 家公司试点。哈岁宝、青海三普、厦华电子以高出底价 38%、167%和 141%的价格售出了全部股票，但上市首日均跌破了发行价，新股收益率为负；而琼金盘只发出 47.7%的股票，其余 52.3%由主承销商包销。这表明只设底价的发行方式可能大大抬高发行价，增加投资者的风险，这种发行方式也产生了发行募集资金大大超过其预计资金投向等问题。

5. 我国的询价定价方式

我国从 2005 年 1 月 1 日开始试行询价定价制度。询价制度本质上属于累积订单的股票定价方式。询价分为初步询价和累计投标询价两个阶段。发行人及其主承销商通过初步询价确定发行价格区间，在发行价格区间内通过累计投标询价确定发行价格。

第一阶段是向询价对象初步询价，征询发行价格区间。询价对象是指符合中国证监会规定条件的证券投资基金管理公司、证券公司、信托投资公司、财务公司、保险机构投资者和合格境外机构投资者(QFII)，以及其他经中国证监会认可的机构投资者。

在初步询价时主承销商应当向询价对象提供投资价值研究报告。询价对象应在综合研究发行人内在投资价值和市场状况的基础上独立报价，并将报价依据和报价结果同时提交给保荐机构。初步询价和报价均以书面形式进行。主承销商对询价对象给出的报价进行统计之后，根据初步询价结果与发行人共同确定发行价格区间，并公告初步询价结果、发行价格区间及相应的市盈率区间。

第二阶段是通过累计投标询价确定发行价格。发行人和主承销商在确定的发行价格区间内向专业机构投资者征询发行价格，最终确定股票发行价格。

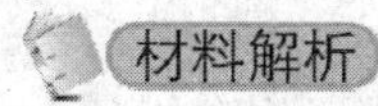

我国现行的股票定价方法

发行人及其主承销商通过初步询价确定发行价格区间，在股票发行日，主承销商给出申购价格区间，以及网上、网下的发行数量，最终的发行价格需根据网上、网下申购结果而定。股票发行的流程参见表 7-1。

发行价格的确定方式为：网上、网下申购结束后，主承销商根据网上、网下的申购数据，按照报价由高至低的顺序计算每个价位及该价位以上的累计申购总量，并协商按照一定的认购倍数确定发行价格。

发行数量的确定方式为：网上、网下申购结束后，视实际申购情况，主承销商在网上、网下进行回拨。若网上有效申购不足，网下超额认购，则网上剩余部分向网下回拨；若网下有效申购不足，网上超额认购，则网下剩余部分向网上回拨；若网上、网下均超额认购，则通过回拨机制，使网上其他公众投资者和网下机构投资者的配售比例相等。

表 7-1　询价与资金申购相结合发行流程

发行方式 日期	网下累计投标询价及配售	网上资金申购定价发行
T-11 左右	刊登《招股意向书》、《初步询价及推介公告》	
T-10—T-6	路演推介、初步询价	(中小企业可适当缩短初步询价时间)
T-6	询价对象提交报单截止日、确定发行价格区间	
T-5	初步询价结果向证监会报备	
T-4	刊登《初步询价结果及发行价格区间公告》，《网下累计投标询价发行公告》，开始申购	
T-3	网下申购截止、确定发行价格	
T-2	累计投标询价结果向证监会报备	刊登《网上路演公告》
T-1	刊登《定价公告及网下配售结果公告》，网下申购资金解冻	刊登《网上发行公告》
T		投资者申购、缴款
T+1		冻结申购资金
T+2		对有效申购进行配号
T+3		刊登《网上申购中签率公告》
T+4		刊登《网上申购中签结果公告》，网上申购资金解冻，登记公司将网上募集资金划入主承销商指定账户
	主承销商当日将网上网下募集资金划入发行人账户	

十、稳定价格

稳定价格 (Price Stabilization)又称为价格支持(Price Support) 或承销商“托市”，主要指新股上市后承销商为了防止或延缓股价的过分下跌而有意识地介入股票交易的行为。

在规范的首次公开发行(IPO)市场上，股票上市后的交易价格与发行价格的价差幅度是衡量投资银行定价和承销成功与否的重要指标，直接影响发行公司的融资成本和声誉以及承销商的收益和声誉。因此投资银行在整个发行和承销过程的各个环节都力图降低股票发行价格的市场风险。

与此同时，承销商可以采用多种方式来履行其稳定价格的义务而承担相应的风险，这也是为数不多的可以合法干预股价的场合。

价格支持原则上属于股价操纵行为。早在 1940 年，美国证券交易委员会(以下简称 SEC)就认定纯粹的稳定价格方式属于市场操纵。然而，SEC 在选择予以简单禁止，还是在一定条件下限制许可时一直颇为踌躇。SEC 认为股票刚上市就大幅下跌不利于股权的分散化，同时，如果禁止承销商进行价格支持将影响承销商以包销方式进行证券承销的积极性。因此，目前的做法是限制许可。但与此同时 SEC 规定了严格的信息披露制度，要求有意进行价格支持的承销商必须在招股说明书中披露这一意向，当真正实施价格支持时主承销商还要向 SEC 通报。

1. 提供稳定报价策略

提供稳定报价策略是指主承销商在承销期中(在新证券宣告发行之日到付款截止日之间)报出一个不低于发行价的买入价，市场中任何该股票的卖家都可以按这个报价出售股票，这个报价就是支持该股票的稳定价格。稳定报价策略能使投资者对新发行的股票充满信心，从而有利于股票在二级市场上的表现。

2. 绿鞋期权策略

绿鞋期权(Green Shoe Option)在我国又称超额配售选择权，是指主承销商有权从发行者那里以发行价购买超过规定份额 5%～15%的额外证券。绿鞋期权的有效期通常为 30 天。

绿鞋期权的名称来源于最初采用这种期权的公司，1963 年佩恩 · 韦伯公司为波士顿绿鞋公司发行股票时第一次采用了这种期权。中国证监会于 2001 年 9 月 3 日公布了《超额配售选择权试点意见》，标志着绿鞋期权在我国的开始。2006 年 9 月 19 日开始实施的《证券发行与承销管理办法》规定，首次公开发行股票数量在 4 亿股以上的，发行人及其主承销商可以在发行方案中采用超额配售选择权。

惯例的做法是，发行人在与主承销商订立初步意向书(Letter of Intent)中明确，给予主承销商在股票发行后 30 天内，以发行价从发行人处购买额外的相当于原发行数量 15%的股票的一项期权。其目的在于为该股票的交易提供买方支撑，同时又避免使主承销商面临过大的风险。

得到这项期权之后，主承销商可以(而且事实上总是)按原定发行量的 115%销售股票。当股票十分抢手、发行后股价上扬时，主承销商即以发行价行使绿鞋期权，从发行人购得超额的 15%股票以冲掉自己超额发售的空头，并收取超额发售的费用。此时实际发行数量为原定的115%。

当股票受到冷落、发行后股价下跌时，主承销商将不行使该期权，而是从市场上购回超额发行的股票以支撑价格并对冲空头，此时实际发行数量与原定数量相等。由于此时市价低于发行价，主承销商这样做也不会受到损失。在实际操作中，超额发售的数量由发行人与主承销商协商确定，一般在5%～15%范围内，并且该期权可以部分行使。

材料解析

工行行使A股绿鞋　总配售149.5亿股中签率3.28%

中国工商银行首次公开发行A股的网下、网上申购已于2006年10月19日结束。工行方面表示，工行超额配售后总配售规模为149.5亿股。网上发行最终中签率为3.277 329%；网下最终配售比例为5.608%。

工行方面表示，发行人和联席保荐人(主承销商)根据网下累计投标询价情况和H股国际簿记情况，并参考发行人基本面、可比公司估值水平及市场情况，确定本次发行价格为人民币3.12元/股。此价格对应的市盈率为21.67倍(每股收益按照经会计师事务所遵照中国会计准则审核的2006年净利润预测数除以本次A股发行和H股发行后且未行使任何超额配售选择权时的总股数计算)。

此外，发行人同时在境外发行H股，H股的发行价格为港元3.07元/股，在经港元与人民币汇率差异作出调整后，与A股发行价格一致。

本次发行的初始发行规模为130.0亿股，其中：战略配售57.6922亿股，网下配售30亿股，网上发行42.3078亿股。

发行人和联席保荐人(主承销商)根据本次发行申购情况及发行人的筹资需求，协商确定向网上投资者超额配售19.5亿股，占初始发行规模15%，超额配售后总配售规模为149.5亿股。

根据《中国工商银行股份有限公司首次公开发行A股网下发行公告》公布的回拨机制，由于网上中签率2.965 467%，低于3%，也低于网下初步配售比例，发行人和联席保荐人(主承销商)决定启动回拨机制，将6.5亿股股票从网下回拨到网上。

回拨机制实施后配售结构如下：向A股战略投资者定向配售57.6922亿股，占超额配售后总配售规模的比重为38.59%；向网下询价对象询价配售23.5亿股，占比为15.72%；向网上配售68.3078亿股，占比为45.69%。

(资料来源：http://finance.sina.com.cn，2006年10月23日)

案例点击

高盛：绿鞋期权没有造成额外供给新股

中国银行2006年6月7日宣布，承销团已全部行使了超额配股权(即绿鞋期权)。本次中行承销团主要成员之一的高盛(亚洲)中国资本市场部门主管廉洁表示，承销商是在2006年6月6日晚决定行使绿鞋期权的，该项权利的行使也意味着高盛作为中行上市后的稳定市场商身份的结束。中行绿鞋期权涉及的38.35亿股约占中行全球发售部分的15%。

“按照稳定市场机制，承销团最迟在6月22日要决定是否行使绿鞋期权。但中行上市仅 5 个交易日，从交易的活跃程度、上涨幅度、成交额几个指标上来看已经完全由市场来推动，不需要我们来稳定价格。提前行使绿鞋期权意味着我们认为中行跌破发行价的可能性几乎为零。”廉洁表示。

廉洁解释，大部分人对绿鞋期权的认识有误区，绿鞋期权的行使并不意味着中行有新的股票发行或是有额外的股票投放到市场，绿鞋期权涉及的 38.35 亿股其实在定价时就已经发行。廉洁说，市场上有些散户投资者误认为昨天有新的中行股票发行增加了供给，因此选择抛售中行，这种看法是不专业的。

按照国际惯例，绿鞋期权的功能是稳定市场和扩大发行规模。按照港交所的规定，只有在股票跌破发行价格时，稳定市场商才能在二级市场上买入。按相关规定，港交所新上市公司只能选择一家稳定市场商，这次中国银行上市指定了高盛来扮演这一角色。

事实上，中行上市发行每 100 股，额外有 15 股为绿鞋期权。当承销团为中行招股最终定价，并将股票分配给投资者时，高盛将这 15 股“超卖”给特定客户，转换成稳定市场基金，这时候实际上中行已经发行了 115 股。

由于中行上市后，股价一直上涨，无须动用稳定后市基金，高盛选择了全额行使绿鞋。在行使绿鞋期权后，高盛向中行购买 15 股股票冲掉超额发售的空头，并将其对应的资金交给中国银行，这其中并没有向市场增加新发行的股票，但中行事实上的 IPO 规模扩大了。

(资料来源：李亚. 第一财经日报，2006 年 6 月 8 日)

十一、发布墓碑广告

在新股发行完毕或是接近尾声时，承销团会发布一次墓碑(Tombstone)广告。投资银行是被法律禁止利用广告招揽业务的，这一广告只记载本次发行的一些最基本信息，例如发行人名称、承销团成员名单以及发行基本情况等。其作用主要是为了显示投资银行的声望。因此，排列次序很有讲究。

十二、解散承销集团，办理清算事宜

主承销商在接到承销集团和各成员投资银行及经纪人关于全部售出的通知几天后(这里的全部售出，包括承销商自己购买)，便宣布承销集团就此解散，对发行价格及交易的限制就此解除。然后，主承销商将与成员投资银行和经纪人及发行者之间进行结算。

第三节　债券的发行与承销

债券发行是发行人以借贷资金为目的，依照法律规定的程序向投资人要约发行代表一定债权和兑付条件的债券的法律行为。我国投资银行参与的债券发行与承销业务包括国债、金融债券、企业债券、公司债券、企业短期融资券、中期票据、证券公司债券、资产支持证券等。本节仅以公司债券和国债为例，介绍投资银行的债券发行与承销业务。

一、公司债券的发行

投资银行在承销公司债券的工作中，有许多同股票承销类似的做法。一般从发行公司筹划发行方案开始，投资银行便参与其中，发行方案内容的核心是确定一个合适的总体资本成本方案，即在对公司的经营情况和财务状况进行认真分析的基础上，设计一个集发行规模、偿还期限及方式、资金成本等均较合适的债券品种，并编制详细的发行计划。发行计划主要涉及发行金额、资金用途、债券的期限及利率、发行范围、发行方式、公司现有资产、收益分配状况、筹资项目的可行性研究或经济效益预测、还本付息的资金来源等问题。

(一)债券发行的条件

公司发行债券，应该符合《公司债券发行试点办法》规定的下列条件：①公司的生产经营符合法律、行政法规和公司章程的规定，符合国家产业政策；②公司内部控制制度健全，内部控制制度的完整性、合理性、有效性不存在重大缺陷；③经资信评级机构评级，债券信用级别良好；④公司最近 1 期末经审计的净资产额应符合法律、行政法规和中国证监会的有关规定；⑤最近 3 个会计年度实现的年均可分配利润不少于公司债券 1 年的利息；⑥本次发行后累计公司债券余额不超过最近 1 期末净资产额的 40%，金融类公司的累计公司债券余额按金融企业的有关规定计算。

募集资金投向必须符合股东会或股东大会核准的用途，且符合国家产业政策。存在下列情形之一的，不得发行公司债券：①最近 36 个月内公司财务会计文件存在虚假记载，或公司存在其他重大违法行为；②本次发行申请文件存在虚假记载、误导性陈述或者重大遗漏；③对已发行的公司债券或者其他债务有违约或者迟延支付本息的事实，仍处于继续状态；④严重损害投资者合法权益和社会公共利益的其他情形。

(二)公司债券发行的申报与核准

申请发行公司债券，应当由公司董事会制定方案，由股东会或股东大会对下列事项作出决议：①发行债券的数量；②向公司股东配售的安排；③债券期限；④募集资金的用途；⑤决议的有效期；⑥对董事会的授权事项；⑦其他需要明确的事项。

发行公司债券应当由保荐人保荐，并向中国证监会申报。保荐人应当按照中国证监会的有关规定编制和报送募集说明书和发行申请文件。保荐人应当对债券募集说明书的内容进行尽职调查，并由相关责任人签字，确认不存在虚假记载、误导性陈述或者重大遗漏，并声明承担相应的法律责任。

募集说明书与申报文件的制作，应符合中国证监会 2007 年 8 月 15 日发布的《公开发行证券的公司信息披露内容与格式准则第 23 号——公开发行公司债券募集说明书》和《公开发行证券的公司信息披露内容与格式准则第 24 号——公开发行公司债券申请文件》的规定。

(三)证监会核准

中国证监会审核发行公司债券的申请，经核准后方可发行公司债券。发行人应当在发行公司债券前的2～5个工作日内，将经中国证监会核准的债券募集说明书摘要刊登在至少一种中国证监会指定的报刊，同时将其全文刊登在中国证监会指定的互联网网站。

案例点击

中国铝业公司债券募集说明书摘要

中国铝业股份有限公司本次公开发行人民币20亿元的2007年中国铝业股份有限公司公司债券(简称：07中国铝业债)业经国家发展和改革委员会发改财金[2007]1269号文件批准。

本期债券采用实名制记账方式发行，通过承销团成员设置的发行网点向境内机构投资者(国家法律、法规另有规定者除外)公开发行；债券面值为100元，平价发行；本期债券为10年期固定利率债券，票面年利率为4.50%，采用单利按年计息，不计复利，逾期不另计利息；发行期限为5个工作日，自发行首日(2007年6月13日)起至2007年6月19日止；计息期限自2007年6月13日起至2017年6月12日止。

本期债券由交通银行股份有限公司授权其北京分行提供全额无条件不可撤销连带责任保证担保。

承销方式：承销团余额包销。

承销团成员：主承销商为平安证券有限责任公司，副主承销商为中国银河证券股份有限公司、国泰君安证券股份有限公司、中国国际金融有限公司、中银国际证券有限责任公司、联合证券有限责任公司、华泰证券有限责任公司，分销商为中国东方资产管理公司、中国信达资产管理公司、长江证券承销保荐有限公司、招商证券股份有限公司、海通证券股份有限公司、中诚信托投资有限责任公司、德邦证券有限责任公司、华安证券有限责任公司、民生证券有限责任公司、恒泰证券有限责任公司、南京证券有限责任公司、新华信托投资股份有限公司、天津信托投资有限责任公司。

(资料来源：中国证券报，2007年6月13日)

二、公司债券承销的程序

(一)获得债券承销业务

投资银行获得债券承销业务一般有两个途径。一个途径是与发行人直接接触，了解并研究其要求和设想之后，向发行人提交关于债券发行方案的建议书。如果债券发行人认为投资银行的建议可以接受，便与投资银行签订债券发行合同，由该投资银行作为主承销商立即着手组建承销辛迪加。

另一个途径是参与竞争性投标。许多债券发行人为了降低债券的发行成本，获得最优的发行方案，常常采用投标的方式来选择主承销商。投资银行可以单枪匹马地参与投标，但一般都会先与若干家其他投资银行联合组成投标集团，以壮大自身实力。中标的投标集

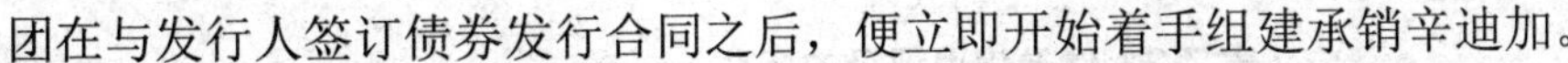

团在与发行人签订债券发行合同之后，便立即开始着手组建承销辛迪加。

(二)组建承销辛迪加

债券承销辛迪加与股票承销辛迪加有一个很大的不同是，辛迪加成员并不一定单纯是由投资银行或全能制银行中的投资银行部门构成，这是因为许多限制商业银行参与投资银行业务的国家对商业银行参与债券尤其是国债的承销和分销的限制比较宽松。

(三)实施发行

组建承销商辛迪加并确定辛迪加中各成员的责任后，便进入了债券的发行阶段。严格来说，债券的发行与股票的发行并没有太多的差别。

三、债券的信用评级

在债券的公开发行中，发行人要做的一项重要工作就是请专门的债券评级机构对其所发行债券的信用等级进行评定，这也是债券公开发行与股票公开发行的一个重要区别。

公司债券的信用评级，应当委托经中国证监会认定、具有从事证券服务业务资格的资信评级机构进行。公司与资信评级机构应当约定，在债券有效存续期间，资信评级机构每年至少公告 1 次跟踪评级报告。

1. 信用评级的含义

债券的信用评级就是由专门的信用评级机构根据发行人提供的信息资料，并通过调查、预测等手段，运用科学的分析方法，对拟发行的债券资金使用的合理性、按期偿还债券本息的能力及其风险程度所做的综合评价。它把所发行债券的可靠性、风险程度用简单的符号或说明展示给投资者，供投资者进行债券投资时参考。

2. 信用评级的目的

由于没有经过评级的债券在市场上往往不被广大的投资者所接受，极难找到销路，因此在市场上公开发行债券，除了信誉很高的国家政府债券发行人之外，其他债券的发行人都会自愿向债券评级公司申请评级。

另外，通过债券评级可以将发行人的信誉和偿债的可靠程度公之于投资者，以保护投资者的利益，使之免遭由于信息不足而造成的损失。虽然债券公开发行要求发行人公布与债券发行有关的信息，但是由于所公布的信息内容较多、专业性较强，并不是所有的投资者都能够根据公布的信息准确判断发行人的偿债能力。为此，债券评级机构使用简略易懂的符号，向投资者提供有关债券风险性的实质信息，以供投资者作出债券投资的决策。

3. 信用评级的根据

债券评级通常根据债券发行人的偿债能力、债券发行人的资信状况和投资者承担的风险水平三个方面对债券进行评级。每个方面都采用具体的指标来考察，详见表 7-2。

表 7-2 债券信用评级的标准

债券发行人的偿债能力	预期盈利 负债比例 能否按期还本付息
债券发行人的资信状况	金融市场上的信誉 历次偿债情况 历史上是否如期偿还债务
投资者承担的风险水平	破产可能性的大小 破产后债权人所能受到的保护程度 破产后债权人所能得到的投资补偿程度

4. 信用评级的程序

债券信用评级要通过一系列程序进行。通常包括拟发行债券公司向信用评级机构提出信用评级申请，信用评级机构对申请公司进行分析评价，信用级别的评定，公布评级结果及随后的调整等步骤，见图 7-1。

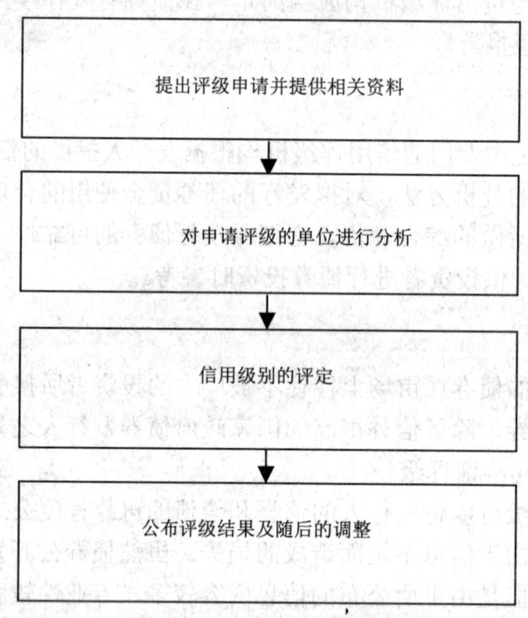

图 7-1 债券信用评级的程序

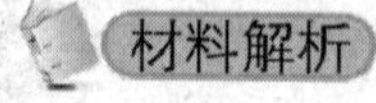

标准·普尔和穆迪的债券评级

现在全球最权威的债券评级机构是标准·普尔公司(Standard&Pool’s Corporation)和穆迪投资者服务公司(Moody’s Investor’s Service,Inc.)等。标准·普尔公司把公司债券分成四等十级，AAA、AA、A、BBB 为投资级，BB、B、CCC、CC、C 为投机级，此外还有更低的 D

级。而穆迪投资者服务公司把债券分成三级九等，Baa 以上(包括 Baa)为投资级，以下则为非投资级。具体评级含义见表 7-3。

表 7-3A　标准 · 普尔(Standard&Pool's)的评级标准

级 别	说 明
AAA	最高级：债务人有非常强的本息偿还能力
AA	高级：债务人有很强的本息偿还能力
A	中上级：债务人偿还本息能力强，但可能会受到经济因素和环境变化的不良影响
BBB	中级：债务人有充分的本息偿还能力，但受经济因素和环境变化的影响较大
BB	中低级：不断发生一些可能会导致不安全能力的事件
B	投机级：具有可能损害其偿还本息能力或意愿的不利情况
CCC	强投机级：现在就有可能违约
CC	超强投机级：次于 CCC 级
C	保留收入债券：已经停止付息，但还保留收入
D	残值证券：不可能偿付本息，只能按一定比例兑付残值

表 7-3B　穆迪(Moody's)的评级标准

级 别	说 明
Aaa	最佳：质量最高，风险最小，本息偿还有充分的保证，又被称为金边债券
Aa	高级：证券保护措施不如 Aaa 级，且其中某些因素可能会使远期风险略大于 Aaa
A	中高级：担保偿付本息的措施适当，但含有某些将起损害作用的因素
Baa	中低级：偿付本息担保措施在短期内适当，但长远并不适当
Ba	投机级：担保本息偿付的措施似乎可以，但有投机因素和其他不确定因素
B	不宜长期投资：不具备吸引投资的特点，从长远来看本息偿付的保护不可靠
Caa	较差：属于低等级债券，本息偿付将被延迟，甚至危及支付
Ca	有较高投机性：经常发生本息推迟偿付，或者其他明显问题
C	最低等级债券

四、国债的发行与承销

由于国债所固有的国家信用的特殊属性，使其在发行与承销的过程中，在发行方式及价格确定、承销手续费、承销商的资格认定上与股票和公司债券相比，有其特殊性。

(一)我国国债的发行方式

1988 年以前，我国国债发行采用行政分配方式；1988 年，财政部首次通过商业银行和邮政储蓄柜台销售了一定数量的国债；1991 年，开始以承购包销方式发行国债；1996 年起，公开招标方式被广泛采用。目前，凭证式国债发行采用承购包销方式，记账式国债采用公开招标方式。

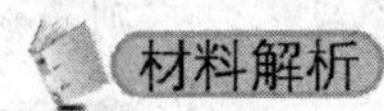

材料解析

凭证式国债与记账式国债

凭证式国债是指国库券的发行不采用实物券面，而用填制国库券收款凭证的方式发行的国债。它是以国债收款凭单的形式来作为债权证明，不可上市流通转让，但可以提前兑付。提前兑付时按实际持有时间分档计付利息。我国从 1994 年开始发行凭证式国债。凭证式国债是一种不可上市流通的储蓄型债券。凭证式国债主要面向个人投资者发行。其发售和兑付是通过各大银行的储蓄网点、邮政储蓄部门的网点以及财政部门的国债服务部办理。

记账式国债是指国库券的发行不采用实物券面，而是将投资者持有的国债登记于证券账户中，投资者仅取得收据或对账单以证实其所有权的一种国债。我国从 1994 年推出记账式国债这一品种。记账式国债可以利用证券交易所的系统来发行债券。如果投资者进行记账式债券的买卖，必须在证券交易所设立账户。

附息国债与贴现国债

附息国债是指标明债券的利率及利息支付方式、支付利息期限的国债。在我国，附息国债一般以记账式国债的形式发行，中长期国债品种居多。购买者按规定的付息日期(一般以 6 个月或 1 年为一个附息周期)及利率领取利息，到期后支付本金及最后一期利息。

贴现国债是指在发行时不规定债券利率，发行人按规定的折扣率，以低于面值的价格折价发行，到期后对持有人按面值金额进行兑付。贴现国债的发行价格与其面值的差额即为债券的利息。

1. 承购包销方式

承购包销方式是由各地的国债承销机构组成承销团，并通过承购包销合同确定国债发行人和承销商之间的权利和义务；合同中的有关条款由发行人和承销商经过协商确定，因而是带有一定市场因素的国债发行方式。20 世纪 90 年代中后期，承购包销成为我国国债发行的主要方式。事实上，不仅我国，世界上很多国家都采用这种方式。对于事先已确定发行条款的国债，我国仍采取承购包销方式。目前主要运用于不可上市流通的凭证式国债的发行。

2. 公开招标方式

公开招标发行是由承销商按照财政部确定的当期国债招标规则，以竞标方式确定各自包销的国债份额及承销成本，财政部则按规定取得债券发行资金。

公开招标方式是通过投标人的直接竞价来确定发行价格(或利率)水平，发行人将投标人的标价自高价向低价排列，或自低利率排到高利率，发行人从高价(或低利率)选起，直到达到需要发行的数额为止。

依国际资本市场中所普遍采用的招标规则，招标可分为“美国式”招标与“荷兰式”招标两种。我国国债招标借鉴了美国式、荷兰式规则，并发展出混合式招标方式。

1)　荷兰式招标

标的为利率或利差时，全场最高中标利率或利差为当期国债票面利率或基本利差，各中标机构均按面值承销；标的为价格时，全场最低中标价格为当期国债发行价格，各中标机构均按发行价格承销。

2)　美国式招标

标的为利率时，全场加权平均中标利率为当期国债票面利率，中标机构按各自中标标位利率与票面利率折算的价格承销；标的为价格时，全场加权平均中标价格为当期国债发行价格，中标机构按各自中标标位的价格承销。

背离全场加权平均投标利率或价格一定数量的标位视为无效投标，全部落标，不参与全场加权平均中标利率或价格的计算。

例 7-1　以价格为标的的美国式招标与荷兰式招标。

当面值为 100 元、总额为 200 亿元的贴现国债招标发行时，若有 A、B、C 三个投标人，它们的出价、投标额、中标额如表 7-4 所示。

表 7-4　以价格为标的的美国式招标与荷兰式招标

项目＼投标人	A	B	C
投标价/元	85	80	75
投标额/亿元	90	60	100
中标额/亿元	90	60	50
荷兰式招标中标价/元	75	75	75
美国式招标中标价/元	85	80	75

例 7-2　以利率为标的的美国式招标与荷兰式招标。

面值为 100 元、总额为 200 亿元的附息国债招标发行时，若有 A、B、C 三个投标人，它们的出价、投标额、中标额以及中标收益率如表 7-5 所示。

表 7-5　以利率为标的的美国式招标与荷兰式招标

项目＼投标人	A	B	C
投标收益率/%	8	9	10
投标额/亿元	90	60	100
中标额/亿元	90	60	50
荷兰式招标中标收益率/%	10	10	10
美国式招标中标收益率/%	8	9	10
国债的票面利率为 8.8%=8%×(90/200)＋9%×(60/200)＋10%×(50/200)			

3)　混合式招标

自 2004 年记账式(三期)国债起，财政部在国债招标中推出了混合式招标方式。所谓混合式招标，实际上是混合了荷兰式招标和美国式招标的特点。

标的为利率时，全场加权平均中标利率为当期国债票面利率，低于或等于票面利率的标位，按面值承销；高于票面利率一定数量以内的标位，按各中标标位的利率与票面利率折算的价格承销；高于票面利率一定数量以上的标位，全部落标。

标的为价格时，全场加权平均中标价格为当期国债发行价格，高于或等于发行价格的标位，按发行价格承销；低于发行价格一定数量以内的标位，按各中标标位的价格承销，低于发行价格一定数量以上的标位，全部落标。

背离全场加权平均投标利率或价格一定数量的标位视为无效投标，全部落标，不参与全场加权平均中标利率或价格的计算。

(二)国债的承销程序

1. 记账式国债的承销程序

记账式国债是一种无纸化国债，主要通过银行间债券市场向具备全国银行间债券市场国债承购包销团资格的商业银行、证券公司、保险公司、信托投资公司等机构，以及通过证券交易所的交易系统向具备交易所国债承购包销团资格的证券公司、保险公司和信托投资公司及其他投资者发行。

记账式国债的发行可采用交易所市场分销，也可采取银行间债券市场分销。在交易所市场分销，承销商可选择场内挂牌分销或场外分销。

2. 凭证式国债的承销程序

凭证式国债由具备凭证式国债承销团资格的机构承销。财政部和中国人民银行一般每年确定一次凭证式国债承销团资格，各类商业银行、邮政储蓄银行均有资格申请加入凭证式国债承销团。财政部一般委托中国人民银行分配承销数额。承销商在分得所承销的国债后，通过各自的代理网点发售。发售采取向购买人开具凭证式国债收款凭证的方式，发售数量不能突破所承销的国债量。

(三)国债的承销费用

承销费用的支付依国债还本付息方式的不同有两种方式。

在采用每年都支付利息，即所谓附息方式下，承销手续费的支付是按承销金额的一定百分比计算的。如我国对于记账式国债一般按 0.3%支付承销手续费。

而对于实物券式和凭证式国债一般支付 0.65%的手续费。在低于面值发行，到期以面值偿还的付息方式下，发行的所谓零息债券，承销手续费往往以绝对数金额包含在低于面值发行的报价之中。

(四)国债的一级自营商制度

为保证国债发行工作的顺利进行，尽可能避免发行失败，许多国家都实行了国债的一级自营商制度。该制度的核心就是对一级承销商的主体资格由政府的有关部门进行认定，并进一步明确发行机关与一级自营商之间的权利、责任和义务。

第四节　海外上市与承销

案例点击

百度在纳斯达克正式上市

美国东部时间 2005 年 8 月 5 日，上午 11 时许，中文搜索引擎百度在线网络技术有限公司(简称“百度”，NASDAQ 代码：BIDU)在纳斯达克正式上市，发行 4 040 402 股美国存托凭证股票，融资 1.09 亿美元(包括由百度发行的 3 208 696 张美国存托凭证股票以及由现有股东卖出的 831 706 张美国存托凭证股票，两者分别占发行后总股本的约 10%和 2.5%)。每股美国存托凭证股票代表一股 A 类普通股。开盘价为 66 美元/股，比发行价 27 美元/股高出 39 美元。刚一开盘，股价便一路狂飙，不到三个小时即突破了每股 100 美元，之后的一小时又直冲过 150 美元，当天收盘价为 122.54 美元，是发行价的 454%。

百度上市打破了华尔街“中国概念都要打折”(Chinese Discount)的不成文铁律，不仅刷新了中国公司在 NASDAQ 的股价纪录，也创出了美国股市五年来(自网络科技股泡沫破裂以来)新上市公司首日涨幅之最，成为历史上上市当日收益最高的十大股票之一。

(资料来源：金融界网站，2009 年 7 月 6 日)

一、存托凭证的概念

所谓存托凭证(Depository Receipts，DR)，又称存券收据或存股证，是指在一国证券市场上流通的代表外国公司有价证券的可转让凭证。

从投资人的角度来说，存托凭证是由信托银行所签发的一种可转让股票凭证，证明一定数额的某外国公司股票已寄存于该银行在外国的保管机构，而凭证的持有人实际上是寄存股票的所有者，其享有的权利和义务与基础股票持有人相同。

存托凭证的基本原理是发行公司(有的时候可能是某个证券公司，或者是持有某一公司股票的大股东)同国外的存托银行签订存托协议，将该公司的股票交给存托银行，存托银行同发行公司所在国的国内金融机构签订托管协议，将公司的股票交由国内金融机构集中托管，然后，存托银行发行代表这些股票价值的“凭证”，投资者购买凭证，并可以在股票交易所或其他交易场所交易该凭证。

存托凭证有很多种，包括美国存托凭证、全球存托凭证、香港存托凭证和新加坡存托凭证等。

美国存托凭证(American Depository Receipts，ADR)是面向美国投资者发行并在美国证券市场交易的存托凭证。

全球存托凭证(Global Depository Receipts，GDR)是指发行范围不止一个国家的存托凭证。从本质上讲，GDR 与 ADR 是一样的，两者都以美元标价，都以同样标准进行交易和交割，两者的股息都以美元支付，并且存托银行提供的服务及有关协议的条款与保证都是一样的。

香港存托凭证(HKDR)指面向香港投资者发行并在香港证券交易市场上市的存托凭证。新加坡存托凭证(SDR)指面向新加坡投资者发行并在新加坡证券市场上市的存托凭证。

二、ADR 的优点及类型

美国存托凭证由美国银行发行，一份美国存托凭证代表美国以外国家一家企业的若干股份，该凭证可在美国自由交易而无须交付其实质代表的股票。美国存托凭证可在纽约股票交易所、美国股票交易所或纳斯达克交易所挂牌上市。美国存托凭证在美国市场进行买卖，交易程序与普通美国股票相同。

1927 年 J. P. 摩根创立了第一张 ADR 以帮助美国公民投资于英国的零售商 Selfridge 公司。此后 ADR 的复杂性不断增加，重要性不断增强。

ADR 是世界上出现最早、运作最规范、流通量最大、最具有代表性的存托凭证。目前，国际上的存托凭证主要是以 ADR 的形式存在；现在 ADR 已经成为国际投资中的重要工具并已完全融入美国的资本市场。

案例点击

摩根大通完成沈阳三生制药在美国纳斯达克上市

摩根大通银行日前宣布，中国沈阳三生制药有限责任公司(“三生制药”)美国存托凭证(ADRs)于纳斯达克股票市场的首次公开发行圆满完成。三生制药是中国一家高度一体化的生物科技公司。摩根大通被委任为其 ADR 的存托银行。

三生制药此次发行的每股 ADR 代表该公司的 7 股普通股。新发行的 ADR 以每股 16 美元的价格出售。所发售的 770 万股 ADR 共筹集资金 1.232 亿美元。

据悉，摩根大通为在美国上市的境外公司提供全面的 ADR 服务。主要包括：ADR 发行及取消、股票过户、股权收购及交换，以及购股权代理服务；并为投资者提供退税服务。

(资料来源：刘斌. 中华工商时报，2007 年 2 月 15 日)

(一)美国存托凭证的优点

对于美国投资者来说，ADR 是其进行特定国际投资的一种有效、透明、成本低廉且流动性强的方式，ADR 使得美国投资者可以用美元来购买和交易非美国的证券，而不用考虑不同的结算过程、证券监管方式以及货币兑换等问题。通过 ADR，美国投资者可以降低系统风险，从而获得在美国国内市场上所无法获得的好处。

对于外国发行公司而言，ADR 有以下好处：提供了进入美国市场的最有效的途径，是吸收海外资金的较好形式；使发行公司的投资者结构多样化，提高它在海外投资市场的地位，为以后进一步融资打下基础；可以提高公司股票的流动性，还可以提高该公司在美国市场上的形象和认知度。

成功的美国存托凭证有如下特点：有吸引力的市场、行业和公司资本故事；与美国投资者积极地沟通；适宜的美国存托凭证结构(如股票和美国存托凭证比例)；美国投资银行和经纪人的研究和做市活动。

(二)美国存托凭证的基本类型

ADR 可分为两类：有担保的和无担保的。目前无担保的 ADR 已很少使用。有担保的 ADR 分为四种：一级 ADR、二级 ADR、三级 ADR 和规则 144A 下的 ADR。但 144A 规则下的 ADR 面对的是美国私募市场，以牺牲流动性来换取较低的发行费用和较宽的信息披露要求。

1. 保荐一级 ADR

一级 ADR 是外国公司进入美国资本市场最简便的方法。由于一级 ADR 不涉及新的证券的发行，是在美国的柜台市场上进行交易，所以这些公司不必遵循交易所上市规则和证监会的持续披露等要求。这样，一级 ADR 既可以使国外公司享受其证券在美国公开交易的优点，又无须改变其目前的申报方法。因此，一级 ADR 是 ADR 中发展最快的一个部分，在美国交易的 ADR 大多数都是采取这一形式。

我国多家上市公司，如广船国家、上海氯碱、二纺机、浦东金桥、外高桥、陆家嘴、轮胎橡胶、青岛啤酒和深深房等，都是通过建立一级 ADR 在美国柜台市场上来进行交易。但是，由于一级 ADR 不具有在美国纽约交易所等全国性交易市场上市的资格，所以不少公司就从一级 ADR 开始做起，进而再升级到较高级的 ADR。

2. 保荐二级 ADR

二级 ADR 同一级 ADR 的相同之处在于不涉及公开招募，因此也无须进行公开募股注册。二级 ADR 可以在美国全国性证券交易所和纳斯达克市场上市，因而能够在很大程度上提高 ADR 的影响力、吸引力和流动性。但是公司也要满足更加苛刻的条件，如必须按照美国《公认会计准则》(*US Generally Accepted Accounting Principles*，GAAP)编制会计报告，履行严格的信息披露要求。此外，这些公司还必须满足拟上市地点的上市条件。

例如，拟在纽约证券交易所上市，就必须满足纽约证券交易所对国外上市公司和 ADR 上市所要求的条件。二级 ADR 适用于那些希望在不进行公开售股的情况下提高其股份的公开性和流动性的非美国上市公司。建立二级 ADR 的成本一般在 20 万～70 万美元之间。二级 ADR 通常是从一级 ADR 开始的。

3. 保荐三级 ADR

三级 ADR 是通过公开募股出售给社会公众的 ADR。发行公司根据美国 1933 年证券法(填制 F-1 表格和 F-6 表格)注册其募股计划并根据美国 1934 年证券交易法(填制 20-F 表格和 6-K 表格)进行申报。三级 ADR 在一家证券交易所或纳斯达克上市。国外发行公司必须按照 GAAP 编制会计报表和符合它选择的证券交易所的上市要求。

三级 ADR 适用于准备通过公开募股在美国筹集 4000 万美元以上资金的发行公司。建立三级 ADR 的成本在 50 万～200 万美元之间。我国的吉林化工、上海石化、山东华能和华能国际等公司就是通过发行三级 ADR 在纽约证券交易所上市的。

案例点击

如家快捷酒店在纳斯达克挂牌交易

北京时间 10 月 26 日 22 时 40 分，如家快捷酒店(NASDAQ: HMIN)股票在纳斯达克开始挂牌交易，开盘价 22 美元，比发行价 13.8 美元高出 59.4%，融资约 1.09 亿美元。这是沈南鹏等人的创业团队继携程之后，三年内第二次带领企业登陆纳斯达克。

如家创始人沈南鹏在现场对新浪科技表示，这可能是纳斯达克 2006 年表现最好的一次 IPO。根据如家向美国证券交易委员会提交的招股说明书，该公司通过首次公开招股发行 790 万股美国存托凭证，其中 4 885 827 股来自公司本身，另外 3 014 173 股来自献售股东(Vendor's Shares)。

如家选择纽约银行为其三级(Level Ⅲ)美国存托凭证计划的存托银行。如家的每股美国存托凭证(ADR)相当于两股普通股，在纳斯达克股票市场的交易代码为"HMIN"。

如家的首次公开招股承销商包括瑞士信贷、美林证券和德意志银行，其中前两家公司为主承销商。根据协议，上述首次公开招股承销商可于招股后 30 天内、在配额之外、以首次公开招股价格再从如家收购 988 410 股，以及从股东收购 196 590 股如家美国存托凭证。如家计划将 4500 万美元的 IPO 收益用于扩大连锁酒店规模及改进酒店设施，750 万美元用于偿还首都旅游国际酒店集团的债务，其余部分将投入公司运营资本。

2002 年 6 月，首旅集团和携程旅行网共同投资组建了如家。如家在 2003 年到 2005 年间进入了高速发展期，公司拥有的酒店数量由 10 家上升为 68 家。截至 2006 年 6 月底，如家经营及授权管理的酒店数量已达 82 家，筹建酒店数量为 57 家。如家还于 2003 年引入了包括 IDG、美国梧桐创投等境外战略投资者，成为国内第一家引入风险投资的经济型酒店。

(资料来源：如家股票在纳斯达克交易，开盘价 22 美元高出发行价 59.4%. 财富指数，2006 年 10 月 27 日)

4. 规则 144A 下的 ADR

不同于三级 ADR 的另一个选择是，外国公司可以通过规则 144A(1990 年 4 月实行)下的 ADR 进入美国的私募市场，并且可以在筹集资本时不用遵循 SEC 全套的登记及信息披露要求。发行规则 144A 下的 ADR 的成本大大低于三级 ADR。但是，规则 144A 下的 ADR 只能在合格的机构投资者(Qualified Institutional Buyer，QIB) 之间进行交易，这样其流动性无疑就受到了一定的限制。

5. 不同级别 ADR 的比较

一级 ADR 允许外国公司无须改变现行的报告制度就可以享受公开交易证券的好处。想在一家美国交易所上市的外国公司可采用二级 ADR。如果要在美国市场上筹集资本，则须采用三级 ADR。ADR 的级别越高，所反映的美国证券交易委员会(SEC)登记要求也越高，对机构投资者和零售投资者而言，该 ADR 的吸引力就越大。

三、ADR 的发行程序

ADR 融资工具的运行机理是由各当事人共同构成的运行系统的动态过程。在 ADR 融资中的当事人有我国境内的基础股票发行企业、保管银行和美国的存托银行、投资者等。企业发行的目的不同，ADR 的程序也不尽相同。

(1) 发行公司选择存托银行。

选定存托银行后，与存托银行签订存托协议，发行公司与存托银行制订 ADR 发行计划和策划发行策略，并由存托银行提供法律、会计、审计等方面的代理和咨询服务。

(2) 存托银行在中国安排一家金融机构作为保管银行。

保管银行通常是存托银行在当地的分支机构或代理机构，存托银行与保管银行签订托管协议，由保管银行为存托银行代理保管 ADR 所代表的基础股票，并担负代为领取股息或红利、提供发行企业的市场信息等职责。

(3) 由发行公司交付有价证券予托管银行。

(4) 保管银行通知存托银行发行美国存托凭证，每一张存托凭证代表一定数目的中国发行公司的证券，该凭证可自由交易。

(5) 向拟发行国证券监管机构提供必要的资料、信息，以取得登记豁免资格。

(6) 存托银行与承销人签订承销合同，将代表基础股票的 ADR 发售给美国或他国的投资者。

(7) ADR 发行后就可以在美国证券市场进行交易。

它既可以在纽约证券交易所、美国证券交易所上市交易，也可以在场外交易市场上流通，但更多的 ADR 则在柜台市场上的 ADR 投资者之间进行转让。

(8) 在 ADR 市场萎缩、需求减少的市场环境下，投资者则向存托银行卖出 ADR，这时存托银行就会通知保管银行在中国售出 ADR 所代表的基础股票，存托银行将出售基础股票的款项支付给 ADR 投资者。这样该上市企业所发行的 ADR 在美国证券市场上被取消。

材料解析

中国公司的 ADR

1993 年 10 月，上海石化开创中国公司两地上市的先河，在香港以 H 股上市，同时在纽约证交所以 ADR 上市。自此，ADR 开始成为中国企业进军美国股市的主要途径，包括中石油、中海油、中国移动等，越来越多的中国公司采用 ADR 方式上市。

2003 年，中国人寿在纽约证交所的 IPO 凭借 35 亿美元的全球发行，成为该年度全球最大规模的 IPO。随后数周，以摩根大通所管理的 ADR 形式发行的中国人寿股票成为纽约证交所交投最活跃的非美国股票。自 1993 年以来，中国公司通过在美发行 ADR，筹资逾 70 亿美元。

前程无忧网、中国网通集团公司、盛大交互娱乐有限公司等，都利用存托凭证，成功地进入拥有全球最大投资规模的美国市场。存托凭证正成为中国企业加快登陆国际资本市场的最佳途径之一。

本 章 小 结

<table>
<tr><td rowspan="4">证券的发行与承销</td><td>证券发行与承销概述</td><td>1. 证券发行的概念和特点：证券发行是商业组织或政府组织为筹集资金，依据法律规定的条件和程序，向社会投资人出售代表一定权利的有价证券的行为。
2. 证券发行监管制度：证券发行监管制度的核心是证券发行决定权的归属。
3. 证券发行的种类。按发行对象划分：公募和私募；按发行方式划分：直接发行和间接发行；按证券种类划分：股票、债券和基金。
4. 证券发行的当事人包括：证券发行人、证券投资者、证券承销商、证券监管机构和其他当事人。
5. 证券承销的方式：包销、代销和余额包销</td></tr>
<tr><td>股票的发行与承销</td><td>1. 证券承销商选择发行人。
2. 发行人选择承销商。
3. 制订证券发行计划。
4. 组织 IPO 小组。
5. 尽职调查。
6. 准备募股文件及报批。
7. 路演。
8. 组建承销团与分销团。
9. 股票发行定价：固定价格方式，累计订单方式，累计订单与固定价格相结合的方式，竞价(拍卖)方式，我国的询价定价方式。
10. 稳定价格：包括提供稳定报价策略和绿鞋期权策略。
11. 发布墓碑广告。
12. 解散承销团，办理清算事宜</td></tr>
<tr><td>债券的发行与承销</td><td>1. 公司债券的发行：发行的条件、发行的申报与核准。
2. 公司债券承销的程序：获得债券承销业务、组建承销辛迪加和实施发行。
3. 债券的信用评级：信用评级的定义、信用评级的目的和信用评级的根据。
4. 我国国债的发行方式：承购包销方式、公开招标方式和混合式招标。
5. 国债的承销程序：记账式国债的承销程序和凭证式国债的承销程序。
6. 国债的承销费用。
7. 国债的一级自营商制度</td></tr>
<tr><td>海外上市与承销</td><td>1. 存托凭证的概念，存托银行和保管银行。
2. 存托凭证的种类。
3. 美国存托凭证(ADR)：ADR 的优点和 ADR 的基本类型。
4. ADR 的发行程序</td></tr>
</table>

典型案例

中国人寿的IPO

一、纪录如何创造

保险股在A股市场的稀缺性与中国股市步入高潮的有利发行时机，使得中国人寿作为保险“第一股”，在合理估值的基础上获得了较高的溢价，其招股时冻结的资金数额、发行摊薄后的市盈率，均刷新了市场纪录。

2006年12月9日，中国人寿(02628.HK，601628)发布A股招股意向书，计划发行不超过15亿股。作为首只登陆A股的保险股，中国人寿在招股期间就冻结资金8325亿元，超过工商银行A股发行时7810亿元的纪录。其最终发行价确定为18.88元的询价上限，按2005年54.56亿元的净利润计算，发行摊薄后的市盈率高达97.8倍，刷新了由闽东电力2000年首发时所保持的88.69倍市盈率的纪录。除去发行费用后，中国人寿此次募集资金高达278.1亿元。在2007年1月9日的上市首日，中国人寿股价涨幅达106.2%，收于38.93元，参与申购成功的投资者获利丰厚。对比2003年12月在香港市场每股3.625港元的发行价，中国人寿的A股IPO获得极大的成功。

二、剥离利差损保单，重组香港上市

中国人寿的母公司中国人寿保险集团公司，2002年的总保费收入已占全行业的57%。2003年，为了筹备在香港上市，人寿集团进行了一系列的重组。当年6月30日，中国人寿股份有限公司(即“中国人寿”)设立。按照中国保监会2003年8月21日批准的重组方案，人寿集团与中国人寿于2003年9月30日签署了效力可追溯至2003年6月30日的重组协议。

重组除了员工以及运营资产转移等一些正常程序外，最主要的内容为人寿集团将1999年6月10日之后的保单转移至中国人寿。之所以如此安排，是因为1999年6月10日前，人寿集团所售保单的预定利率为5%，然而同期国内人寿保险公司的投资回报偏低且处于下降通道，如当时的一年期定期存款利率仅为2.25%。为解决这一利差损问题，中国保监会于1999年6月10日发出通知，把人寿保险公司支付新保单的最高预定利率降至每年2.5%。为了不将此前的利差损保单带进上市公司，人寿集团保留了1999年6月10日之前发售的保单。

按中国估值规则，人寿集团向中国人寿转让的资产净值截至2003年6月30日为296.08亿元，等于按照香港公认会计准则计算的361.82亿元。2003年11月23日，中国人寿与人寿集团通过重组成立资产管理公司，管理所有中国人寿的投资资产及另外独立管理人寿集团大部分的投资资产 。2003年12月8日，中国人寿在香港正式招股，最终以3.625港元定价，总共募集资金约250亿港元，发行后人寿集团持有中国人寿约193.24亿股，占72.2%的股权；公众股东持有约74.4亿股，占27.8%的股权。2003年12月16日，中国人寿在香港挂牌上市。

中银、花旗集团、瑞士信贷及德意志银行，担任了中国人寿此次全球发行的联席保荐人。

在良好的行业发展前景以及剥离了利差损保单上市后，中国人寿步入了发展的快车道，2003—2005年的保险业务收入分别为1334.86亿元、1488.05亿元和1596.26亿元，年均复合增长率为 9.35%；净利润分别为 9.64 亿元、29.19 亿元和 54.56 亿元，年均复合增长率为 137.9%。2006 年末，中国人寿启动了回归 A 股的计划。

三、恰当的发行时机与 H 股适时大涨，保证了 A 股较高的发行价

IPO 成功的关键，在于发行时机的选择和发行价格的确定，从这两点来看，作为中国人寿 A 股发行主承销机构的中金公司和银河证券可谓匠心独运。

事实上，在中国人寿香港上市一月后，时任中国人寿董事长的王宪章即表示争取一年后 A 股上市。但由于当时 A 股市场低迷，2004 年 6 月，王宪章改口称“内地股市表现不如我们以前预期，因此我们暂无 A 股上市计划”。到 2006 年，一方面，中国证券市场在经历了 5 年的低迷之后快速步入高潮，股指节节攀升。另一方面，当时 A 股的金融股板块包括券商股、银行股、信托股，恰恰缺乏保险股，这不仅影响着金融股板块的估值，也影响着基金等机构投资者资金在金融行业的资产配置比例，因此，市场一直期望中国人寿、平安保险等保险股能够快速“海归”。这种种环境为中国人寿的回归创造了较好的市场时机。

从发行价格看，中国人寿 A 股 IPO 的发行价最终确定为 18.88 元的询价上限，远高于 3 年前 H 股上市时的 3.625 港元，也凸显了背后投行的工作。

2006 年 12 月 15 日中国人寿 A 股 IPO 获批后，围绕其估值的争论便在内外资投行中展开。由于寿险公司经营周期长达数十年，在估值上与一般制造业公司不同，不能以市盈率(PE 值)为参照系，国际上一般以内涵价值法估算寿险公司的价值，即以公司的现有价值(内涵价值)加上未来能够创造的价值(新业务价值)估算。但不同的计算模型，带来了不同的结果，如花旗银行对中国人寿 H 股给予了“出售”的评级。中金公司和银河证券则动员了自身的研究力量，为此次发行量身打造了投资价值分析报告。中金公司报告认为，依内涵价值计算，到 2007 年底，中国人寿的投资价值有望达到 26.28 元/股，23～29 元之间均为合理价值区间。

由于中国人寿是内地保险第一股，在 A 股并没有参照指标，因而 A 股定价很大程度上要参照港股。而按照近年 H 股上市公司回归 A 股的操作惯例，中国人寿 A 股定价会以询价日前 30 天 H 股的收盘平均价，加以适当的折扣计算而得。由于此次中国人寿仅发行 15 亿股 A 股，令公司总股本由 267.65 亿股增至 282.65 亿股，对现有股东的每股摊薄不到 6%，因此，在 A 股询价前，中国人寿 H 股价格连番大幅上涨——2006 年 12 月 14 日后的三个交易日内快速攀升近 20%，至 22.7 港元。最终，中国人寿的 A 股发行询价区间定为 18.16～18.88 元。

H 股的大涨，无疑提升了 A 股的定价水平，同时保险股在 A 股市场的稀缺性，也使市场会在合理估值的基础上给予一定的溢价。由于在询价截止的 12 月 22 日(周五)，中国人寿 H 股以 24.35 港元收盘，12 月 25 日(周一)，中国人寿 A 股报出了 18.88 元的发行价格上限。对于这一价格的确定，中金公司资本市场部董事总经理林寿康说：“这是为了对 H 股股东有所交代，并让内地的机构投资者有一定的获利空间。”

对于中国人寿而言，较高的发行价有利于提高公司每股净资产和内涵价值，迅速提高实际偿付能力额度。这也有利于提升中国人寿在 H 股的估值水平。除了投行的运作外，中国人寿高达 97.8 倍市盈率的发行价格之所以仍然对投资者具有吸引力，也源于以下几方面的原因。

其一，中国人寿上市以来一直保持较快的业绩增长，其良好的成长性直接从股价中得到了体现。从中国人寿股票在香港和纽约市场的表现看，3 年前，中国人寿以 3.625 港元和每份 18.68 美元的发行价格分别在香港和纽约上市，在 A 股上市前，其价格升幅已超过 5 倍，证明其有较高的投资价值。作为全球最大新兴市场的第一只“海归”保险股，中国人寿是众多机构投资组合的必配品种。所有这些均令人对中国人寿的股价前景产生了遐想。

其二，根据中国人寿招股书，A 股上市后，公司将实施员工股权激励方案。这能够带来公司治理的改善，有利于中国人寿的招股定价。

其三，招股书中提到，2006 年 11 月，中国人寿斥资 56.7 亿多元认购了广东发展银行 20%股权。事实上，近年来，中国人寿对银行股权投资热情高涨。至今，它已先后投资了建设银行、中国银行、工商银行和广发银行。2005 年 10 月，中国人寿投资建设银行 4 亿 H 股，占建行总股本的 0.19%。半年上市禁售期届满后悉数抛出，账面获利 3.6 亿港元。2006 年 6 月，中国人寿两次投资中国银行，合计 5 亿多股，占中行总股本的 0.21%。当年 10 月，工商银行 A+H 上市时，国寿仅战略和网下配售部分就投资约 120 亿元。中国银行业优良的成长性以及股价表现，让投资者产生了良好的预期。

其四，近年来，国寿总资产中银行存款占比逐年下降，长期投资占比逐年上升。2004、2005 年和 2006 年上半年，公司投资收益率分别为 3.26%、3.93%和 2.64%。根据《国务院关于保险业改革发展的若干意见》(简称“国十条”)，在风险可控的前提下，鼓励保险资金拓展运用渠道，投资比例逐步提高将推动中国人寿投资收益水平的提高，其未来表现值得期待。

(资料来源：孙红. 新财富，2008 年 3 月 15 日)

复习思考题

一、不定项选择题

1. 目前中国证券发行的核准制度采取的是(　　)。

A. 审批制　　B. 核准制

C. 注册制　　D. 登记制

2. 信用度很高、知名度很大的公司一般会主动向投资银行提出采用下面哪种承销方式？(　　)

A. 尽力推销　　B. 包销

C. 余额包销　　D. 差额包销

3. 证券发行人不包括(　　)。

A. 自然人　　B. 政府

C. 金融机构　　D. 非股份制企业

4. 我国证券法规定，股份有限公司申请股票上市，股本总额不得少于(　　)。

A. 500 万元人民币　　B. 2000 万元人民币

C. 3000 万元人民币　　D. 5000 万元人民币

5. 为了收集投资者兴趣表示的“红鲱鱼”，又称为(　　)。

A. 招股说明书　　B. 申购邀请函

C. 资产评估报告　　D. 招股意向书

6. 股票发行定价方式包括(　　)。

A. 固定价格方式　　B. 累计订单与固定价格相结合的方式

C. 竞价(拍卖)方式　　D. 累计订单方式

7. 标准·普尔等级评定系统和穆迪等级评定系统中，投机级债券的级别分别为(　　)。

A. BB 和 B　　B. B 和 Ba

C. CC 和 Ba　　D. 同为 B

8. 在我国国债发行的混合式招标方式中，当标的为价格时，(　　)全部落标。

A. 低于发行价格一定数量以上的标位

B. 低于发行价格的所有标位

C. 高于发行价格的所有标位

D. 低于发行价格一定数量以上的标位

9. 目前，国际上的存托凭证主要是以(　　)的形式存在。

A. 美国存托凭证(ADR)　　B. 香港存托凭证(HKDR)

C. 全球存托凭证(GDR)　　D. 新加坡存托凭证(SDR)

10. (　　)担负代为领取股息或红利、提供发行企业的市场信息等职责。

A. 存托银行　　B. 发行公司

C. 证券交易所　　D. 保管银行

二、判断题

1. 证券发行监管制度的核心是证券发行决定权的归属。现存的两种类型的发行监管制度中，政府主导型称为核准制，市场主导型称为注册制。(　　)

2. 相对于公募而言，私募发行募集金额更大，发行时机的选择更为重要。(　　)

3. 政府为弥补财政赤字或筹措经济建设所需资金，在证券市场上发行股票。(　　)

4. 发行股票公司通常会选择一家投资银行作为主承销商或辛迪加经理行，再由主承销商组成一个承销辛迪加来进行证券承销。(　　)

5. 会计师在证券发行中的作用包括：对发行人的财务状况进行分析，对主要资产的所有者地位进行确认，提出有法律效力的资产评估报告和财务报告等。(　　)

6. 债券承销商同股票承销商不同的是，商业银行也可以参与债券的承销。(　　)

7. 记账式国债和凭证式国债均不采用实物券面。(　　)

8. 三级 ADR 允许外国公司无须改变现行的报告制度就可以享受公开交易证券的好处。(　　)

三、简答题

1. 什么是证券的发行？证券发行的种类有哪些？

2. 证券发行的监管制度有哪些？我国采用何种监管制度？

3. 证券发行的当事人有哪些？

4. 承销人有几种证券承销方式？

5. 承销商选择发行人需要考虑哪些方面因素？

6. IPO 小组的主要成员有哪些？他们的作用分别是什么？

7. 募股文件有哪些？
8. 股票发行的定价方式有几种？
9. 承销商有哪些稳定价格的策略？
10. 公司债券的发行条件包括什么？
11. 简述公司债券承销的程序。
12. 债券信用评级的根据是什么？
13. 我国国债的发行方式有哪些？
14. 什么是存托凭证？存托凭证有哪些类型？
15. 美国存托凭证(ADR)包括哪些类型？
16. 简述美国存托凭证(ADR)的发行程序。

第八章 证 券 交 易

【本章精粹】

◆ 证券交易的概念

◆ 证券经纪业务

◆ 证券自营业务

◆ 证券做市商业务

【章前导读】

巴林银行集团曾经是全球历史最悠久的投资银行，素以发展稳健、信誉良好而驰名，其客户多为显贵阶层，英国女王伊丽莎白二世也曾经是它的顾客之一。巴林银行集团的业务专长是企业融资和投资管理，业务网点主要在亚洲及拉美新兴国家和地区。1994 年巴林银行的税前利润仍然高达 1.5 亿美元。

新加坡巴林期货公司总经理、首席交易员尼克·里森错误地判断了日本股市的走向。1995 年 1 月份，日本经济呈现复苏势头，里森看好日本股市，分别在东京和大阪等地大量买进日经 225 指数期货合约和看涨期权，希望在日经指数上升时赚取大额利润。但天有不测风云，1995 年 1 月 17 日突发的日本阪神地震打击了日本股市的回升势头，股价持续下跌。里森所持多头头寸遭受重创，损失高达 2.1 亿英镑。里森为了反败为胜，再次大量补仓日经 225 期货合约和利率期货合约，头寸总量已达十多万手。2 月 24 日，当日经指数再次加速暴跌后，里森所在的巴林期货公司的头寸损失已接近其整个巴林银行集团资本和储备之和。2 月 27 日，东京股市日经指数再急挫 664 点，又令巴林银行的损失增加了 2.8 亿美元。截至 1995 年 3 月 2 日，巴林银行亏损额达 9.16 亿英镑，约合 14 亿美元。3 月 5 日，国际荷兰集团与巴林银行达成协议，接管其全部资产与负债。

随着市场的全球化、交易量的剧增，以及复杂衍生品和交易策略的引入，导致了资本市场交易活动对金融机构的重要性剧增。为此，有必要了解证券交易的概念、内容、程序及运作机制。

(资料来源：中国海洋报，2001 年 1 月 23 日)

【核心概念】

证券交易　经纪商　自营商　做市商

第一节　证券交易的基本概念

证券交易是资本市场业务中的重要组成部分和投资银行的传统业务之一，也是投资银行的重要利润来源。投资银行主要以经纪商、自营商和做市商三种角色进行证券交易业务。

一、证券交易的概念及原则

(一)证券交易的概念

证券交易是指已发行的证券在证券市场上的买卖、转让和流通的活动。证券交易与证券发行有着密切的联系，两者相互促进、相互制约。一方面，证券发行为证券交易提供了对象，决定了证券交易的规模，是证券交易的前提；另一方面，证券交易给证券提供了流动性，从而有利于证券发行的顺利进行。

证券交易主要有三个方面的特征：证券的流动性、收益性和风险性。同时，这些特征又互相联系在一起。证券需要有流动机制，因为只有通过流动，证券才具有较强的变现能力。而证券之所以能够流动，就是因为它可能为持有者带来一定收益。同时，经济发展过程中存在许多不确定因素，所以证券在流动中也存在因其价格的变化给持有者带来损失的风险。

在证券交易中存在着众多的参与主体：证券投资者、证券经纪商、证券自营商、证券做市商和证券监管部门。

证券交易的对象就是证券买卖的标的物。按照交易对象的品种划分，证券交易对象有：股票交易、债券交易、基金交易以及其他金融衍生工具的交易等。

(二)证券交易的原则

证券交易的原则是反映证券交易宗旨的一般法则，应该贯穿于证券交易的全过程。为了保障证券交易功能的发挥，以利于证券交易的正常运行，证券交易必须遵循“公开、公平、公正”三个原则。

1. 公开原则

公开原则又称信息公开原则，指证券交易是一种面向社会的、公开的交易活动，其核心要求是实现市场信息的公开化。根据这一原则的要求，证券交易参与各方应依法及时、真实、准确、完整地向社会发布有关信息。按照这个原则，投资者对于所购买的证券，能够有更充分、真实、准确、完整的了解。

2. 公平原则

公平原则是指参与交易的各方应当获得平等的机会。它要求证券交易活动中的所有参与者都有平等的法律地位，各自的合法权益都能得到公平保护。

3. 公正原则

公正原则是指应当公正地对待证券交易的参与各方，以及公正地处理证券交易事务。

二、证券交易市场

证券交易市场也称二级市场、次级市场。证券交易市场主要分为场内交易市场和场外交易市场两种形式。

(一)场内交易市场

场内交易市场又称证券交易所市场，是指由证券交易所组织的集中交易市场。证券交易所是证券市场发展到一定阶段的产物，也是集中交易制度下证券市场的组织者和一线监管者。证券交易所接受和办理符合有关法令规定的证券上市买卖，投资者则通过证券商在证券交易所进行证券买卖。

从组织形式上来看，证券交易所可分为会员制和公司制两种类型。从 20 世纪 90 年代以来，证券交易所从会员制改组为公司制已经成为一种趋势。

会员制证券交易所是以会员协会形式成立的不以营利为目的的组织，主要由证券商组成，实行会员自治、自律、自我管理。采取会员制的证券交易所只有会员及享有特许权的经纪商，才有资格在交易所中进行交易。会员制证券交易所的最高权力机构是会员大会，理事会是决策机构，理事会下一般设立其他专门委员会。理事会聘请经理人员负责日常事务。一般来说，证券交易所为了保证会员素质，都会规定一定的条件，主要包括证券商所具有的经营范围、证券运营资金、承担风险和责任的资格和能力、组织机构、人员素质等方面内容。我国的上海和深圳证券交易所都采用会员制。

公司制证券交易所以营利为目的，它是由各类出资人共同投资入股建立起来的公司法人。公司制证券交易所的最高权力机构是股东大会，主要确定证券交易所的长期发展规划，决定董事会人选以及其他有关重大事宜。董事会是证券交易所的决策机构。经理机构包括总经理，是由董事会聘请产生的、负责证券交易所日常业务活动的机构，直接对董事会负责。公司制证券交易所的收入来源于发行公司的上市费与证券成交的佣金。公司制证券交易所对在本所内的证券交易负有担保责任，必须设有赔偿基金。公司制证券交易所的证券商及其股东，不得担任证券交易所的董事、监事或经理，以保证交易所经营者与交易参与者的分离。纽约泛欧交易所、斯德哥尔摩证券交易所、澳大利亚证券交易所、东京证券交易所、多伦多证券交易所等都是公司制交易所。

一般地说，证券交易所的主要功能包括：提供证券交易的场所和设施；制定证券交易所的业务规则；接受上市申请、安排证券上市；组织、监督证券交易；对上市公司进行监管；设立证券登记结算机构；管理和公布市场信息等。

材料解析

纳斯达克证券交易所市场

纳斯达克(即 NASDAQ，其全称是 National Association of Security Dealers Automatic Quotation，即全美证券交易商协会自动报价系统)证券交易市场成立于 1971 年 2 月 7 日。从 2006 年 7 月 1 日开始，纳斯达克正式成为交易所。2007 年 5 月，NASDAQ 收购了欧洲 OMX 证券交易所，成为跨越大西洋的全球证券交易所。

NASDAQ 市场的显著特点是高科技公司云集，闻名世界的企业如英特尔、微软、思科、谷歌等企业都在 NASDAQ 上市。NASDAQ 分为三个不同层次的市场，可以满足不同公司的上市要求和投资者的投资需求。

- NASDAQ 全球精选市场(NASDAQ Global Select Market)，入选公司为具有行业领导地位的、大市值、流动性好的公司。
- NASDAQ 全球市场(NASDAQ Global Market)，即以前的 NASDAQ 全美市场(NASDAQ National Market)，入选公司为大中市值、流动性好的公司。
- NASDAQ 资本市场(NASDAQ Capital Market)，即以前的 NASDAQ 小盘股市场(NASDAQ Small Cap Market)，入选公司为中小型公司。

(二)场外交易市场

场外交易市场是指在证券交易所以外的证券交易市场的总称。在证券交易市场发展的早期，许多有价证券的买卖是在银行或投资银行等金融机构的柜台上进行的，因此称为柜台市场或店头市场。随着通信技术的发展，目前许多场外市场交易并不直接在证券经营机构柜台上进行，而是一种通过电讯系统直接进行证券买卖的交易网络；而且场外交易市场的组织方式大多采取做市商制。场外交易市场的一个共同特点是它们都是在国家法律限定的框架内，由成熟的投资者参与，接受政府管理机构的监管。事实上，美国有三分之一的普通股、大部分的公司债券和所有的政府债券、市政证券，都是在场外交易市场进行买卖活动的。

场外交易市场是证券发行的主要场所，新证券的发行时间集中，数量大，需要众多的销售网点和灵活的交易时间，场外交易市场是一个广泛的无形市场，能满足证券发行的要求；场外交易市场为政府债券、金融债券、企业债券以及按照有关法规公开发行而又不能或一时不能到证券交易所上市交易的股票提供了流通转让的场所，为这些证券提供了流动性；场外交易市场是证券交易所的必要补充，不仅交易时间灵活分散，而且交易手续简单方便，价格又可协商。这种交易方式可以满足部分投资者的需要，因而成为证券交易所的“卫星市场”。

材料解析

布告栏市场和粉单市场

OTCBB (Over the Counter Bulletin Board)，又称布告栏市场，是由全美券商协会(NASD)所管理的一个交易实时报价的场外电子交易系统。

粉单市场也译作粉纸市场(Pink Sheet)，是比 OTCBB 更低一级的报价系统，它属于一家法人机构 The Pink Sheet LLC。目前在 Pink Sheets 流通的股票多于在 OTCBB 上流通的股票。

为了便于交易并加强 OTC 市场(柜台市场)的透明度，NASD 于 1990 年开通了 OTCBB 电子报价系统，将一部分粉单市场的优质股票转到 OTCBB 上来，OTCBB 电子报价系统提供实时的股票交易价和交易量。

在 OTCBB 上面流通交易的股票，都是不能达到在纳斯达克全国市场(National Market)或小资本市场(Small Capital)上挂牌上市要求的公司的股票，它主要为中小型企业提供有价证券交易服务。一般而言，任何未在 NASDAQ 或其他全国性市场上市或登记的证券，包括在全国、地方、国外发行的股票、认股权证、证券组合、美国存托凭证等，都可以在 OTCBB 市场上报价交易。OTCBB 市场是现货交易市场，不能融资，且股价跳动的最小单位为 1/32。在 OTCBB 挂牌基本上没有规模或盈利上的要求，只要有做市商愿意为该证券做市即可。挂牌公司须每年提出财务报告。

粉单市场挂牌的公司不需有注册会计师的审计财务报告，挂牌的条件也较松(只需要一名做市商及 40 名左右的股东)。因此 Pink Sheet 的股票的流通性也相应较低。1990 年后，推出了粉单电子版，每日更新，并通过市场数据零售终端发布。2000 年 6 月后，报价信息可在其站点上实时查询。

三、证券交易方式

证券交易方式就是证券交易的方法和形式。证券交易方式可以从不同的角度来认识。根据不同的标准，证券交易方式可以有不同的分类，参见表 8-1。

表 8-1 证券交易方式的主要分类

分类依据	证券交易方式
证券交易完成的交割期限	现货交易、远期交易、期货交易和期权交易
交易的价格形成方式	做市商交易和竞价交易
证券交易付款资金的来源	现金交易和保证金交易
证券交易场所的不同	场内交易和场外交易

(一)现货交易、远期交易、期货交易和期权交易

按证券交易完成的交割期限的不同，证券交易方式可分为现货交易、远期交易、期货交易和期权交易。

现货交易是指证券买卖双方在成交后就办理交收手续，买入者付出现金得到证券，卖出者交付证券并得到现金。即一手交钱，一手交证券。在现代证券交易中，证券的成交与证券的实际清算与交割之间通常存在时差，但只要在成交之后到清算和交割之前，证券与资金处于冻结状态，就都称为现货交易。

远期交易是指证券交易双方约定在将来某一特定时间以协定价格进行证券的交易。

期货交易与远期交易一样，也是证券交易双方约定未来以某种价格交易某种证券，所不同的是，期货交易是一种标准化的远期交易方式。远期交易是非标准化的，在场外市场进行；期货交易是标准化的，品种、规格、数量、期限、交割地点等都已经标准化。一般在场内市场进行。

期权交易又称选择权交易。期权是权利持有者在规定的期限内按交易双方商定的价格购买或出售一定数量的基础工具的权利。期权又称选择权。期权包括商品期权和金融期权。金融期权交易是以金融期权合约为对象进行的流通转让活动，包括外汇期权、利率期权、股票期权及股票价格指数期权。

(二)做市商交易和竞价交易

根据交易的价格形成方式的不同，证券交易方式可划分为做市商交易和竞价交易。

做市商交易是指证券交易的买卖价格均由做市商给出，证券买卖双方并不直接成交，而是从做市商手中买进或向做市商卖出证券，做市商则以其自有资金进行证券买卖。

竞价交易是指证券交易双方的订单直接进入或由经纪商呈交到交易市场，在市场的交易中心以买卖价格为基准，按照一定的原则进行撮合。

材料解析

现代证券市场的两种交易机制

现代证券市场有两种交易机制：其一为“报价驱动机制”(Quotation-Driven System)，是由某种证券的做市商提供报价，投资者据此下达买卖指令并与做市商交易；其二为“指令驱动机制”(Order-Driven System)，是由买卖双方直接下达价格及数量指令，计算机按照“价格优先，时间优先”的原则自动撮合成交。

报价驱动系统的特点：做市商对其登记注册的证券报出买卖双向价格并承诺按照报价维持双方交易。即投资者随时可以按做市商报出的价格买卖证券，大宗交易则在做市商报价的基础上由买卖双方协议成交。因此，不论交易数量多少，证券交易的价格都是相对稳定的，有利于促进证券市场的稳定发展。

指令驱动系统的特点：在指令驱动市场中，交易价格是通过投资者下达的买卖指令经竞价产生的。其优点在于：通过买卖双方的竞争机制决定价格；交易过程透明且交易情况充分反映市场供求情况，价格具有较大的弹性，且交易费用比较低廉。其不足之处在于：首先，市场流通性相对比较差，投资者可能因为报价不宜或缺少交易对手而无法成交；其次是大宗交易成交的机会比较少，一旦成交又容易引起价格的剧烈波动；最后，个人投资者也会因为掌握市场信息不充分或预期不合理而无法报出真正反映投资价值和供求关系的市场价格，使得价格频繁波动。

(三)现金交易和保证金交易

按证券交易付款资金的来源，可将证券交易分为现金交易和保证金交易。现金交易指在证券买卖过程中投资者支付全部证券价款，买进委托必须全部以现金完成。保证金交易又称信用交易、垫头交易，是指投资者在缺乏足够的资金以支付购买证券所需的价款，或没有足够的证券可供卖出时，可在委托有效期限内，只需按规定的保证金比率向经纪商缴纳保证金，其余款项(或证券)由经纪商垫付，而买进或卖出证券的一种证券信用交易方式。

(四)场内交易和场外交易

根据证券交易场所的不同，证券交易可被划分为场内交易和场外交易。前面我们已经对这两种交易作过介绍，这里不再重复。

第二节　证券经纪业务

证券经纪业务是投资银行的传统业务之一。在发达的资本市场，随着投资银行业务的多元化，投资银行经纪业务所占的收入份额已经很少，但对于中国的投资银行来说，证券经纪业务仍是其最主要的利润来源。

一、证券经纪业务的概念

证券经纪业务分为狭义的经纪业务和广义的经纪业务。狭义的证券经纪业务有时也称证券代理业务，它是指投资银行接受客户委托，按客户的合法要求，代理客户买卖证券的业务，并以此收取佣金。投资银行从事证券经纪业务时只是作为证券交易双方的代理人，本身并不持有任何的证券头寸，因而也就没有任何的价格风险。此时，投资银行所扮演的就是证券经纪商角色。

广义的经纪业务不仅包括代理证券交易，还包括投资咨询、资产管理、设计投资组合等。另外，作为传统经纪业务的发展和延伸，信用经纪业务也是投资银行经纪业务的一项重要内容。本章所讨论的经纪业务的特点、程序，主要是指狭义的经纪业务。

证券经纪业务有两类主体：一是委托人(客户)，他们是投资银行经纪业务的服务对象，包括投资者个人和机构；二是受托人(投资银行)，又称经纪人、客户代理人，他们代理客户买卖证券，并指导客户开展买卖活动。

1. 委托人

在证券经纪业务中，委托人是指根据国家法律、法规，允许进行证券买卖交易并委托他人代理的自然人或法人。允许进行证券买卖的自然人或法人如果需要从事证券交易业务，一般要通过某家投资银行为其代理买卖证券，他们必须在证券交易前与证券经纪商签订委托协议，委托—代理关系才能成立。

2. 受托人

受托人也称证券经纪商，证券经纪商是指接受客户委托、代理客户买卖并按交易情况依法获取佣金的中间商人。证券经纪商是以代理人的身份从事证券交易的，证券经纪商与其委托人(客户)的关系是一种委托代理关系。证券经纪商只能遵照客户发出的委托指令进行证券买卖操作，并有责任以最快的速度、最有利的价格使指令得以执行，但证券经纪商并不承担交易中的价格风险。证券经纪商向客户提供服务后收取佣金。

在美国，投资银行在二级市场中代理买卖证券收取佣金时，被称为经纪公司。经纪公司除经营经纪业务外，有的还兼作交易商和做市商业务。

材料解析

美国从事证券经纪业务的公司类型

美国证券经纪业务大体有四种类型的公司。一是以高盛为代表的贵族俱乐部型，服务对象是开户资产2500万美元以上的富豪。除了对客户个人和家庭提供服务外，更多是侧重对其所经营的公司的服务。二是以美林为代表的综合型，目标客户是证券资产50万美元以上，其中100万～500万美元是核心客户，以对个人和家庭提供理财顾问服务为主。三是以嘉信和E-Trade为代表的折扣经纪商，利用电子商务技术，向客户提供收费低廉的网上交易方式，以及公共咨询信息。不提倡甚至不允许向客户提供个性化的咨询服务。主要服务于自主投资的、对交易手续费敏感的客户。四是当天交易商(Day Trade Firm)，都是很小的经纪商，只开设类似电子游戏厅的交易室，收费低廉，除了交易通道外不提供任何服务，任何人都可以随时进出，但条件是买入的必须当天卖出，卖出的必须当天买入。

二、证券经纪业务的特点

证券经纪业务是一种操作性极强的业务，它具有以下特点。

1. 业务对象的广泛性、多变性

证券经纪对象是特定价格和数量的证券，所有上市交易的有价证券(如股票、债券等)都是证券经纪业务的对象，所以，具有业务对象广泛性的特点。另外，由于证券价格经常处在变化之中，不同时刻的证券价格会不一样，故证券经纪业务的对象不仅具有广泛性的特点，同时还具有多变性的特点。

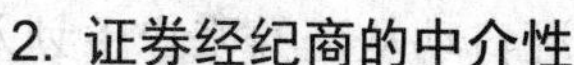

2. 证券经纪商的中介性

证券经纪业务是一种中介业务，是一种居间的经济活动，证券经纪人不是用自己的资金进行证券买卖，也不承担交易中的风险，而是充当证券买方和卖方的代理人，发挥着沟通买卖双方并按一定的要求和规则迅速、准确地执行指令和代办手续，尽量使买卖双方按自己意愿成交的媒介作用，因此具有中介性的特点。

3. 客户指令的权威性

在证券经纪业务中，客户是委托人，经纪商是受托人，经纪商要严格按照委托人的要求办理委托事务，这是经纪人对委托人的首要义务。委托人的指令具有权威性，证券经纪商必须严格地按照委托人指定的证券、数量、价格、有效时间买卖证券，不能自作主张，擅自改变委托人的意愿。如果情况发生变化，即使是为维护委托人的权益，不得不变更委托人的指令，也应事先征得委托人的同意。如果经纪人无故违反委托人的指示，在处理委托事务中使委托人遭受损失，经纪人应承担赔偿责任。

4. 客户资料的保密性

在证券经纪业务中，委托人的资料关系到其投资决策的实施和投资盈利的实现，关系到其切身利益，经纪人有义务为客户保密。保密的资料包括客户开户的基本情况，如姓名、住址、身份证编号、股东账户、资金专户账号；客户委托的有关事项，如买卖哪种证券、买卖证券的数量和价格等；客户股东账户中的库存证券种类和数量、资金账户中的资金余额等。如因经纪人泄露客户资料而造成客户损失，经纪人应承担赔偿责任。

三、证券经纪业务的程序

证券交易的场所可以在证券交易所的场内，也可以在场外交易市场上。与此相对应，证券经纪商代理客户买卖证券的程序也有场内与场外之分。投资者在场外交易市场进行交易的程序大体上与场内交易程序相仿。只是场外交易市场大多是由做市商主持的市场，经纪商在接到投资者的委托后，不是参与竞价而是在许多做市商的不同报价中择优成交。下面主要介绍场内的证券经纪业务程序。

(一)证券经纪关系的确立

证券经纪商是证券交易的中介，是独立于买卖双方的第三者，与客户之间不存在从属或依附的关系。证券经纪商要开展经纪业务，首先必须与客户建立具体的委托代理关系。

经纪关系的建立首先表现为开户。证券交易一般实行账户划转结算，所以投资者必须开立证券账户和资金账户，故经纪关系的建立首先表现为开户。

按我国现行的做法，投资者入市应事先到中国结算上海分公司或中国结算深圳分公司及其代理点开立证券账户。在具备了证券账户的基础上，投资者就可以与证券经纪商建立特定的经纪关系，成为该经纪商的客户。证券账户的开设是因为投资者须将所持证券交由经纪商托管，由经纪商提供给客户证明所持证券品种和数量的记录。我国现行的做法是股票账户由证券交易所所属中央登记清算公司统一管理，证券商在登记清算公司指定的银行开立结算账户。在证券交易过程中，经纪商根据客户的买卖情况自动从证券账户中划入或划出证券。

资金账户主要分为现金账户(Cash Account)和保证金账户(Margin Account)两种。开设现金账户的客户最为普遍，在现金账户下一切都用现金交易，因此只要能迅速地付款和交付证券，客户就可以在这种账户下委托经纪商进行证券买卖。大部分个人和几乎所有机构投资者，如保险公司、企业或政府的退休基金、互助基金等，开设的都是这种账户。

在保证金账户下，客户可以用少量的资金买进大量的证券，其余的资金由经纪商给投资者垫付，作为经纪商给投资者的贷款。所有的信用交易一般都在这种保证金账户下进行。

(二)委托买卖

客户在与证券经纪商建立经纪关系后，即可在证券营业部办理委托买卖。委托买卖是指证券经纪商接受客户委托，代理客户买卖证券，从中收取佣金的交易行为。委托买卖是证券经纪商的主要业务。

客户办理委托买卖证券时，必须向证券经纪商下达委托指令。委托指令包括证券账户号码、证券代码、买卖方向、委托数量、委托价格等。

按照委托的价格划分，委托可分为市价委托和限价委托；按委托的有效期划分，委托可分为当日有效委托、当周有效委托和撤销前有效委托等。

(三)竞价与成交

在证券交易所内，会员经纪商代表众多的买方和卖方按照一定规则和程序公开竞价，达成交易。

证券交易所内的证券交易按“价格优先、时间优先”原则竞价成交。成交时价格优先的原则为：较高价格买入申报优先于较低价格买入申报，较低价格卖出申报优先于较高价格卖出申报。成交时时间优先的原则为：买卖方向、价格相同的，先申报者优先于后申报者。先后顺序按交易主机接受申报的时间确定。

例如，有甲、乙、丙、丁投资者四人，均申报卖出 X 股票，申报价格和申报时间分别为：甲的卖出价 10.70 元，时间 13:35；乙的卖出价 10.40 元，时间 13:40；丙的卖出价 10.75 元，时间 13:25；丁的卖出价 10.40 元，时间 13:38。那么这四位投资者交易的优先顺序为：丁、乙、甲、丙。

目前，证券交易一般采用两种竞价方式：集合竞价方式和连续竞价方式。

1. 集合竞价

所谓集合竞价是指对在规定的一段时间内接受的买卖申报一次性集中撮合的竞价方式。根据我国证券交易所的相关规定，集合竞价确定成交价的原则为：①可实现最大成交量的价格；②高于该价格的买入申报与低于该价格的卖出申报全部成交的价格；③与该价格相同的买方或卖方至少有一方全部成交的价格。

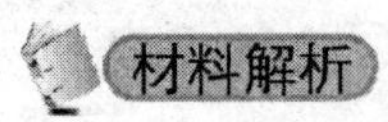

集合竞价的时间与价格

我国上海证券交易所规定，采用竞价交易方式的，每个交易日的 9:15—9:25 为开盘集合竞价时间，9:30—11:30、13:00—15:00 为连续竞价时间。深圳证券交易所规定，采用竞价交易方式的，每个交易日的 9:15—9:25 为开盘集合竞价时间，9:30—11:30、13:00—14:57 为连续竞价时间，14:57—15:00 为收盘集合竞价时间。

如有两个以上申报价格符合上述条件的，深圳证券交易所取距前收盘价最近的价位为成交价；上海证券交易所则规定使未成交量最小的申报价格为成交价格，若仍有两个以上使未成交量最小的申报价格符合上述条件的，其中间价为成交价格。

在集合竞价中，所有买方有效委托按委托限价由高到低的顺序排列，限价相同者按照进入交易系统电脑主机的时间先后排列。所有卖方有效委托按照委托限价由低到高的顺序排列，限价相同者也按照进入交易系统电脑主机的时间先后排列。依序逐笔将排在前面的买方委托与卖方委托配对成交。也就是说，按照价格优先、同等价格下时间优先的成交顺序依次成交，直至成交条件不满足为止，即所有买入委托的限价均低于卖出委托的限价，所有成交都以同一成交价成交。集合竞价中未能成交的委托，自动进入连续竞价。

2. 连续竞价

连续竞价是指对买卖申报逐笔连续撮合的竞价方式。连续竞价阶段的特点是：每一笔买卖委托输入电脑自动撮合系统后，当即判断并进行不同的处理，能成交者予以成交；不能成交者等待机会成交；部分成交者则让剩余部分继续等待。

按照我国证券交易所的有关规定，在无撤单的情况下，委托当日有效。另外，开盘集合竞价期间未成交的买卖申报，自动进入连续竞价。深圳证券交易所还规定，连续竞价期间未成交的买卖申报，自动进入收盘集合竞价。

连续竞价时，成交价格的确定原则为：最高买入申报与最低卖出申报价位相同，以该价格为成交价；买入申报价格高于即时揭示的最低卖出申报价格时，以即时揭示的最低卖出申报价格为成交价；卖出申报价格低于即时揭示的最高买入申报价格时，以即时揭示的最高买入申报价格为成交价。

例如，某股票即时揭示的卖出申报价格和数量分别为 15.60 元和 1000 股、15.50 元和 800 股、15.35 元和 100 股，即时揭示的买入申报价格和数量分别为 15.25 元和 500 股、15.20 元和 1000 股、15.15 元和 800 股。若此时该股票有一笔买入申报进人交易系统，价格为 15.50 元，数量为 600 股，则应以 15.35 元成交 100 股、15.50 元成交 500 股。

竞价的结果有三种可能：全部成交、部分成交、不成交。①全部成交是指委托买卖全部成交，委托全部成交后，经纪商应及时通知委托人按规定的时间办理交割手续；②部分成交是指委托卖入或卖出的证券未全部成交，而是成交了一部分，经纪商在委托有效期内可继续执行未能成交的委托，直到有效期结束；③不成交是指委托买入或卖出的证券未能成交，经纪商在委托有效期内可继续执行，等待机会成交，直到有效期结束。

(四)清算与交割

清算是在投资银行之间相互冲抵证券和价款的过程。经纪商受多个投资者的委托，进行了多项证券交易，有买进也有卖出。由于不可能做到每笔交易即时清算，这就产生了交付净额的要求。一般证券交易所都有自己专门的清算中心，集中办理清算业务，通常以每一个交易日为一个清算期，对各经纪商的应收应付价款和证券进行冲抵和结算，最后算出应收应付的余额，然后进行价款和证券的划转，其目的在于减少证券和现金的实际交割数量，节省人力和物力。

交割的过程是买方交出价款给卖方，卖方交出证券给买方的过程。证券交易的清算完成后，证券交易双方就应在约定的时间内对清算的余额办理交接和转账，然后各经纪商根据投资者的委托成交情况将相应的价款和证券划入投资者的账户。买方交付价款，收到证券；卖方交出证券，收回现金。清算交割是证券交易过程的结束。

按照成交后至交割时间的长短划分，交割可分为以下几种：当日交割、次日交割、第三日交割和例行交割等。当日交割是指成交的当日进行交割，即通常所说的 T+0；次日交割是指成交的次日进行交割，即 T+1；第三日交割是成交后的第三天进行的交割；而例行交割是西方大多数证券交易所惯用的成交后第五天进行的交割。

(五)过户与结账

证券交易结束后，证券所有人会发生变更。对于记名证券而言，必须办理过户手续。不记名证券可以自由转让，无须办理过户。

整个交易完成后，经纪商应将账单及时送交客户。客户也应按经纪业务协议支付足额佣金。同时，经纪商还应按时向证券监管机构呈报报表，报告当日证券交易的名称、数量、价格等情况。

四、信用经纪业务

(一)信用经纪业务的概念

信用经纪业务又称融资融券业务，是指投资银行作为经纪商，在代理客户买卖证券时，以客户提供部分资金或有价证券作为担保为前提，为其代垫交易所需资金或有价证券的差额，从而帮助客户完成证券交易的业务行为。

信用经纪业务是投资银行融资功能与一般经纪业务相结合的产物，是对传统经纪业务的创新。信用经纪业务仍属于经纪业务的范畴，其原因在于：首先，投资银行提供信用的对象必须是委托投资银行代理证券交易的客户；其次，投资银行不承担交易风险，也不企图获取交易所产生的收益；最后，投资银行虽然动用了自有资金，但资金的性质是借贷而非投资，且以客户所提供的资金和证券作为担保，并收取一定的手续费，其目的在于吸引客户，以获取更多的佣金收入。

(二)信用经纪的形式

1. 融资与买空

融资是指客户委托买入证券时，投资银行以自有或融入的资金为客户垫支部分资金以完成交易，以后由客户归还本金并支付利息。投资者这种借入资金购买证券的行为，就是通常所说的“买空”。投资者通过融资实现了财务杠杆，证券价格上涨，投资者将加大获利；证券价格下跌，投资者也将加重损失。

假如某投资者有 10 000 元可用于投资，欲购买 A 股票，时价 10 元。他可买 1000 股，在不计手续费的情况下，股价上涨至 15 元，他可获利 5000 元，股价下跌至 5 元他将损失 5000 元。又假如投资银行给他按 1∶1 的比例融资，那么，他可购买 2000 股 A 股票，于是，股价上涨至 15 元，他可获利 10 000 元，股价下跌至 5 元他将损失 10 000 元。

买空的主要步骤如下。

(1) 投资者在证券商处开立信用交易账户，并按法定比例向证券商缴纳买入证券所需要的保证金。

(2) 证券商按客户委托买入证券，并为客户垫付买入证券所需要的其余资金，完成交割。融资期间证券商对客户融资买入的证券有控制权，当融资买进的证券价格下跌时，客户要在规定时间内补充维持保证金，否则证券商可以代客户平仓了结。

(3) 融资期内，客户可以随时委托证券商卖出融资买进的证券，以所得价款偿还融资本息，或者随时自备现金偿还融资。到期无法归还的，证券商有权强制平仓了结。

2. 融券与卖空

融券是指客户委托卖出证券时，投资银行以自有、客户抵押或借入的证券为客户代垫部分或全部证券以完成交易，以后由客户买入归还所借证券且按与证券相当的价款计付利息。投资者这种卖出自己实际并不持有的证券的行为即通常所说的“卖空”。其基本立足点为投资者对后市看淡。如果投资者后来买入证券的价格低于卖出的价格，投资者将获利。与买空一样，由于实施卖空操作，风险和收益对投资者来说都加大了。

卖空是资本市场的一个重要机制。没有卖空机制的市场，证券的定价会因投资者的过分乐观而较高。而有了卖空机制，证券的价格发现会更好地实现。但卖空又是一个相当危险的机制，原因在于当价格下跌时投资者纷纷卖空，容易导致证券市场的崩溃。为了防止这一现象的发生，交易所可用所谓的波幅检验规则对卖空进行的时间给予限制，即卖空只能在以下条件下才能进行：①某只股票的售价高于前一次交易的价格；②某只股票的交易价格与前次相比没有什么变化，但前一次交易的价格必须高于再前一次的价格。

卖空有以下主要步骤。

(1) 开立信用交易账户。

(2) 客户进行融券委托，并按法定比例向证券商缴纳保证金，证券商为客户卖出证券，并以出借给客户的证券完成交割。卖出证券所得存在证券商处作为客户借入证券的押金。委托卖出的证券价格上涨时，证券商要向卖空客户追收增加的保证金，否则将以抵押金购回证券平仓。

(3) 当证券跌到客户预期的价格时，客户买回证券，并归还给证券商，若客户不能按时偿还所借证券，证券商可以强行以抵押金代其购回证券平仓。

五、投资银行从事证券经纪业务的收费

投资银行在从事证券经纪业务时要收取一定的手续费，称为佣金。此项费用由投资银行经纪佣金、证券交易所手续费及证券交易监管费等组成。

各国证券市场由于其历史、习惯做法和成熟程度不同，所以券商佣金制度也存在差异。佣金制度可以粗略地分为固定佣金制和浮动佣金制两种。前者是指无论交易量的大小和投资品种的类型，佣金均按交易额的一定比例收取；后者是指投资银行可以根据市场状况、投资者情况和交易量大小自主决定所收取的佣金水平或者决定是否收取佣金。在固定佣金制下，佣金水平是一成不变的，一般交易成本比较高；在浮动佣金制下，往往机构投资者或大额证券交易缴纳的佣金费率比较低，而个人投资者、小额交易的费率则相对较高；在市场交投活跃时一般而言交易的佣金水平比较高而交投清淡时则相对较低。美国的投资银行在收取佣金时，对于银行、保险公司等交易量巨大的金融机构收取的佣金一般不足1‰；交易额在 20 000 美元以上的客户，佣金率一般不足 1.5‰；交易额在 5000～20 000 美元之间的一般收 1.5‰～2.0‰；交易额在 5000 美元以下的，一般收取 2‰～10‰。

我国的佣金收费标准因交易品种、交易场所的不同而有所差异。从 2002 年 5 月 1 日开始，交易佣金实行最高上限向下浮动制度。投资银行向客户收取的佣金(包括代收的证券交易所手续费及证券交易监管费等)不得高于证券交易金额的 3‰，也不得低于代收的证券交易所手续费及证券交易监管费等。

第三节　证券自营业务

大多数投资银行都从事证券自营业务，此时，投资银行扮演的是证券自营商的角色。自营商的目的就是从交易中获利，自营业务的操作可以分为投机交易、无风险套利交易和风险交易套利。

一、证券自营业务的概念

证券自营业务是指投资银行用自有资金和依法筹集的资金，以自己名义开设的证券账户买卖证券以获取盈利的行为。

在我国，只有经中国证监会批准经营证券自营的投资银行才能从事证券自营业务，从事证券自营业务的投资银行其注册资本最低限额应达到1亿元人民币，净资本不得低于5000万元人民币。

证券自营业务买卖的对象包括两类：一类是公开发行的证券，包括股票、债券、权证、证券投资基金等；另一类则是已发行在外但没有在证券交易所挂牌交易的非上市证券，这类证券主要通过银行间市场、投资银行的营业柜台实现。

投资银行担任证券自营商角色有以下几个特点：第一，投资银行必须有一定量的资金，以满足其资金周转需要；第二，投资银行买卖证券主要不是为了获取股利、利息和红利而

是为了赚取买卖差价；第三，投资银行自己承担自营交易的风险。

另外，投资银行在证券承销过程中也会发生证券自营行为。如在股票、债券承销中采用包销方式发行股票、债券时，如果未能全额售出，按照协议，余额部分由投资银行买入。同样，在配股过程中，投资者未配股部分，如协议中要求包销，也必须由投资银行购入。

需要指出的是，投资银行的自营业务和经纪业务是由不同部门负责的，并且部门之间设有防火墙(Chinese Wall)，采取绝对分开的原则。

二、证券自营业务的特点

自营业务与经纪业务相比较，根本区别是自营业务是投资银行为盈利而自己买卖证券，经纪业务是投资银行代理客户买卖的证券。具体表现为以下几点。

1. 决策的自主性

投资银行自营买卖业务的首要特点即为决策的自主性，表现为：交易行为的自主性，即投资银行自主决定是否买入或卖出某种证券；交易方式的自主性，即投资银行在买卖证券时，可以自主选择证券交易的场所；交易品种、价格的自主性，即投资银行进行自营买卖时，可根据市场情况，自主决定买卖品种、价格。

2. 交易的风险性

在证券经纪业务中，投资银行仅充当代理人的角色，证券买卖的时机、价格、数量都由委托人决定，由此而产生的收益和损失也由委托人承担。而自营业务是投资银行以自己的名义和合法资金直接进行的证券买卖活动，证券交易的风险性决定了自营买卖业务的风险性。在证券的自营买卖业务中，投资银行作为投资者，买卖的收益与损失完全由其自身承担。

3. 收益的不确定性

投资银行进行证券自营买卖，其收益主要来源于低买高卖的价差。但这种收益有很大的不确定性，有可能是收益，也有可能是损失。而且收益与损失的数量也无法事先准确预计。

三、证券自营业务的类型

投资银行从事自营业务主要包括三大类。第一类是投机业务(Speculation)，从事这类业务的自营商称为投机商。投机商着眼于从证券价格水平变化中牟取利润。第二类是无风险套利业务(Arbitrage)，从事套利活动的自营商称为套利商。套利商期望从相关价值错位中套取利润。第三类是风险套利业务(Risk Arbitrage)，从事风险套利活动的自营商称为风险套利商。风险套利活动涉及股票市场上收购兼并活动或公司破产重组等其他形式的重组活动。

(一)自营商的投机交易

投机(Speculation)是指自营商期望能够通过预测证券价格的变动方向而获取价差收益。如果自营商认为价格将上升，就会买入证券，希望将来以一个更高的价格将其出售；如果自营商认为价格将下降，就会卖出或卖空证券，待价格回落后回补。

投机完全不同于赌博，投资银行在进行投机交易时，会进行信息收集和分析，尽量降低风险，因此投机是建立在理性的分析决策基础上的交易行为。投机也不同于市场操纵，投机本身是依靠正确的判断和预测来获利，并不具有操纵市场的能力。而市场操纵则是通过雄厚的资金实力和技术来控制股价变化，以损害他人利益来牟取利益的行为。投资银行从事投机交易获得的收益主要是风险承担和市场分析所获得的补偿。

投资银行在证券市场从事投机交易至少起到了两个积极作用：第一，有助于证券市场的价格发现作用；第二，具有活跃证券市场，引导市场资源有效配置的作用。

(二)自营商的无风险套利业务

套利(Arbitrage)是指通过价格差异来获得收益，它通常是利用证券在两个或两个以上的市场中的价格差异，同时进行买卖，从差价中来获取收益。套利的策略有多种，主要包括空间套利和时间套利等。

空间套利是最简单的一种套利方式，套利者通过寻找不同市场上同一类证券当期价格的差异而获得收益。时间套利即跨期套利，是指通过对某些资产的现货买进、期货卖出，或现货卖出、期货买进的方法，从寻求现期价格与远期价格的差异中来谋求收益的一种套利方式。

随着低成本的套利者不断地寻求套利机会，运用先进技术，以及人们对于交易日内做市活动的充分了解，传统的无风险套利机会在交易活跃的市场中实际上已经不存在了。但正在发展的市场或市场的某个部分中却有时会发生。

(三)自营商的风险套利业务

1. 指数套利

从理论上讲，股票指数的期货价格与现货价格会有一个差额，这一差额相当于持有股票的成本。因为交易成本和其他因素的存在，在期货理论价格两边会有一个界限，在这一界限内，套利机会是不会发生的。

当期货理论价格和实际价格的差额大到可以产生套利利润时，套利活动就会在期货和现货市场中进行。如果指数期货价格高，交易者可以卖出指数期货合同，同时买入相应的各种股票；如果指数期货价格低，就可以买进期货合同并同时卖出相应的股票。期货价格和现货价格具有紧密的联系，指数套利(Index Arbitrage)在维持这一关系中起了重要作用。

2. 可转换套利

可转换套利(Convertible Arbitrage)是指买入可转换债券或者优先股，并同时卖空相应的证券以对该投资进行套期保值。这样形成的头寸其利润来源是可转换债券的应计利息或者是优先股的股利，同时还有卖空交易中所得的收入。卖空可以保护该投资免受股票市场行情逆转所带来的损失，因此如果套期保值操作得当的话，交易者的头寸是持平的。这种交易方式的目标是恰当地建立头寸来保证无论股票市场行情如何，都有确定的现金流入并保全本金。

例如，假设有一个期限为一年的债券，现在售价为105元，该股票的现价是每股10元，该债券可以转换为10股普通股票。债券的价格比转换价值100元高出5元。另外设具有同样特点但不可转换的债券的交易价格是95元，那么95元是投资价值。

现假设普通股票价格一年后达到8.0元和达到12.0元的机会相同，因而一年后转换价值相应变为80元和120元。可转换套利者将利用这一预期关系，即以105元的价格建立该债券多头，买进10份债券，同时按每股10元的价格卖空60股同样股票。如果价格变为每股8.0元，每股赚2元，则卖空的头寸可赢得120元的利润；而在债券交易中，因为股价低于10元，则债券将不会转换为股票，而不可转换的债券的投资价值仅为95元，则债券的投资损失为100元；不计手续费，净利润为20元。如果价格上升到每股12.0元，债券将被转换为普通股，10份债券共可转换为100股股票，股票价值为1200元，买债券投入1050元，从而可产生150元的盈利；而同时卖空的头寸将损失120元，净利润为30元。在实际操作中，可转换套利业务要复杂得多，而且运用的策略也不断地推陈出新。

3. 并购风险套利

并购风险套利(M&A Risk Arbitrage)是所有权交易的重要组成部分。套利者如果有充分理由相信该交易会顺利完成，就会对进行并购的相关企业建立起头寸，套利者没有兴趣成为股东，只对交易本身感兴趣。

并购风险套利标准的交易策略是对目标公司建立多头头寸，同时卖空收购公司。并购交易可能是现金支付，也可能通过换股完成，还可能综合使用这两种方式。以现金支付为例，假设一个收购者出价每股50元来收购目标企业的股票。而此时目标公司的股票市价为每股40元，这里有一个25%的溢价。目标企业的股票预计将上升到每股50元左右。收购者也有可能会放弃收购或者改变报价。目标公司的价格可能会上升到每股45元，而不是50元。设一个套利者以每股45元的价格买进目标公司的股票，那么当收购以每股50元的价格顺利进行时，该套利者将得到每股5元的收益。然而如果收购没有顺利进行，从而目标公司的股票价格又跌回到每股40元，套利者将遭受每股5元的损失。如果交易是通过证券交换而实现的，那么套利者将对目标公司证券建立多头，因为他预期该证券价格将上升；同时他预期收购公司的证券价格会下跌而做空。这一交易中涉及两种风险：一种是收购可能最终没有实现；另一种是收购所用的时间可能比预期的要长。为了减小风险，套利者必须进行详细的调查研究，以决定并购成功的可能性和交易的具体结构。

4. 结构化套利

结构化套利(Structure Arbitrage)又称一级市场套利(Primary Market Arbitrage)，它通过证券的重新组合、调整结构而发现机会。结构化套利在全球固定收益证券市场中最为盛行。

通过金融工程进行结构化套利的一个范例是国库券的本息分离证券。20世纪80年代早期一些投资银行认识到，如果将带有息票的国库券分拆后进行销售，那么总销售额将远高于国库券本身的价值。于是第一个本息分离证券STRIPS(Separate Trading of Registered Interest and Principle of Securities)在1983年首先亮相，这种证券将国库券的息票和本金分拆，拆开的每一部分都被看做一个独立的证券，这种新的金融工具便产生了零息债券。零息债券投资风险小，因而对于那些试图匹配资产和负债结构的机构很具有吸引力，这些机构包括养老基金和保险公司等。

5. 收敛交易

收敛(或趋同)交易(Convergence Trading)的交易者认为市场是有效率的，但在有些时候也可能脱离常规状态。交易者通过理论分析，找出定价的错误，或者找出哪些债券或金融衍生工具的定价与其他证券相比脱离了常态。交易者认为这些金融工具的价格将以一定的幅度向预计的合理价格收敛，交易者计算这一收敛的可能性及其时间进度，确切地设定各个时期的证券比例，并监测和控制风险。短暂地脱离常态并最终回归的现象可能发生于多种金融工具之间，例如：具有相同到期日的不同债券之间、债券和该债券的期货合同之间、收益曲线上具有不同到期日的债券之间、政府债券与抵押证券之间，或者是不同国家的债券之间。

案例点击

所罗门兄弟公司的收敛交易

不同种类债券的收益率之间历史性地形成了固定的相对关系。在市场行情波动时，有一些债券会相对定价偏低，使这种关系脱离常态。所罗门兄弟公司的交易人员利用计算机和各种经济模型找出并利用了这些定价异常现象。

1988 年后期，拉里 • 希利布莱德和格雷格发现，由于人们对抵押债券市场前景的担心，抵押债券的价格相对于国库券下跌，使两者收益率间的差额从 1.0%的正常历史水平扩大到了 1.5%。他们认为抵押债券的价格会上升，以便恢复与国库券的相对价格关系，并使两者的差额缩小到 1.0%的正常水平。于是，他们决定买入抵押债券，同时卖空国库券以对冲。所罗门兄弟公司从高收益的抵押债券得到的收益将比它做空国库券交易支付的利息要多。而如果价差如预期的那样缩小了，那么抵押债券的价格将比国库券价格上升得高或者是下跌得少。

这一交易中涉及了两个风险。首先，如果抵押债券市场行情狂跌，那么该差额将会灾难性地扩大。然而他们认为这种情况发生的概率极小。其次，如果利率大幅度下降，抵押借款者可能提前支付借款，这样会使该公司购买的抵押债券价格下跌。

他们购入 50 亿美元票面利息率为 10.5%的抵押债券，并同时卖空 50 亿美元收益率为 9%的政府债券。为了防范提前支付的风险，他们购买了利率期权，成本相当于债券总额的 0.5%，即 2500 万美元。

在随后的连续 3 年之中，抵押债券每年的收益都比所罗门兄弟公司为国库券所作的支付多 7500 万美元。当然，为了套期保值，要每年预付 2500 万美元的费用。在这 3 年中，总收益达到了 1.5 亿美元。当两者的收益率差额下降到 1%时，所罗门兄弟公司轧平了空头头寸并将抵押债券售出。每一张 1000 美元的债券比国库券价格多上涨了 25 美元，因而又产生了 1.25 亿美元的收益。这样该交易的总收益为 2.75 亿美元。

(资料来源：托马斯 • 利奥著. 黄嵩，郑仁福等译. 投资银行实务(第 2 版).
大连：东北财经大学出版社，2010)

第四节　证券做市商业务

实行做市商制度的纳斯达克市场，获得了极大成功，并为全球创业板市场所效仿。在纳斯达克市场上，高盛、美林、摩根士丹利等顶级投资银行都在从事做市商业务。

一、做市商制度的概念

证券做市商(Market Makers)是指运用自己的账户从事证券买卖，通过不断地买卖报价维持证券价格的稳定性和市场的流动性，并从买卖报价的差额中获取利润的金融服务机构。做市商这种用自己的资金为卖而买和为买而卖的方式连接买卖双方，组织市场活动的交易制度被称为“做市商制度”。

做市商制度具有以下运行特点。

(1) 做市商对某种特定股票做市，给出双向报价并在该价位上买进或卖出；

(2) 做市商充当中间角色，所有投资者均与做市商交易，而做市商交易的目的在于为买而卖或为卖而买，从中赚取做市佣金以及做市时证券买卖的差价；

(3) 大量做市商进行竞争可以保障市场运作的公平性和有效性；

(4) 做市商可以通过电子系统报价，又可以集中在交易大厅进行买卖报价。

同经纪商相比，做市商不依靠佣金收入，而主要靠买卖差价来赚取收入。尽管证券做市商与自营商一样都是靠买卖差价来赚取收入，但这两者之间也有明显差别：第一，做市商从事交易的主要动机是创造市场并从中获利，而自营商持有证券头寸并非是做市的需要，而是期望从价格水平变动中获利；第二，做市商通常是在买卖报价所限定的狭窄范围内从事交易，所以赚的差价是有限的，因而做市商冒的风险小，而自营商则是为了从差价中赚取盈利，对自营商来说差价越大越好，所以其冒的风险较大。

做市商一般必须具备以下条件：具备雄厚的资金实力，这样才能建立足够的证券库存满足投资者的交易需要；具备管理证券库存的能力，能够有效降低库存证券的风险；具备准确的报价能力，熟悉自己经营的证券并具备较强的分析能力。

做市商制度首创于1971年的美国纳斯达克(NASDAQ)市场，经过30年的发展已经日臻完善，而且美国纳斯达克市场的实际运作也证明了做市商制度在维持股票市场短期均衡和价格走势的连续性、稳定性方面有着不可比拟的优势。纳斯达克市场中交易的股票基本上都有自己的做市商。做市商制度已经成了各国证券市场尤其是创业板市场争相仿效的制度，许多国家和地区的证券市场广泛采用做市商制度。

材料解析

纳斯达克市场的做市商

为了保持做市商之间的报价竞争，纳斯达克市场对做市商资格的管理十分宽松，做市商进入和退出都十分自由。全美证券商协会(NASD)的会员公司只要达到一定的最低净资本要求，同时拥有做市业务所必需的软件设备，都可以申请注册成为纳斯达克市场做市商。会员公司一旦获取做市商资格，就可以通过纳斯达克市场网络以电子化的方式注册为某只股票的做市商。做市商可以在任何时候撤销做市注册，通常在撤销做市注册后的20个交易日内，做市商不能再重新申请对该股票的做市注册。

美国SEC对NASDAQ做市商需要承担的责任和义务的规定如下。

(1) 保持详细的交易记录和坚持财务责任标准；

(2) 发布有效的买、卖两种报价，竞争投资者的委托单；

(3) 做市商的报价必须和市场价格一致，买卖价差必须保持在规定的最大限制之内；

(4) 在交易完成后的90秒钟内报告有关交易情况，并向公众公布；

(5) 督促上市公司遵守市场规则，为上市申请人和市场投资者提供咨询服务；

(6) 保持存货，不间断地为买卖两方面做市，做市商必须随时准备用自己的账户买卖所负责的股票；

(7) 做市商必须恪守自己的报价，必须在其报价下执行1000股以上的买卖委托单；

(8) 创造投资者交易的兴趣。

二、做市商制度的形式

目前国际上存在着两种形式的做市商制度：一种是多元做市商制，另一种是特许交易商制。

1. 多元做市商制

美国的纳斯达克市场是典型的多元做市商制，每一种股票同时由很多个做市商来负责。纳斯达克采用多元做市商和电子自动撮合的混合交易制度。纳斯达克规定每一只股票至少要有两个以上的做市商为其股票报价；活跃的股票通常有30多个做市商，最活跃的股票有时会有60个做市商。在整个纳斯达克市场中，大约有500多个市场做市商，在美国，美林、高盛和摩根士丹利等国际大投资银行都是NASDAQ的做市商。做市商之间通过价格竞争来吸引客户。

同时，纳斯达克也提供电子自动撮合成交机制，让投资者之间的订单可以直接撮合成交。这种多元做市商制度试图使上市公司的股票能够在最优的价位成交，同时又保障投资者的利益。

2. 特许交易商制

在纽约证券交易所里，交易所指定一个投资银行来负责某一股票的交易，投资银行被称为特许交易商(Specialist)。交易所有将近500个特许交易商，而一个特许交易商一般负责几个或十几个股票。与纳斯达克市场相比，纽约股市有三个特点：第一，一只股票只能由一个特许交易商做市，可以被看做是垄断做市商制。第二，客户订单可以不通过特许交易商而在经纪商之间直接进行交易。特许交易商必须和经纪商进行价格竞争，所以纽约交易所是做市商制和竞价制的混合。第三，特许交易商有责任保持“市场公平有序”。

案例点击

巴克莱将收购LaBranche纽交所做市商业务

巴克莱(Barclays) 2010年1月14日宣布，将以2500万美元收购LaBranche & Co.的纽

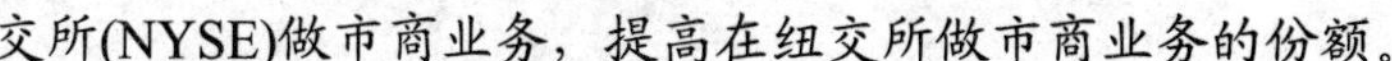

交所(NYSE)做市商业务，提高在纽交所做市商业务的份额。

巴克莱旗下的投资银行部门巴克莱资本(Barclays Capital)负责纽交所上市的约900只股票。LaBranche负责纽交所约700只股票，以该数字计算，LaBranche是纽交所的第三大做市商。

巴克莱表示，该公司将重新分配一些收购来的资产，以保持做市商企业和纽交所上市公司的多样化。

(资料来源：新浪财经，2010年1月14日)

三、做市商制度的作用与缺陷

(一)做市商制度的作用

1. 提高证券市场的流通性

投资者在二级市场通过指令买卖证券时，必须要能找到准备卖出或买入的交易对象，而且价格和数量必须合适才能成交。做市商的作用就是在各种市场条件下提供连续的双向报价，做市商本身既是买家，又是卖家，所以在任何交易时间里只要有做市商的存在，就意味着一定有交易价格，不会存在有哪个投资者想买进一只股票却买不到，或想卖出一只股票而没有人来接手，它能保证交易量的存在，同时还便于大宗交易。

成交量小的证券，由于做市商也很少感兴趣，所以交易会逐渐萎缩甚至面临退市；而交易量大的证券往往会有几十家做市商，大大缩短了机构投资者大宗买卖某种证券的成交时间，同时保持市场价格的稳定性，节约了交易时间和由于价格波动引起的额外交易成本。

2. 有利于维护证券市场的稳定

证券市场的稳定是市场健康发展的前提条件。做市商制度本身蕴含了稳定市场价格走势的机制，如美国纳斯达克市场中规定做市商有一个5%的上限，即所获取的价差不能超过这个幅度，这样股票价格的波幅就可以限定在5%以内，确保证券市场的稳定。同时交易所严禁做市商在价格大幅下跌时抛售和大幅上涨时收购，有效遏制了追涨杀跌的出现。如果做市商所经营的证券出现超卖，有可能引起价格急跌时，做市商有义务买进；反之，出现抢购风潮时，做市商有责任出售该证券，以缓解供求矛盾。

3. 有利于市场价格发现

做市商制度提供了一个有效的信息加工、传递和价格发现机制。由于做市商在市场中的特殊地位而享有一定的信息优先权，如掌握着未成交委托单的报价和数量，全面享有买卖盘的记录，了解停止损失委托的数量和价格以及发生单边市场的预兆等，拥有了估计证券需求状况及价格走势的一个重要信息来源。在对信息进行加工处理的基础上形成买卖报价，使做市商所掌握的信息和其专业能力不仅反映在报价上，而且还以报价为中介传递到市场上，引导投资的决策行为，并反过来影响报价。在此过程中做市商起到了价格发现的作用，有效地遏制了证券市场中泡沫的产生。

(二)做市商制度的缺陷

做市商制度也存在着如下缺陷。

1. 缺乏透明度

在报价驱动制度下，买卖方信息集中在做市商手中，交易信息发布到整个市场的时间相对滞后。为抵消大额交易对价格的可能影响，做市商可要求推迟发布或豁免发布大额交易信息。做市商一般是某只个股或几只个股的做市商，而不可能是整个市场的做市商。一般做市商会选择一些对市场影响大、成长性较强且业绩良好、发展潜力较大的个股，而对一些夕阳产业、经营又不好的个股则不屑一顾。

2. 增加投资者负担

做市商聘用专门人员，冒险投入资金，承担做市义务，是有风险的。做市商会对其提供的服务和所承担的风险要求补偿，如交易费用及税收宽减等。这将会增大运行成本，也会增加投资者负担。

3. 可能滥用特权

由于做市商的经纪角色与做市功能可能存在冲突，特别是他们掌握着未成交委托单的报价和数目，使他们有可能利用掌握的市场信息为自己牟取暴利或操纵市场。因此，需要对做市商进行强有力的监管。

4. 可能增加监管成本

采取做市商制度，要制定详细的监管制度与做市商运作规则，并动用资源监管做市商活动。这些成本最终也会由投资者来承担。

本章小结

证券交易	证券交易基本概念	证券交易是指已发行的证券在证券市场上买卖的活动。证券交易需要遵循“公开、公平、公正”三个原则。 证券交易市场：证券交易市场也称二级市场、次级市场，是指对已经发行的证券进行流通转让的市场。证券交易市场主要分为场内交易市场和场外交易市场两种形式。 证券交易方式：包括现货交易、远期交易、期货交易和期权交易；做市商交易和竞价交易；现金交易和保证金交易；场内交易和场外交易
	证券经纪业务	证券经纪业务的概念。 证券经纪业务的特点：广泛性、多变性、中介性、权威性、保密性。 证券经纪业务程序：证券经纪关系的确立；委托买卖；竞价与成交；清算与交割；过户与账户。 信用经纪业务：主要形式包括融资与买空、融券与卖空。 证券经纪业务的收费：包括投资银行经纪佣金、证券交易所手续费及证券交易监管费等

证券交易	证券自营业务	证券自营业务的概念：指投资银行用自有资金和依法筹集的资金，以自己名义开设的证券账户买卖证券以获取盈利的行为。 证券自营业务的特点：自主性、风险性和不确定性等。 自营业务类型：投机业务、无风险套利业务和风险套利业务
	证券做市商业务	做市商制度的概念：投资者根据做市商的报价买卖一定数量的证券，做市商这种用自己的资金为卖而买和为买而卖的方式连接买卖双方，组织市场活动的交易制度被称为“做市商制度”。 做市商制度的形式：多元做市商制和特许交易商制。 做市商制度的作用与缺陷：作用在于提高证券市场的流通性，有利于维护证券市场的稳定、有利于市场价格发现；其缺陷在于缺乏透明度、增加投资者负担、可能滥用特权、可能增加监管成本

典型案例

嘉信理财的经纪业务

嘉信理财是目前世界上最大、最有影响力的金融服务公司之一，总部设在美国的旧金山。自成立起，嘉信理财不断发展出新的业务和商业模式，堪称创新的典范，正是这些创新推动着嘉信理财在短短的几十年间从一个很小的股票经纪商迅速成长为一家全方位、多样化的金融机构。截至 2009 年底，嘉信理财的市值已经超过 210 亿美元，为客户管理资产多达 1.42 万亿美元，活跃的经纪账户 770 万个。

1975 年，美国证券交易委员会正式批准了议价佣金制，引入了股票交易佣金的竞争机制。许多经纪公司都选择了降低机构投资者的交易佣金，同时提高个人投资者的交易佣金；嘉信理财却创造性地以一个打折股票交易经纪商的身份对个人投资者也收取低廉的佣金。由于嘉信理财只是帮助投资者进入投资市场，并不向他们提供投资意见，因而不需要投入大量资金来维持庞大的投资咨询队伍，其经营成本相对要低很多。在提供全面服务的经纪公司里，为一笔小额的投资，投资者往往要支付 75 美元的咨询服务费，而在嘉信理财却只需支付 39 美元。这种诱人的价格优势对投资者极具吸引力，带来了嘉信理财初期的发展。

当时，人们普遍认为折扣证券经纪商为了实施低佣金，应当尽量避免建立分公司之类的花架子以降低成本，但嘉信理财却投入大量的人力和财力致力于分公司的扩张。通过早期的实践，嘉信理财意识到分公司的存在有利于客户建立对公司的信任，并能起到极好的品牌宣传作用，这对于金融服务业尤为重要。到 2000 年时，嘉信理财的分公司多达 384 个，庞大的分公司网络让公司深受其利。当时，即使大多数人通过互联网与嘉信理财互动，嘉信理财新增零售净资产中仍有大约一半来自于分公司网络。

在传统的经纪公司中，经纪人的报酬都是以佣金的形式支付，这就使经纪人的收入与销售直接相关。为提高收入水平，经纪人往往不择手段，甚至不惜欺诈、误导客户，损害其利益，最终连经纪公司都跟着声誉扫地。嘉信理财清楚地认识到了这一点，选择支付薪水而不是佣金给经纪人，从根源上杜绝了经纪人的不道德行为以及因此对公司声誉造成的负面影响。这一举措有利于树立良好的公司形象，为其后来能连续多年入选美国最值得信赖的 20 家公司发挥了重要作用。

当意识到客户对经纪公司提供的投资兴趣渐趋减弱，而越来越希望自己决定投资选择时，嘉信理财就定期为投资者推出一些能帮助他们从事投资活动的更为实用的措施。

在20世纪80年代初，嘉信理财首创每周工作7天，每天24小时的服务，为客户提供了极大的便利。当时，它发明的具有VISA卡功能和签发支票便利的施瓦布一号现金管理账户在多个重要方面都比美林公司的产品先进，尤其是使嘉信理财可以自主决定向投资者账户中闲置资金支付的利率。通过支付比传统储蓄账户高出几个百分点的利率，许多客户与嘉信理财建立了主要的金融关系，资金大量涌入。1989年，嘉信理财又率先推出了电信经纪人(TeleBroker)系统，使客户不仅能收到行情，而且可以进行自动电话交易。

20世纪90年代初，嘉信理财重新定位，为未来的发展做好准备，并推出了自开创折扣经纪以来最大胆的尝试——共同基金全一账户(Schwab Mutual Fund One Source)。过去，希望实现共同基金多样化组合的投资者不得不在多家基金公司间进行选择，在每家基金公司都开设账户。当他们把钱交到不同的基金管理公司后，每个月都将收到一大堆文件，被不同的财务报表、规则和销售代表弄得晕头转向，基金间的转换也要承担一定的交易成本，多个账户的存在还使纳税多有不便。嘉信理财创造的共同基金全一账户改变了这一局面，参加共同基金全一账户的投资者只会收到一份财务报告，它按基金家族详细介绍了每只基金的业绩，而且该账户不收取任何交易费，投资者可以免费将其资金在不同的基金家族之间转换。嘉信理财之所以能做到这一点，是因为它是各种基金的销售代表并代基金公司提供一些相关服务，其报酬直接来源于各基金公司。这项创新让嘉信理财受益匪浅，在实施的头五年中，公司的共同基金资产由69亿美元激增至超过600多亿美元，嘉信理财也成为全美首屈一指的共同基金销售商。

20世纪90年代中期，随着互联网的发展，嘉信理财敏锐地预见到了其所蕴含的巨大潜力，于是积极投身于在线交易系统的开发和运用。1996年，嘉信理财推出了在线交易平台eSchwab，一年后，其网上交易账户数已经迅速增加到了120万户，带来资产810亿美元。它还在美国首创能用中文下达委托交易指令的网站，以招徕广大华人投资者。这些努力让嘉信理财一举成为全美最大的网上交易商。1998年时，嘉信理财的市值超过了美林公司，而后者一直被认为是传统证券经纪业的象征，也是嘉信公司最强硬的对手。

迈入21世纪，已经成为美国在线理财服务先驱的嘉信理财继续改进其产品和服务，并开始大举进军咨询领域。当华尔街金融服务业因各种丑闻而陷入信任危机时，嘉信理财适时推出了“嘉信股票排行榜”咨询服务，通过使用计算机仔细剖析各种客观因素，包括公司基本情况、股票的历史性趋势和其他公司分析师的意见等，对各种股票评级。该服务以公正、客观著称，让广大投资者眼前一亮。嘉信理财还先后推出了嘉信私人客户服务、嘉信顾问网络服务和基础理财计划等咨询业务。目前，咨询服务已经成为嘉信理财重要的利润来源。

2003年，嘉信理财成立了嘉信银行，并试图把嘉信银行作为吸引新客户的渠道，然后向其推销利润更丰厚的服务。以嘉信银行发行的现金返还信用卡为例，它将ATM机取款手续费返还给用户并将用户消费金额的2%退还至其在嘉信理财的股票经纪账户上，用户可用此账户进行股票交易并向嘉信理财支付交易佣金。这样的定位使嘉信银行能始终遵循嘉信理财所奉行的稳健的经营方式，从一开始就基本避开了高风险的次级抵押贷款证券。在2008年的金融海啸中，虽然市场信心跌至低谷，嘉信理财却没有受到负面影响，反而做到了逆势增长，经纪业务规模暴涨了1130亿美元，银行存款量也飙升了72%，达到240亿美元。

正如前面所言，嘉信理财的成长历程就是一个创新的过程，每一次成功的创新都为其发展注入了无尽的活力。事实上，它的许多“全美首创”后来都成为华尔街证券经纪业的基本服务或运行模式。因此，也有人将嘉信理财称为“颠覆者”，它的创新不仅成就了自己，也重塑了华尔街证券经纪业的规则。

资料来源：

小乔治·斯托尔克. 企业成长战略. 北京：中国人民大学出版社，1999

阿德里安·斯莱沃茨基. 价值转移——竞争前的战略思考. 中国对外翻译出版公司，1999

约翰·卡多. 颠覆者：嘉信公司重塑华尔街证券经纪业规则. 北京：上海远东出版社，2007

罗本·法扎德，克里斯托弗·帕尔默里. 嘉信能否把握机遇. 商业周刊中文版，2009年第9期

复习思考题

一、不定项选择题

1. 证券交易的基本程序包括(　　)。

   A. 开户　B. 委托　C. 竞价　D. 清算交割　E. 过户

2. 证券经纪业务的特点包括(　　)。

   A. 业务对象的特定性　B. 经纪业务的中介性

   C. 客户指令的权威性　D. 客户资料的公开性

3. 证券交易的参与主体是(　　)。

   A. 投资者　B. 证券经纪商

   C. 证券自营商　D. 做市商

   E. 证券监管部门

4. 证券交易对象通常包括(　　)。

   A. 股票交易　B. 债券交易

   C. 基金交易　D. 金融衍生工具交易

5. 证券交易市场从组织形式来看，可以分为(　　)。

   A. 场内交易和场外交易　B. 场内交易和柜台交易

   C. 公司制和会员制　D. 发行市场和二级市场

6. 下列交易市场中属于会员制的是(　　)。

   A. 纽约泛欧证券交易所　B. NASDAQ

   C. 深圳证券交易所　D. 上海证券交易所

7. 投资银行在证券交易中的作用有(　　)。

   A. 证券经纪商　B. 证券自营商

   C. 证券做市商　D. 辅助发行证券

8. 投资银行自营业务包括(　　)。

   A. 投机交易　B. 无风险套利业务

   C. 风险套利业务　D. 咨询服务业务

9. 做市商制度的作用是(　　)。

A. 提高证券市场的流动性　　B. 有利于维护证券市场的稳定
C. 有利于市场价格的发现　　D. 有利于降低交易成本

10. 证券交易的原则不包括(　　)。
A. 公开原则　　B. 公平原则
C. 及时原则　　D. 公正原则

11. 在证券经纪业务中，证券经营机构的收入来自(　　)。
A. 收取佣金　　B. 赚取差价
C. 收取的咨询费用　　D. 证券发行费用

二、判断题

1. 证券交易可以采用现金交易和保证金交易，对投资者而言，保证金交易风险大于现金交易风险。(　　)

2. 在证券交易中对作为经纪人的券商而言，采用保证金形式的风险大于用现金交易的风险。(　　)

3. 投资者借入资金购买证券的行为，就是通常所说的“买空”；投资者卖出自己实际并不持有的证券的行为即通常所说的“卖空”。(　　)

4. “卖空”机制有助于证券价格的发现，有利于证券市场的稳定。(　　)

5. 投资银行的自营业务和经纪业务可以由同一个部门负责，不需要防火墙。(　　)

6. 并购套利是无风险套利。(　　)

7. 和自营商相比，做市商通过证券买卖差价获取收入的风险较小。(　　)

8. 证券交易所不仅是集中交易的组织者，也是证券交易的一线监管者。(　　)

9. 期货交易是一种标准化的远期交易，一般是在场内交易，比远期交易流动性要强。(　　)

10. 可转换套利交易的目标是建立合理的头寸来保证无论股票市场行情如何，都有确定的现金流入并保全本金。(　　)

11. 在并购风险套利中，投资银行通过对相关企业的收购和整合，最后出售而实现收益。(　　)

三、简答题

1. 什么是融资融券？买空和卖空的机制是什么，具体是如何操作的？

2. 信用经纪业务和一般经纪业务相比，信用经纪业务和自营业务相比，投资银行面临的风险有哪些？

3. 比较场内交易市场和场外交易市场。

4. 证券交易的方式有哪些主要分类？

5. 投资银行在证券交易中扮演哪些角色及其相应的作用是什么？

6. 试述证券经纪业务的主要内容和程序。

7. 做市商和自营商通过差价赚取利润的机制相同吗？他们所承担的风险大小如何？

8. 什么是证券做市商制度？它的特点和利弊有哪些？

9. 比较多元做市商制和特许交易商制。

10. 什么是狭义的经纪业务和广义的经纪业务？

11. 集合竞价和连续竞价的价格确定方式是什么？

第九章　企业并购业务

【本章精粹】

- ◆ 企业并购业务概述
- ◆ 投资银行在并购中的作用
- ◆ 企业并购的价值评估

【章前导读】

“沃达丰”(Vodafone)是英国最大的无线通信公司，“曼内斯曼”(Mannesmann)，德国第二大公司，以电信业务为主。这两家公司与美国的空中通信(AirTouch)在规模上、市值上差不多。沃达丰和曼内斯曼相约：任何一家如果受到来自空中通信的威胁，另一家应该出来拯救，充当白衣骑士。

然而，曼内斯曼没有想到的是1999年初沃达丰收购了空中通信，令曼内斯曼感到受到很大威胁。1999年10月，曼内斯曼突然收购了与沃达丰同处于英国本土的另一家移动通信公司奥兰奇公司(Orange)，沃达丰空中通信担心其挺进欧洲大陆的战略受挫，因而提出以1990亿美元收购曼内斯曼，整合欧洲的移动通信行业，此举被称为并购史上最具野心的收购。

这宗史上最大收购案几乎集结了世界所有顶尖的投资银行。沃达丰空中通信所请的投资银行是瑞银华宝和高盛，曼内斯曼的投资银行是摩根士丹利和美林。在全球，瑞银华宝调动了超过500名专业人士加入此项目。

最后，沃达丰空中通信和曼内斯曼达成了收购协议：58.96股沃达丰空中通信换1股曼内斯曼；曼内斯曼的股东占合并后集团的49.5%股份。沃达丰空中通信和曼内斯曼合并后，以2000年2月4日的市值计算，是在微软、美国通用、思科排名之后的世界第4大公司，市值高于英特尔、日本NTT、美孚。这两个公司合并之后成为世界上最大的电信公司。

那么什么是并购？并购与反并购有哪些形式？投资银行如何参与并购呢？

(资料来源：刘娜加. 根据“敌意收购”. 国际融资，200年3月整理)

【核心概念】

并购　横向并购　纵向并购　混合并购　现金支付并购　股票支付并购　综合支付方式并购　杠杆收购　善意收购　敌意收购　狗熊拥抱　要约收购　协议收购　董事会轮选制　超多数规定　金降落伞　锡降落伞　毒丸　皇冠上的珠宝　焦土政策　公司重整　公司分拆　管理团队收购　白衣骑士　帕克曼防御　绿色邮件　现金流贴现法　收益贴现法　股利资本化法　市场比较法　可比公司分析法　可比交易分析法　资产基准法　账面价值法　清算价值法　重置价值法

第一节　企业并购业务概述

企业并购是投资银行业务的重要组成部分，并购已经成为投资银行的一大收入来源。企业并购兴起于19世纪末，到现在为止，已经经历了5次大的并购浪潮。从西方企业并购的实践看，大多数并购活动是投资银行促成的。投资银行在企业并购中经常扮演中间人或/和财务顾问的角色。投资银行知道如何找到买家或卖家，熟悉交易的条款，可以提出融资结构安排或提供桥式贷款，给出公平的建议，帮助目标企业抵制并购等。

投资银行非常热衷于并购活动，因为无论并购成功、失败或交易不成功，都会给投资银行带来收入。

一、企业并购的概念

兼并和收购(Mergers and Acquisitions，M&A)往往是作为一个固定的词组来使用，简称并购。在西方公司法中，把企业合并分成吸收合并、新设合并和收购控股权益三种形式。

1. 吸收合并

吸收合并(Merger)即兼并，是指两个或两个以上的公司合并中，其中一个公司因吸收了其他公司而成为存续公司的合并形式。合并后，存续公司仍然保持原有的公司的名称，有权获得被吸收公司的资产和债权，同时承担其债务，被吸收公司从此不再存在。例如，1996年底，世界最大的航空制造公司——美国波音公司宣布兼并世界第三大航空制造公司——美国麦道公司。兼并后，已有 76 年飞机制造历史、举世闻名的麦道公司不复存在。

2. 新设合并

新设合并又称创立合并或联合，是指两个或两个以上公司通过合并同时消亡，在新的基础上形成一个新设公司，公司合并时，合并各方的债权、债务应当由合并后新设的公司承继。如，德国的汽车巨头戴姆勒-奔驰公司与美国的汽车巨头克莱斯勒公司通过合并最终同时消亡，成为一家新的公司——戴姆勒-克莱斯勒公司。

3. 收购

收购是指一家企业购受另一家企业时达到控股百分比股份的合并形式。在理论上，A 公司持有 B 公司 51%的股权，即取得绝对控股权，可直接对 B 公司的经营业务具有决策权，而 B 公司的法人地位并不消失。但在股份分散的情况下，A 公司只需取得 30%，或更少的股份，就可以达到控股的目的。

收购可分为股权收购与资产收购两种。股权收购以目标公司的股权为标的，通过对目标公司的控股来控制其全部资产，股权收购的交易双方是收购公司与目标公司的股东。资产收购以目标企业的资产为标的，不涉及目标企业的控制权，资产收购的交易双方是收购公司与目标公司。

由于兼并和收购实质上都是一个公司通过产权交易取得其他公司一定程度的控制权，包括资产所有权、经营管理权等，以实现一定经济目标的经济行为，它们产生的动因以及在经济运行中所产生的作用基本是一致的。而且，在许多企业兼并收购的实际操作过程中，它们的区别是很难划分的。所以，一般都将其作为一个固定的词组“并购”来讨论，并购企业一般也称为主并企业，被并购企业也称为目标企业。

二、企业并购的动因

企业作为一个资本组织，必然谋求资本的最大增值，企业并购产生的动力主要源于追求资本最大增值的动机，以及源于竞争压力。但就单个企业的并购行为而言，又会有不同的动因。并购的具体动因有以下几个方面。

(一)获得企业成长

在激烈的市场竞争中，企业只有不断地成长壮大，才能在竞争中求得自身的生存。企业成长壮大的途径一般有两条：一是靠企业内部资本的积累，实现渐进式的成长；二是通过企业并购，迅速扩展资本规模，实现跳跃式发展。美国著名经济学家施蒂格勒在考察美国企业成长路径时指出："没有一个美国大公司不是通过某种程度、某种形式的兼并收购而成长起来的，几乎没有一家大公司主要是靠内部扩张成长起来的。"

企业可以通过兼并市盈率倍数低的公司的方法来实现利润的增长，在正常条件下，这种战略可以轻松地实现每股收益的瞬时增长，并能抬高兼并方的股票价格。

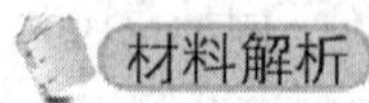
材料解析

高市盈率公司兼并低市盈率公司

例如，假设有一家分散经营的公司，其市盈率是20倍。如果它想兼并一家利润相同而市盈率只有8倍的公司，就必须为此支付一定的溢价成本，比如说，把市盈率提高到10倍。从整个公司来看，利润增加了1倍，而在外流通股票却没有相应增加，因为它们的市盈率倍数不同。如果被兼并公司有100万股在外流通股票，那么它只需增发50万股就能满足交易需要了，见表9-1。

表 9-1　兼并的每股收益效应

项　目	兼 并 方	被兼并方	兼 并 后
市盈率/倍	20	8～10	20
利润/万美元	100	100	200
在外流通股/万股	100	100	150
每股收益/美元	1	1	1.33
每股市价/美元	20	10	26.67

结果是，兼并会使每股收益大幅度提高；在本例中增长了33%。这里有一个关键的假设条件，即股市会把兼并带来的每股收益增长与公司自身的增长等同起来。由此，企业通过兼并低增长的公司可以在短期内达到高增长的效果，甚至在个别公司效益很差的情况下，也能使每股收益提高。这样，兼并方公司最初的实力似乎被提高了许多倍，使它能通过继续兼并实现永久的增长。

(二)获得规模效益

企业并购可以获得企业所需要的资产，实行一体化经营，达到规模经济。企业的规模经济是由生产规模经济和管理规模经济两个层次组成的。

(1) 生产规模经济主要包括：企业通过并购对生产资本进行补充和调整，达到规模经济的要求；在保持整体产品结构不变的情况下，在各厂中实现单一化生产，达到专业化生产的要求。企业通过纵向并购，可以有效地解决由于专业化引起的各生产流程的分离，降低运输成本，充分利用生产能力。

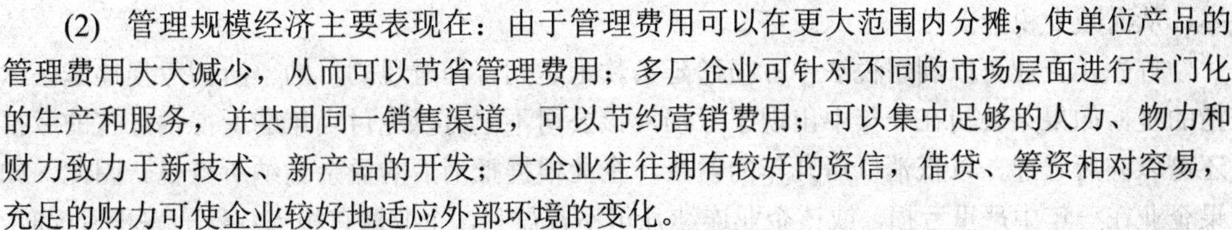

(2) 管理规模经济主要表现在：由于管理费用可以在更大范围内分摊，使单位产品的管理费用大大减少，从而可以节省管理费用；多厂企业可针对不同的市场层面进行专门化的生产和服务，并共用同一销售渠道，可以节约营销费用；可以集中足够的人力、物力和财力致力于新技术、新产品的开发；大企业往往拥有较好的资信，借贷、筹资相对容易，充足的财力可使企业较好地适应外部环境的变化。

(三)降低进入新行业和新市场的障碍

当企业寻求不断发展和面临本行业市场萎缩时，都可能将投资转向其他行业或市场，企业可以采取两种方式：一是通过投资新建方式扩大生产能力；二是通过并购的途径来实现。采用投资新建的方式时，往往会引起原有企业的激烈反应，还可能面临原有企业拥有的专门技术、积累的经验、取得原料的有利途径以及政府的优惠政策等不利因素。而通过并购方式进入新行业和新市场的障碍便可以大幅降低。因为，企业的并购并没有给行业和市场增添新的生产能力，短期内行业和市场内部的竞争结构不变，所以引起价格战或报复的可能性减少。同时，并购方企业可以获得现成的原材料供应渠道、产品销售渠道，可沿用目标企业的厂房、设备、人员和技术，能在较短的时间内使生产经营走上正轨，获得盈利。

(四)降低企业经营风险

企业通过横向并购和纵向并购可以增强企业在行业内的竞争力，并通过规模经济、市场占有率和市场控制力的增强而降低经营风险。而通过混合并购可以实现多角化经营，当某一行业不景气时，可以由其他行业的生产经营来支撑，从而使企业可以增强抵御不可预见的突发性环境变化的能力，使企业可以较稳定地发展。

(五)获得科学技术上的竞争优势

科学技术在当今的经济发展中起着越来越重要的作用，企业间的竞争也从成本、质量上的竞争转化为科学技术上的竞争。在这种情况下，企业常常为了获得科学技术上的优势而进行并购活动。

(六)并购可以获得经验共享和互补效应

并购可以取得经验曲线效应，在很多行业，尤其是对劳动力素质要求较高的行业中，当企业在生产经营中经验积累越多时，单位成本有不断下降的趋势。经验的积累可以大幅度提高工人劳动熟练程度，使经验-成本曲线效果显著，从而具有成本竞争优势。企业通过并购，不但获得了原有企业的资产，还可以分享原有企业的经验，形成有力的竞争优势。另外，企业通过并购还可以在技术、市场、产品、管理，甚至在企业文化方面取长补短，实现互补效应。

(七)并购可以实现财务经济

并购可以使企业的闲置资金得到有效利用，提高投资报酬率。另外，税法中的递延税金条款可以促使盈利水平较高的企业通过合并其他企业冲抵利润，降低纳税基础和适用税率，从而减少税金支付。

首先，企业可以利用税法中亏损递延条款来达到合理避税的目的。所谓亏损递延条款指的是，如果某公司在一年中出现了亏损，该公司不但可以免付当年的所得税，它的亏损还可以向后延递，以抵消以后几年的盈余，企业根据抵消后的盈余缴纳所得税。因此，如果企业在一年中严重亏损，或该企业连续几年不曾盈利，企业拥有相当数量的累积亏损时，这家企业往往会被考虑作为并购对象，以充分利用它在纳税方面的优势。

其次，当企业 B 兼并企业 S 时，如果企业 B 不是用现金购买企业 S 的股票，而是把企业 S 的股票按一定比率换为企业 B 的股票，那么在整个过程中，由于企业 S 的股东既未收到现金，也未实现资本收益，这一过程是免税的。通过这种兼并方式，在不纳税的情况下，企业实现了资产的流动和转移，资产所有者实现了追加投资和资产多样化的目的。在美国 1963—1968 年的并购浪潮中，大约有 85%的大型并购活动采用这种并购方式。

(八)有利于进行跨国经营

有些国家为了保护民族工业和国内市场，对外资企业的发展进行种种限制，从税收政策和企业规模等方面控制外资企业的发展。通过并购他国企业的方式可以避开这些障碍，直接进入国际市场。如，日本企业为了能在欧共体中进行自由贸易，在英、法、德等国进行了大规模的兼并活动，试图解决关税壁垒和贸易摩擦带来的一系列问题。

(九)满足企业家的内在需求

根据经理理论，在股份公司中，股东的目标与经理的目标是不一致的，经理的主要目标是谋求公司的快速发展，而非获得最多利润，公司的快速发展可以使经理获得更高的工资和地位。而通过并购可以扩大企业的规模，获得更高的增长率。因此，并购可以提高企业家的效用。

(十)收购低价资产

公司以低于目标公司经营价值的价格获得目标公司，以便从中谋利，这也是兼并的动因之一。采用这个方法的条件是收购公司对目标公司资产的实际价值比目标公司对其自身更为了解。目标公司可能拥有有价值的土地，而其会计账簿上却以折旧的历史成本反映，过低地估计了这部分资产的价值，收购公司兼并后可以以实际价值将其出售，从中获利。

另一种替代的方式可能是兼并一个暂时不能盈利的公司，停止其引起亏损的活动，对其进行重整，再出售给其他盈利的部门，以求从中渔利。

并购是企业的战略性活动，虽然具有许多优点，但是，并购不当也可能使企业背上沉重的包袱。美国研究机构通过跟踪并购活动得出结论：1/3 并购获得成功，1/3 没有显著变化，1/3 遭到失败。并购成功与否，关键要看目标公司的选择、收购价格的确定，以及并购后能否产生协同效用，能否降低交易费用，最终能否提高运行效率，实现资源的优化配置。

三、企业并购的主要形式

(一)从行业角度划分

1. 横向并购

横向并购(Horizontal Merger)是指同属于一个产业、生产或销售同类产品的企业之间发生的并购行为。横向兼并可扩大同类产品的生产规模，降低生产成本，获得规模效益；可以增强企业的市场支配能力，消除竞争，增加垄断实力。这种并购形式是早期并购的最主要的形式。20 世纪末 21 世纪初，美国出现了以横向并购为主要特征的并购浪潮，出现了众多规模庞大的企业。形成了如炼钢、化工、机械等相当集中和垄断化的行业。

2. 纵向并购

纵向并购(Vertical Merger)是指生产过程或经营环节紧密相关的企业之间的并购行为。纵向并购可分为向前并购，即向其产品的后加工方向并购，如生产零部件或生产原材料的企业并购装配企业或加工企业；向后并购，即向其产品的前加工方向并购，如装配或制造企业并购零件或原材料生产企业。纵向并购可以扩大生产经营规模，节约通用设备、费用等；可以加强生产过程各环节的配合，利于协作化生产；可以加速生产流程，缩短生产周期，节省运输、仓储和资源等。20 世纪 20 年代，西方资本主义国家掀起了以纵向并购为主的第二次并购浪潮。

3. 混合并购

混合并购(Conglomerate Merger)又称复合并购，是指生产和经营彼此没有关联的产品或服务的企业之间的并购行为。混合并购的主要目的是分散处于一个行业所带来的风险，提高企业对经营环境变化的适应能力。混合并购是近年来大型跨国企业采用的一种重要形式。

(二)按企业并购的支付方式划分

1. 现金并购

现金并购是指收购公司使用现金购买目标公司部分、全部资产或股票，以实现对目标公司的控制。

2. 股票支付并购

股票支付并购是指收购公司向目标公司发行收购公司自己的股票以交换目标公司的大部分或全部资产或股票，从而实现收购目的。一般来说，收购公司向目标公司的股东发行股票，至少要达到收购公司能控制目标公司所需的足够多股票。

3. 综合支付方式并购

综合支付方式并购是指收购公司对目标公司的出价由现金、股票、优先股、可转换债券等多种融资方式组成的一种方式。

(三)按并购的融资渠道划分

1. 杠杆收购

所谓杠杆收购(Leverage Buy-Out，LBO)是指收购公司以目标公司的资产及营运所得为抵押进行大量的债务融资，来收购目标公司。在杠杆收购中，收购公司不必拥有巨额资金，只需准备少量现金(用以支付收购过程中必需的律师、会计师等费用)，即可收购任何规模的公司。由于此种收购方式在操作原理上类似杠杆，故而得名。

2. 非杠杆收购

非杠杆收购指不用目标公司资金及营运所得来支付或担保支付并购价金的收购方式。早期并购风潮中的收购形式多用此类。但非杠杆收购并不意味着收购公司不用举债即可负担并购资金，实践中，几乎所有的收购都是利用贷款完成的，所不同的只是借贷数额的多少而已。

(四)从收购企业的行为来划分

1. 善意收购

善意收购(Friendly Acquisition)又称友好收购，是指收购企业通常能出比较公道的价格，提供较好的条件，这种收购主要通过收购企业与目标企业之间的协商，取得理解和配合，目标企业的经营者提供必要的资料给收购企业，双方在相互认可、满意的基础上制定出收购协议。

2. 敌意收购

敌意收购(Hostile Acquisition)又称恶意收购，是指收购者在收购目标公司股权时，事先未与目标公司协商，而突然提出收购要约。或者虽然该收购行动遭到目标公司的反对，而收购者仍要强行收购。在敌意收购的情况下，收购企业通常得不到目标企业的充分资料，而且，目标企业常常制造障碍阻止收购。

案例点击

中钢敌意收购 Midwest

2008 年 7 月 12 日早晨，澳大利亚中西部公司(Midwest)挂出大股东中钢集团的声明，截至 7 月 10 日，中钢总计持有 Midwest 股份已达到 213 840 550 股，持股比例达到 50.97%，获得了 Midwest 的控股权。分析人士称，此项目是中国国有企业的第三次海外敌意收购尝试，也是第一宗成功的敌意收购案例，已无须澳官方再行审批。

此次中钢在澳洲对中西部公司的成功收购是中国有史以来第一次在其他国家的资本市场上成功完成的敌意收购，在中国企业海外并购史上具有里程碑意义。

(资料来源：中钢成功获得 Midwest 控股权 持股比例达到 50.97%. 中国证券报，2008 年 7 月 12 日)

3. “狗熊拥抱”

“狗熊拥抱”(Bear Hug)是介于善意收购和敌意收购之间的收购方式。在这种方式下，

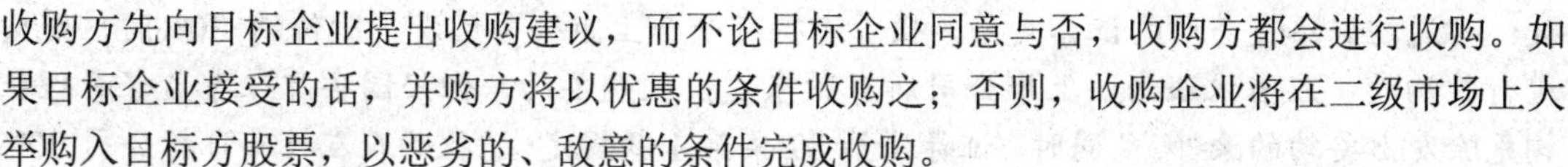

收购方先向目标企业提出收购建议，而不论目标企业同意与否，收购方都会进行收购。如果目标企业接受的话，并购方将以优惠的条件收购之；否则，收购企业将在二级市场上大举购入目标方股票，以恶劣的、敌意的条件完成收购。

案例点击

微软“拥抱”雅虎

2008 年 2 月 1 日，微软提出以 446 亿美元(每股价格 31 美元)收购雅虎。随后不久，雅虎董事会正式回绝微软的收购要约，理由是微软的出价低估了雅虎的真正价值。

4 月 6 日，微软总裁鲍尔默发出致雅虎公司董事会的公开信，出言警告：“如果你们在三周内还不肯与我们达成协议，我们将被迫直接与你们的股东进行交易，包括发动一场代理权战改选雅虎董事会。如果我们被迫直接向你们的股东报价，我们认为将对你们公司的价值产生不利影响，你们无法获得现在这么好的条款。”为了使这一收购策略达到预期效果，5 月 1 日之后，在关于交易价格的谈判中，鲍尔默再次表态：同意将收购价格由每股 31 美元提高到每股 33 美元，即以 475 亿美元收购雅虎。

在此期间，在雅虎公司内部，董事会成员在如何面对微软的收购要约方面产生了认识上的分歧，对是否出售公司股份有两种截然不同的意见。作为雅虎首席执行官的杨致远明确反对将雅虎出售给微软，这一观点得到了一名主要董事的支持。

雅虎董事会主席鲍斯托克等则认为，杨致远拒绝将雅虎卖给微软只不过是意气用事，并没有真正为雅虎股东的利益考虑。据报道，鲍斯托克曾串联部分董事会成员组成一个非正式联盟，主张接受微软提出的主动收购要约。这一非正式联盟据说还包括了雅虎投资人、亿万富翁伯克尔及其他部分董事。

在微软将收购价格调整到每股 33 美元，等待雅虎和杨致远回应的时候，杨致远仍然采取坚持公司价值被低估的做法，在谈判桌上表态强硬——售价不能少于每股 37 美元。

此时，微软选择了放弃。5 月 4 日，微软宣布，因价格未达成一致，正式放弃收购雅虎。

(资料来源：蒋泽中. 拒绝狗熊式拥抱：雅虎成病猫. 投资者报，2008 年 12 月 30 日)

(五)根据收购人在收购中使用的手段划分

1. 要约收购

要约收购(Tender Offer)指收购人通过公开向目标公司的股东发出购买所持该公司股份的书面意思表示，并按照其依法公告的收购要约中所规定的收购条件、价格、期限以及其他规定事项，收购目标公司股份的收购方式。要约收购不需要事先征求目标公司管理层的同意，而是由收购人提出统一的收购要约，并由受要约人(目标公司股东)分别承诺，从而实现收购人的收购意图。

材料解析

强制要约收购

强制要约收购是指当一持股者持股比例达到法定数额时，强制其向目标公司同类股票的全体股东发出公开收购要约的制度。我国证券法第 81 条规定了上市公司强制要约收购制

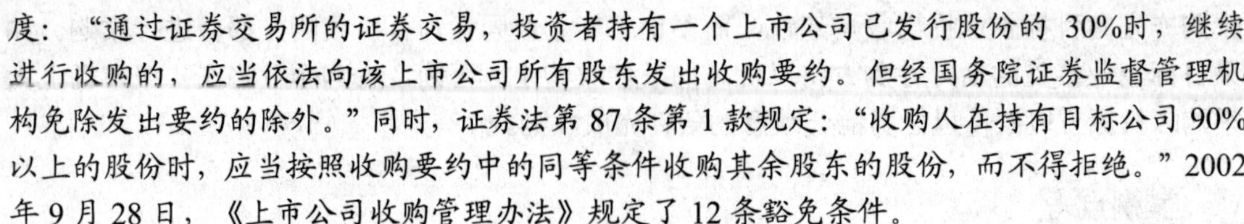

度：“通过证券交易所的证券交易，投资者持有一个上市公司已发行股份的 30%时，继续进行收购的，应当依法向该上市公司所有股东发出收购要约。但经国务院证券监督管理机构免除发出要约的除外。”同时，证券法第 87 条第 1 款规定：“收购人在持有目标公司 90%以上的股份时，应当按照收购要约中的同等条件收购其余股东的股份，而不得拒绝。”2002 年 9 月 28 日，《上市公司收购管理办法》规定了 12 条豁免条件。

要约收购是各国证券市场最主要的收购形式，在所有股东平等获取信息的基础上由股东自主选择，被视为完全市场化的规范收购模式。有利于防止各种内幕交易，保障全体股东尤其是中小股东的利益。

案例点击

中信证券要约收购广发证券

2004 年 9 月 1 日，中信证券(600030)发布公告称，拟收购广发证券部分股权。9 月 16 日，中信证券向广发证券全体股东发出要约收购书，以 1.25 元/股的价格收购广发股权，以所收购股权达到 51%为目的。

广发证券先是于 9 月 4 日成立实施员工持股计划的目标公司深圳吉富创业投资股份有限公司(以下称深圳吉富)，接着于 9 月 10 日和 15 日先后受让云大科技(600181)和梅雁股份(600868)所持有的广发证券 3.83%和 8.4%的股权，自此深圳吉富共计持有广发证券 12.23%股权，成为其第四大股东；9 月 17 日，原广发证券第三大股东吉林敖东(000623)受让风华高科(000636)所持有 2.16%广发证券股权，增持广发证券股权至 17.14%，成为其第二大股东。

9 月 28 日，吉林敖东再次公告受让珠江投资所持广发征券 10%股权，至此吉林敖东共持有广发共计 27.14%的股权；同日，原广发证券第一大股东辽宁成大(600739)公告受让美达股份(000782)所持有的广发证券 1.72%的股权，至此辽宁成大共计持有广发证券 27.3%的股权，继续保持第一大股东地位。

至此辽宁成大、吉林敖东与深圳吉富共同持有广发证券 66.67%的股权，三者构成的利益共同体的绝对控股地位已不可动摇；10 月 13 日，中信证券发出解除要约收购说明。至此，历时 40 余天的中信证券对广发证券的收购行动以广发证券的反收购成功画上了句号。

(资料来源：中信证券向广发股东发出收购要约. http://www.china.com.cn/chinese/FI-C/661985.htm)

2. 协议收购

协议收购指收购人通过与目标公司的股东反复磋商，并在征得目标公司管理层同意的情况下，达成协议，并按照协议所规定的收购条件、价格、期限以及其他规定事项，收购目标公司股份的收购方式。协议收购必须事先与目标公司的股东达成书面转让股权的协议，据此协议受让股份，实现收购目的。协议收购可以不需经过要约收购所必须经过的繁琐手续而迅速取得目标公司的控制权；协议收购由于其不在证券交易所内进行，不必交纳任何佣金或费用，因此可以大大降低收购成本；协议收购对目标公司的股票价格不直接产生影响，因此，它可以减少证券市场价格的波动。但是由于其在信息公开、交易公正、机会均等方面具有很大的局限性，因此，难以有效地保护广大投资者的利益。

要约收购和协议收购的区别主要体现在以下几个方面。

一是交易场地不同。要约收购只能通过证券交易所的证券交易进行；而协议收购则可以在证券交易所场外通过协议转让股份的方式进行。

二是股份限制不同。要约收购在收购人持有上市公司发行在外的股份达到 30%时，若继续收购，须向被收购公司的全体股东发出收购要约；持有上市公司股份达到 90%以上时，收购人负有强制性要约收购的义务。而协议收购的实施对持有股份的比例无限制。

三是收购态度不同。协议收购是收购者与目标公司的控股股东或大股东本着友好协商的态度订立合同收购股份以实现公司控制权的转移，所以协议收购通常表现为善意的；要约收购的对象则是目标公司全体股东持有的股份，不需要征得目标公司的同意，因此要约收购又称敌意收购。

四是收购对象的股权结构不同。协议收购方大多选择股权集中、存在控股股东的目标公司，以较少的协议次数、较低的成本获得控制权；而要约收购中收购倾向于选择股权较为分散的公司，以降低收购难度。

四、企业反并购的主要形式

(一)建立合理的股权结构

建立合理的持股结构是反收购的第一道防线。常见的有母子公司之间的“相互持股”及关系较和谐的公司之间的“交叉待股”。

1. 自我控股和交叉持股

所谓自我控股是指目标公司在袭击者发动收购之前，通过子公司暗中买入母公司的股份，从而达到自我控股的目的。所谓交叉持股(或控股)是指通过关联公司或关系较和谐的几个公司之间互相持股，使股权分散化；互相忠诚，承诺在任何情况下都不出售自己手中的股份，从而达到控制股权的目的。该方法广泛应用于控股公司领导下的企业集团内部的各企业之中。它的最简单形式是：A、B 两家公司之间交叉持股。

2. 股票回购

在收购公司发出收购要约收购目标公司的股票时，目标公司可以以高于收购价格的价格来购回自己的股票(Share Repurchases)，被一个公司回购的股票在会计制度上称做“库存股票”。股票一旦被公司回购，其结果是在外的股份数量减少。这一方面使收购公司无法收购到足够达到控制权的股票，另一方面又使收购公司不得不提高要约价格来收购股票，从而提高收购公司的收购成本，也会有效地抑制收购的进行。在美国，由于法律允许企业拥有本企业的股份，因此，取得自己公司的股票便成为对公开要约收购最有力的防卫策略之一。不过这种做法在日本、新加坡、中国香港等地是被禁止的，英、美、加与部分欧洲国家要有附带条件。

3. 员工持股计划

员工持股计划是指公司为避免收购而将公司的一部分股票转交给专门设立的职工信托基金购进股票，然后该信托基金根据职工相应的工资水平或贡献大小把股票分配给每个职工。职工对公司的重大活动如兼并、收购有完全的表决权，从而增加了收购公司收购的困难。在美国，职工持股计划(ESOP)在 20 世纪 80 年代广泛地应用在反收购防御中，但在英国，职工持股计划是不允许的。

(二)在公司章程中设置反收购条款

目标公司可以通过修改公司章程设置反收购条款，通俗称为“拒鲨”条款。对公司章程的修正有以下几种类型。

1. 董事会轮选制

公司在公司章程中规定，董事会成员的改选只能在一定时间后才能进行，每次董事会换届只能改选部分董事，这样，即使收购成功，收购者也难以在短期内完全控制董事会，从而可以进一步阻止其操纵目标公司的行为。

2. 超多数规定

公司在章程中规定，涉及重大事项，如公司的分立与合并、改选董事长等必须有占全部股东的绝大多数(如 2/3 以上)的票数同意，有时甚至要求所有涉及控制权变动的交易都必须获得 90%的已发行股份的赞成，这将增大收购企业控制目标公司决策权的难度，收购者即使取得了一定数量上的控股权，也难以在实际上达到掌握公司权力的目的。

3. 限制董事资格

在公司章程中，目标公司可依企业的性质，自行就法律未规定的董事资格加以限制规定，以增加收购方的困扰。如从持有本公司股份年数上限制收购方取得本公司董事资格，或增补董事作百分比的规定等。这样，即使收购方取得很大部分股权后，也无法控制公司决策，从而放弃收购计划。

案例点击

大港油田及关联企业收购爱使股份

大港油田及其关联企业于 1998 年开始在二级市场上大量购买爱使股份的股票，成为爱使的第一大股东。大港收购爱使的努力遭到爱使董事会的强力狙击，后者的主要“武器”之一是爱使在其公司章程中设置的反收购条款。爱使股份章程第 67 条规定：单独或者合并持有公司有表决权股份总数 10%(不含投票表决权)以上，持有时间半年以上的股东才能推选代表进入董、监事会。董事会、监事会任期届满需要换届时，新的董事、监事人数不超过董事会、监事会组成人员数的 1/2。此外，爱使章程第 67 条还对股东的董事提名权以及提名程序做了限制。该条款类似于西方国家资本市场上用于反收购的“驱鲨剂”，其有效与否成为决定本次收购成败的关键。大港和爱使分别聘请律师出具法律意见，并吁请专家学者发表评论，但双方得出的结论却截然相反，使“爱使章程之争”成为该年度我国商法学界争议的热点问题。中国证监会最终认定爱使章程“不规范”，并指示上海证券管理办公室约见爱使董事会成员，督促爱使按照《公司法》的规定程序尽快修改公司章程。经大港油田提议，爱使于 1998 年 10 月 31 日召开临时股东大会，修改原公司章程第 67 条的规定，并选举大港推派的 6 人为爱使董事。

(资料来源：姚铮. 企业集团二级市场买壳上市案例分析——大港油田入主爱使股份. 集团经济研究，1999 年第 2 期)

(三)提高收购成本

1. “金降落伞”法

“金降落伞”法(Golden Parachute)是指公司的董事会决议，一旦公司股权发生大规模转移，公司的高层管理人员的聘任合同即行终止，公司将提供高层管理人员的巨额补偿金。这些补偿金就像一把降落伞让高层管理人员从高职位上安全着陆，又因其收益丰厚，故名“金降落伞”。

2. “锡降落伞”法

“锡降落伞”法 (Tin Parachute)是指公司职工如果在公司被并购后两年内被解雇的话，收购公司需支付职工遣散费，这是一笔不小的费用。

金降落伞和锡降落伞策略不仅使公司的高层管理人员、企业员工减少了后顾之忧，而且使收购公司额外地增加了收购成本或增加目标公司现金支出，使收购者蒙受损失，从而阻碍并购。“金降落伞”和“锡降落伞”做法的合法性存在争议，因而收购公司也可以通过目标公司的股东大会或法院，推翻目标公司董事会的这些规定。

3. 设置“毒丸”

“毒丸”是指公司为避免敌意收购对股东利益的损害，而给予公司股东或债务人的特权，这种特权只有在敌意收购发生时才生效。如向公司股东发放权证，发生敌意收购时，股东可凭权证以优惠价(通常是按市价的 50%)认购目标公司或收购公司的股票；或在发行债券及发生借贷时订立条款，一旦发生敌意收购，债权人有权要求目标公司提前偿债或将债券转为股票。毒丸是 20 世纪 80 年代产生的反收购手段，正式名称为“股权摊薄反收购措施”，毒丸计划迫使敌意收购者必须以高昂成本收购主要股份，从而达到抵制收购的目的。

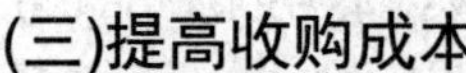
案例点击

反击盛大　新浪启动“毒丸”计划

在盛大宣布购买了新浪 19.5%股权之后，新浪决定启动俗称的“毒丸”计划，也就是“股东购股权计划”，来限制盛大公司继续获得更多的股份。

新浪抛出的“毒丸”计划主要内容是，在股权确认日——2005 年 3 月 7 日当日记录在册的每位股东，均将按其所持的每股普通股而获得一份购股权。如果盛大继续增持新浪股票致使比例超过 20%时或有某个股东持股超过 10%时，这个购股权将被触发，而此前，购股权依附于每股普通股票，不能单独交易。

一旦盛大及其关联方再收购新浪 0.5%或以上的股权，购股权的持有人(收购人除外)将有权以半价购买新浪公司的普通股。

这个购股权的行使额度是 150 美元。即如果触发这个购股权计划，除盛大之外，一旦新浪董事会确定购股价格，每一份购股权就能以半价购买价值 150 美元的新浪股票。

假设以 3 月 7 日的每股 32 美元计算，一半的价格就是 16 美元，新浪股东可以购买 9.375 股(150 ÷ 16)。

新浪当时的总股本为 5048 万股，除盛大所持的 19.5%(984 万股)外，能获得购股权的股数为 4064 万股，一旦触发购股权计划，那么新浪的总股本将变成 43 148 万股(4064 万股×9.375＋4064 万股＋984 万股)。这样，盛大持有 984 万股原占总股本的 19.5%，一经稀释，就降低为 2.28%。由此，毒丸稀释股权的作用得到充分的显现。

当然，如果盛大停止收购，新浪董事会可以以极低的成本(每份购股权 0.001 美元或经调整的价格)赎回购股权，用几万美元支付这次反收购战斗的成本。

(资料来源：北京青年报，2005 年 2 月 24 日)

毒丸计划是美国著名的并购律师马丁·利普顿 1982 年发明的，最初的形式很简单，就是目标公司向普通股股东发行优先股，一旦公司被收购，股东持有的优先股就可以转换为一定数额的收购方股票。在最常见的形式中，一旦未经认可的一方收购了目标公司一大笔股份(一般是 10%～20%的股份)时，毒丸计划就会启动，导致新股充斥市场。一旦毒丸计划被触发，其他所有的股东都有机会以低价买进新股。这样就大大地稀释了收购方的股权，继而使收购变得代价高昂，从而达到抵制收购的目的。美国有超过 2000 家公司拥有这种工具。“毒丸”计划在美国是经过 1985 年德拉瓦斯切斯利法院的判决才被合法化的，由于它不需要股东的直接批准就可以实施，故在 20 世纪 80 年代后期被广泛采用。

(四)防御性公司重组

防御性公司重组是指当公司面临收购时，公司将最有利的资产(皇冠上的珠宝)、最赚钱或最有前途的业务或部门出售；或者大量举债，使财务指标变坏；或者将公司分拆上市或出售；或者由公司管理层收购公司股权。公司重组对反敌意收购非常有效，但必须全面权衡利弊。

1. “皇冠上的珠宝”

“皇冠上的珠宝”(Crown Jewels)是一个公司富有吸引力和具有收购价值的部分，它是收购者收购该公司的真正意义所在。目标企业出售有发展前途的事业部门、专利权、土地等，使企业不那么有吸引力。此外，针对专门收购资产的收购者，目标公司可要求收购者必须同时买下目标公司赚钱与赔钱的资产，以提高目标公司的被购并价码。

2. 焦土政策

焦土政策(Scorched Policy)是目标公司为了避免被收购，疯狂“自残”，如高价购入大量无利可图的资产而不惜用尽现金或大量举债；又如进行低效益的长期投资，使收购公司在可以预见的未来没有进账；再如大量举债，并在合同中规定以确保贷款安全为由在并购成功后即刻偿还；等等。这些政策将使并购方在并购成功后得到的是一个烂摊子。从而使并购者在这种极端的反抗前却步。“焦土政策”是一种极端的反抗收购的方式，真正实施会付出很大的代价，因为它对收购公司和目标公司来说都可能是致命的，所以为各国法律所限制。采用这种极端方案的公司是很少见的。

3. 公司重整

目标公司经营中一些严重亏损或效益不好、前景暗淡的业务部门可能破坏掉整个公司的良好形象。面对收购的威胁，企业及时处理掉这些部门或业务，可以至少收到以下良好的效果：赢得本公司股东的支持与拥护；促使本公司股票价格上涨，增加收购成本；为公司以后的良性发展打下基础。

4. 公司分拆

公司分拆和子公司上市本来是公司经营专业化并提高股价的战略措施，但也常常被用作公司反收购的策略之一，原因在于：分拆和子公司上市后，由于“注意力效应”，原母公司和子公司的股价均能被推高，从而增加收购公司二级市场的收购成本；另外子公司上市可以筹得大量资金，有助于母公司采取反并购策略。

5. 管理团队收购

管理团队收购(Management Buy-out，MBO)是LBO的特例。在有些目标公司遭到收购公司的袭击时，目标公司的管理层对公司经营情况最为清楚，当他们认为目标公司有发展潜力时，他们就会采取LBO收购的形式，即设立一家新公司，通过大量举债筹资，然后对目标公司进行收购。这种目标公司管理团队对所有者收购股权的方式即为MBO。通常，举债一般是向商业银行贷款，而非发行债券。例如，1988年10月，美国第二大烟草公司RJR纳比斯柯公司的高层管理人员，作为公司的非股东雇员，出资169亿美元收购公司股权，使之成为私人合伙公司。

(五)寻求股东和外部的支持

在面对凶狠的收购者时，目标公司会寻求股东和外部的支持，通常采用以下方式。

1. 寻求股东支持

企业要进行有效的反收购，首先要提高管理素质和经营效率，给股东以较好的回报，使股东充分信任公司高层管理人员的能力。如果遇到收购公司的袭击时，目标公司的董事会可以发表“拒绝被收购声明”，或刊登广告向股东表示其反对收购的意见，说服股东放弃接受该项收购要约。一般股东最关心的是接受收购要约有利还是继续保留股票有利。所以，经营者在对股东提出反对收购要约的表示时，必须针对股东最关心的问题作出一定承诺，以期得到股东的帮助和支持，从而使收购公司知难而退。

2. 寻找“白衣骑士”

当敌意收购发生时，目标公司寻求与自己有良好关系的公司作为第三方出面来解救自己、驱逐敌意收购者。作为第三者的友好公司在国外通常被称为“白衣骑士”(White Knight)。白衣骑士以比收购者收购更高的价格来进行收购，这样收购公司要么提高收购价格，要么停止收购。往往会出现白衣骑士与收购者轮番竞价的情况。目标公司也可以和白衣骑士合并，以对抗收购公司的公开收购。得到管理层支持和鼓励的“白衣骑士”的收购成功可能性极大。目标公司常常愿意给予白衣骑士较其他现实或潜在的收购者更为优惠的条件。如，1985年，全美第五大的环球航空公司(TWA)，为了抗拒艾肯集团(并购大王Carl Ichan)的并购活动，特别给予德州航空每股19.625美元的价格，收买TWA 640万股股票的权利。

3. 寻求法律支持

目标公司向法院提出诉讼，控诉买方欲购买目标公司可能违背反托拉斯法。在西方国家，企业兼并收购往往要受到反托拉斯法的限制，因此，公司在受到袭击时，也可以向法院提出诉讼，控诉收购公司对目标公司的收购违犯了反托拉斯法。在美国，目标公司可以根据证券法规定的一个公司拥有一个上市公司 5%以上的股票必须向证券交易委员会和被收购公司报告的条款，依据收购公司的收购行为向法院控诉收购公司购买股票的目的不是在于取得目标公司的经营权，而是勒索赎金、炒作股票牟利或散布收购谣言，以期哄抬股价，拉高出货。

案例点击

杜邦公司收购大陆石油公司

1981 年，杜邦公司以 78 亿美元的惊人天价买下美国第九大石油公司——大陆石油公司，这场收购案卷入的竞购者多达四家，即多姆石油公司、美孚石油公司、希格兰公司和杜邦公司。大陆石油公司是美国一家主营石油和煤炭开发与销售的大公司。公司股价在 1981 年 5 月首遭并购袭击前在每股 50 美元左右徘徊。这种股价水平相对于其经营绩效而言尚属合理，但与其拥有的大量石油、煤炭储量和厂房设备等资产净值和潜在收益相比，此股价明显偏低，过低的股价诱发了其他公司对它的收购袭击。

1981 年 5 月，同行业的多姆石油公司出价每股 65 美元欲对大陆石油公司采取收购，后者采取不合作态度，并依据《反垄断法》对前者提出指控，迫使多姆公司退却。此后不久，希格兰公司宣布以每股 73 美元报价、现金支付的方式收购 41%的大陆石油公司股票。希格兰公司是加拿大的一家大公司，主营酿造业，它意欲成为大陆石油公司的控股性大股东，以此进军石油业。对希格兰公司的收购报价，大陆石油公司也加以拒绝。

面对收购的威胁，著名的杜邦公司应允出面充当“白马骑士”。杜邦是美国著名的化工公司。它是化工原料的使用者，主营石油开发的大陆石油公司是其上游企业。对杜邦来说，收购大陆石油公司有利于稳定和扩大化工原料的供应。而对大陆石油公司来说，与杜邦的一体化可稳定杜邦这个大用户，减少市场交易费用，因为化工原料市场是一个竞争性市场。这种企业纵向购并所产生的预期协同效应使两家公司相互青睐。杜邦收编大陆石油属于公司并购中的纵向并购范畴，对杜邦来说有利于稳定和扩大原料供应，对大陆石油来说则可稳定杜邦这个大用户。这一并购有望产生较大的协同效应。因此，杜邦宣布全面收购大陆石油，条件是：以每股 87.5 美元的价格、现金支付的方式收购 40%的大陆石油股份，余下 60%换股收购，以每股大陆石油股票兑换 1.6 股的杜邦公司股票。希格兰公司不甘示弱，将收购价提高到每股 85 美元。正当两家公司较劲之际，另一家美国大公司美孚石油公司又半路杀出，加入了竞购者的行列。美孚公司提出：以每股 90 美元现金收购 50%的大陆石油股份，余下的 50%以美孚公司的优先股或债券按大陆石油股票 90 美元的价值进行兑换。美孚公司垂涎于大陆石油拥有的可观石油与煤炭储量，急于将其据为己有，因而在高开报价后的几天内又层层加码，将收购价连续升至 105、115 美元，最后索性加到 120 美元，咄咄逼人，志在必得。美孚公司的做法逼使杜邦公司将其收购价提高到每股 98 美元，希格兰公司只将收购价提高至 92 美元就无力应战了。美孚公司的收购条件对小股东、机构投资者和风险套利商而言诱惑极大。形式对杜邦和大陆石油不利。在这种情况下，杜邦和大陆石油再次使出了杀手锏——运用法律手段，它们指控美孚的收购行动可能导致违反《反托拉斯法》的后果。美国司法部对这三方争购的收购战开展了调查，认为：美孚公司的收购虽属横向收购，但有待于调查听证后才能决定是否合法。杜邦公司的收购虽属纵向收购，但大陆石油公司与蒙圣托公司合资一家石油化工厂与杜邦公司是同行竞争关系，因此，杜邦公司的收购也牵涉横向并购的内容，也须听证调查。希格兰公司的收购属混合兼并，行为合法。为了使杜邦的收购不至于涉嫌违反《反托拉斯法》，杜邦和大陆石油公司立即申明：大陆石油公司愿将合资石化厂中大陆石油公司的股份卖给蒙圣托公司。大陆石油公司股东和市场投机者们担心美孚公司会卷入一场旷日持久的诉讼之中而最终极有可能败诉，反而造成美孚公司股票的市场价格下降，使得换股后的大陆石油公司股票价格低于杜邦公司的出价，因而纷纷转向杜邦公司。这使得杜邦公司取得了收购战的主导权。杜邦公司得益于《反垄断法》，击败了实力雄厚的石油巨头美孚，最后以每股98美元的价格兼并大陆石油成功。大陆石油公司也得以在这场收购战中全身而退，实现了预期的目标。

在此次并购中，华尔街上每个大的投资银行实际上最后都参与了进来。这起收购对套利者来说可谓天赐良机，每个套利人都获利丰厚。大陆石油公司的股票在交易市场上每股不到50美元，5月份恶意兼并开始时，多姆石油公司出价每股65美元，此后一路飙升。8月份，杜邦公司最终赢得这起收购时，其出价达到每股98美元。

(资料来源：根据“大交易：兼并与反兼并”等编写)

(六)采取针锋相对的策略

1. 帕克曼防御

帕克曼防御(Pacman Defense)，又称“小精灵防御术”。帕克曼防御源于20世纪80年代流行的一种游戏，在该游戏中，电子动物互相残杀，每一个没吃掉其敌手的一方会遭到自我毁灭。在并购中，帕克曼防御是指公司在遭到袭击时，不是被动地防守，而是以攻为守，对收购方发动进攻，收购对方的股份，变被动为主动，由防御者变成进攻者。这种反收购策略有三点好处：①若反攻有力，收购方反过来被反收购方所收购；②形成压力迫使对方放弃进攻企业；③若反攻失败，最终虽被对方收购，但因持有对方股权仍能分享部分利益。但这种进攻风险很大，反收购者本身需有较强的资金实力和外部融资能力；同时，收购方在财务状况、股权结构、股票市价等方面也要具备被收购的条件。

案例点击

马丁公司对贝梯克斯公司的帕克曼防御

1982年，美国贝梯克斯公司对马丁公司发动溢价收购，遭到马丁公司的强烈反对，作为反击，马丁公司出价每股75美元收购贝梯克斯公司，而当时贝梯克斯公司的市价为每股50美元。与此同时，联合技术公司也加入竞争溢价收购贝梯克斯公司的行列，不得已，贝梯克斯公司只好转为防御。艾德伦公司作为白衣骑士，出来解救贝梯克斯公司。最后，艾德伦公司以13.348亿美元收购了贝梯克斯公司。

根据SEC的披露，在这次四角大战中，有20家美国国内银行和4家外国银行贷款给贝梯克斯公司共6.75亿美元，有13家银行共融资9.3亿美元给马丁公司，另外有14家美国国内银行和8家外国银行为艾德伦公司提供了20亿美元的贷款来收购贝梯克斯公司。

其中，15 家银行至少涉及其中两家公司的并购活动，有 3 家银行参与了 4 个公司中至少 3 个公司的收购活动。

(资料来源：帕克曼式反标购. http://www.anfe.edu.cn/jpkc/zqtzx/ziliao/al/pkmsfbg.htm)

2. 绿色邮件

绿色邮件(Green Mail)是指目标企业通过私下协商从并购者手中溢价购回其大量股份，作为交换条件，收购方承诺放弃并购。绿色邮件是反并购中的一种代价昂贵的方法，它要付给收购方较高的价格，可能会损害股东的利益；它也要求目标公司有较强的资金实力。

第二节　投资银行在并购中的作用

并购是一项十分复杂而专业技术性很强的工作。通常，并购双方都选择投资银行充当其顾问和代理人。投资银行的信息比较灵通，对企业比较熟悉，具有较丰富的并购经验；投资银行的财务管理与分析能力较强，能确定较合理的收购价格；且投资银行具有较强的融资能力，能为企业并购提供资金保障。因此，在并购中，投资银行已成为不可缺少的角色。

一、投资银行为并购双方提供的服务

在企业并购中，存在着并购企业和目标企业，二者一般都要根据并购交易的金额、难度、特点选择投资银行，企业应该选择实力雄厚、信誉良好、经验丰富的银行合作。企业在选定投资银行后，要与其签订协议，协议通常包括服务内容、费用安排、免责事项和终结条款。

(一)投资银行为并购企业提供的服务

投资银行为买方提供服务旨在帮助客户以最优的交易结构和并购方式用最低的成本购得最合适的目标企业。投资银行为买方客户提供的服务包括以下十几个方面。

(1) 帮助并购公司进行战略分析，帮助收购方明确收购目的，拟订收购标准。寻找合适的并购机会与目标公司，分析并购目标企业的可行性。

(2) 以企业财务顾问的身份，全面参与并购活动的策划，设计并购方式和交易结构。

(3) 根据并购公司的战略评估目标企业，帮助确定公平价格，拟定可接受的最高出价，向买方董事会提供关于价格的公平意见书。

(4) 评估并购对买方的影响。基于预测审定对并购后公司的影响、评估财务及经营上的协同作用，分析可能出现的摊薄之影响，了解并购后企业的财务需求。

(5) 组织和安排谈判。制订谈判的策略技巧、拟订明确的收购建议。与目标公司大股东和董事等接触，洽谈收购条款。投资银行在与目标公司谈判前应该准备一份完整的材料，阐明此并购的利弊，并要有详尽的理由和数据说明其标价是公平的。

(6) 设计一套保障买方权益的机制。决定适当的“锁定协议”、悔约费、期权或换股交易协议，以保障议定的交易得以完成。

(7) 游说目标企业所有者及目标企业管理层、职工接受买方收购；做好公关活动和舆论宣传，争取有关当局和社会公众的支持。

(8) 针对目标企业可能的反收购行为，采取防范的措施。

(9) 帮助并购公司编制收购财务计划，策划并购融资方案，承销发行并购融资证券或提供收购资金。

(10) 在善意并购情况下与律师一起拟订合约条款，协助买卖双方签订并购合约，办理产权转移手段。

(11) 在公开股票市场上收购上市公司的情况下，帮助买方分析市场情况，策划并实施二级市场操作方案，与交易所、管理层及各有关当事人进行沟通和协调，发出收购要约，完成标购。

(12) 改组目标企业董事会和经理层，实现买方对目标企业的真正控制和接管。

(13) 就接管后的企业整合、经营发展等问题提出咨询意见，帮助买方最终实现并购目标。其中包括接管后帮助买方清理资产与债务、控制财务支出、安排财务计划，确定临时性财务困难的应急措施，避免可能出现的财务危机。

(二)投资银行为目标企业提供的服务

投资银行作为卖方客户的顾问，要帮助卖方以最优的条件将标的企业卖给最合适的买主。投资银行为卖方客户提供的服务包括以下方面。

(1) 帮助卖方明确销售目的。

(2) 策划出售方案和销售策略。

(3) 分析潜在买主的范围，寻找最合适的买方企业。

(4) 评估标的企业，制订合理售价，拟订销售底价，向卖方企业董事会提出关于售价的公平意见。

(5) 制订招标文件，组织招标或谈判。

(6) 积极推销标的企业，游说潜在买方接受卖方企业的出售条件。

(7) 帮助编制合适的销售文件，包括公司说明备忘录和并购协议等。

(8) 与有关各方签署保密协议。

(9) 做好有关方面的公关和说服工作。

(10) 监督协议的执行直至交易完成。

投资银行在敌意并购中作为目标企业及其控股股东顾问，其主要目的是帮助目标企业及其控股股东以尽可能小的代价实现反并购成功。投资银行提供的服务内容主要有以下几项。

(1) 帮助发现潜在收购者，尽早发现企图收购者和收购意图，调查、分析和预测收购者的行动目的和方案，监视其行动过程。

(2) 积极与目标公司董事、股东、经理们制定反收购策略，并具体策划和实施反收购行动。

(3) 针对并购双方的具体情况确定拟用的反并购策略，分析各种可用反并购措施的优劣利弊及其后续影响，帮助企业采取最有效的反并购措施。如帮助寻找“白马骑士”，阻止敌意收购。

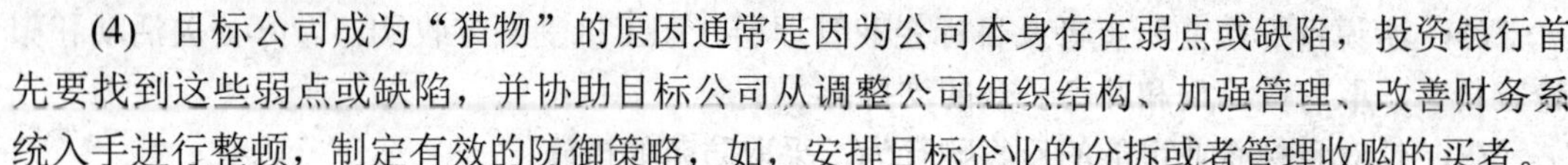

(4) 目标公司成为“猎物”的原因通常是因为公司本身存在弱点或缺陷，投资银行首先要找到这些弱点或缺陷，并协助目标公司从调整公司组织结构、加强管理、改善财务系统入手进行整顿，制定有效的防御策略，如，安排目标企业的分拆或者管理收购的买者。

(5) 筹措反收购资金，安排目标企业在反并购期间的财务活动，控制财务支出，保证反并购活动顺利进行。

(6) 评价收购方的收购条件是否公平，抨击其不合理之处。

(7) 为目标企业策划和制订防御计划，防止下次再遭袭击。

当然，并非每一笔并购业务，投资银行都要担当上述全部角色，究竟担当其中的哪些角色，要视具体情况而定。

二、投资银行为并购双方提供服务的主要环节

(一)公司战略分析

并购是企业的战略行为，它关乎企业的成长。所以投资银行在帮助企业寻找并购机会与并购目标之前，必须帮助企业进行战略分析，包括分析企业的战略目标、分析企业的外部环境及内部条件、分析企业应采取的发展战略。在企业所实施的发展战略的指导下，寻找合适的并购机会。

1. 对企业外部环境的分析

企业外部环境分析包括对政治、经济、社会、文化等因素的分析，对企业并购有较大影响的有国家的经济政策、法律以及重大的机会分析。

1) 国家的经济政策

国家的经济政策对国民经济运行的影响是不容忽视的，企业应该了解国家在企业并购中的引导、监督、中介及服务功能，及时对国家颁布的各项政策作出反应，寻求有利政策的支持，避免不利政策的管制。

首先，要对产业政策进行分析。产业政策一般包括产业结构政策、产业组织政策等。产业结构政策对今后产业结构调整、优化及产业发展顺序作出了规定，这种规定实际上给出了资产存量结构调整与变化的目标，因而给出了并购的有效范围。产业组织政策则主要对市场结构、市场行为的调节作出规定，由于企业并购的结果将提高企业集中度，改变市场结构，因此产业组织政策对企业并购具有重要的引导与制约作用。

其次，要对金融政策进行分析。金融政策通过对不同产业、不同项目、不同类型的企业实行不同的信贷发放准则和利率优惠准则，将起到引导或抑制并购在某一领域发生和发展的作用。

再次，要对财政补贴政策进行分析。在国家产业政策鼓励的范围内，并购方可以在一定时期、一定范围内享有财政贴息，从而引导并购的开展。

最后，要分析对特殊行业的限制。对于某些关系到国计民生的特殊行业，或特殊企业的并购，并购方不能忽视得到有关部门批准的可能性及难易程度。

2) 并购的法律环境

市场经济是一种法制经济，并购作为一种市场行为，必须受到法律的约束。并购方企

业了解法律环境主要是为了避免企业并购中可能遇到的法律障碍。企业并购的法律体系包括兼并法、证券法、反垄断法、公司法、知识产权法、社会保障法等。我国的证券法已经出台，随着法制的不断健全，法律环境对企业并购的影响会越来越大。

3)　对出现的重大机会的分析

当市场出现重大变动时，如某种生产要素的价格突然提高、某种原材料的供应大幅度减少、外汇市场上汇率的涨跌等，会使一些企业陷入突发性的困境，处于劣势地位，或使并购方企业的优势骤然强大，从而为优势企业并购劣势企业提供了重大机会。

2. 对并购企业并购能力的分析

投资银行在帮助并购企业作出并购决策前，要对并购企业进行透彻的诊断和并购行为评估，确认其是否真正需要通过并购来得到发展，企业是否具有并购的能力。对并购企业并购能力的分析，主要有以下两条。

1)　资金运筹能力

企业并购需要较大的资金，因此，要求并购企业必须有良好的资金运筹能力。企业运用的资金可以是企业的自有资金，也可能是凭借企业和商业银行、投资银行以及其他金融机构的良好关系、较高的资信等级筹借来的资金，还可能是通过发行债券募集来的资金。不管用哪种方式筹集资金，都需保证需要时资金及时到位。

2)　经营管理能力

企业并购的目的是要使完成目标企业的并购后，其资产得到合理有效的运用，与并购企业产生协同效益，服务于并购企业的发展战略。只有企业自身具有科学、高效的经营管理系统，才能把目标企业纳入到组织系统中，从而在新的企业整体组成后提高生产效率。这就要求企业有良好的经营机制、优秀的管理人才以及适合企业发展的企业文化等。HP 公司总裁戴维·帕卡德在《惠普之道》中曾形象地写道：许多公司死于消化不良，而不是饥饿。如果企业不具有良好的经营管理能力，很可能并购企业后，不能收到预期目标，拖累原有企业。

案例点击

海尔集团兼并原青岛红星电器公司。该公司原来在青岛市是与青岛电冰箱厂齐名的企业，其生产的青岛夏普洗衣机是国内三大名牌洗衣机之一，但由于该企业管理不善，没有好的文化氛围，企业缺乏凝聚力，致使企业效益连年滑坡，至 1995 年企业状况相当糟糕：总资产为 4 亿元，负债达 5 亿多，资不抵债 1.33 亿，负债率高达 140%多。当青岛市政府决定将红星电器公司整体划归海尔集团的消息一公布，很多人都持怀疑态度：“这么大的包袱背得动吗？”海尔集团在接管红星电器公司后，将它改组为海尔洗衣机股份有限公司，输入成套的管理模式，以海尔品牌及管理带动了该企业的发展，彻底实现了企业大变样：3 个月扭亏，第 5 个月盈利 150 万元，第二年该公司的发展更是突飞猛进，各种荣誉不断——一次通过了 ISO 9001 国际质量体系认证，荣获中国洗衣机“十佳品牌”、消费者购物首选品牌、开箱合格率等 8 项第一；市场占有率上升速度同样惊人，1996 年底，海尔洗衣机在全国百家大商场的份额已占 22%，1997 年上半年又上升到 28.31%，比第二名高出 5 个百分点。

(资料来源：海尔文化激活“休克鱼”——海尔兼并原青岛红星电器厂. 郁迪. 中国商贸，1999 年第 1 期)

(二)目标公司选择

1. 目标公司初选

目标企业的选择一般是从并购企业发展战略考虑，例如，为了避开行业发展的局限性而步入另一行业；随着国家宏观战略布局重点的转移而进行资本空间结构的转移；选择业务相近的企业并购以扩大市场占有率；发展多种经营，以减少经营风险；预测被并购企业的地理位置良好，将来在地价上可以获利丰厚；利用并购企业的专业技术，进行优势互补等。并购方在明确并购目的的同时，也确定了选择目标企业的标准。这些标准包括：产业类别、规模、地理位置、市场地位、技术水平等。目标企业的初选就是按照这些标准，寻找那些对自己有价值的目标。

收购公司的动机不同，它要寻求的目标公司也不同，但一般而言，具有以下特征的公司最容易被收购公司看中：公司发展前途大，但管理班子比较弱；股东比较分散；高层管理人员掌握股票不多，大量股票分散在机构性股东手中；公司股票的账面价值高于市场；很少或没有发行在外的债券等。收购企业通常会围绕自身的发展战略，通过比较分析，候选几个并购对象。

2. 目标公司审查

确定目标企业是一项难度较大的工作，必须从收集资料信息开始，对资料进行广泛、深入的分析和研究，一般要对候选对象进行专门的调查研究。

1) 目标公司的出售动机

了解目标公司的出售动机，有助于把握对目标公司审查的重点、估算公司价值、拟定谈判策略。一般而言，公司出售动机分为以下几个方面。

(1) 股东或公司发生资金上的困难。比如目标公司大股东急需资金，需要出售所持有的股权，并不是目标公司经营不善；集团公司在整体运营不佳而需要资金时，被迫出售赚钱的子公司或部门；目标公司本身急需外界资金投入，只有通过外界认购增资股，或股东低价出售全部股权等来解决。对于发生这类财务危机的目标，若有把握投入资金后能渡过危机，则是较好的收购机会。

(2) 目标公司获利能力低。公司经营不善是股东欲出售股权的主要动机。导致目标公司经营不善的原因很多，除因经营环境恶化外，还有由于无法掌握该行业营运的关键性资源，如管理人才、关键技术、营销网络等，而使其市场竞争能力被削弱。买方只有在认定自己具备这些关键资源时，才应考虑收购经营该公司。

(3) 战略性投资组合的调整。混合经营公司经常通过买卖战略经营单位对投资组合进行调整。公司常将获利不佳的战略经营单位卖掉，而收购获利较佳的战略经营单位；有时又会将目前盈利尚好但未来看淡的战略经营单位趁目前的高价出售，而收购未来看好但目前尚在萌芽期的一些新单位。

(4) 其他动机。企业乐于出售，也可能会有一些不便道出的动机。例如，在被收购企业以需要资金转产的表面动机的背后，实际隐瞒了由于新法规将颁布不利于企业继续经营的条文；在法律诉讼方面企业将面临严重的问题；在市场竞争中，企业将受到极大的威胁；在原材料供应上，将出现巨大的困难；等等。如果事先没有调查清楚这类动机，在完成收

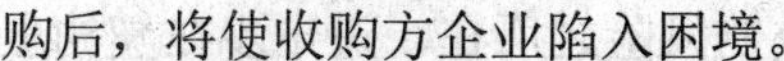

购后，将使收购方企业陷入困境。

2)　目标企业所处的行业分析

一个企业所处的行业环境，对企业影响最直接、作用最大。因此，在并购中，投资银行要帮助买方企业对目标企业所处行业进行深刻分析，以弄清行业的总体趋势，发现环境中存在的威胁，寻找并购后重整的发展机会等。行业分析包括：行业状况分析，即行业所处的发展阶段，行业在社会经济中的地位和作用以及行业的基本状况等；行业特点分析，主要包括该企业商品特点及市场特征、需求变动、技术革新的水平等；竞争对手分析，主要包括该企业的竞争者状况、市场占有率状况、产品开发能力等；相关的政策法规分析，包括与该企业有关的政策、行业管理条例、国家法令等。

3)　目标公司总体经营状况及财务评价

目标公司总体经营状况包括：企业在行业中的位置、企业适应行业未来技术和竞争的发展变化的能力、竞争水平和公司的竞争实力；财政隶属关系；资产总体状况、固定资产规模、设备先进程度、生产工艺情况；公司的研究开发能力；企业地理位置、占地面积；企业人员结构、管理水平、职工素质、企业文化；商誉等。

对目标企业财务状况的分析，主要包括：目标公司近几年的财务状况及以后年度财务状况预测；是否存在或有负债和或有成本；资产收益率、资本收益率、主要股东投资收益情况；流动性及偿债能力；盈利能力；增长能力等。对目标公司财务状况的分析的信息来源主要是目标企业公布的年终报表、中期业绩以及提供的财务报表等，这些材料是否真实，有待于投资银行经过一定的技术分析和经验去审查，其目的在于使买方确定卖方所提供的财务报表是否公正地表达该企业的财务状况。

3. 目标公司的审慎调查

利用有关书面资料或信息对目标公司作出分析与评估，以确定其是否适于作为并购目标，这只是审查的一方面或一个阶段。在买卖双方已草签协议或其他不太具约束力的契约后，还要进行较深入的审查，称之为审慎调查或“听证”(Due Diligence)，重点检查卖方提供资料的真实性及拥有资产的合法性。审查的结果是为了协助买卖双方定价或协商交易条件，以及作日后营运规划参考，并可确定出收购后影响营运及公司价值的机会与障碍，从而决定是否加以收购。审慎调查一般包括经营、法律、财务等方面的审查。

经营审查主要是要了解一些关键因素的变动风险，包括：在产品方面，与竞争者相比其成本、质量如何；在生产线、技术、市场营销、管理及其他经营特色上，与本公司的协同程度究竟有多高，现有客户特性及购买动机，原有供应商及主要客户是否会因收购而流失。

法律审查重点审查公司组织、章程中各项条款。比如，对于公司的重大决定，须经多少比例以上的股权同意方可进行的规定；有无有关特别投票权的规定及限制等。审查还包括公司日常法律文件，如股东会、董事会的议事录，股东大会决议等。

财务审查的目的在于使买方确定卖方所提供的财务报表是否真实表明了该企业的财务状况，是否有未透露、虚假或错误事宜。

审慎调查的重点及程度，主要视买方对目标本身及行业的了解程度而定。对于审查发现的问题，买方应审慎决定是否能解决，是否需要投资，还是放弃收购。

无论何种形式、内容的审查，其目的都是希望确定收购风险之所在，进一步在契约上要求卖方作相当程度保证。由于审查对收购谈判及日后经营均有作用，因此，某种意义上，在收购契约已订好但还未正式交割前，对目标公司的审查是个不断进行的过程。

在审查过程中，为保证卖方的商业秘密不流入第三方及收购消息不泄露，双方常签署“保密协议”。

(三)分析并购风险

并购是一种高风险与高收益相伴的业务，投资银行应该帮助客户分析并购风险。并购活动中包括以下几类主要风险。

1. 经营风险

经营风险是指并购后无法形成协同效应，并购方未能达到预期目的而产生的风险。其产生的原因可能是因为并购前期的预测有误，还可能是外部条件发生意外变化。

2. 多付风险

尽管被收购企业运作良好，高收购价格使收购者无法获得满意的投资回报。

3. 财务风险

并购一般需要巨额资金的支持，并购方通过借债为收购融资，制约了其为经营融资并同时偿债的能力。并购方的自由资金并不能满足并购的需要，因此，必须通过银行贷款、发行债券、发行新股等方式融资，如果融资方式欠佳或融资失败，就会提高融资成本，造成企业并购后沉重的偿债负担，可能使并购方破产，还可能使并购计划无法完成。

4. 反收购风险

并购方在发动敌意收购时，目标公司可能反对并会采取一系列反收购行动，由此可能造成收购活动的失败。

5. 法律风险

国家法律一般对并购都有严格的限制，如反垄断法，如果并购方被控违反公平竞争，进行行业垄断，就可能受到法律制约，从而使并购失败。再如，一些相关的法律规定，当并购方持有被收购公司的一定比例的股份后，必须举牌并向全体股东发出收购要约，这会使并购成本上升，从而降低了收购成功的可能性。

6. 信息风险

如果在并购中，投资银行及并购方无法获得目标公司的完全信息，就难以制定科学周密的行动方案，从而造成并购的失败。尤其在敌意收购中，信息风险会很大。

(四)目标公司估价及出价

投资银行在企业并购中所做的一项非常重要的工作就是帮助并购双方确定交易价格。企业并购交易价格的确定是实施企业并购的关键环节。

企业并购的交易价格的确定，是以目标企业价值评估为基础的(企业并购估价的方法将在下节介绍)，在此基础上，还要考虑如下因素。

1. 供需双方在产权市场的供求状况

企业并购的交易价格，在很大程度上，取决于对所并购企业资产的供需状况。当目标企业资产有众多的买者时，其交易价格就会被抬高，而当目标企业资产或其同类的企业资产在产权交易市场上过剩时，其价格就会下跌。而产权市场的供求状况与国家的经济政策、经济周期、产业结构的调整有很大关系。

2. 并购双方在并购中的地位

如果并购方处于经营优势，被并购方处于经营劣势，甚至只有被并购才能走出困境，这种地位的悬殊必然会影响到交易价格的确定，交易价格通常会受到并购企业的左右；反之，如果被并购企业具有先进技术和管理水平，或拥有资源，目标企业就会凭借自己可被利用的因素来抬高并购价格。

3. 并购双方对资产预期收益的估计

并购是基于目标企业存续经营基础上的，并购企业之所以并购目标企业，是出于并购后目标企业能够带来预期的收益。并购双方由于对资产预期收益的估计会有不同，将会影响对交易价格的确定。

4. 并购双方对机会成本的比较

当并购企业用一笔资本购买目标企业的资产时，就同时放弃其他领域，如投资新建的机会，这就产生了机会成本。同样，目标企业也由于放弃现有资产经营而可能获得收益的机会，得到了投资其他领域的机会，这也产生了机会成本。一般来说，只有当二者各自未来的收益大于各自的机会成本时，二者才可能接受交易价格。

5. 未来的经营风险估计

经营风险是由未来经营环境的不确定性所引起的。未来的经营环境的不确定性越大，风险就会越大，交易价格就会越低；反之，如预测未来的经营状况将会得到改善，交易价格则会提高。

6. 控制溢价

控制溢价是指一个企业想获得另一个企业的控股权，则其购买对方股票时支付的每股价格要高于在市场上购买零星股票支付的每股价格，高出部分即为控制溢价。控制溢价会抬高并购价格。

7. 其他附加条件

目标企业人员安排、债权和债务情况，以及目标企业提出的附加条件等，都会影响交易价格的确定。

(五)并购实施

1. 发出要约及签订并购协议

除敌意收购外，收购企业都应在并购开始之初向目标企业发出并购要约，并提出并购条件、收购价格等。收购企业发出要约后，应主动与目标企业管理层及主要股东进行接触。

如果并购双方在基本问题上达成一致，就会签订并购协议。并购协议中，应明确并购的时间表、价格、支付工具、双方在并购期间的权利与责任、对目标企业历史遗留问题的处理方法、中介机构费用等基本内容。

2. 制定融资方案

融资是并购中必须考虑的一个重要问题。考虑融资方案时应该处理好成本、风险及收益的关系，分析采取何种方式融资才能做到成本低、风险小、收益高。由于并购交易的时间具有一定的不确定性，融资方案必须考虑到并购活动的时间要求。同时还要考虑融资结构问题，融资结构包括融资渠道构成及规模结构，它们对企业的经营风险都有很大的影响。

投资银行在并购中可以为并购公司制订一揽子的融资计划，包括：由投资银行提供“过桥贷款”(Bridge Loan)，时间一般不超过 6 个月，一般由收购公司筹集到资金时归还，也可在收购完成后归还；由投资银行出面安排商业银行贷款，大多由收购公司通过资产抵押向银行贷款，通常商业银行对贷款条件和额度都有严格的规定；由投资银行代理并购企业发售新债券——“次级信用债券”，即高风险、高收益的“垃圾债券”等。

3. 选择并购的支付方式

并购支付方式的选择是企业并购中的一个至关重要的问题，它直接关系到企业并购的风险性和资金使用效率，从而关系到并购的成功及交易价格的高低。并购支付方式的选择除了符合法律规定外，主要取决于并购方企业的自身条件和目标企业的状况。并购的支付方式通常有以下几种

1) 现金支付方式

现金支付方式的优点在于：首先是现金支付并购速度快，它可以使目标公司措手不及，无法获得充分的时间进行反收购防御；其次，现金支付可以使竞购的对手或潜在的对手难以很快筹措现金与之抗衡；最后，收购公司的股东权益不会被稀释和导致控制权转移，更不可能产生逆向并购。对于目标公司而言，由于现金不存在流动性变化和变现问题，所以股东不必承受因证券支付而带来的收益不确定性，从而可以获得价值稳定的收益。现金支付方式的缺点在于，对目标公司而言，收到现金需要立即交纳资本利得税，而无法取得延迟纳税，另外，目标公司还将无法获得合并后公司的持续股本利息。

2) 股票支付方式

股票支付方式的优点在于：从收购公司的角度来看，通过股票方式支付不须动用大量现金，因而不会挤占公司的营运资金，同时如果是市盈率高的公司兼并收购市盈率低的目标公司，还可以提高并购后新公司的估价。从目标公司的角度来看，股东可以推迟收益实现时间，享受税收优惠；再者，由于继续拥有股权，目标公司的股东能够分享并购后新公司所实现的价值增值。股票支付方式同样存在缺陷：首先，股票发行的繁琐迟缓使得不愿意被并购的目标公司有时间布置反收购防御，也使竞争对手有机会组织有力的竞争；其次，并购成本不易把握，股价的波动使收购公司不能固定其收购成本；最后，这种方式会稀释股权并使并购后的每股净收益出现回落。

3) 综合支付方式

由于单一的支付方式都有其不可避免的局限性，因而把各种融资方式组合在一起就可

以扬长避短。但使用综合支付方式也具有一定的风险，有可能会出现由于各种融资方式搭配不当而产生风险，因此投资银行在采用综合方式进行支付时应慎重考虑。

(1) 优先股方式。在并购中，优先股方式最常见的形式是可转换优先股。收购公司运用优先股支付不会挤占营运资金，且优先股转换成普通股的转换溢价通常高达 20%左右，因此这是一种成本低、效率高的支付方式。由于可转换优先股具有普通股的大部分特征，且又有固定收益证券的性质，因而较易为目标公司所接受。然而，优先股在兼有普通股和固定收益债券两者优点的同时，也同时兼有两者的弱点。

(2) 可转换债券方式。收购公司采用可转换债券方式支付有多种好处：首先，可以降低收购成本，可转换债券的利率通常低于普通债券的利率；其次，可转换债券可推迟新股东加入而稀释原股东权益的时间；最后，在税前利润中支付股息，可以少缴所得税。可转换债券对目标企业股东有很大的吸引力，尤其是对不愿冒风险的股东，他们可能会愿意放弃股票的一些上升机会，转而换取每年的固定利息率，以及持有赎回或换取股票的权利。

但现实中的可转换债券方式融资并不常见，其主要原因有：第一，可转换债券持有者有将债券转换成股票的权利，因此其本质上是推迟发行的新股，而发行新股对每股收益都会有一定的稀释作用，因此会引起股价波动，新老股东都会受到影响；第二，可转换债券的利率虽然低于一般债券，但只有在其高于目标公司普通股股息时才能吸引目标公司的股东将股票换成收购公司的可转换债券，这对收购公司来说有一定压力。

(六)并购后的整合

企业并购后的整合(Integration)是指当并购企业获得目标企业的资产所有权、股权或经营控制权之后进行的资产、人员等企业要素的整体系统性安排，从而使并购后的企业按照一定的并购目标、方针和战略组织运营。并购整合需要将原来不同的运作体系(管理、生产、营销、服务、企业文化和形象等)有机地结合成一个运作体系，是整个并购过程中最艰难，也是最关键的阶段。在并购整合中，投资银行可以协助并购后的企业做以下工作。

1. 制订整合计划

根据公司发展战略的要求，确切规划在何时、以何种方式有效地合并双方公司的主要资源、资产、业务，以达到并购后的新公司的战略目标。

2. 协助公司沟通整合计划

并购与并购后的整合涉及多方面的实际利益。要保证并购活动的成功，需要与并购活动相关的所有人进行有效沟通。这些相关利益者包括：股东、员工、管理层、供应商、产品/服务的用户、公众、政府等。

3. 战略整合

战略整合即将目标公司的运行纳入主并企业整体发展战略中来。

4. 管理及组织整合

管理及组织整合主要包括：管理制度(如财务、工资制度)的整合；管理观念的融入，管理组织的调整；管理优势的嫁接以及运营管理的整合等。以使目标公司纳入主并企业整体的管理体制框架结构之下。

5. 人力资源的整合

人力资源是企业中的重要资源。人力资源整合是指对现有人员进行优化配置，留住并购双方的关键人员，对企业各层次的人员进行合理的调配和安排，最大限度地减少被收购企业员工的抵触情绪，调动员工的积极性。

6. 财务资源与有形资产的整合

完成并购资产/股权的接管后，需要对并购后公司的有形资产如厂房设施、设备、存货等进行重新配置，以实现并购的战略目标。

7. 商誉与其他无形资产的整合

商誉等无形资产是最珍贵的，也是最易受损的。如何使并购前的两家公司的无形资产在并购后不致受到损害，是并购整合过程中极为重要的一项活动。而这些资产的整合、保值增值需要专业人士来完成。

8. 文化整合

文化整合是企业并购整合的重点和难点。企业文化是企业在长期的经营过程中逐渐形成并为全体成员遵循的共同意识、价值观念、职业道德、行为规范和准则的总和。并购企业文化能否取得目标公司管理者及员工的认同，是并购活动能否成功的前提，也是并购后彼此能否实现融合的基础。

三、投资银行并购业务的收入

投资银行从事并购业务的报酬主要有两种情况：一种是先向客户企业收取一笔费用，然后随时向客户提供顾问服务，这类似于常年顾问；另一种情况是投资银行就某一单特定的并购业务收取顾问费。

投资银行就特定的并购业务收费包括两类。

(一)前端手续费

大型投资银行在接受客户委托订立契约时，通常以先收方式要求一定的费用。前端手续费(Front End Fee)有两种意义，对于投资银行来说，可以补偿牺牲其他精力的损失，同时又是委托人对于合并抱有决心的证明。因此投资银行才能放心而认真地筹划工作。不管合并成败如何，委托人必须付给投资银行前端手续费。

(二)成功酬金

合并成功后，委托人按照交易额支付成功酬金(Success Fee)。它是对投资银行服务支付手续费的最普遍的方式。支付手续费有以下三种主要的计费方式。

1. 固定比例佣金

无论并购交易金额是多少，投资银行都按照某一固定比例收取佣金。固定比例的确定一般由投资银行和客户谈判进行，并购交易的金额越大，这一固定比例越低。

2. 累退比例佣金

累退比例佣金是指投资银行的佣金随着交易金额的上升而按比例下降。累退比例佣金可以通过莱曼公式计算，参见表 9-2。

表 9-2　用莱曼公式计算累退比例佣金

金额等级	佣金比例/%
第一个 100 万美元	5
第二个 100 万美元	4
第三个 100 万美元	3
第四个 100 万美元	2
超出 400 万美元的部分	1

如果某一个并购项目的交易金额为 500 万美元，则按莱曼公式计算的佣金为

$$100\times5\%+100\times4\%+100\times3\%+100\times2\%+100\times1\%=15(\text{万美元})$$

以莱曼公式为基础，投资银行可以与客户协商对交易金额等级和佣金比例进行调整，如以每 300 万美元作为一个级别，依次每增加 300 万元则降低一个百分比。另一个常用的莱曼公式调整计费的办法是对第一个 500 万美元收取 5%，第二个 1000 万美元收取 2.5%，超过 1500 万美元的部分收取 0.75%。

3. 累进比例佣金

投资银行与客户事先对并购交易所需金额作出估计预测，除按此估计交易金额收取固定比例佣金外，如果实际发生金额低于(或高于)估计额则给予累进比例佣金作为奖励。如估计收购目标公司约需 5000 万美元，如果投资银行实际只用 4900 万美元就获得了控股权，那么就可获得 1 个百分点的奖励；如果只用了 4800 万美元，就再增加 1 个百分点。对于并购方的投资银行来说，成交金额越低，获得佣金的比例越高。

投资银行除作为并购业务顾问收取费用外，还有一些附加的收入，如通过为并购企业融资获取佣金。

第三节　企业并购的价值评估

企业并购是一项复杂的经济行为，其中的一个重要环节是如何正确地估计目标企业的价值并据以确定交易价格。在很多大型并购中，交易双方都要雇请投资银行来估价目标企业，帮助制订公平价格，尤其是在买卖双方对企业价值的认定差异较大时，通过投资银行与双方的协商和谈判则更为重要。双方的谈判能力往往是影响成交价格的主要因素。

企业价值评估具有较强的科学性和艺术性。所谓科学性，是指企业价值评估需要依据金融理论和模型；所谓艺术性，是指在价值评估中依赖于投资银行家的经验和洞察力。根据并购者的动因与目的以及目标企业的具体情况，可以相应地采取不同的评估方法。

对目标公司价值评估的目的是为收购人提供一个谈判协商时的参考报价，或者公开收

购时出价的一个主观标准。如果采用股权交换方式，收购人还须注意自身价值的估算。企业价值评估的方法种类繁多，常见的有以下方法。

一、贴现法

贴现法从理论上来讲是一种最科学、成熟的评估方法，也是一种充满主观性和需要大量假设的方法，它建立在对企业未来的正确预测基础之上。贴现法包括贴现现金流法、收益贴现法和股利折现法。

(一)贴现现金流法

贴现现金流法(Discounted Cash Flow，DCF)是企业并购中评估目标企业价值最常用的方法。它是在目标企业持续经营的前提下，通过对目标企业被并购后各年预期的现金净流量，按照适当的折现率所折现的现值作为目标企业价值的一种评估方法。

贴现现金流法的基础是基于对未来自由现金流量的预测，需要注意的是公司自由现金流量是由收购引起的期望的现金流。现实中，收购方对其估计可能与目标公司作为一家独立公司时的估计大不相同。这是因为收购方可获得目标公司独自所不能获得的经济效益，从而使收购方与目标公司获得整体性协同效果，包括：生产方式、营销方式调整或互补所增加的销售量与收入；出售部分资产的现金净收入等。这可视为买方取得目标公司控制权的“价值”。另外，收购会引致一些为取得协同效应而必需的投资及相应增加的营运资金。这些投资的初始费用也要体现在估计中。

折现率可以采用目标企业未来现金流量的资本成本，资本成本相当于债务成本与股本资本成本的加权平均值。权数为公司预计的未来资本结构中，债务与股本各自所占比例。

预测期一般是逐期预测现金流量，直到其不确定的程度使管理部门难以作更进一步的预测。虽然这种做法随着行业背景、管理部门政策和收购的具体环境不同而不同，但在很多情况下将预测期一般定为 5～10 年。但也有例外，例如，奔驰和克莱斯勒合并时，就按照德国有关并购的相应会计政策进行了 3 年的预测，以后的区间按永续经营的原则处理。

(二)收益贴现法

收益贴现法是依据企业未来预期收益，按适当的折现率折算成现值，并以此收益现值作为整体资产的收益价值，即评估值。

由于现金流量模式与收益贴现模式是不同的概念，因此按现金流量模式与收益贴现模式评估出的“并购价值”有可能相差甚远。从理论上看，对收益或者利润进行折现不能用来评估公司股权价值。在假设每年的折旧和投资支出额相抵消时，可以直接对净收益折现。

在并购中一般很少采用类似的模型，除非是并购双方受到当地并购监管在评估方面的限定。例如，奔驰和克莱斯勒进行并购的过程中，由于德国监管当局对并购估价方法的规定，双方采用收益贴现法作为确定换股比例的方法之一。

案例点击

奔驰与克莱斯勒的合并

奔驰与克莱斯勒是两家世界知名的超大公司，其合并的复杂程度和估价难度可想而知。

因此，合并双方分别聘请了两家投资银行作为各自的财务顾问，以合理确定两家公司的实际价值和换股比例。首先，财务顾问否定了以账面价值确定换股比例的方法。因为，对于持续经营企业而言，账面净资产并不能反映企业的实际价值。其次，财务顾问也不同意以每股市价确定换股比例，尽管奔驰公司以ADR形式在美国上市，但股票价格仍受股票数量、交易情况和投机因素的影响，短期波动较大，同时根据德国惯例和通常做法，一般不采用股票市价确定换股比例。最后，清算价值法同样被否定，因为两家公司的合并是为了继续经营并取得规模效应，而非为了清算。因此，经过双方财务顾问商定并分别经双方公司批准，决定以收益现值法对两家公司分别估价，并以此为基础确定换股比例。

一、估价过程

1. 以各自独立经营为基础分别估价

以各自独立经营为基础分别估价，不考虑双方因合并所产生的协同效应、整合效果以及合并过程中所发生的费用。因为：第一，两个企业的规模、实力和发展机会基本相当，双方对合并后企业的贡献基本相同；第二，两个企业价值较大，整合效果占企业价值的比例非常小，可以忽略不计。

2. 建立分段估价模型

从历史数据出发，分别考虑两个企业发展以及所处的环境，分析可能存在的风险和发展机会，建立分段估价模型。第一阶段是1998—2000年，第二阶段是2001年及以后年份(恒定收益)。

第一阶段：双方财务顾问根据两家公司经审计的财务报表，分别对1995—1997年各项收入和费用进行详细的分析，剔除未来不会重复发生的一次性收入和费用，以此评价两个公司当前的获利能力，然后分别按照两家公司的发展速度预测出两家公司1998年、1999年、2000年各自所属部门的息税前收益(EBIT)。

第二阶段：自2001年开始，假定两家公司息税前收益保持不变，其数额等于第一阶段最后一个预测年份(2000年)息税前收益，扣除不会重复发生的收入和费用，再扣除按照两家公司1998年1月1日的资本结构计算得出的利息费用和企业所得税，得出两家公司未来各年的净收益。同时按照德国注册会计师协会企业价值评估委员会的规定，企业估价必须考虑股权投资者的纳税情况。因此，在公司净收益的基础上，分别减去按35%税率计算的股东所得税，最终得到用于贴现的税后净收益。

3. 确定折现率

两家财务顾问将折现率分解为三个部分：资本成本、风险报酬率和修正值。

资本成本：1980—1997年，德国最高信用等级银行平均收益率为7%。两家公司合并时，资本市场正处于不稳定期，不足以代表未来长期的利率水平，双方最终确定用于估价的资本成本为6.5%。

风险报酬率：取决于企业自身和所在行业的风险，根据有关实证研究资料，平均风险报酬率在4%～6%，因为两个公司属于同一行业，同时在未来可预见的时间内，汽车市场发展势头较好，所以统一采用3.5%作为风险报酬率。

修正值：从理论上来讲，资本成本包括了通货膨胀部分的风险补偿，但由于企业可以通过销售收入的增加补偿因通货膨胀造成的成本上升，企业的名义收益将按通货膨胀的一定比例增长。所以，名义贴现率包含了数值上等于未来通货膨胀率一定比例的可扣减利率。假定通过提高销售价格，两家公司的名义收益将以 1%的速度增长，则 2001 年及以后年份恒定收益的折现率应减去 1%的修正值。而 1998—2000 年的各项收入和费用是按实际金额估算的，所以这三年的折现率无须扣减修正值。

经过上述测算，在扣除 35%的股东所得税后，两个阶段的折现率分别为 6.5%和 5.5%。

4. 非经营性资产的评估(不动产和艺术品)

收益现值仅反映了企业经营性资产持续经营的价值，要得到一个企业完整的价值，还需要对非经营性资产进行单独评估。因为，这些可单独出售的非经营性资产并不影响企业的持续经营及其价值。两个公司分别按市价法对非经营性资产进行评估。

通过上述估价，两个企业的收益现值分别为 10 207 100 万马克、8 037 900 万马克。再加上非经营资产的价值，得出两个公司的实际价值分别为：奔驰公司 11 001 000 万马克，克莱斯勒公司 8 043 900 万马克(不出售库存股票)或 8 227 200 万马克(出售库存股票)。

二、确定每股现值

在两个公司的实际价值业已确定的情况下，关键是确定双方总股本数。两家公司在合并之前均发行了股票期权、业绩奖励股票、附认股权证的债券和强制可转换债券等。克莱斯勒公司还拥有 3000 万股的库存股票。企业的实际每股价值和股本总数将受到这些因素是否执行的影响。财务顾问假定这些股票期权、认股权证和可转换债券在合并日之前全部执行，并按照双方 1998 年 6 月 30 日的股票市价，全部将其转换为各自的普通股股票。

克莱斯勒的库存股票是否出售取决于能否采用联营法进行会计处理。研究之后确定分两种情况进行测算。在出售的情况下，按照 1998 年 6 月 30 日克莱斯勒的股票市价扣除 2.5%的股票手续费及股票价格的潜在下跌和股东所得税等因素，并按照同日美元对马克比价计算，克莱斯勒公司库存股票价值为 183 300 万马克。如果不出售，则克莱斯勒公司股本减少 3000 万股，实际价值减少 183 300 万马克。

经过上述测算，奔驰公司总股本为 58 346.5 万股，克莱斯勒公司总股本 65 950 万股(不出售库存股票)或 68 950 万股(出售库存股票)。两个公司的每股现值为：

奔驰公司 11 001 000/58 346.5=188.55

克莱斯勒公司 8 043 900/65 950=121.97(不出售库存股票)

8 227 200/68 950=119.32(出售库存股票)

(资料来源：朱武祥，邓海峰. 戴姆勒奔驰/克莱斯勒合并换股计算实例. http://finance.sina.com.cn，2003 年 7 月 1 日)

(三)股利折现法

股利折现法又称为股利资本化法。它是根据并购后预期可获得的年股利额和年股利率来估算目标企业价值的一种评估方法。

股利折现法的缺点在于它并没有考虑企业并购后并购企业不仅可以获得股利，而且还可以获得控制权。如果某一股东持有较大比例的有投票权股票，就可以确保其对股利政策的影响，那么用股利代替收益没有任何优点。此外，利用股利折现法对快速成长公司的估价偏低，以及对周期性变化较大的行业较难运用也是该法的缺点与限制。因此，股利折现法一般只适用于对少数持股的公司的评估。在并购实践中，大多数并购企业不是以赚取股利为并购动机的，它们对目标企业的股利支付能力不是很感兴趣，亦很少采用股利贴现模式来对目标企业的并购价值进行评估。

二、市场比较法

市场比较法的基本思路是以与被评估企业相同或相似的已交易企业的价值或上市公司的价值作为参照物，通过被评估企业与参照物之间的对比分析，以及必要的调整，来估测被评估企业的整体价值。这种方法在实践中应用十分广泛。根据比较标准的不同，有以下三种方法。

(一)可比公司分析法

可比公司分析法(Comparable Company)，是将潜在收购对象的价值与具有相似特点的上市公司的市场价值进行比较。

(二)可比交易分析法

可比交易法(Comparable Transaction)用于分析在过去几年里目标公司所处的行业或相似行业内的交易。计算所有可比交易的总收购乘数，而后将该乘数用于计算目标公司的融资结果来估计目标公司可能的交易价格。当有真实的可比交易数据时该方法非常有效。

在股权收购的情况下，可比交易法被公认为最佳。使用可比交易法时，一般都会参照近期发生的“可比”并购交易的情况，主要是参考其溢价程度、定价隐含的关键比率(如EV/EBITDA，*P*/*E*)倍数。而选取的可比交易，一般都是同行业内部发生的，规模在一个量级的交易。

其中，如何对“溢价”进行定义也十分重要，财务顾问会在具体的分析中进行准确的定义。一般都是采用交易当时的价格(股票或现金)与双方正式对外公布有关并购信息前一段时间(如一个月)的平均股价进行比较。

(三)历史价格法

历史价格法完全参照交易双方的历史股价，并以此确定交易的价格或者换股的比例情况，相对来讲，这种方法主要是提供一个参考范围，交易双方一般很少会将其作为核心的定价依据。

在技术上，使用历史价格信息需要排除除权或者分拆等因素的影响。一般财务顾问会选取不同时间长度的历史价格比较，采用某个时间段价格的简单平均，或者移动平均作为比较对象，例如一个星期、一个月等。

三、资产基准法

资产基准法是通过对目标企业的资产、负债和商誉进行逐项评估的方式来评估目标企业价值的一种方法。目前国际上通行的资产估价方法如下。

(一)账面价值法

企业账面价值是指资产负债表上总资产减去负债的剩余部分，也被称为股东权益、净值或净资产。账面价值法也可为所有公司评价提供基本依据。经过审查后的报表应反映公司真实财务状况，但若想估算价值，仍须对各项目作必要的调整。实际上净值法就是买卖双方针对各项资产负债，逐一估价，最终确定一个双方满意的交易价格。

案例点击

清华同方吸收合并山东鲁颖电子

清华同方吸收合并山东鲁颖电子，开创了我国证券市场换股并购的先河。其换股比例的确定颇费周折。由于重置成本法难以反映高科技企业的未来发展以及潜在风险，因此不适宜采用此种方法确定换股比例。同时，由于受资料限制，贴现模式也难以采用。经过双方多次协商，最终确定换股比例折算方法为每股净资产加成系数法。所谓每股净资产加成系数法，是指以合并双方合并基准日经过审计的净资产为基础，综合考虑双方的每股收益、净资产收益率、融资能力、企业成长性以及无形资产等方面因素的影响后，确定加成系数，然后计算换股比例。

具体程序如下。

(1) 确定换股比例。根据审计结果，截至 1998 年 6 月 30 日，清华同方每股净资产为 3.32 元，山东鲁颖电子每股净资产为 2.49 元。由于清华同方是上市公司，主营计算机和信息技术开发业务，发展较快，未来盈利空间较大。双方经过讨价还价，确定加成系数为 0.35。由此确定换股比例为 1.8∶1，即以每 1.8 股鲁颖电子股份换取清华同方普通股 1 股。

{注：3.32×(1+0.35)/2.49=1.8}

(2) 换股过程。清华同方以 1.8∶1 的换股比例，向鲁颖电子全体股东定向增发普通股 15 172 328 股，换取鲁颖电子股东所持有的全部股份 27 310 192 股(15 172 328×1.8=27 310 192)。

(资料来源：清华同方股份有限公司吸收合并山东鲁颖电子股份有限公司预案说明. 上海证券报，1998 年 10 月 30 日)

(二)清算价值法

清算价值法是在企业作为一个整体已丧失增值能力情况下的一种资产评估方法。其中，清算价值是指目标企业出现财务危机而导致破产或停业清算时，把企业中的实物资产逐个分离而单独出售得到的收入。它可以用作定价基准，即任何目标企业的最低实际价值。

(三)重置价值法

重置价值法是通过确定目标企业各单项资产的重置成本，减去其实体有形损耗、功能性贬值和经济性贬值，来评定目标企业各单项资产的重估价值，以各单项资产评估价值加总再减去负债作为目标企业价值的参考。它的基本思路是，任何一个了解行情的潜在投资者，在购置一项资产时，他所愿意支付的价格不会超过建造一项与所购资产具有相同用途的替代品所需的成本。如果投资者的待购资产是全新的，其价格不会超过替代资产的现行建造成本扣减各种陈旧贬值后的余额。这种评估目标企业价值的方法适用于并购企业以获得资产为动机的并购行为。

利用重置成本对目标企业估价还可以利用其市场价值。最著名的资产模型就是托宾

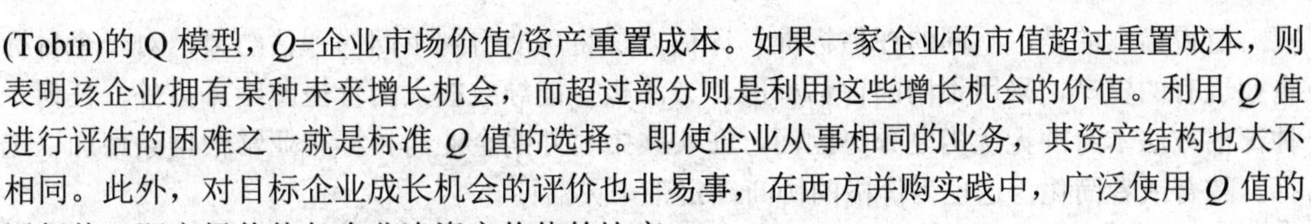

(Tobin)的 Q 模型，Q=企业市场价值/资产重置成本。如果一家企业的市值超过重置成本，则表明该企业拥有某种未来增长机会，而超过部分则是利用这些增长机会的价值。利用 Q 值进行评估的困难之一就是标准 Q 值的选择。即使企业从事相同的业务，其资产结构也大不相同。此外，对目标企业成长机会的评价也非易事，在西方并购实践中，广泛使用 Q 值的近似值，即市场价值与企业净资产价值的比率。

四、混合法

混合法多用于对规模较大、业务或者产品线众多的公司进行估价。在大公司之间进行并购时，由于双方的业务构成都很复杂，各个业务的风险特性和增长性都不尽相同，而且为了完成并购交易，还可能涉及重组和剥离，因此，有时需要对具体的业务类别应用不同的估价方法和估价假设。

一方面，在应用贴现现金流和市场及比较法时，都可以采用部分加总的方式，对不同的业务假设不同的估价比率，或者不同折现率。另一方面，交易双方还可能拥有数量较大的非经营性资产，或者持有对其他公司的投资(非合并项目)，这些资产的价值评估也需要和经营性资产的评估分离开，并采用适当的方法进行评估。

案例点击

美国在线收购时代华纳采用混合法估值

美国在线收购时代华纳时，美国在线的财务顾问所罗门·斯密思·巴尼对华纳公司就采用了混合评估法。对华纳公司的有线电视系统、有线电视网络、电影娱乐、出版、音乐分别采用了不同的 EV/EBITDA 比率、不同的现金流贴现率和终值倍数假设，分别评估不同业务的价值，加总后得出华纳公司的价值，见表 9-3 和表 9-4。

表 9-3　DCF 贴现率及终值倍数假设

合并业务	折现率/%	终值/%
有线电视系统	10.0～12.0	16.0x～18.0x
有线电视网络	10.0～12.0	19.0～21.0
电影娱乐	11.0～13.0	16.5～18.5
出版	10.0～12.0	14.0～16.0
音乐	11.0～13.0	13.0～15.0

表 9-4　2001EV/EBITDA 乘数

业　务	低	高
有线电视系统	20.0x	22.0x
有线电视网络	22.0	24.0
电影娱乐	16.0	18.0
出版	14.0	16.0
音乐	14.0	16.0

(资料来源：AOL Time Warner Merger，joint proxy statement-prospectus，Jan23，2000)

值得指出的是，不同的评估标准、评估方法将可能得到不同的评估结果，对一个目标企业现有的资产，采用不同的评估标准、方法极可能导致较大的价值差距。另外，任何一种评估方法本身并无优劣之分。因而，在实践中对并购企业与目标企业常根据条件加以选择、综合或者简化，这也为价格的协商确定带来灵活性。

本章小结

<table>
<tr><td rowspan="3">企业并购业务</td><td>企业并购业务概述</td><td>1. 并购的概念。
2. 企业并购的动因：包括获得企业成长，获得规模效益，降低进入新行业和新市场的障碍，降低企业经营风险，获得科学技术上的竞争优势，获得经验共享和互补效应，实现财务经济，利于跨国经营，满足企业家的内在需求，收购低价资产等。
3. 企业并购的主要形式：按行业角度划分为横向并购、纵向并购和混合并购；按支付方式划分为现金并购、股票支付并购和综合支付方式并购；按融资渠道划分为杠杆收购和非杠杆收购；按收购行为划分为善意收购、敌意收购和狗熊拥抱；按收购手段划分为要约收购和协议收购。
4. 企业反并购的主要形式。包括建立合理的股权结构：自我控股和交叉持股、股票回购和员工持股计划；公司章程中设置反收购条款："董事会轮选制"、"超多数规定"和限制董事资格；提高收购成本："金降落伞"、"锡降落伞"和毒丸计划；防御性公司重组："皇冠上的珠宝"、焦土政策、公司重整、公司分拆和管理团队收购；寻求股东和外部的支持：寻求股东支持、寻找"白衣骑士"和寻求法律支持；针锋相对的策略：帕克曼防御和绿色邮件</td></tr>
<tr><td>投资银行在并购中的作用</td><td>1. 投资银行为并购双方提供的服务：为并购企业提供的服务；为目标企业提供的服务。
2. 投资银行提供服务的主要环节：公司战略分析；目标公司选择；分析并购风险；目标公司估价及出价；并购实施及并购后的整合。
3. 投资银行并购业务的收入：前端手续费和成功酬金</td></tr>
<tr><td>企业并购的价值评估</td><td>1. 贴现法：现金流贴现法；收益贴现法；股利折现法。
2. 市场比较法：可比公司分析法；可比交易分析法；历史价格法。
3. 资产基准法：账面价值法；清算价值法；重置价值法。
4. 混合法：多用于对规模较大、业务或者产品线众多的公司进行估价</td></tr>
</table>

典型案例

一百华联并购

2004 年 4 月 8 日，上海一百和华联商厦发布了《关于上海市第一百货商店股份有限公司与上海华联商厦股份有限公司合并的议案》。根据该议案，第一百货将以吸收合并的方式合并华联商厦。合并完成后，第一百货为续存公司，将更名为上海百联集团股份有限公司，华联商厦将终止并注销独立法人地位。

百联合并是中国首例上市公司之间吸收合并的案例，它同时首开上市公司之间换股合并的先河，开创了“股权支付＋现金”的新型的并购支付方式，是中国证券市场的又一次金融创新。

一、相关背景

1. 零售行业面临的挑战与机遇

零售行业面临的最大威胁来自外资企业。目前，世界50家最大的零售企业已经有70%进入中国零售市场，如沃尔玛、家乐福、欧尚、麦德龙、华堂、百安居等，并且形成了一定的规模，正加速在中国全面扩张业务。凭借强大的全球采购和信息技术优势、精细的店面管理和商品管理优势、高质量的客户服务优势，外资零售企业已经成为中国本土零售企业最强大的挑战者。2003年，全国前30名连锁企业中，外商投资企业有6家，合计销售额为495亿元，占前30名连锁企业销售总额的18.3%；店铺数为1748家，占前30名店铺总数的16.9%。且按照加入世贸组织的承诺，2004年底我国将取消对外商投资商业企业在地域、股权和数量等方面的限制。这预示着未来3～5年内，外资零售企业与我国本土零售企业的竞争将全方位展开，而这也成为我国零售业竞争加剧和整合力度加大的重要原因。

国内也已形成了一些具有较大规模与品牌优势的零售商，如北京王府井、大连大商、武汉武商等，这些都是内资商业类上市公司的主要竞争对手；另外，国内一些有实力的民营企业纷纷介入零售业，如复星、新希望等，进一步加剧了国内零售商之间的竞争。

与此同时，中国零售业将面临长期向好的局面：中国经济步入稳步发展阶段，国内社会商品零售市场维持持续高速发展，消费品市场销售逐年增长。普华永道全球零售及消费品行业权威人士表示：中国已经成为亚洲零售消费业最具增长潜力的国家。可以预见，中国零售业在未来几年内将以10%左右的速度继续保持增长，且增长空间十分巨大。

2. 百联集团的背景

成立于2003年4月24日的上海百联集团，是由上海华联集团、第一百货集团、友谊集团和物资集团重组而成，旗下拥有第一百货、华联商厦、华联超市、联华超市、友谊股份、物贸中心和第一医药7家上市公司，总资产近300亿元人民币。

按照双方在4月8日同时发布的2003年年报显示，第一百货的总资产约36.7亿元，净资产约17亿元，净利润为7000.2506万元，每股净资产为2.957元；而华联商厦的总资产约为22.9亿元，净资产约15亿元，净利润为8366.6008万元，每股净资产为3.572元。

双方具体的财务状况可以参考表9-5。

表9-5　合并双方的基本财务状况

项目＼公司	第一百货	华联商厦
总股本/万股	58 284.79	42 259.99
流通A股/万股	18 831.34	12 446.71
最新收盘价/元	9.27	9.53
市盈率	77	55
总资产/元(2003年)	3 673 113 720.33	2 297 985 364.78
股东权益/元	1 732 435 362.15	1 509 395 024.70

续表

项目 \ 公司	第一百货	华联商厦
每股净资产/调整后/元(2003 年)	2.96/2.62	3.57/3.57
净利润/元(2003 年)	70 002 506.77	83 666 008.85
净资产收益率/%	3	6

二、合并的动因

1. 发挥协同效应，降低经营成本和费用

第一百货与华联商厦的主营业务均为商业零售，消费对象和目标市场主要都在上海，彼此之间存在很大程度的资源浪费和同业竞争，极大地限制了两家上市公司发展的广度与深度。合并后，同业竞争将彻底消除，资源将得以重新优化配置，公司的治理机制也将更为规范。

存续公司可充分发挥协同效应，通过统一商品的采购与管理、统一配送、统一店内运营、统一市场营销与后台支持系统等，形成系统的、科学的管理流程，降低企业的运营成本和各项费用，进而提高公司的盈利能力。

2. 多品牌集约管理，促动合并综合效应

品牌对于商业企业而言意味着与众不同的时尚品味、优良周到的服务品质、独特多变的进货渠道和忠诚可信的固定消费群体。在瞬息万变的市场中，要想牢牢把握住消费者的未来需求，必须以企业强大的品牌形象作为支持。

第一百货和华联商厦分别拥有许多著名品牌。合并后，这些品牌都将被保留下来，并通过品牌管理的集约和资源的充分共享，增加公司的无形资产，树立其在百货业的稳固地位。

3. 发挥规模经济效应，提高竞争力

目前中国零售市场的激烈竞争不允许商业企业仅依靠自身积累走常规发展道路。第一百货和华联商厦通过合并可以迅速扩大规模，发挥规模经济效应，提高存续公司的市场份额，增强存续公司的竞争能力。

4. 百联集团整体上市的第一步

按照百联集团成立之初表示的按业态重组做强做大，实现“多元化、专业化、集约化”发展，迎接境外商业巨头挑战的设想，整体上市是百联不会放弃的念头。百联集团目前下属有 7 家上市公司，且分别属于三种业态。如此集而不团的局面让它无法集中资源进行优化配置，整体上市将是其解决目前尴尬境地的最为理想的方式。

三、关于并购方式的选择

1. 为什么选择吸收合并的方式

百联集团可行的并购方式还有两种：一是一百收购华联；二是新设合并。如果让一百收购华联，就能够保住华联这个壳。百联高层人士估计华联这个壳资源至少值 5000 万元。但是，如果采取收购方式，税费要交 4 亿多元。这些税费包括：公司的房产和土地在转移过程中按规定都要评估，都会有比较大的升值，因此要交纳很多的税费，包括增值税、契税、营业税、过户费等。由于成本太高，所以百联放弃了。

另一种方案是“新设合并”，即放弃已有上市公司的壳资源，新设立一家公司，然后公开募股。但新公司上市前的三年盈利记录和一年上市辅导期，让此方案变得不太现实。有消息说，百联提出这个方案并没有获得证监会的认可。但是有些专家认为最主要的原因恐怕是该方案难以满足对流通股股东的补偿，因而股东大会通过的可能性不大。同时，这个方案也存在着几乎难以逾越的法律障碍。“新设合并是一个很麻烦的事，不能解决百联的整个问题”。

而现在采取的换股合并方式与简单的资金收购资产相比代价更低，被合并双方的管理团队和核心资产更能产生协同效应。不仅如此，通过吸收合并方式完成重组，不需要大规模融资即可以实现上市公司规模的扩大，同时又能在财务上达到合理避税和产生股票预期增长效应的目的。而且由于并无另行发行新股行为，所以两家公司原有权益不会受到多大摊薄，可分配利润等不会大幅缩水，股东的利益不会因此受损失。

通过上面的分析，可以说“吸收合并”是更适合百联的一种模式。

2. 为什么是一百合并华联

从表 9-5 可以看出，华联的每股净资产和每股净利润及市盈率等财务指标都要高于第一百货。有关人士表示，将基本面较好的华联商厦注入相对较差的第一百货，可让重组后的第一百货资产质量获得提升。而且，按照国际上的惯例，市盈率高的公司吸收市盈率低的公司可以降低高市盈率公司的风险。

另外还考虑到“第一百货”作为上海百货零售业第一品牌的优势，“华联商厦”虽然也是知名品牌，但全国许多地方都有“华联”品牌，似乎缺少标志性的特征。

四、并购的过程

并购的程序安排见表 9-6。

表 9-6　并购的程序安排

2004 年 4 月 6 日(T-1)	确定有权申请现金选择权股东的股权登记日
2004 年 4 月 7 日(T 日)	董事会召开日
2004 年 4 月 8 日(T+1 日)	刊登董事会决议公告、预案说明书、现金选择权实施方案等
2004 年 4 月 28 日(T+21 日)	申请现金选择权股份申报日
2004 年 5 月 10 日(T+33 日)	股东大会召开日
N 日	中国证监会核准本次合并日
N+1 日—N+3 日	公告中国证监会核准文件、办理现金选择权股份的清算与交割
N+4 日	公告现金选择权股份清算与交割完成结果

本次合并以第一百货为合并方，华联商厦为被合并方，合并完成后华联商厦的资产、负债和权益并入第一百货，华联商厦的法人资格被注销。合并后存续公司将更名为上海百联集团股份有限公司(暂定名)。

五、此次吸收合并的特点

此合并方案的核心是“两个折股比例，一个现金选择权”。由于是我国第一个上市公司之间进行吸收合并的案例，且面临证券市场股权分置等特殊现象造成的难度和复杂性，需要智慧和创新才能突破，并没有统一的操作模式，因此这个方案的推出必然有着很多的创新之处值得我们借鉴。具体来说，有以下几个方面。

1. 设置了两个不同的折股比例

本次合并方案针对非流通股和流通股分别设定两个折股比例。其中，非流通股折股比例以每股净资产为基准，而流通股折股比例则是以合并双方董事会会议召开日前30个交易日内股票每日加权平均价格的算术平均值为基准。在此基础上，考虑了商用房地产潜在价值、盈利能力及业务成长性等因素对折股比例进行加成计算。最后，华联商厦和第一百货非流通股折股比例为1：1.273，流通股折股比例为1：1.114。

对于折股比例的设计，有一些人认为是侵害了流通股股东的利益。首先，由于流通股折股比例低于非流通股折股比例，使得换股后原有华联商厦非流通股与流通股股东之间的比例将由换股前的2.4倍扩大到2.74倍。这样，原华联商厦非流通股股东在新存续公司的权益超过原华联商厦流通股股东，这侵害了华联商厦流通股股东的利益。

非流通股和流通股采取不同的价值评价方式从而得出两个不同的折股比例理论上是正确的，且符合我国的现实情况。第一百货和华联商厦两家均是上市公司，都有国有股、法人股等非流通股及流通股，是典型的股权分置的公司，因此合并双方实际上存在了四种利益主体。由于确定折股比例的基础是价值评估，不同性质的股份其价值评估是不同的，流通股主要是市场价格作为评估标准，而非流通股主要是以净资产作为评估标准，因此不可能通过一个折股比例来解决两种不同的评估标准。而采用了两个折股比例，是将非流通股和流通股分割成两个独立的市场来考虑，通过两个不同的折股比例来反映两种价值评估标准，这种方式是解决我们现实存在的股权分置矛盾的可行方法，能够平衡各方股东的利益，是一种可行的尝试。

2. 引入加成系数对折股比例进行调整

该方案在确定折股比例时还考虑了两家上市公司的商用房地产价值、盈利能力和业务成长能力，这些因素通过一个加成系数在折股比例中加以反映。这个方法使得公司的内在价值得到了更好的体现。

虽然每股净资产可以反映非流通股的价值，股票市场价格可以反映流通股的市场价值，但是两家企业不同的经营特点、获利能力、发展潜力这些内在价值并不能通过净资产、市场价格完全反映出来。例如华联商厦的主要房产、土地使用权都位于上海市中心商业区，评估价值可以达到26亿元，第一百货同样在市中心商业区拥有大量土地房产，这些价值账面上都没有反映出来，但是确实是股东拥有的利益。将合并双方在这些方面的价值比较引入折股比例的计算中，可以更多地反映公司的内在价值，对市场价值起到修正作用。由于内在价值是一个客观存在、动态变化的价值，因此加成系数模型不是一个唯一的方法或者标准的模型，但是引入这一概念是非常重要的，尤其是商用房地产价值的引入，符合两家公司的特点，更好地反映了两家公司的价值差异。

3. 给予股东现金选择权

出于保护中小股东利益的考虑，此次合并方案设定了现金选择权。即第一百货和华联商厦的股东(包括非流通股股东和流通股股东)如果不想继续持有一百或华联的股份，可以申请股份折现。

非流通股现金选择权价格为合并基准日的每股净资产价格，第一百货为2.957元，华联商厦为3.572元。流通股为董事会召开前12个月每日加权平均价格的算术平均值上浮5%，第一百货为7.62元，华联商厦为7.74元。由于两家公司的市场价格从年初以来都处于上升

趋势，2004 年 4 月 6 日两家公司的收盘价格分别为 9.27 元和 9.53 元，因此从现金选择权价格来看，不可能出现大量的投资者选择现金选择权。

另外值得注意的是，根据现金选择权实施方案，第一百货和华联商厦非流通股现金选择权股份由百联集团等战略投资者购买，流通股现金选择权股份由恒泰证券等机构投资者购买。这种方式不会对上市公司造成影响进而损害股东利益，而且反映了大股东对公司未来发展的良好预期，有利于使中小投资者的心态稳定下来。

4. 长期停牌处理

根据上市公司公告的决议，从董事会召开日(2004 年 4 月 7 日)至合并获得批准并完成合并，第一百货和华联商厦将实行长期停牌处理。

有关人士认为这一措施由于剥夺了流通股股东“用脚投票”的权利，使得这次合并具有很强的强制性，侵害了流通股股东的利益。但此次合并不同于以前的一些并购案例，这次合并双方均是上市公司，股价变动有关联效应，而且还引入了现金选择权，出于锁定风险、防止股价异常波动、减少投机者的套利行为的考虑而实行停牌处理是一次良好的尝试。

因为折股比例是不改变的，两家上市公司的价格存在联动效应，从理论上讲可以通过操纵两家公司的股票价格，利用换股进行套利。以停牌前的收盘价格来计算，如果第一百货复牌后价格不下跌，华联商厦的流通股东换股后可以有 8%以上的获利，我们不难想象如果有大量投机资金介入，使两家公司的价格大幅波动，从而寻找套利机会，最终损害的是中小投资者的利益；而且引入了现金选择权也要求市场价格是一个稳定的价格，便于投资者充分考虑现金选择权。所以长期停牌在这次合并中应该可以帮助投资者降低合并风险。

5. 其他

如关联股东回避表决、独立董事征集投票权及股东大会催告程序等设计，都体现了这次合并在保护中小投资者利益方面的努力。

六、估价方法和换股方式

(一)折股比例

非流通股折股比例以每股净资产为基准，而流通股折股比例则是以合并双方董事会会议召开日前 30 个交易日内股票每日加权平均价格的算术平均值为基准。在此基础上，考虑了商用房地产潜在价值、盈利能力及业务成长性等因素对折股比例进行加成计算。

鉴于未分配利润已包含在净资产中，所以在确定非流通股折股比例时未单独考虑未分配利润的影响。由于流通股股价未包含未分配利润的因素，因此在确定流通股折股比例时考虑了未分配利润对加权股价均值的影响。

1. 加权系数的计算

以上海立信评估有限责任公司对合并双方主要商用房地产的估价结果为依据，将增值部分分摊到每股，第一百货为 2.331 元，华联商厦为 3.573 元。

盈利能力指标主要考察合并双方最近三年加权净资产收益率(税前收益)的算术平均值，第一百货为 6.15%，华联商厦为 7.31%；业务成长性指标主要考察合并双方最近三年主营业务收入增长率的算术平均值，第一百货为−2.55%，华联商厦为−4.24%。详见表 9-7。

表 9-7　加权系数的测算

项　目	公司名称	数　量	差　额	比　值	权重/%	加 权 数
每股房地产增值	第一百货	2.331	1.242	0.534	35	0.187
	华联商厦	3.573				
净资产收益率	第一百货	6.15%	1.16%	0.189	35	0.066
	华联商厦	7.31%				
业务成长性	第一百货	−2.55%	−1.69%	−0.663	30	−0.199
	华联商厦	−4.24				
合并					100	0.054

注：比值为差额与第一百货数值(绝对值)之比。

因此，加权系数为 5.4%。

2. 非流通股折股比例

计算公式：

折股比例=(被合并方每股净资产/合并方每股净资产) × (1+加成系数)

截至 2003 年 12 月 31 日第一百货的每股净资产为 2.975 元，华联商厦的每股净资产为 3.572 元，将上述每股净资产值和加成系数代入计算公式得

折股比例=(3.572/2.975) × (1+0.054)=1.273

3. 流通股折股比例

计算公式：

$$\text{流通股折股比例}=\frac{\text{华联商厦董事会召开前 30 个交易日加权股价均值+华联商厦每股未分配利润}}{\text{第一百货董事会召开前 30 个交易日加权股价均值+第一百货每股未分配利润}}\times(1+\text{加成系数})$$

截至 2004 年 4 月 6 日，第一百货前 30 个交易日加权股价均值为 8.69 元；华联商厦前 30 个交易日加权股价均值为 8.91 元。

截至 2003 年 12 月 31 日，第一百货每股未分配利润为 0.11 元，华联商厦每股未分配利润为 0.39 元。

由上式可得，流通股折股比例=1.114。

(二)现金选择权方案

第一百货和华联商厦股东均有权申请形式现金选择权。第一百货与华联商厦现金选择权价格均区别非流通股和流通股分别确定。非流通股现金选择权价格为合并基准日的每股净资产价格，分别为 2.957 元和 3.572 元；流通股为董事会召开前 12 个月每日加权平均价格的算术平均值上浮 5%，分别为 7.62 元和 7.74 元。

第一百货和华联商厦流通股现金选择权价格分别为 2004 年 4 月 6 日各自收盘价(分别为 9.27 元和 9.53 元)的 82.20%和 81.22%，该价格为对投资者的最低限保护：该两价格在考虑最近 12 个月参与合并双方股票交易的投资者的平均持股成本基础上给予其适当的投资回报

(指 5%的上浮度)，该回报率高于银行一年定期存款利率水平，而与一年期贷款利率水平相当；且按该两价格测算出的市盈率相当于同行业平均市盈率水平。

七、吸收合并对各方利益影响

这次合并设计的利益主体较多，在这次合并案中到底谁受益，谁受损，还是多赢呢？下面对此作一些基本的分析。

1. 对股价的影响

市场对合并后的公司的发展前景表现得很有信心。新公司将拥有 14 家新大型百货商场与 3 家购物中心，公司总资产达到 59.71 亿元，主营业务收入达到 41.65 亿元，利润总额在 2.2 亿元左右，从而跻身于沪深两市第一商业股的行列。估计合并后的新公司的股价走势有望出现大幅上涨行情。

2. 对流通股股东的影响

从换股比例本身来讲，流通股股东的收益或损失应该都不算太大。本次合并完成后，按照 1∶1.114 的比例，1.24 亿华联商厦流通股可折成 1.38 亿股新公司流通股。尽管流通股在总股本中的比例会有所下降，但幅度很小，而且新公司良好的发展前景将给流通股股东带来的增值将弥补这些损失。同时现金选择权对投资者的利益给予了最低保障。因此流通股股东在此次并购中将不会遭受太大损失。

3. 对两家上市公司的影响

由于华联商厦业绩良好，其被合并到第一百货，对一百股东而言将享受公司增值的益处。而第一百货按照其业绩，还未达到再融资要求，采取这一模式能使企业实现超常规发展。对两家公司所有股东而言，两家同类型企业合并，可以充分优化资源配置，减少了竞争对手，可以增强自身竞争能力。虽然此次合并不似 TCL 换股合并有折股及新股上市两次溢价受益机会，但此次由于是两家上市公司进行合并，并无另行发行新股行为，所以两家公司原有权益不会受到多大摊薄，可分配利润等不会大幅缩水。

4. 对百联集团的影响

百联集团作为两家上市公司的大股东，在这次合并中无疑是受益的。合并能消除同业竞争，优化资源配置，使上市公司获得更快的发展，并成为商业领域的巨头。这肯定能给大股东百联集团带来盈利。更重要的是，一百合并华联只是百联集团内部整合的第一步，所以合并是否成功对于百合集团来说是至关重要的。一旦成功，百联集团将以新公司作为资本平台，展开一系列的重组整合活动，完成整体上市的目标。

(资料来源：根据中国证券报资料整理而成)

复习思考题

一、不定项选择题

1. 企业合并的主要形式不包括(　　)。

A. 吸收合并　　　　B. 重组

C. 新设合并　　　　D. 收购

2. 并购企业可以通过兼并(　　)公司来实现利润的增长。

A. 市盈率倍数高的　　　B. 同行业的
C. 大规模的　　　D. 市盈率倍数低的

3. (　　)并购是指生产过程或经营环节紧密相关的企业之间的并购行为。
A. 纵向　　　B. 横向
C. 混合　　　D. 杠杆

4. 企业以提高收购成本的方式反收购的方法包括(　　)。
A. “金降落伞”　　　B. “锡降落伞”
C. 设置“毒丸”　　　D. “皇冠上的珠宝”

5. 投资银行为目标企业提供的服务包括(　　)。
A. 策划出售方案和销售策略　　　B. 制订招标文件
C. 为并购公司拟定可接受的最高出价　　　D. 评估标的企业，制订合理售价

6. 投资银行在帮助企业寻找并购机会与并购目标之前，要帮助企业进行(　　)分析。
A. 财务　　　B. 法律
C. 战略　　　D. 管理能力

7. “成功酬金”的主要计费方式包括(　　)。
A. 前端手续费　　　B. 固定比例佣金
C. 累进比例佣金　　　D. 累退比例佣金

8. (　　)是企业并购中评估目标企业价值最常用的方法。
A. 现金流贴现法　　　B. 股利折现法
C. *P*/*E* 倍数法　　　D. 收益贴现法

9. 重置成本法不适用于(　　)行业公司的估值。
A. 医药　　　B. 钢铁
C. IT　　　D. 汽车

10. 对规模大、业务多的公司进行估值，(　　)最为合适。
A. 混合法　　　B. 账面价值法
C. 现金流贴现法　　　D. 可比公司分析法

二、判断题

1. 连年亏损的企业因为具有递延税金的优势往往会被考虑作为并购对象。　(　　)

2. 要约收购指收购人通过公开向目标公司的股东发出购买所持该公司股份的书面意思表达收购意愿，属于善意收购。　(　　)

3. 员工持股计划属于提高收购成本的反收购方式。　(　　)

4. 市场经济是一种法制经济，并购作为一种市场行为，必须受到法律的约束。随着我国证券法规的完善，法律环境对企业并购的影响会越来越大。　(　　)

5. 投资银行在帮助并购企业作出并购决策前对并购企业并购能力的分析主要包括发展战略、资金运筹能力和经营管理能力的分析。　(　　)

6. 投资银行的累进比例佣金收费方式是说收购目标公司所用费用越多，佣金比例越高。　(　　)

7. 不同估值方法在并购中得出的结果相差不大，因此估值方法的选择并不重要。（　　）

三、简答题

1. 什么是兼并、新设合并和收购？兼并和收购的区别是什么？
2. 并购的动因有哪些？
3. 投资银行为并购企业提供哪些服务？
4. 投资银行为目标企业提供哪些服务？
5. 并购的主要形式有哪些？
6. 目标公司有哪些出售动机？
7. 并购的支付方式有哪些？
8. 什么是反并购？反并购有哪些策略？
9. 企业并购估价有哪些方法？
10. 影响并购交易价格的因素有哪些？
11. 并购有哪些风险？
12. 实体现金流量和股东现金流量有哪些区别？二者采用的折现率是什么？

第十章　私募股权投资

【本章精粹】

◆　私募股权投资的概念

◆　风险投资

◆　杠杆收购

【章前导读】

1999年牛根生创立了蒙牛乳业。2001年底摩根士丹利等机构作为私募股权投资者与其接触时，蒙牛乳业公司成立尚不足三年，是一个典型的创业型企业。

2002年摩根士丹利决定对蒙牛进行投资，当年6月在开曼群岛注册了China Dairy(下称开曼公司)，9月蒙牛发起人在英属维尔京群岛注册成立了金牛，同日蒙牛的投资人、业务联系人和雇员注册成立了银牛，金牛和银牛各以1美元的价格收购了开曼群岛公司50%的股权，而作为开曼公司全资子公司的毛里求斯公司，也随即设立。

同年10月，摩根士丹利等三家国际投资机构以认股方式向开曼公司注入约2597万美元(折合当时人民币约2.1亿元)，取得该公司90.6%的股权和49%的投票权。该笔资金经毛里求斯公司最终换取了大陆蒙牛乳业66.7%的股权。内蒙古蒙牛乳业股份有限公司得到境外投资后改制为合资企业，而开曼公司也从一个空壳演变为在中国内地有实体业务的控股公司。企业重组后，蒙牛乳业的创始人们对蒙牛的控股方式由境内自然人身份直接持股变为了通过境外法人间接持股。

至2003年，高速发展的蒙牛似乎依然存在资金不足的问题，摩根士丹利三家机构再次通过类似可转债的可换股文据向蒙牛注资3523万美元，折合当时人民币2.9亿元，约定未来换股价格为0.74港元/股，并签订了对赌协议，蒙牛与摩根士丹利、英联、鼎晖三家国际投资机构约定，2004—2006年，如果蒙牛复合年增长率低于50%，即2006年营业收入低于120亿元，蒙牛管理层要向摩根士丹利为首的三家国际投资机构支付最多不超过7830万股蒙牛股票(约占当时总股数的6%)，或支付等值现金；反之，三家国际投资机构要向蒙牛管理团队支付同等股份。2005年4月由于蒙牛业绩增长迅速，国际投资股东与管理层之间的股权激励计划提前兑现，蒙牛管理层获奖6260万余股蒙牛股票。

蒙牛于2004年6月在承销商巴黎百富勤和摩根士丹利的帮助下完成在香港市场的上市，融资额高达13.74亿港元。摩根士丹利等三家国际投资机构在上市首日通过售出3亿多蒙牛股票，套利约10亿港币，从蒙牛退出。

那么，投资银行是如何进行私募股权投资的？私募股权投资的特点是什么？又是如何运作的呢？

(资料来源：苗夏丽. 蒙牛与大摩不得不说的故事. 新闻晨报.
http://www.sina.com.cn，2008年11月5日)

【核心概念】

私募股权　信托基金制　风险投资　杠杆收购　融资结构

第一节　私募股权投资的概念及运作

私募股权投资已经成为投资银行重要的业务之一。投资银行的私募股权投资业务既包括私募股权基金的募集，也包括资产组合内公司的上市或出售。投资银行可以仅为收购基

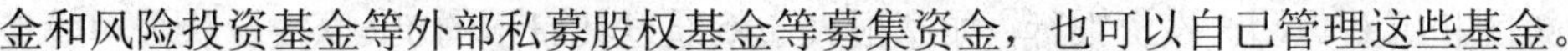

金和风险投资基金等外部私募股权基金等募集资金，也可以自己管理这些基金。

一、私募股权投资的概念及特点

(一)私募股权投资的概念

私募股权投资(Private Equity，PE)是指通过私募形式对企业进行的权益性投资，在交易实施过程中附带考虑了将来的退出机制即通过上市、并购或管理层回购等方式，出售所持股份获利。私募股权投资的投资主体为私募股权投资公司，私募股权投资公司在资金募集上，主要通过非公开的方式向少数机构投资者或个人投资者募集，所募集的资金称为私募股权基金。

私募股权投资有广义、狭义之分。广义的私募股权投资包括所有的风险投资(Venture Capital，VC)、收购基金投资(Buyout Investment)以及夹层投资基金(Mezzanine Investment)等。狭义的私募股权投资主要指对已经形成一定规模、并产生稳定现金流的成熟企业的投资，不包括风险投资。

私募股权投资行业起源于风险投资，在发展早期主要以中小企业的创业和扩张融资为主，因此风险投资在相当长的一段时间内成为私募股权投资的同义词。由于历史原因，各国对于私募股权/风险投资的定义也稍有差别。欧洲私募股权和创业资本协会 EVCA(the European Private Equity and Venture Capital Association)(2001) (EVCA)、中国香港创业资本协会(HKVCA)和中国台湾创业资本协会(TVCA)则将创业投资和私募股权投资完全等同，认为二者都是提供长期股权资本的集合投资形式。美国创业资本协会(NMVCA)一般认为，风险投资的范围限于中小公司的初创期和扩张期融资，而私募股权投资则涵盖所有为企业提供长期股权资本的私募基金(包括创业投资基金)。

近年来，西方发达国家的私募股权投资发展迅猛。并购基金的增长速度已经远远超过了风险投资基金，成为私募股权基金的绝对主流。收购基金是专注于对目标企业进行并购的基金，其投资手法是通过收购目标企业股权，获得对目标企业的控制权，然后对其进行一定的重组改造，持有一定时期后再出售。夹层资本投资是指在风险和回报方面介于优先债权投资和股本投资之间的一种投资资本形式。夹层投资通常为融资者提供形式非常灵活的较长期资本，通过融合不同债权及股权特征，夹层投资可以产生无数的组合，以满足投资者和融资者的需求。夹层融资的付款事宜也可以根据公司的现金流状况确定。夹层资本一般偏向于采取可转换公司债券和可转换优先股之类的金融工具。

自 1946 年美国正式成立第一家私募股权投资公司——美国研究与发展公司(AR&D)以来，私募股权基金的发展已经经历了六十余年。20 世纪 70 年代末，西方国家开始放松对机构投资者的投资限制，允许银行、保险公司、养老基金等机构投资于私募股权基金。80 年代，私募股权基金已经成为一个成熟的产业，在西方各国得到充分的发展。90 年代，私募股权基金进入发展的高峰时期，此期间也是创业投资的高峰时期，大量金融机构的投资进入高绝对收益率的私募股权基金领域。2000 年之后的网络泡沫破灭对创投行业影响巨大，私募股权基金发展受挫。目前私募股权基金重新进入上升期。

国外私募股权投资基金规模庞大，投资领域广泛，资金来源广泛，参与机构多样化。迄今，全球已有数千家私募股权投资公司，其中著名的公司有 KKR 公司、凯雷投资集团、得州太平洋集团和黑石集团。投资银行，如摩根大通就通过其旗下的 J.P.摩根合伙公司等参与私募股权投资业务。

(二)私募股权投资的特点

1. 私募股权投资是高风险、高收益的投资

在私人资本市场筹资的企业，无论是处于初创阶段的新兴企业，还是陷入财务困境的上市公司，都面临着较大的不确定性，投资风险比较大。因此，私募股权投资所要求的投资收益率也远高于一般的金融投资。一般而言，早期风险投资要求的投资收益率为 35%～70%，后期风险投资要求的投资收益率为 25%～40%，对财务困境企业的融资要求的投资收益率为 30%～35%，而其他非风险投资所要求的投资收益率也高达 15%～25%。因此，私募股权投资也被称为最昂贵的融资方式。如 2002 年 9 月，摩根士丹利等三家投资公司以 5 亿元投资蒙牛乳业，在蒙牛乳业上市后获得约 26 亿港元的回报；2005 年以高盛为首的机构投资无锡尚德，随着其成功上市，在不到一年的时间内获得了十几倍的回报。

2. 私募股权投资是长期性的权益资本投资

私募股权投资是长期性、权益类投资。其所关注的是投资对象的发展前景和资产增值，而非当前的盈亏情况。因此，它是一种中长期投资，至少 3～5 年，平均为 5～7 年，长的可超过 10 年。私募股权投资追求的是最终的资本收益，而不是利息收入或股息收入。成功的私募股权投资以实现预期资本收益目标为标志，其资本收益通常通过 IPO、出售、管理层收购等退出方式实现，但有时私募股权投资也会归于失败，即被迫清算。

3. 私募股权投资是一种组合投资

私募股权投资是高风险的投资，尽管其精心筛选投资企业，但所投公司的失败率仍然是惊人的。对于风险投资业而言，所投资公司的成功率一般仅在 20%～30%之间。这种高风险、高收益特征，使得私募股权投资不可能“把鸡蛋放在一个篮子”里，而是通过投资组合来分散风险。私募股权投资公司一般会投资多个项目，期望以高收益的项目弥补失败项目的损失。

4. 私募股权投资是一种主动参与管理型的专业投资

由于私募股权投资公司在所投资企业持有较高的股份，所以他们的自身利益与所投资企业的利益紧密相连。企业经营的好坏、成本的高低、市场的营销状况等直接影响到私募股权投资的收益率。所以私募股权投资公司在向所投资企业注入资金的同时，一般会利用长期积累的经验、知识和商业网络关系帮助所投资企业发展壮大。私募股权投资公司通过控制或影响董事会来了解企业，并对企业的经营活动产生影响，同时提供建立、组织和管理新企业所需要的技能，如参与制订战略规划，通过这些活动使该项目投资增加价值。

案例点击

高盛直接投资的原则

高盛在中国有三大直接投资原则：第一，必须是长期投资；第二，必须能够给被投资

的企业带来价值，包括资金、技术、管理和战略等方面；第三，所投资的公司必须对中国经济有正面的影响，即能顺应中国经济发展的趋势。在具体项目上高盛还会按照一些硬性基本原则来筛选目标投资企业：只投资真正了解的公司，对方必须能够提供足够的信息，同时确保高盛投资是被监管者理解和支持的。

高盛对每个投资的公司都会派董事参与该公司的战略决策，同时提供经验和技术等附加价值。以工行投资案为例，高盛为工行提供了从员工培训、风险控制、资产配置到投资银行和私人银行等诸多业务方面的经验。高盛在投资吉利汽车后，针对吉利的运营，提出了一个 100 天的改进计划建议，内容涉及从销售到采购业务等方面的海外市场开拓布局，以及资金使用的效益最大化。事实上，在投资到位后，高盛对所有被投企业都会提出一个百天改进计划建议。

(资料来源：刘建辉. 环球企业家，2010)

二、私募股权投资的资本组织形式

从资本组织形式看，私募股权投资公司大体可分为公司制、信托基金制和有限合伙制三大类。从世界范围来看，迄今为止，美国的私募股权投资的发展是最成功的。20 世纪 70 年代美国出现了有限合伙制形式，从美国私募股权投资业的实践来看，有限合伙制投资基金是激励与约束机制最有效、投资效率最高的资本组织形式。

有限合伙制私募股权投资基金通常由两类合伙人组成，即有限合伙人(Limited Partner，LP)和普通合伙人(General Partner，GP)。其中有限合伙人一般为机构投资者，是私募股权投资基金的主要提供者，资金提供者作为有限合伙人可以监督基金的运作，维持有限责任，不介入日常的经营活动。普通合伙人通常是资深的职业经理，负责管理基金并逐步将投资项目变现。

1. 有限合伙人

有限合伙人一般提供占公司资本额99%的资金，但一般只分得 75%～85% 的资本利润，同时其责任也仅以其在公司的出资额为限。如果私募股权投资公司资不抵债，他们不会承担无限责任和个人责任。有限合伙人分阶段注入承诺资本。有限合伙人有权收回资金，并有权拒绝所承诺资本的注入。有限合伙人可以“无过错离婚” (No-Fault Divorce)，就是说，即使一般合伙人没有重大过错，只要有限合伙人失去信心，就会停止追加投入。这样做可以刺激普通合伙人充分利用已经筹集到的资金。普通合伙人往往把这种条款看成是激励自己的有效压力，使自己更加尽心尽力，不断进取。

2. 普通合伙人

私募股权投资具有高收益、高风险的特征。如果投资失败，有限合伙人损失他们所投入的全部资金，而如果成功，收益会在有限合伙人与普通合伙人之间分配。普通合伙人对合伙债务负无限责任或者连带责任。私募股权基金对普通合伙人的要求极高，为此，风险投资家所得的报酬也颇高。普通合伙人的报酬一般包括：管理费或佣金(Management Fee)和持有利益(Carried Interest)。

在设定管理费时，普通合伙人和有限合伙人必须对费率和哪种费用可被计入管理费达

成协议。管理费一般以占所管理基金总额的一定百分比收取，并在合伙公司存在期间一直保持，费率在1%～3%不等。大多数的风险基金收取2%～2.5%的费率，但是一些较大的风险合伙公司收取较小的费率。

持有利益即普通合伙人的利润分成，一般固定为净收入的 20%。在风险投资合伙公司中，超过80%的公司利用80∶20的利润分配规则。

如果私募股权投资公司资不抵债，他们不仅要承担亏损，还要负无限责任和个人责任。私募股权基金的募集能否成功，在很大程度上取决于经理人以往的信誉和经验。私募股权投资的历史业绩提供了其能力的证明。有较高声誉的私募股权投资公司筹资相对容易且成本较低。由于私募股权资本市场的相对封闭性，一旦获得不良声誉，将很难再被信任并不可能再筹集到新基金。所以，私募股权投资公司有动机维持和增加其声誉资本，“声誉效应”形成了强有力的激励机制。

3. 合伙期限

有限合伙制私募股权基金在合同里规定有固定的生存年限，通常是10年。如果带有延长合伙的条款，通常有1～2年的延长期，最多只能延长4年。在合伙基金募集成功后的3～5年内，私募股权投资公司将这些资本投入到一系列投资项目中，众多投资项目构成该基金的投资组合，然后普通合伙人管理这些投资项目，在条件成熟时将其逐步变现，获得投资利润，并将这些收益以现金或有价证券的形式分配给基金的有限合伙人。与此同时，合伙公司的普通合伙人开始募集新的投资基金。每个基金都有不同的生命周期，并且每个合伙公司在法律和运作上是完全独立的。这样普通合伙人几乎是每隔3～5年的时间就要筹集新的合伙资金，并同时管理几个风险基金。

当合伙公司管理者要组成新的合伙公司时，他们必须有一个有利于自己的业绩记录。组成合伙公司是非常费时、费钱的事，他们的建议也许要经过两个月到 1 年多时间才能被采纳，所以基金的募集能否成功，在很大程度上取决于普通合伙人以往的信誉和经验。一个成功的业绩是非常重要的，因为它显示了普通合伙人的能力。而当经历本身也被视为一种资产时，普通合伙人就会花费更多的时间及精力去保护他们的信誉。

我国2007年6月1日开始实施《合伙企业法》，引入了有限合伙企业的形式，有限合伙企业可由普通合伙人和有限合伙人组成，这一方面可以使为私募股权基金服务的律师事务所、会计师事务所等专业机构得到更快的发展；另一方面，有关有限责任合伙制度的安排，也消除了私募股权基金前期面临的法律障碍。

第二节　风 险 投 资

一、风险投资的概念及参与主体

风险投资(Venture Capital)是由职业金融家投入到新兴的、迅速发展的、有巨大潜力的企业中的一种权益资本。风险投资作为一种投资形式，主要是指投资人对创业期企业，尤其是高科技企业或高增长企业提供资本支持，并对所投资企业进行培育和辅导，在企业发育成熟后即退出，以实现自身资本增值的一种特定形态的投资方式。

风险投资市场由三个主体构成：风险资本的供给者——投资者、风险资本的运作者——风险投资公司或个人、风险资本的使用者——风险企业。资金从投资者流向风险投资公司，经过风险投资公司的筛选决策，再流向风险企业，通过风险企业的运作，资本得到增值，再回流至风险投资公司，风险投资公司再将收益回馈给投资者，构成一个资金循环。周而复始的循环，形成风险投资的周转。许多情况下，投资者与资本的运作者合二为一，也即投资者不经中间环节，直接将资金投放于风险企业，这种直接风险投资使整个投资过程更为简单。

1. 投资者

投资者是风险资本的供给者。在风险投资的早期，资金主要来源于富裕的家庭和个人。除了满足消费外，他们还有大量的资金放在手上急需寻找一种渠道使资金增值。他们或购买上市发行的股票、债券，或自己直接办企业。但相比风险投资而言，这两种方式收益都很低。为此他们把一部分钱投向风险投资。随着风险投资的发展，政府给予了种种政策支持，吸引了许多机构投资者，包括私人退休基金、捐赠基金、银行持股公司、保险公司、投资银行、非金融机构或公司、外国投资者。

2. 风险投资公司

风险投资公司是风险资本的运作者。风险资本通常以基金的形式运作，风险投资公司负责风险资本基金的发起、设立与经营管理。他们代表自己及其他投资者管理基金资产，并寻求每一个基金收益的最大化。一个风险投资公司可能同时有几个基金，每个基金独立管理并拥有自己的投资者。在一个风险投资公司内不同的基金可能有相同或不同的投资策略。

风险投资公司使机会与资本联系起来。风险投资公司是风险投资流程的中心环节，其工作职能是：辨认、发现机会；筛选投资项目；决定投资；退出。资金经由风险投资公司的筛选，流向风险企业，取得收益后，再经风险投资公司回流至投资者。

案例点击

红杉资本(Sequoia Capital)是一个真正的传奇。作为一家运营近 35 年的风投公司，它战胜了科技跃迁和经济波动，从而获得与这一生命长度相呼应的优秀项目密度：在大型机时代，它发掘了 PC 先锋苹果电脑；当 PC 大肆发展，它培养起网络设备公司 3Com、思科；而当电脑被广泛连接，互联网时代来临，它又投资于雅虎和 Google……因其秘而不露自己的投资业绩，外界便常引用这样一种说法：它投资超过 500 家公司，其中 130 多家成功上市，另有 100 多个项目借助兼并收购成功退出。因其投资而上市的公司总市值超过纳斯达克市场总价值的 10%。

以 8 年为周期，红杉于 1992 年设立的 6 号基金的年化内部回报率(Annualized IRR)为 110%，1995 年设立的 7 号基金的内部回报率为 174.5%，即使因设立较晚而未完全收回回报的 8 号基金，在 1998 年到 2003 年初之间的内部回报率也达到了 96%。这是一系列足以令风投业任何人侧目的数字：行业内部回报率的平均水平，在 15%～40%之间。

而且，红杉的传奇还在继续：据业内人士推算，2004 年 Google 上市后，红杉将其 1250

万美元变为 50 亿美元以上回报。而它在 YouTube 上的 1150 万美元投资也随着 Google 的收购，变成了 4.95 亿美元。

(资料来源：红杉传奇. http://www.sina.com.cn，2006 年 11 月 3 日)

3. 风险企业

风险企业是风险投资资本的使用者。一个好的风险企业是完成风险投资流的关键。如果说风险投资家的职能是价值发现的话，那么风险企业的职能就是价值创造。风险企业家是一个新技术、新发明、新思路的发明者或拥有者。他们在其发明、创新进行到一定程度时，由于缺乏后续资金而寻求风险投资家的帮助。除了缺乏资金外，他们还往往缺乏管理的经验和技能。这也是需要风险投资家提供帮助的。风险投资家应当也有权利对风险企业家进行鉴定、评估、决定是否提供及如何提供资金，这是风险投资成功的重要环节。同时，风险企业家也应当并且有权对提供资金者进行考察，这是成功的另一个重要环节。

风险企业家不仅是在“卖股份”(Sell Shares)，而且是“买资金”(Buy Capital)。风险企业家要和投资者在一起度过艰难的时刻。风险投资者的知识水平、资金状况、经营风格、做事风格直接决定着双方以后如何合作，决定着在困难情况下，风险投资者是雪中送炭，还是落井下石。因此，企业家不仅要对风险投资者进行考察，不仅看其资金状况，也要看其人格状况，看彼此的知识结构、性格特点是否互补。

案例点击

麻省理工学院(MIT)的张朝阳博士在学习、工作的几年深受硅谷创业文化的熏陶，他很希望能获得硅谷风险投资家的“天使”基金来创办自己的公司，看好国内市场的发展前景，并决心在国内创业。他首先遇到的问题是没有资金，于是向美国著名风险投资专家爱德华·罗伯特求援，两人共同分析了中国市场，并写了一个简单的商业计划提交给催生 Intel(英特尔)的风险投资人——尼葛洛庞蒂，不久即争取到 22.5 万美元的“种子资金”，创建了搜狐的母公司爱特信公司(Internet Technologies China，ITC)，成为中国第一家以风险投资资金建立的互联网公司。公司运营一年后，已走过谨小慎微运作的初创阶段，于 1997 年取得英特尔公司的技术支持，推出了“SOHOO”网上搜索工具，1998 年 2 月正式推出“搜狐”品牌。1998 年 3 月，搜狐获得了英特尔和道·琼斯等投资的 215 万美元，之后在 1999 年相继融入 600 多万美元和 3000 多万美元。2000 年 7 月在美国纳斯达克挂牌上市。

(资料来源：搜狐成功引入海外风险投资的启示. 南方网综合，2003 年 9 月 19 日)

二、风险投资的运作过程

在参与风险投资的运作中，出于风险性、收益性与安全性的综合考虑，投资银行的决策比起一般风险投资过程来要更为谨慎和明确。以下是投资银行进行风险投资的基本操作流程。

(一)风险投资机会识别

投资银行在筹集到用于风险投资的资金后，最重要的工作就是识别投资机会。投资机会的获得一般有如下几个来源：风险企业毛遂自荐；投资银行选择专长的产业，并组成一个团体探寻产业中有潜力的企业；通过国内外风险投资者交互投资的渠道，建立长期稳定且具有潜力的投资方案来源；由以往被投资的风险企业、个人或其他投资银行、金融机构、律师及会计师推荐；根据专业研究机构的研究成果进行决策。

(二)项目筛选

从事风险投资业的投资银行一年可能会收到上千份的商业计划书，他们在投资项目的筛选上十分慎重。首先是根据风险投资基金公司的最基本的投资条件、投资领域作出初步抉择，这一阶段的筛选大约有 90%的方案被淘汰。由于风险投资公司之间的竞争，这些公司大都实现了投资领域的专业化，有的专长于计算机硬件，有的则专长于生物工程，等等。一般情况下，风险投资家更偏向于在自己熟悉的科技领域与风险企业家投资合作，不在其投资专长范围内的申请方案一般不予考虑。

投资银行对投资机会的选择通常是从审阅企业商业计划书开始的。投资银行审阅企业商业计划书时，最看重的是计划书所反映出来的创业者和经理层素质；其次是风险企业的市场规模、前景和其业务的独特性，是否有足够的独特性来击败竞争对手从而脱颖而出。对于一些在通常金融业务中起重要作用的因素，例如自有资金的多少、资信状况的好坏等问题则考虑得较少。分析的次序一般是人、市场、技术、管理。

1. 对创业者的考察

考察该创业者或创业者队伍是否在他从事的领域内具有敏锐的洞察力，是否掌握市场全景并懂得如何去开拓市场，是否懂得利用各种渠道去融通资金，是否有将自己的技术设想变为现实的能力，是否有较强的综合能力，等等。

2. 对市场的分析

风险投资要寻找巨大容量或是能提供快速成长的市场，这是因为在一个处于成长中的市场中争取市场份额，要比在成熟的或是静态的市场中跟那些已经在市场中确立地位的竞争者争取市场份额容易得多。风险投资家根据自己的经验和对市场的认识，分别判断投资产品是否具有广阔的市场前景，市场占有率会有多大，产品的市场竞争能力如何。

3. 对产品技术的判断

风险投资家应判断产品技术设想是否具有超前意识，是否可以实现，是否需要经过大量研究才能变为产品，产品是否具有本质性的技术，产品生产是否需要依赖其他厂家，是否有决窍或专利保护，是否易于丧失先进性，等等。

案例点击

红杉的创始人唐·瓦伦坦曾经说过这样一句话：“投资于一家有着巨大市场需求的公司，要好过投资于需要创造市场需求的公司。”因其过于强调市场对一家公司的意义，多年以来，这句话被引申为更通俗的“下注于赛道，而非赛手”。

瓦伦坦的这句具有个人倾向的论述成为红杉资本这家风险投资公司连续 30 年的风格取向。

根本而言，这是一种差异化努力。虽然所有风险投资者都会承认市场的重要性，但即使在美国，因关于市场状况的数据总是匮乏，多数人更愿意变换角度考察公司，而去回答那些看似重要的问题：技术是否独特？管理团队是否足够好？产品是否可以被专利化？这些问题并非不重要，但它们都只能为一个判断提供片面支持，而当投资者试图同时回答多个问题时，就很容易失去焦点。

“下注于赛道”的另一个理由是，天才创业者实则非常罕见。瓦伦坦曾表示，自己一生只见过两个拥有超人洞见的创业者：英特尔的罗伯特·诺伊斯和苹果的史蒂夫·乔布斯。

就技术而言，瓦伦坦曾经宣称，自从自己 1959 年去到硅谷，“没有什么是革命性的，全是进化”。就是说，所有技术进步都是相互呼应的，所以投资决策并非凭空而来。

一定程度而言，红杉的故事的确可以被简化为顺应技术进化下的连锁反应：投资苹果电脑后，会发现它需要存储设备和软件，于是红杉投资 5 英寸软盘业务 Tandon 公司和甲骨文，接下来便是将小范围内的电脑连接起来的以太网设备公司 3Com，当以太网技术成熟后，更广阔地域范围的电脑连接就势在必行，于是红杉找到了思科。而在互联网的基础设施成熟后，对雅虎、Paypal 的投资就顺理成章。甚至，投资 Google 的最初想法是：至少它对雅虎的搜索引擎有所助益……

(资料来源：解析红杉资本创富史. 环球企业家，2008 年 1 月 7 日)

4. 对公司管理的重视

公司管理是一项很重要的指标，一般认为，一流的管理加二流的产品比二流的管理加一流的产品更具有优势。一个知识结构合理的管理队伍对于企业的发展十分重要。

(三)风险投资项目评估

风险投资项目在通过初步筛选后，就进入到审慎调查(Due Diligence)阶段，这一阶段工作最细，时间最长，是作出投资选择的关键阶段。风险投资公司要做大量的调查、咨询、研究工作。这一阶段的结果导致最终的投资，被投资的企业就是风险企业。

审慎调查要调查风险企业的市场状况、材料来源、信誉状况，还要考察公司的设备和资产实力，更重要的是与各式人物进行会谈。不仅要与公司的管理层进行频繁的接触，还要与公司的客户、供应商、开户银行、债权人会晤，从咨询律师、会计师、资产评估师和其他专职人员，甚至还会从政府部门获取信息。

完成审慎调查后，投资银行会从风险、技术性、业务规划、市场营销、后续资金的要求、管理层的素质等各方面来估计新兴公司的存活率和收益率，并在计算出收益率后，将之与期望的回报率进行对比，从而决定是否参与风险投资。

(四)交易设计

交易设计是风险投资家与风险企业家经过协商、谈判对金融工具、交易价格以及治理结构等的安排。交易设计的结果是双方达成合同。

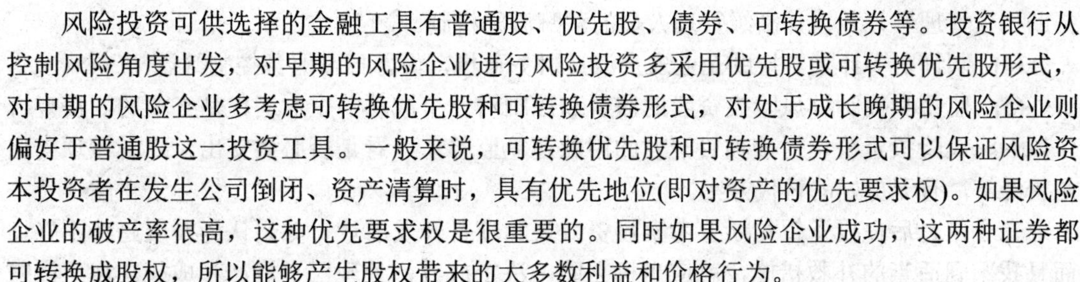

风险投资可供选择的金融工具有普通股、优先股、债券、可转换债券等。投资银行从控制风险角度出发，对早期的风险企业进行风险投资多采用优先股或可转换优先股形式，对中期的风险企业多考虑可转换优先股和可转换债券形式，对处于成长晚期的风险企业则偏好于普通股这一投资工具。一般来说，可转换优先股和可转换债券形式可以保证风险资本投资者在发生公司倒闭、资产清算时，具有优先地位(即对资产的优先要求权)。如果风险企业的破产率很高，这种优先要求权是很重要的。同时如果风险企业成功，这两种证券都可转换成股权，所以能够产生股权带来的大多数利益和价格行为。

交易价格是交易设计的核心一环，交易价格最终体现为风险资本投资者所占的股权份额。股权份额的确定通常采用现金流量折现法，即计算出企业在未来某个时点的价值，并按照一定的回报率确定原先企业所有者的权益。回报率因投资类型的不同而不同，早期风险企业的回报率为15%，而较为成熟企业的回报率为25%左右。

公司治理结构问题主要有两个方面，即企业管理层的激励和投资银行对企业的控制程度，特别是在企业经营发生困难的时候。投资者和风险企业管理人员的信息不对称会产生潜在的“道德风险”，即管理层以投资者受损为代价谋求自己的利益。这就需要投资银行通过一系列机制协调管理层和投资者之间的关系。这些机制可以分为两大类：第一类是对经营业绩的激励，包括给予管理层一定的股份，确定投资者股权的性质，以及管理层的雇用合同等；第二类是对企业的直接控制，包括在董事会中的席位、表决权的分配和控制追加融资等。

交易设计要通过谈判进行，一般谈判要持续数周甚至半年时间。在谈判中，会有双方的律师、会计师、投资顾问等参加。双方意向一致后，则签署法律文书，形成合同。合同的主要内容如下。

(1) 被投资企业最终产品的基本指标及未来发展；

(2) 风险资本投入者取得投资权益的方式和保证条款；

(3) 风险资本投入者参与风险企业经营管理的程序和具体范围；

(4) 企业股权转让或出售的控制，企业股票上市、股权转移的时机、方式等；

(5) 双方违约的处理方式；

(6) 其他双方认为需要写入合同的条款。

(五)参与企业管理

投资银行投入企业的虽然是权益资本，但是他们真正的目的并不是为了获取企业的所有权，而是为了在风险资本退出时获取高额回报。为保证投入资金的安全性，投资银行并非简单地将资金投入风险企业中，他们在加强监控风险企业投资的同时，也积极地参与企业的管理，帮助企业成长壮大，增加企业的价值。投资银行一般通过以下几种方式实现风险企业的价值增值。

(1) 参与董事会活动。投资银行将自己的人员或代表安排到公司董事会中。他们对董事会的参与一方面加强了对该公司的直接控制，另一方面也及时地掌握企业的情况、动态和趋势。

(2) 制定公司的长期发展战略，包括企业的最终目标、兼并及退出策略等。

(3) 组建管理团队。由于风险企业一般是新兴企业，管理团队往往不健全，投资银行帮助构建管理层，并设计高级管理人员的薪酬激励机制。

(4) 制订财务计划。扶助企业安全渡过财务危机，做好日常财务控制等。

(5) 监督和控制。风险投资者的监督和控制对一个成功的企业运作是必要的。决定合作以后，风险投资公司对该项目开发的用款逐笔监督，一看是否必要支出，二看该项支出是否经济，有无更好的替代方案。

在合作之后，投资银行还要考察投资效果和项目开发前途，如果认为发展趋势不好，而且找不到适当的补救措施，就应当机立断，决定放弃，处理已有资产和成果，尽可能减少损失。

(六)设计退出机制

风险资本的退出是实现风险投资收益的关键环节。只有通过合适的渠道退出，风险投资才能重新流动起来，风险投资家才能将资金投向下一个项目，获得更多利润。策划退出是投资银行从开始寻找项目就着手考虑的问题。投资银行退出风险投资主要有三种方式：公开上市、股权出售以及清算。

1. 公开上市

公开上市(IPO)通常是风险资本最佳的退出方式。在美国，IPO 是风险投资资本最常用的退出方式之一，大约 30%的风险投资的退出采用这个方式。IPO 有令人骄傲的历史记录，如，苹果公司首次发行获得 235 倍的收益，莲花公司是 63 倍，康柏公司是 38 倍。

由于 IPO 方式保持了公司的独立性，也受到公司管理层的欢迎；同时 IPO 的公司还获得了在证券市场上持续筹资的渠道。

不过，IPO 也受到一些限制。通常 IPO 不能使合伙投资者立即从风险企业中完全撤出。如，在美国，根据 144 法规，风险投资公司在其投资的风险企业首次公开发行时，不能立即售出其所拥有的全部股份，只能出售很小比例的股票，在一定的时间之后，才解除对出售其余股票的限制。而且，公司公开发行的证券承销人常常在承销协议中约束、限制投资公司出售其股票。因此，首次公开发行后风险投资公司持有的股份往往只有很小的变化。此外，通过 IPO 退出往往费用昂贵。

2. 股权出售

股权出售由于费用低廉，执行过程简单，使风险资本能够在较短的时间回收，近年来越来越得到风险资本家的青睐，在数量上逐年增多。

对于风险资本来说，股权出售是有吸引力的，因为这种方式可以立即收回现金或可流通证券，也使得风险投资家可以立即从风险公司中完全退出。但是与 IPO 相比，公司管理层并不欢迎股权出售方式，因为风险企业一旦被一家大公司收购后就不能保持其独立性，公司管理层将会受到影响。

管理层收购即风险企业管理层回购风险投资者的股权，这也是股权出售的一条渠道。当风险企业发展到一定阶段，资金规模、产品销路、资信状况都已相当好，这时风险企业家就希望能由自己控制这个企业，风险投资家也愿意尽快退出。于是双方可就股份转让达成一致。虽然这种方式可能会比 IPO 投资收益低，但费用也少，时间短，便于操作，公司管理层可以以个人资信作保，或以即将收购的公司的资产作担保，向银行或其他机构借入资金，将股份买回，风险投资家则成功撤出。

当公司发展到一定程度，要想再继续发展就需大额地追加投资，而风险企业家和风险投资家已不愿或不能再往里投资，还可把风险企业卖给其他企业。

3. 清算

当公司经营状况不好且难以扭转时，解散或破产并进行清算可能是最好的减少损失的办法。对于风险投资家来说，一旦确认风险企业失去了发展的可能或者成长太慢，不能给予预期的高回报，就要果断地撤出。

相当大部分的风险投资不很成功，风险投资的巨大风险反映在高比例的投资失败上。越是对处于早期阶段的风险投资，失败的比例越高。

三、投资银行参与风险投资的主要方式

风险投资业的兴起和繁荣，为投资银行介入风险投资提供了前所未有的业务机会。在美国，开展风险投资业务的投资银行数量已有了很大的增长，摩根士丹利、高盛、美林等大型美国本土投资银行都在风险投资领域取得了长足发展。

投资银行涉及各种不同层次的风险资本投资，从为风险资本基金募集资金一直到使新兴企业(风险企业)公开上市。在风险企业融资的各个不同阶段中，可能涉及投资银行的融资技巧和融资的专门知识。投资变现的过程更是投资银行的活动范围，不管是通过初次公开发行，以及随后的二级市场交易，或是通过收购兼并，投资银行都要为风险投资家提供使其原始投资变现流动的方法。

(一)投资银行作为风险投资的金融中介

投资银行作为金融中介，既可以为风险企业提供私募服务，也可以为风险投资基金融资，还可以通过首次公开发行(IPO)为风险企业进行融资，并为风险资本的退出创造条件。

从美国的风险投资发展历程来看，投资银行在风险投资中的参与形式发生了很大变化。其总的趋势是：投资银行的原有职能——中介服务得到加强，而作为风险资本的提供者却日趋淡化。

1. 为风险企业进行私募

风险企业在成长初期无论是资产指标还是财务指标都达不到公募发行的要求，因此私募发行就成了风险企业融资的重要途径。与公募发行相比，私募发行的优点在于：对风险企业来说，要求较低，易被主管机关批准；所需文件、资料比较少，能节约发行时间和发行成本；支付给投资银行的费用也较低。另外，由于私募的证券流动性较差，风险企业往往要提供较高的收益率作为补偿，因此对于某些流动性要求不是很高的机构投资者而言，能带来更高的收益。风险企业与投资者由投资银行作为中介牵线搭桥，最终就发行条件达成协议，而这些条件在大范围的公募发行情况下是不可能被接受的。为了保证风险企业私募发行的成功，投资银行一项重要的工作就是帮助风险企业制订商业计划书，一个好的商业计划书能够帮助风险投资者对一家寻找资金的企业作出评估。

由于风险企业的风险很大，因而投资银行往往要求风险企业提供很高的私募发行报酬，

一般来说，这类私募活动的平均报酬率为 5%～6%，高的可达 8%～10%。此外，投资银行还常常要求发行公司提供认股权证，一般要求该认股权占私募总额的 10%，并规定在私募后 5 年内，投资银行有权按私募发行价的 120%购买该认股权证所代表的股票。这样一旦风险企业股票上市并价格上涨，投资银行就处于非常有利的地位；如果风险企业经营不善，投资银行可不执行认股权；在很多情况下，尤其当私募发行比较棘手时，投资银行还要求发行公司保证日后的私募发行或公开发行均在该投资银行办理。

2. 为风险投资基金融资

投资银行可以为风险投资基金融资，从而获得佣金。尽管大多数有限合伙公司在融资时不用代理人，但有些需要筹集大量资金，或者不熟悉机构投资者，又或没有筹资经验的有限合伙公司会请投资银行帮助其筹资。

投资银行在选择筹资客户时会很谨慎，一旦他们决定为客户筹资时，投资银行就会给潜在的投资者发送基金的出售备忘录，然后，投资银行就会组织项目展示会，并与潜在的投资者进行直接会谈。投资银行对这些代理业务会收取很高的佣金，通常是融资额的 2%。

3. 投资银行为风险企业 IPO 提供服务

投资银行是风险企业 IPO 的关键。投资银行可以作为风险企业的保荐人参与创业板市场的证券发行和承销。投资银行作为创业板市场的保荐人的主要职责是以独立专业机构的身份，确保申请上市的公司符合创业板市场的上市要求，所有的上市文件符合上市规定，并对所有重大事项和必要信息作充分披露。

作为风险企业的承销商，投资银行为风险企业提供上市的统筹协调服务、市场推广服务、包销和分销服务以及上市后的跟进服务。

4. 投资银行帮助成熟风险企业上市

投资银行主要通过两个方面运作：一是就风险企业股票发行的种类、时间、条件等提出建议，二是承销风险企业发行的股票。

(二)投资银行作为风险资本的投资者

投资银行参与私人资本市场最常见的方式是，通过投资于其自身充当普通合伙人的风险投资合伙公司进行间接投资，不通过风险投资合伙公司而进行直接投资对于投资银行来说是罕见的。除了少数比较富有进取心和冒险精神的投资银行介入早期的风险投资活动外，大部分投资银行偏向于对处于成长后期的新兴公司提供风险资本。投资银行直接投资于新兴公司，其目的除了获取高额回报率外，还有将新兴公司推介上市的打算。投资银行提早介入有公开招股上市可能的公司的股权投资，不仅能使它在新兴公司进行首次公开招股时揽到承销业务，而且也能大大提高新兴公司股票的价值，上市后在二级市场出售它所持有的股份，以获得丰厚的回报。

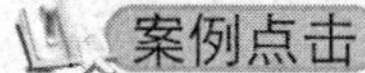

摩根大通将在北京成立风险投资公司已获批准

搜狐财经从可靠途径获得消息，美国华尔街最大的金融机构摩根大通(JPMorgan Chase)已经获得北京市相关部门批准，将在北京设立摩根大通(中国)风险投资公司。

据了解，这是摩根大通在中国设立法人银行后的又一本地化举措，体现该公司对中国市场的长期信心和兴趣。此前，摩根大通涉及内地的风险投资业务均以离岸方式进行。

摩根大通新设立的摩根大通(中国)风险投资公司将由现任摩根大通证券亚太区董事总经理、直接投资部中国区总裁张天伟先生出任董事长，负责公司的管理和投资业务。该公司的投资方向可能会集中在新能源、环境保护、农业加工与食品技术、医药化工、生物科技、先进制造、现代服务、信息技术等行业的成长型企业。

摩根大通是全球历史最长、规模最大的金融服务集团之一，业界俗称细摩或小摩，总部位于美国纽约市，是仅次于美国银行的美国第二大金融服务机构，业务遍及50多个国家，包括投资银行、金融交易处理、投资管理、商业金融服务、个人银行等。现时的摩根大通于2000年由大通曼哈顿银行及J.P.摩根公司合并而成，并于2004年与2008年分别收购芝加哥第一银行、美国著名投资银行贝尔斯登和华盛顿互惠银行。

(资料来源：搜狐财经，2010年4月27日)

由于投资银行从事各类融资业务，因此它们在组织和发起风险资本基金方面有特殊的优势。一般来说，在由投资银行发起的风险资本基金中，投资银行充当普通合伙人参与持有利益的分配，即使那些不是由投资银行发起的风险资本基金，发起人也会经常邀请一家或几家投资银行以特殊身份参与风险基金。这样做，有助于发起人筹集所需的资金，同时也使投资银行参与分享持有利益。

(三)投资银行作为风险企业的财务顾问

投资银行可以作为风险企业的财务顾问，帮助风险企业进行包装和宣传、进行交易构造的设计和谈判，以及风险企业的出售。

(四)投资银行在创业板市场作为做市商

创业板市场是为风险企业提供服务的市场。大多数的创业板市场引进做市商来活跃市场，保证股票交易的流畅和稳定。做市商是投资银行在创业板市场的主要业务之一。在美国，美林、高盛、摩根士丹利等国际投资银行都是NASDAQ的做市商。

第三节　杠 杆 收 购

杠杆收购(Leveraged Buy-Out，LBO)于20世纪60年代出现于美国，在80年代得到了很大的发展，被称为美国投资银行业最引人注目的发明。杠杆收购直接引发了80年代中后期的第四次并购浪潮，随后风行于北美和西欧。

一、杠杆收购的含义

杠杆收购是指收购公司以目标公司的资产为担保向金融机构筹集资金，来支付收购资金。收购公司本身不需要拥有巨额的资金，它只要准备很少的现金(通常是用以支付收购过程中产生的律师、会计师等费用)，就可以收购任何规模的公司。由于在用于收购的资金结构中，自有资金比例极低，负债占绝对比重，所以被称为杠杆收购。杠杆收购与一般收购的区别在于：一般收购中的负债主要由收购方的资金或其他资产偿还；而杠杆收购中引起的负债主要靠目标企业日后产生的现金流或出售部分资产进行偿还。杠杆收购具有以下特征。

1. 高负债性

杠杆收购中有一条最重要的原则，即“OPM”(Other People's Money)，或者说“用别人的钱”。杠杆收购绝大部分的收购资金是借贷而来，收购公司用以收购的自有资金与收购资金相比较，显得微不足道；一般而言，并购所需资金的构成一般为投资银行贷款占 60%，垃圾债券占 30%，并购方自有资金占 10%。从一个典型的杠杆收购来看，其资本结构呈倒金字塔形，顶层是对资产有最高级求偿权的一级银行贷款，中间是被统称为夹层债券的夹层资本；塔基是收购者自己投入的股权资本。

2. 高风险与高收益并存

高风险源于高杠杆比率，高收益则是对承担高风险所要获得的回报。在杠杆收购条件下，由于负债比例过高，因此并购后的公司面对沉重的偿债压力，股东则要承担极高的财务风险，况且目标公司的资产往往作为贷款的抵押品，一旦收购者经营不善，就有被债权人拍卖抵债的可能。如果企业盈利增加，因为每单位利润所支付的利息是固定的，杠杆收购的净资产收益率就会远远高于普通资本结构下的收益率。

3. 操作的技巧性

杠杆收购是一项复杂、高难度的交易活动，单靠企业自有的力量是无法进行的，通常需要由具备一定专业知识、头脑灵活、熟悉市场、社会关系娴熟的投资银行家来运作。其运作程序涉及杠杆收购目标公司的确定、制订收购计划、对目标公司进行先期收购、确定报价时间、进行财务审计和资产评估、商定收购价格、确定自投资本、组织融资等，这些都需要投资银行家作为财务顾问的介入，因此必须要有投资银行以及其他有关方面的专家的参与和配合。

二、杠杆收购的参与主体

杠杆收购中的参与主体包括：杠杆收购基金的提供者、杠杆收购公司、杠杆收购的目标公司以及参与并购的中介等。投资银行在杠杆收购中所扮演的角色包括两个方面：其一是作为杠杆收购公司的一般合伙人，通过管理私募股权基金来获得收益；其二是作为金融中介机构为杠杆收购提供服务。

(一)杠杆收购基金的投资者

杠杆收购基金(LBO Fund)是为了投资于杠杆收购而设立的，它是 20 世纪 80 年代金融领域的创新之一。杠杆收购基金的投资者期望通过投资杠杆收购获得高额回报，若其直接就特定杠杆收购案进行投资或融资，由于这些类型的交易通常与高负债水平相联系，因此违约的风险也相当高，为分散杠杆收购案的投资及融资风险，杠杆收购基金遂应运而生。杠杆收购基金类似于股票型共同基金，基金投资人将资金投入后取得受益凭证。基金经理人则将所募得的基金投入各项杠杆收购案的投资或融资。如此一来，投资者一方面可以获取融资收购案的高额利润，另一方面则可借由投资组合分散风险，因此杠杆收购基金一经推出，立刻受到机构投资者的欢迎。

在 20 世纪 80 年代很多投资者将资金投入于杠杆收购基金，甚至还包括像养老基金和保险公司这样的保守的机构投资者。另外，这些投资机会已经不仅仅是美国本土的现象，杠杆收购基金还吸引了很多外国的投资者。到 80 年代末期，外国投资者对杠杆收购的投资大幅下降。但在 90 年代中期，由于一些机构投资者，例如养老基金开始重新考虑收购基金为一种实现高回报的途径，用以满足寿命更长的退休者的需求，这种基金开始稳步回升。90 年代，养老基金大约占据了投资于杠杆收购基金的资本的 1/3。

(二)杠杆收购公司

杠杆收购公司是专门从事杠杆收购的企业。杠杆收购公司通常会建立由其管理的杠杆收购基金，基金的投资者会得到承诺，保证在将来得到一定比例的基金所赚收入。杠杆收购公司在收购目标公司时，除投资非常有限的自有资金外，不负担进一步投资的义务。换句话说，贷放绝大部分收购资金的债权人，只能向被收购公司求偿，而无法向真正的借贷者——杠杆收购公司求偿。用以偿付贷款的来源是被收购公司营运所产生的现金，也即被收购公司的现金流量将支付它自己的出售价值。通常债权人均在被收购公司资产上设有担保，以确保优先受偿地位。

在美国，有很多著名的杠杆收购公司，包括 KKR、凯雷(Carlyle Group)、黑石(Blackstone Group)等，商业银行、投资银行等金融机构的 PE 投资部门或子公司发展也非常迅猛，如美国银行、高盛、摩根士丹利等都在私募股权投资领域获得了颇丰的收益。

案例点击

KKR 是 Kohlberg、Kravis 和 Roberts(科尔伯特、克拉维斯和罗伯茨)三个人的缩写。Kohlberg 在三人中最为年长，他早在 20 世纪 60 年代便开始从事收购交易。1969 年，Kohlberg 雇用了年轻的 Roberts，第二年 Roberts 又把仅比他小一岁的 Kravis 拉了进来。三人供职于 Bear Stearns。1976 年， Kohlberg、Kravis 和 Roberts 三人离开了 Bear Stearns 公司，建立了 KKR 公司。

在 KKR 的前三年交易记录中，共有六次收购，1977 年三笔，1978 年没生意，1979 年又是三笔。 1980 年 KKR 做了一笔小生意后，1981 年终于完成了六笔生意，这引来媒体对这家小公司的大量报道，在同一年中，美国也出现了近 100 起的杠杆交易。

1984 年春夏之际，科尔伯特动了脑瘤手术，不得不离开公司一段日子。KKR 在克拉维斯和罗伯茨的带领下，业务照样突飞猛进。当 1985 年科尔伯特重返公司时，他发现这已经不是他当初参与创办的 KKR。1987 年，他退出了 KKR，与其子詹姆斯等人成立了科尔伯特公司。

KKR 收购的原则：第一，目标公司必须有好的现金流特征，即现金流必须稳定，至少是可以预测的；第二，目标公司必须有 3～5 年的时间里大幅度降低债务水平从而提高股权价值的显而易见的潜力；第三，目标公司有一位好的 CEO 或者至少有这样一位人选；第四，收购建议必须被目标公司的董事会接受(没有硬性“袭击”)，必须说服经理们入股。

KKR 融资模式的基本框架为：用大约 10%～20%的股权资金和 80%～90%的债务资金收购公司。股权资产主要来自 KKR 筹措的基金，KKR 对每个项目进行 1%的股权投资，要拿走 20%的利润；在债务资本中，优先级银行债务的偿还期限必须较短(5 年)，而次级债务一般期限较长；典型的 KKR 收购方案要求公司在 5～7 年里偿还收购时发生的债务。

(资料来源：(美)贝克尔著. 张爱玲，孙经纬译. 新金融资本家. 上海财经大学出版社，2000)

在收购中，杠杆收购公司通常被称为金融买家，以区别于战略买家。与许多大公司在评价兼并的可行性时最关心资产净利率不同，金融买家更看重权益净利率。例如，100 美元的兼并费用可能包括 20 美元的权益资本和 80 美元的债务资本。假设利率是 10%，则利润中有 8 美元归债权人所有。如果第一年的利润是 20 美元，股东的收益就是 12 美元，权益净利润率高达 60%。杠杆收购公司的收入由三部分组成。

1. 管理费

杠杆收购基金要向投资者收取管理费，交易前的费用一般是所投资本数量的 1.5%，交易之后会有所降低。

2. 交易费

杠杆收购公司在买进和卖出的时候都要收取交易费。最高可达收购价格的 1%，交易额越大，费用比例越低。如，KKR 公司在 1996 年以 70 亿美元的价格将劲量电池公司卖给吉列公司，从中获得了 2000 万美元的交易费收入。

3. 基金利润

械杆收购基金利润的 20%归杠杆收购公司所有。这种安排是为了让其更加努力地工作。此外，杠杆收购公司的合伙人还能获得支付给专业管理人员的董事费或执行费，这些人通常在目标公司的董事会中任职。

(三)杠杆收购的目标公司

从杠杆收购公司的收购对象来看，目标公司一般包括：急于出售公司的卖主；想变现投资的私人公司的所有者，这种行为通常都与两代人之间的交接有关；公众持有型公司，为使股东价值最大化而出售业绩不佳的子公司。杠杆收购的目标公司通常具有以下特征。

1. 具有稳定的现金流量

杠杆收购的贷款方不能向收购公司求偿其贷款，只能完全依赖被收购公司既有的现金及未来的现金流量，用以逐年支付贷款本息，为此，在实施杠杆收购后，目标公司不得不承担新的负债压力，目标公司的现金流量稳定性可以保证其按期偿还债务。目标公司的现金流量稳定性较其现金流量数额大小更有意义，也更有吸引力。一般而言，杠杆收购公司对周期性增长或高风险的公司是不予考虑的。处于某个成熟行业，有丰富现金且现金流量稳定的公司较容易成为杠杆收购的目标公司。

2. 具有稳定的有经验的管理者

收购方尤其关注目标公司管理层的个人及整体素质。只有具备较高“企业家才能”的管理人员才能领导企业经营成功。这就要求目标公司的管理层对公司业务熟悉、经营有方，只有这样才能保证资金的安全性、收益性，也才能如期偿还贷款本金和利息；而经理人员的稳定性，通常根据管理人员任职时间的长短来判断：任职时间愈长，则收购完成后其留任的可能性愈大。

3. 足够的降低成本的空间及削减成本的能力

杠杆收购所带来的融资需求会给目标公司带来额外的财务压力。如果目标公司可以较容易地降低成本，那么其偿债压力就可以得到一定程度的缓解。降低成本的可能办法包括：降低原料采购成本、清理闲置不用的或无用的设备、减少资本性支出、控制营运费用、公司裁员、控制运营费用等。

4. 所有者的股权投资

目标公司资产的抵押价值可以为融资方提供下跌风险的保护。管理者或者是购买者以及外部团体的股权投资同样也扮演了保护贷方的缓冲角色。股权的缓冲作用越大，有担保的贷方清算资产的可能性越小。管理层的股权投资越多，当公司状况变得棘手时其留下的可能性越大。如 20 世纪 90 年代杠杆收购贷方对股权缓冲的要求比 80 年代中期他们对一些高债务交易的融资要求还要高。

5. 资产负债表上有限的债务

杠杆收购往往需要对外筹措收购资金，而外部投资者通常会对收购的目标公司财务状况的质量极为关注。稳定连续的现金流量和较低的资产负债率可增强其安全感，降低其风险。而且，如果目标公司收购前的资产负债率低，尤其是负债相对于可抵押资产的比率较低，则收购方可能获得较大的以目标公司的资产设置担保的借贷空间；反之，收购方就无法得到新的负债能力。

6. 分散的非核心业务

如果目标公司拥有易于出售的非核心部门或业务，则可在必要的时候出售这些部门或业务，以迅速地获得偿债资金，从而增强对贷款方的吸引力。在大部分情况下，杠杆收购的偿债来源常常是混合现金流量与出售资产所得。当收购者欲提高被收购公司利润，以充分享受股市处于顶峰时的高倍数市盈率时，自然会出售部分公司资产，提前偿还贷款，以降低利息支出(财务费用)，提高盈余。

案例点击

KKR 对劲霸电池(Duracell)的杠杆收购

在被 KKR 收购前，劲霸电池仅是食品加工巨头卡夫的一个事业部。经过众多买家 5 个月的角逐，KKR 于 1988 年 5 月得到了劲霸电池。当时的分析普遍认为劲霸总值不超过 12 亿美元，但 KKR 出价 18 亿美元(每股 5 美元)，至少高出竞争对手 5 亿美元。KKR 18 亿美元的收购价格是劲霸公司 1987 年 EBIT 的 14 倍，EBITDA 的 11 倍。

KKR 的方案十分有利于劲霸的管理层，公司的 35 位经理共投入 630 万美元购买股份，而 KKR 给每一股分配 5 份股票期权，这让他们拥有公司 9.85%的股权。这大大出乎管理层的意料。

KKR 喜欢劲霸总经理鲍勃•凯德的激情，相信他的发展规划，如果将其提出的财务数据加入杠杆收入的模型，劲霸电池公司将能够承担交易所需的 14.5 亿美元的债务，它的现金流足以支付债务而不需要再出售资产。而且 KKR 认为通过改善产品组合，扩大广告投入和降低生产成本，公司的利润率能进一步提高。

劲霸通过严格的成本控制体系，降低了销售和管理成本，并通过增加研发支出，开发出了可充电镍氢电池、高能镍离子电池等新产品。劲霸的成功很大一部分来自海外市场，公司在欧洲地区的碱性电池市场占据了半壁江山，扩大了在拉丁美洲、南美洲、非洲、中东和环太平洋地区的销售，与德国、日本结成制造联盟，在印度和中国建立了合资企业。

买断后劲霸的第一年现金流就提高了 50%，以后每年以 17%的速度增长。在此基础上，KKR 把 CEO 的资本投资权限从收购前的 25 万美元提高到 500 万美元的水平，同时把管理下级经理报酬的权力完全交给了他。

1991 年 5 月，劲霸的 3450 万股票公开上市，IPO 价格是 15 美元，KKR 销售了它投在公司的 3.5 亿美元资本金的股票。此后的几次募股股票价格不断攀升。1995 年 3 月，劲霸的募股达到了每股 42.625 美元。

1996 年，KKR 把持有的劲霸的剩余股票出售给了吉列公司。在大约 8 年半的时间里，以复利计算，它的原始股权投资的年度回报率达到了 39%。3.5 亿美元的原始投资共产生了 42.2 亿美元的回报。

(资料来源：根据下列资料改编：(美)贝克尔著. 张爱玲，孙经纬译. 新金融资本家. 上海：上海财经大学出版社，2000)

三、杠杆收购的过程

为了完成杠杆收购，杠杆收购者一般是先成立一个收购主体公司，这个主体公司只是一个壳公司，用于融资以便进行收购。由此公司先向贷款机构借入过渡性贷款(Bridge Loan)，然后通过一系列的债务安排和债务重组，收购目标公司的股权。理想的情况是收购完成后马上能出售部分资产偿还部分债务，并且预计以后现金流量远高于应付利息，而且企业的现金收入受经济波动的影响不大。

当股权收购活动完成后，再将此公司与目标公司合并，并以此公司作为存续公司。合并完成后，存续公司已经接收目标公司的原有资产，故其可以以资产抵押向融资机构办理抵押借款，以偿还先前的过渡性贷款。

在杠杆收购的过程中，较为令人难以理解的是：在收购者尚未成功合并目标公司之前，目标公司仍不属于收购者的一部分，收购者如何利用目标公司的资产作为担保，取得收购所需资金?这里有必要了解两个重要的机制。

1. 过渡性贷款机制

过渡性贷款(Bridge Financing)是指由投资银行给予杠杆收购者的短期资金融通，以支付收购价款。在融资收购过程中，过渡性贷款有着极为重要的作用。当收购者选定收购目标之后，为避免其他公司加入竞购行列，必须在很短的时间内完成股权收购程序；如果向银行申请贷款，则需要较长的时间，而过渡性贷款满足了收购者快速融资的需求。当然，担任杠杆收购顾问的投资银行只有协助客户完成杠杆收购，才可以赚取顾问费及其他相关费用，因此十分乐意提供过渡性贷款，以利杠杆收购的顺利进行。

然而，过渡性贷款的到期期限通常较短，仅适合作为融资收购过程中的暂时性融资工具，通常在收购者合并目标公司后即须偿还。为此，当收购者利用过渡性贷款完成目标公司的股权收购后，就会着手进行合并，同时进行长期融资。应该说，杠杆收购的融资来源实际上是以合并后公司的名义所取得的长期性融资。实务上，投资银行在与收购者签订的长期融资合约中，通常将完成合并动作列为融资动用的先决条件之一；一旦合并完成，收购者就会将合并目标公司所取得的资产作为银行融资的担保，申请贷款，并偿还过渡性贷款。

2. 投资银行的确认机制

由于杠杆收购的自有资金比率通常很低，若收购者无法取得投资银行的过渡性贷款支持，则杠杆收购很难顺利完成。因此，对于财力较弱的收购者而言，在其正式向目标公司提出杠杆收购要约之前，必须事先取得投资银行出具的高度自信书(Highly Confident Letters)，由投资银行承诺协助其筹措所需资金，以消除资金不足的风险，这是借助投资银行的信誉来完成杠杆收购。

四、杠杆收购的融资结构

杠杆收购是一种高度负债的收购方式，收购方用于收购的资金通常 90%以上是从发行高息债券和银行贷款中筹措的。这种收购方式直接引发了美国 20 世纪 80 年代的第四次购并浪潮。合理的融资结构不但能帮助杠杆收购者筹集到足够的资金来完成交易，而且还能降低收购者的融资成本和今后的债务负担，是杠杆收购关键的成功因素。

在西方国家，杠杆收购已有了一些成熟的融资结构模式，最常见的就是金字塔模式。位于金字塔顶层的是对公司资产有最高清偿权的银行贷款，约占收购资金的 60%；塔的中间是被统称为垃圾债券的夹层债券，约占收购资金的 30%；塔基则是收购方自己投入的股权资本，约占收购资金的 10%。但上述比例也不是固定的，它随着夹层债券市场景气度、经济和信贷的繁荣、投资者对风险的态度而改变。

(一)优先债

优先债处于杠杆收购融资结构中的最上层，融资资金一般占收购资金的 60%左右。其债权人可以从被收购公司的现金及资产出售的价款中优先受偿，优先债的背后拥有资产作为担保，且融资合约中通常订有许多财务限制条款，更有甚者会要求公司股东提供保证，再加上此类融资通常采用分期还本的方式，故其信用风险远较垃圾债券为低，融资成本亦因此较低。优先债的债权人其收益率也是杠杆收购融资体系中最低的。优先债的债权人一般是不愿承担风险的商业银行，其他金融机构如储蓄机构、财务公司、保险公司等也时有参与，在大规模的杠杆收购下，商业银行会组成银团，共同提供贷款。有时候，公司也会通过公开发行优先债权形式的债券来获得资金。

商业银行等资金供给者贷款时一般遵循以下原则：贷款期限一般不超过 5 年，平均贷款期限不超过 3～4 年；按应收账款和应收票据的 80%、存贷的 50%、厂房机器设备的 25%的比例设定贷款额度；在某些情况下，商业银行还会提出一些附加的约束性条款，如对收购者发行其他债券和支付股息等作出限制。

(二)次级债

次级债也称为夹层债券，次级债的求偿顺序列于优先债之后，且次级债的到期期间通常较长，一般为 6～10 年，有的可长达 10～15 年之久。对于融资者而言，由于次级债并未具备十足担保，所以发行公司必须给予融资者其他权利，以较高的投资报酬率补偿融资者所承受的风险。例如，公司可能给予次级债融资者认股权，融资者除了可获取利息收入之外，倘若公司的股价上涨，其还可以获取资本利得。

一般而言，杠杆收购者首先应考虑以目标公司的资产作为担保，以寻求资金成本较低的优先债融资，并且投入自有资金；若优先债融资及自有资金仍不足以支付收购价款时，才考虑举借次级债或发行垃圾债券，以补足资金不足的缺口。

次级债通常可以从保险公司或次级债权基金处获得，还可以通过向保险公司、养老基金和其他机构投资者公开发行高收益债券或非投资级债券来筹集资金。

(三)股权资本

股权资本是杠杆收购融资体系中处于最下层的融资工具。股权资本包括优先股和普通股。普通股是整个融资体系中风险最高、潜在收益最大的一类证券。一般来说，杠杆收购股权资本不向其他投资者直接出售，而只供应给在杠杆收购交易中发挥重要作用的金融机构或个人。在很多情况下，杠杆收购形成后的公司控股权会落在担任发起人的投资银行或专门从事杠杆收购的投资公司手中。有时，被收购公司和次级债权人也会获得新公司的股权。

本章小结

<table>
<tr><td rowspan="3">私募股权投资</td><td>私募股权投资概念及运作</td><td>私募股权投资是指通过私募形式对企业进行的权益性投资，在交易实施过程中附带考虑了将来的退出机制即通过上市、并购或管理层回购等方式，出售持股获利。其主要特点包括：高风险与高收益性投资、长期性投资、组合投资、主动管理型专业投资。
私募股权投资的资本组织形式：公司制、信托基金制和有限合伙制</td></tr>
<tr><td>风险投资</td><td>风险投资是由职业金融家投入到新兴的、迅速发展的、有巨大潜力的企业中的一种权益资本。参与主体包括风险企业、风险投资公司、投资者。
风险投资的运作过程：风险投资机会识别；项目筛选；风险投资项目评估；交易设计；参与企业管理；设计退出机制。
投资银行参与风险投资的主要方式：作为风险投资的金融中介、风险资本的投资者、风险企业的财务顾问和在创业板市场作为做市商参与风险投资</td></tr>
<tr><td>杠杆收购</td><td>杠杆收购是指收购公司以目标公司的资产为担保向金融机构筹集资金，来支付收购资金。其主要特征有：高负债性、高风险与高收益并存和操作的技巧性。
杠杆收购参与主体：杠杆收购资金的提供者、杠杆收购公司、杠杆收购的目标公司以及参与并购的中介等。
杠杆收购过程：需要了解两个重要机制——过渡性贷款的机制和投资银行的确认机制。
杠杆收购的融资结构：成熟杠杆收购融资结构模式中最常见的就是金字塔模式。金字塔顶层是对公司资产有最高清偿权的银行贷款；塔中间是被统称为垃圾债券的夹层债券；塔基则是收购方自己投入的股权资本</td></tr>
</table>

典型案例

PAG 杠杆收购“好孩子”

一、事件回顾

2006 年 1 月底，私募投资基金太平洋联合(Pacific Alliance Group，PAG)以 1.225 亿美元的(企业)总价值购得原来由香港第一上海、日本软银集团(SB)和美国国际集团(AIG)持有的 67.6%好孩子集团股份，成为好孩子集团的绝对控股股东，而包括好孩子集团总裁宋郑还等管理层持 32.4%股份成为第二大股东。

这是中国第一例外资金融机构借助外资银行贷款完成的“杠杆收购”。PAG 是一家在香港注册、专门从事控股型收购的私募基金，PAG 旗下管理着大约 4 亿美元基金，投资好孩子集团是其在中国的第五宗交易。

PAG 从 2005 年 10 月开始接触好孩子，到 12 月 13 日不到三个月就签署了股权转让协议。根据协议，第一上海投资有限公司(简称第一上海)会同其他几家机构投资人将其在好孩子集团中持有的全部股权转让给由 PAG 控制的名为 G-Baby 的持股公司。PAG 借助外资银行贷款完成了此次杠杆收购交易，交易所需部分资金由台北富邦商业银行(Taipei Fubon Commercial Bank)提供，总金额 5500 万美元。

易凯资本作为好孩子的财务顾问，全程参与了这项历时一年多的交易。易凯资本的首席执行官王冉对于新投资者 PAG 的评价是：非常低调，反应速度很快。其他一些知名的基金，受到的监管比较多，在法律等方面的细节也考虑很多，决策比较犹豫。而 PAG 行动非常迅速，善于避开枝节，因此仅跟好孩子集团短暂谈判两个月，就达成了协议。

此次 PAG 是用好孩子集团的现金流和资产做抵押，向银行获得过渡性贷款，并以此贷款完成收购。在获得好孩子集团的控股权之后，PAG 将通过对公司的经营以及最终包装上市，获得投资回报和退出通道。

二、收购过程

在 PAG 收购前，好孩子集团控制人是 2000 年 7 月注册于开曼群岛的吉奥比国际公司(Geoby International)。股东主要有 4 家，分别是香港上市公司第一上海(0227，HK)，持有 49.5%股权；美国国际集团(AIG)旗下的中国零售基金(CRF)，持股 13.2%；软银中国(SB)，持股 7.9%；PUD 公司(好孩子集团管理层在英属维尔京群岛 BVI 注册的投资控股公司)，持股 29.4%。

这一典型的杠杆收购的运作过程分为收购对象选择、收购谈判、资金运作、收购后整合四个阶段。

1. 投资者为什么选择好孩子

一般认为，杠杆收购的方式对那些具有一流的资本运作能力和良好的经营管理水平，企业的产品需求和市场占有较为稳定的企业来说，是一个很好的融资手段。在国际上常被应用于大型上市公司。此次交易杠杆设计的核心风险在于：好孩子的经营现金流能否至少覆盖融资利息，以及现金流入的持续期能否满足融资的期限结构。一般认为，在杠杆收购模式下，被收购者往往要承担更多的债务风险。因此，好孩子集团接受这种收购方式，前提是公司有健康的现金流，业务稳步增长。

作为国内最知名的童车及儿童用品生产企业，好孩子集团已经成功地占领了消费市场，能够创造稳定的现金流。其产品已进入全球 4 亿家庭，在中国占领着童车市场 70%以上的份额。销售额有将近 80%来自海外市场，部分产品在海外市场占有率近 50%。2005 年集团的年销售收入达到 25 亿元，净利润率约 5%。此外，在过去 5 年内，好孩子的年增长率达到 20%～30%。正是来自全球各地大量而稳定的现金流，使得好孩子不断受到投资者关注。

区别于其他单纯的供应商，好孩子拥有良好的自建销售渠道。在中国迅速发展的巨大商业市场背景下，拥有 1100 多家销售专柜的好孩子拥有让资本青睐的本钱。

此外，好孩子所在的消费品行业基本不存在产业周期，因此能够创造稳定的现金流。因为只有消费品行业企业才具有持续的业绩增长能力，而持续的业绩增长能力是可以给予市场溢价的，有助于将来 IPO 上市，这正是 PAG 投资信心的来源。

2. 收购谈判

在收购谈判阶段，由于收购中新旧投资者以及好孩子管理层等三方利益盘根错节(实际在此次收购中，好孩子管理层既是买家，又是卖家，因此与新旧投资者的利益均不一致)，谈判所涉及的关系非常复杂。但从谈判的结果来看，2005 年 10 月 PAG 接触好孩子，12 月

13 日就签署了股权转让协议，从开始谈判到最后达成协议所耗费的时间差不多为两个月，效率极高。根据协议，第一上海投资有限公司会同其他几家机构投资人将其在好孩子集团中持有的全部股权转让给由 PAG 控制的持股公司。

3. 收购资金的运作

在收购资金的运作方面，PAG 经过精心的测算和设计，通过资产证券化及间接融资等手段，设计了一个颇为漂亮的杠杆。在确定收购意向后，PAG 先通过好孩子管理层组成的集团筹集收购价 10%的资金，然后以好孩子公司的资产为抵押，向台北富邦商业银行借入 5500 万美元过渡性贷款，相当于整个收购价 50%的资金，并向 PAG 的股东们推销约为收购价 40%的债券。

然后 PAG 通过注册于英属维尔京群岛的“纸上公司”G-Baby，向好孩子集团原有股东购入所有股份，收购价格为每股 4.49 美元。如果依照好孩子 2004 年 6070 万港元的净利润计算，此次收购 1.2 亿美元的总价，相当于 14.4 倍的市盈率。

与向 PAG 转让股权协议同日签署生效的，还有另外一份协议：第一上海、软银等向 PUD(即好孩子管理层)售出 82.78 万股股份，每股价格 2.66 美元。该协议起因于管理层与原股东在 2003 年签署的一份期权协议，但那份协议在法律上并没有执行，原股东最终还是履行了当初的承诺。PUD 购入这些股份后，持股比例升至 32.5%。

由于 G-Baby 有一定负债，因此 PAG 付给 PUD 的代价由现金和发行 G-Baby 股份两部分组成。也就是说，好孩子集团管理层在这次交易之后，不仅提升了 3 个百分点的股权，而且还有额外的现金收益。

收购也让其他原股东得到丰厚的投资回报，第一上海卖出的价格接近收购时的 5 倍，现金入账 4.49 亿港元，整个项目收益 8170 万港元。而软银和美国国际集团卖出的价格接近收购时的 2 倍。

4. 收购整合

PAG 进入好孩子后，对好孩子的法人治理结构进行了改造。好孩子集团的董事会从原来的 9 人缩减为 5 人：PAG 方面 3 人，好孩子管理层 2 人，董事长还由好孩子的创始人宋郑还担任，PAG 没有更换好孩子的 CFO，也没有派出参与管理层的执行董事。通过此次资本运作，第一上海、软银和美国国际集团获利退出，好孩子集团的股东减少到两个，将使好孩子公司内部的决策更有效率。

集团总裁宋郑还表示：“资本的进入不会对公司的战略发生太大的影响，此次成功融资，对‘好孩子’实现品牌经营、资本经营和建立儿童用品全球零售网络，将注入新的活力。在获得投资基金的助力后，从制造业起家的好孩子集团正在向服务业和流通领域延伸。”

PAG 的管理合伙人克里斯·格拉德尔(Chris Gradel)也表示，一年之内不太可能 IPO，目前的主要任务是继续提高公司经营状况。

三、评论

好孩子的成功得益于多年来在自主研发上的投入与积累，得益于长期同国际儿童用品巨头的竞争与合作，也得益于自有品牌在国内市场的推广与普及。可以说，好孩子的故事一直都是如何通过自主研发突围传统 OEM 企业的价值链困境的故事。无论在国际市场还是在国内市场，好孩子拼的都不仅仅是价格，更多的是产品的设计理念和研发思想。

在杠杆收购中，好孩子的管理层既是卖家又是买家，商业利益方面的考量因素相对复杂。但是，他们坚持看大图，谋远利，因此自始至终能够比较好地把握交易利益方面的平衡。只有相对平衡的交易才是最终能够做成的交易。

收购基金选择的对象是成熟企业，意在获得目标企业的控制权，并拥有施行改造企业使其增值措施的绝对权力。收购基金不会满足于买下10%或20%的股权份额，而要求买下收购目标的控制权，通常会收购50%以上，很多时候甚至是100%。收购基金通常会直接控股一家业绩看涨的小企业，对其进行改造、包装，然后等待时机海外上市，获得超额回报。收购基金正对所谓的行业领导者感兴趣。这类"行业领导者"未必非常有名，却专注于某个市场，是"隐形冠军"，有相当比例海外业务，并且市场占有率很高。

(资料来源：PAG收购好孩子——杠杆收购的典型案例. 资本市场，2008年第9期)

复习思考题

一、不定项选择题

1. 私募股权的特点是(　　)。

A. 高风险、高收益　　B. 长期性的权益资本投资

C. 组合投资　　D. 主动参与管理型的专业投资

2. 风险投资市场主体有(　　)。

A. 作为风险资本供给方的投资者

B. 作为资本运作者的风险投资企业或个人

C. 创业企业

D. 商业银行

3. 私募股权投资公司的资本组织形式包括(　　)。

A. 公司制　　B. 信托基金制

C. 有限合伙制　　D. 合伙制

4. 风险投资可选的投资工具有(　　)。

A. 普通股　　B. 优先股

C. 可转换债券　　D. 可转换优先股

5. 投资银行在风险投资市场中的作用包括(　　)。

A. 风险投资的金融中介　　B. 风险资本的投资者

C. 风险企业的财务顾问　　D. 创业板市场作为做市商

6. 杠杆收购的参与主体一般包括(　　)。

A. 收购资金的提供者　　B. 杠杆收购公司

C. 收购目标公司　　D. 参与并购的中介

7. 杠杆收购公司的收入由(　　)组成。

A. 管理费用　　B. 交易费用

C. 基金利润　　D. 咨询服务费用

二、判断题

1. 有限合伙制投资基金是激励与约束机制最有效、投资效率最高的资本组织形式。

(　　)

2. 机构投资者作为有限合伙人有权收回资金，并有权拒绝所承诺资本的注入，这种机制有助于防范投资风险，并对投资基金经理形成一定激励和约束。（　）

3. 普通合伙人可以同时参与多个投资公司的组建和经营，同时管理多个风险基金。（　）

4. 投资公司可以同时管理多个投资基金，但是每个基金的运作是相互独立的，有各自的投资者和受益人。（　）

5. 投资银行作为风险资本基金中的普通合伙人是比较典型的一种情况，收益主要包括管理费用及持有利益。（　）

6. 在杠杆收购中，作为绝大部分资金提供者的债权人只能向收购公司来求偿。（　）

三、简答题

1. 为什么有限合伙制是组织私募股权投资的有效形式，它是如何解决激励问题的？其中有限合伙人和普通合伙人的作用各是什么？
2. 私募股权投资和风险投资有哪些区别和联系？
3. 简述风险投资公司在风险投资运作过程中的作用。
4. 投资银行在风险投资中的作用有哪些？
5. 在风险投资过程中，投资银行可以选择的投资工具有哪些？
6. 在风险投资过程中，投资银行对创业企业有哪些增值服务？
7. 风险投资的退出机制有哪些？
8. 投资银行在杠杆收购中的作用是什么？
9. 杠杆收购的目标企业有哪些特征？
10. 简述杠杆收购的过程。
11. 什么是杠杆收购中的过渡性贷款机制和投资银行的确认机制？
12. 杠杆收购融资模式中的金字塔结构模式是怎样的？
13. 杠杆收购的融资工具有哪些？

第十一章　资产证券化

【本章精粹】

- ◆ 资产证券化的定义
- ◆ 资产证券化的分类
- ◆ 资产证券化的基本原理与关键技术
- ◆ 资产证券化的参与者及基本流程

【章前导读】

1992 年，海南三亚市开展了我国首例资产证券化类产品的尝试，推出了“地产投资券”。在该项目中，三亚市政府以三亚市开发建设总公司作为发行人机构，以该市丹洲小区 800 亩土地为发行标的物，向持有该市身份证的居民及海南的法人团体发售了 2 亿元地产投资券，所筹集的资金用于土地开发，而后将地产销售收入及相应的存款利息扣除相关费用，作为偿付投资券收益的来源。

在该项目中，三亚市开发建设总公司作为发起人和发行人，获得发行地产投资券募集的资金，并负责组织土地开发建设，同时，该公司要提供可供开发的土地，并对因开发数量不足导致的损失负责赔偿。

该地产投资券的投资管理人为海南汇通国际信托投资公司，其主要职责是设立专户管理地产财务，监管所筹集的资金，并根据地产开发的施工进度需要来分期拨付资金；此外，该公司还负责销售标的地产，并收取管理费。与此同时，该公司须自行认购不低于发行总额 15%的投资券，并且负责兜底包销，期满前任何时点上持有的余额不得低于上述比例，同时还承担一定的连带赔偿责任。

该地产券投资者分为个人投资者和法人投资者，根据规定，个人投资者要求为三亚市内居民，法人投资者则面向海南全省。投资者不参与该项目运作，但可获得收益分配权，但也承担由于不可抗力或地产市场风险而导致的投资损失。

由于当时房地产行业看涨，并且地方政府对此也予以了大力支持，投资券于 1992 年 10 月 20 日至 31 日之间发售，并取得了发行成功。其中个人投资者购买 1912.4 万元，占发行总额的 9.56%，其余均为法人投资者。该投资券的成功发行，成功地为该项目建设开发募集了所需资金。

尽管发售成功，但由于该券发行后正好遇到国家宏观调控政策的出台，因此最终项目开发并不顺利，影响了投资者偿付。

三亚地产投资券的发行，属于我国最早的资产证券化业务领域的探索，尽管从规范的资产证券化产品结构和流程的角度而言，其尚无法称为资产证券化产品，但其在交易设计、法律结构等各个环节初步体现了资产证券化的理论，其作为我国最早的资产证券化领域的尝试，意义重大。

(资料来源：根据公开资料收集整理而成)

【核心概念】

资产证券化　风险隔离　特殊目的载体(SPV)　信用增级

第一节　资产证券化概述

“如果你有一个稳定的现金流，就将它证券化”。这是流传于美国华尔街投资银行界的一句名言。资产证券化作为近三十年来世界领域最大和发展最快的金融创新和投行业务，

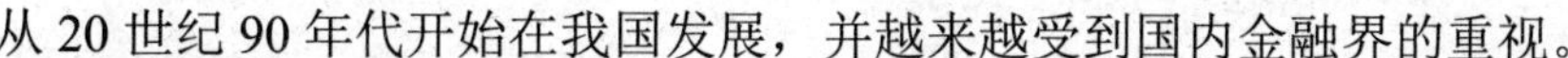

从20世纪90年代开始在我国发展，并越来越受到国内金融界的重视。

资产证券化起源于20世纪60年代末美国的住房抵押贷款证券化，当时受“二战后婴儿潮”的影响，美国房地产市场需求量急剧扩大，房价高企，住宅抵押贷款业务激增。但当时承担了大部分住宅抵押贷款业务的美国储贷协会和储蓄银行的流动性出现严重不足，经营状况恶化。为解决流动性不足问题，美国政府决定启动并激活住宅抵押贷款二级市场，开创了一种新的融资方式。

一、资产证券化的定义

关于资产证券化的定义，目前尚无公认的观点，实务界和理论界多从不同的角度展开阐述，属于见仁见智。

实务界的定义一般较为通俗，其中美国证券交易委员会界定资产证券化为：“创立主要由一组不连续的应收款或其他资产组合产生的现金流支持的证券，它可以为固定的或循环的，并可根据条款在一定的时期内变现，同时附加其他一些权利或资产来保证上述支持或按时向资产证券持有人分配收益。”

理论界的定义则相对严谨，代表性的有辛卡尔(Joseph C.Shenker)和克拉达(Anthony J.Colletta)从证券化运作流程和融资本质相结合的角度的定义，认为资产证券化是指股权或债权凭证的出售，该股权或债权凭证代表了一种独立的、有收入流的财产或财产集合的所有权利益或由其所担保，这种交易被架构为减少或重新分配在拥有或出借这些基本财产时的风险，以及确保能在未来产生可预见的稳定现金流的资产或资产集合，出售给特殊目的载体，由其通过一定的结构安排，分离和重组资产的收益，并增强资产的信用，转化成由资产产生的现金流所担保的、可自由流通的证券，销售给金融市场上的投资者。

事实上，现有的定义，往往会涉及资产证券化的两个本质特征：流动性和融资性。其中，流动性是指将非流动性的资产转变为流动的资产并可在二级市场进行交易的证券。David A. Waller 就将资产证券化定义为将非流动性的资产转变为资本市场工具的过程。Benveniste 和 Berger 则认为资产证券化就是积聚或者担保非流动性的银行资产，以使得它们可在市场上交易。从融资性的角度给出的定义，则认为金融资产更多地表现为证券而不是贷款，或者融资活动更多地采取了发行证券的方式。J. Rosenthal 和 J.Ocampo 把资产证券化定义为“一种越来越普遍的现象，在其中资金的筹集越来越多地通过证券机构来进行”。

国内使用较普遍的定义认为资产证券化是将金融机构或其他企业持有的缺乏流动性，但能够产生可预见的、稳定的现金流的资产，通过一定的结构安排，对其风险与收益进行重组，以原始资产为担保，创设可以在金融市场上销售和流通的金融产品(证券等)。

从交易过程来看，资产证券化过程中，融资人将依据破产隔离的原理将某些流动性较差但具有确定的存续期限，并且在存续期限内能够产生稳定的或者可预见的收入的资产剥离转移给特殊目的载体(Special Purpose Vehicle，SPV)，由 SPV 将该等资产汇集成具有一定规模的资产池，通过应用一些特有技术对资产池内各项资产的期限、风险、收益等组成因素进行分割与重组，并辅以必要的信用增级措施，以确保资产池未来产生可控收入现金流，进而以该收入现金流为担保发行证券，或直接将该收入现金流以委托收益凭证、优先股股票等所有者凭证为载体在金融市场上出售，募得资金作为资产转移对价支付给融资人以实现其融资的目的。

综合上述各类观点，考虑到其本质特征，可以初步给出资产证券化的宽泛定义，即发起人把在未来的能够产生稳定的或可预见收入，但目前流动性较差的、有权转让的资产，也即一种财产权利(除动产物权外的几乎所有财产权利)，通过特定机构(SPV)，经过一系列的金融技术和法律契约，创设可以在金融市场上销售和流通的金融产品(证券等)，并出售给投资者实现资产变现的一种融资方式和金融产品。

二、资产证券化的范围与分类

资产证券化是一项新兴的金融工具和技术，也是重要的投资银行业务之一。经过多年的发展和创新，目前资产证券化业务所覆盖的范围日益广泛。

通过对定义的分析，我们发现，资产证券化必须有相应的基础资产。而相应的基础资产，实际上就是一种财产。由于金融工具本质上也是一种法律契约，因此，可以从法律角度来更深刻地分析可供资产证券化的基础资产的范围。

从民法权利的分类上看，可将财产权利分为债权、物权和知识产权。根据标的资产的不同，资产证券化产品可以由此而划分为三类：一是债权类的资产证券化，从已有的实践来看，这部分主要包含六个方面的产品，即不动产抵押贷款债权、汽车销售贷款及个人消费贷款债权、各种动产租赁债权、商品制造商和销售商应收账款、信用卡应收账款及转账卡应收账款、中小企业贷款债权；二是不动产物权，是权利人基于不动产所享有的物权；三是知识产权，主要是通过各类艺术作品的版权收入、技术收入，等等。事实上，资产证券化的基础资产范围极广，如果从可供资产证券化的基础资产的角度来看，再附以偿付结构，可以将资产证券化作一个初步分类，见图 11-1。

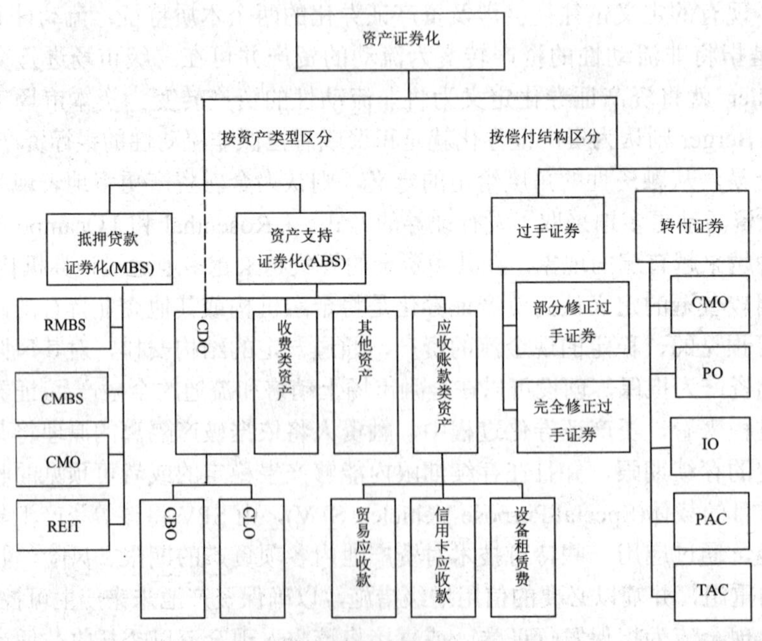

图 11-1 资产证券化产品分类图

(一)按照资产类型划分

1. 抵押贷款证券化

抵押贷款证券化(Mortgage-Backed Securitization，MBS)可以分为住房抵押贷款证券化(RMBS)、商用房产抵押贷款证券化(CMBS)、担保抵押权证(Collateralized Mortgage Obligation，CMO)和房地产信托投资基金(Real Estate Investment Trusts，REIT)。住房抵押贷款是最早被用来进行资产证券化的资产。它是以住房抵押贷款作为基础产品，将借款人未来偿付贷款产生的现金流作为保证发行证券的融资过程。商用房产抵押贷款证券化指的是支持商用房产抵押贷款是以商贸、服务业使用的建筑物以及写字楼、标准厂房等为抵押发放的贷款。担保抵押权证指的是在同一个资产池将发行不同风险水平级别的证券，这些级别证券的任何一种都称为CMO。房地产信托投资基金是一种证券化的产业基金，它通过发行受益凭证来汇集投资者的资金，用以购买房地产项目，委托专门从事房地产经营活动的投资信托公司进行经营管理，并且将投资收入通过派息的方式分配给投资者。

2. 资产支持证券化

随着资产证券化在住房抵押贷款上的成功运作，资产证券化推广到了其他资产领域，也就是所谓资产支持证券化(Asset-backed Securitization，ABS)。这些资产又可以分为以下几大类。

(1) 担保债务支持债券(Collateralized Debt Obligation，CDO)。在具体的证券化交易过程中，基础资产可能由债券和商业贷款混合组成，因此产生了担保债务支持债券。有很多学者往往倾向于将CDO与MBS、ABS并列视为单独一类，其基础资产有时候会是证券化产品本身。CDO实际上是贷款担保证券(Collateralized Loans Obligation，CLO)和担保债券支持债务工具(Collateralized Bond Obligation，CBO)的统称，用来指以债券、贷款。商业贷款和住房抵押贷款这些混合资产为支持的证券化交易。其中，贷款担保证券是指以一个或者多个商业银行发放的有或无担保的贷款组成的资产组合为支持的证券。担保债券支持债务工具是以多种公司或主权债务人所发行的有担保或者无担保的优先档或次级档债券组成的资产组合为支持的债务工具。事实上，国外的金融创新中，很多CDO的基础资产就是各种不同类型的资产证券化产品，甚至是CDO本身，因而产生了更为复杂的CDO的平方、CDO的立方，等等。

(2) 应收账款类资产。包括三大类：第一类是贸易应收款，指的是借助于证券化的工具，将未来的应收款项现金流转化为当期出售资产的收益；第二类是信用卡应收款，指的是以发卡人的信用卡应收款作为支持发行证券进行融资；第三类是设备租赁费，指的是设备租赁公司将从设备租赁过程中产生的现金流作为基础资产来发行证券筹集资金的融资活动。

(3) 收费类资产。包括公园门票收入、俱乐部会费收入、基础设施(如水电气、路桥等)收费、保单收费等。

(4) 其他资产。如影片、唱片等知识产权的版税收入也可以被证券化，甚至酒和酒窖也可以被证券化。随着资产证券化的不断发展，将会有越来越多的资产进入证券化的市场。

案例点击

中集集团的应收账款证券化

2000 年 3 月 28 日，中国国际海运集装箱集团股份有限公司与荷兰银行在深圳签署了总金额为 8000 万美元的应收账款证券化的项目协议。根据该协议，在此后 3 年内凡是中集集团发生的应收账款都可以出售给荷兰银行管理的资产收购公司，由该公司在国际商业票据市场多次公开发行商业票据，总发行金额不超过 8000 万美元。

该业务中，中集集团下属十几家子公司将应收账款从子公司汇集到母公司之后，再卖给一家叫 OASIS 的 SPV，该公司将应收账款交给一家在美国注册的资产管理公司管理，在美国商业票据市场发行商业票据，一般来讲，商业票据的利息低于银行贷款利率。票据融资的资金由资产管理公司回到 OASIS，中集集团的客户将货款直接付给 OASIS，该公司再通过资产管理公司向票据投资者支付利息。这就将应收账款卖出后风险从中集集团转给了 OASIS。

中集集团可以算是我国第一家进行应收账款证券化的企业，对于开展资产支持证券化具有很强的创新意义。

(资料来源：中集集团降低融资成本. http://www.cs.com/csnews/)

(二)按照偿付结构分类

1. 过手证券

过手证券(Pass-through)就是以权益凭证或债权凭证作为基础资产向投资者融资。这种融资结构并没有对基础资产的现金流作任何处理，而是简单地将基础资产的收益“过手”给投资人，因此，基础资产的早偿风险(Prepayment Risk)和经营风险也就等额地转移给每个投资者，这种缺少差异化的偿付结构，并不能满足有着不同风险偏好的投资者的需求。为了解上述问题，就出现了经过修正的权益型过手证券：部分修正过手证券和完全修正过手证券。

部分修正过手证券(Partially Modified Pass-through)指不论是否收到原始权益的偿付资金，该证券的投资者均可获得一定的偿付。

完全修正过手证券(Modified Pass-through)，指不论是否收到原始权益人的偿付金，该证券的投资者都会按约定获得完全偿付。

2. 转付证券

转付证券(Pay-through)是与过手证券相对应的另一种证券，它对基础资产的现金流进行了重新安排和分配，使本金和利息的偿付机制发生了变化。转付证券包括：抵押担保债券(Collateralized Mortgage Obligation，CMO)、仅付本金债券(Principal Only，PO)、仅付息债券(Interest Only，IO)、计划摊还档债券(Planed Amortization Class，PAC)、目标摊还档债券(Targeted Amortization Class，TAC)。转付证券根据投资者的不同偏好，将债券按照期限、风险和收益分成不同的档级。

三、资产证券化的意义

资产证券化作为一项新兴的金融工具和技术，在近三十年来得到了长足的发展，已经成为世界领域最大和发展最快的金融创新和金融工具。发展资产证券化对于我国宏观金融体系建设和微观经营主体，都具有重要的意义和价值。

(一)宏观视角的分析

从经济与金融业发展的宏观角度来看，资产证券化有如下主要意义。

1. 资产证券化可提高金融市场的运行效率

在资产证券化过程中，由于不同的金融机构可以从事自己最擅长的领域和业务，因此可以促使资产证券化业务的各参与主体专业化分工，根据自身的优势各司其职，从而提高金融市场的运行效率。

2. 资产证券化可提高资源配置的效率

资产证券化通过创造新的金融工具，可以为投资者提供多样化的投资品种，使资金供需双方得到沟通，作为发起人的金融机构可以将债权出售转化为现金，从而可以解决贷款资金不足的问题，作为资金的需求方可以获得贷款，由此可以提高资源配置的效率。

总之，资产证券化作为一种新的融资方式从诞生以来，已对世界金融领域产生了重大的影响，越来越深刻地影响着世界经济的发展。

(二)微观视角的分析

资产证券化对于微观主体的影响，具体表现在以下几个方面。

1. 资产证券化可改善发行人的资本结构

资产证券化交易的结果会导致证券化的资产从资产负债表中移出，发行人资产负债表的资产和负债同时发生变化，使资产存量减少。由于是在资本没有发生变化的情况下发生的，因此，可以提高发行人(金融机构)的资本充足率，降低发行人的资产负债率，从而达到改善发行人资本结构的目的。

2. 资产证券化可改善银行资产负债的期限搭配

银行资金来源大多是短期存款，而资金的运用则很多投向长期贷款。这种“借短贷长”的资产/负债不匹配的风险经常会使银行陷入流动性不足的困境。这种资产负债结构明显存在着期限搭配问题，表现为银行的财务结构脆弱，一旦利率出现较大的变动，银行就面临严重的支付危机。然而，如果银行将这些长期流动性差的资产(住房抵押贷款)集中起来，形成抵押资产池，再以这一资产池为抵押发行资产担保证券，这使得流动性差的长期住房抵押贷款就可以从银行的资产负债表中移出，减少了资产负债之间的期限差，降低了银行的流动性风险。

3. 资产证券化可提高资产的流动性

资产证券化过程中的资产大都流动性不好，证券化的目的也就在于使其被证券化，从而具有流动性，以实现提前变现的功能。通过资产证券化，使得难以变现的资产转变为高流动性的现金，从而提高了资本的使用效率。

4. 资产证券化为企业提供了新的融资渠道

尽管我国金融业发展日新月异，但现阶段我国企业的融资渠道仍然相对有限，尤其是对于中小企业，通过资产证券化业务，一方面可以拓展部分大型企业的直接融资渠道，为中小企业的融资留出空间；另一方面也可以在适当时候开展中小企业资产证券化业务。

第二节　资产证券化的发展概况

一、美国资产证券化的发展概况

美国是资产证券化的起源地，也是资产证券化产品规模最大的国家，其发展对于我国的资产证券化业务有着重要启示意义。概括而言，美国的资产证券化发展进程可分为三个阶段。

1. 第一阶段：20 世纪 30 年代经济大萧条时期至 60 年代末期

此段时期，资产证券化在美国并无太大进展，但是住房抵押贷款从中短期贷款向标准化长期贷款的转型和二级市场的成立与发展为抵押支持债券(MBS)的发展奠定了基础，资产证券化市场环境逐步培养起来。

2. 第二阶段：20 世纪 70 年代初期至 80 年代中期

这段时期是资产证券化在美国的成长时期，作为典型代表的 MBS 逐步完善并初具市场规模，同时新型的 MBS 创新品种开始出现。资产证券化的出现有其特定的历史背景，20 世纪 70 年代，两次石油危机爆发引起经济环境发生重大变化。与此同时，美国战后婴儿潮中诞生的孩子们开始成年，房屋需求量的急剧增加使住房抵押贷款需求激增。在长期住房抵押贷款一级市场快速增长下，抵押贷款发放机构住房抵押贷款资金来源紧缺呈现出来，表现为资金流动性的严重不足，资金来源与运用期限不匹配带来的利率风险和流动性风险也在不断积聚。为改变这一状况，美国政府开始着手推动住房抵押贷款二级市场发展，缓解贷款机构的压力，1968 年，美国政府国民抵押协会首次公开发行了抵押支持债券，从此开了全球资产证券化之先河。联邦国民抵押协会和联邦住房贷款抵押公司以及其他从事住房抵押贷款的金融机构，也随之将其所持有的住房抵押贷款按照年限、利率等组合打包，以此作为抵押或者担保，发行抵押支撑证券，实现了住房抵押贷款的证券化。但是，由于最初发行的抵押支撑证券多数属于“过手证券”，存在一些内在缺陷，包括期限过长、不确定性太大、定价困难等问题，难以引起投资者的兴趣，使其望而却步，影响抵押支撑证券的销售，阻碍了抵押支撑证券市场的进一步扩大。为了解决过手证券存在的问题，联邦国民抵押协会在 1983 年首次发行了担保抵押证券。由于担保抵押证券采用了分档技术，每一档证券具有不同的期限和利率，从而可以满足具有不同风险偏好的投资者，因此，担保抵押证券得以迅速发展，成为抵押支撑证券的主要产品类型。

3. 第三阶段：20 世纪 80 年代中期至今

20 世纪 80 年代中期之后，资产证券化逐渐走向成熟，开始在各个领域大量运用，资产证券化也得到普遍认可，开始在世界范围内发展。在住房抵押贷款证券化之后，证券化技术被广泛地运用于抵押债权以外的非抵押债权资产，出现了资产支持债券，CDO 产品开始出现并蓬勃发展。20 世纪 80 年代中期开始以各种资产支持的证券化市场迅速发展。1985 年汽车贷款的抵押证券开始发行；1988 年，美国又推出了以信用卡贷款为抵押的证券化；1993 年对学生贷款的抵押证券相继问世。目前，资产证券化遍及租赁、版权专利费、信用卡应收账、汽车贷款应收账、消费品分期付款等领域。资产证券化市场(包括抵押支持债券和资产支持债券)已成为美国仅次于联邦政府债券(包括国债、联邦机构债券和市政债券)的第二大债券市场，资产证券化成为美国资本市场上最重要的融资工具之一。

从市场规模来看，1985 年，美国传统资产证券化市场总规模仅为 39 亿美元，1996 年已增至 3256 亿美元，11 年间增长了 82 倍多，平均每年增长 49.5%。近几年来，随着可证券化基础资产的扩展和交易结构的推陈出新，美国的资产证券化发展更加迅速，截至 2008 年，资产证券化产品余额达 11.6 万亿美元，约占美国债券市场全部余额的 34%，为债券市场的第一大产品。

二、其他国家资产证券化的发展概况

欧洲是世界上仅次于美国的第二大资产证券化市场。其中英国由于在法律制度和文化环境上与美国最为接近，受美国的影响比较大，也易于吸收美国的经验，所以在欧洲各国中资产证券化的发展最早、规模最大。在英国的住房抵押贷款市场，传统的住房协会势力强大，而商业银行在很长一段时间内受到限制。在 20 世纪 80 年代住房制度改革之后，资产证券化开始起步，1985 年由美洲银行发起了第一笔 MBS。在经历了 90 年代初的短暂调整之后，从 1996 年开始又进入了一个快速发展期。英国资产证券化的特色是产品的设计复杂，对象广泛，创新性强，市场化程度高。

澳大利亚资产证券化市场的发展始于 20 世纪 80 年代中期，最初是由非银行的住房信贷机构(如 Aussie Home Loans)发起的住房抵押贷款的证券化。当时为了给公共住房贷款计划融资，各州政府建立了第一批专业化的商业机构开展证券化，这个过程中，政府的导向作用十分显著，后来又逐步扩展到商业用房抵押贷款、购车贷款、应收账款、设备租赁费、企业贷款、银行票据、基础设施项目等各类资产。从品种结构来看，澳大利亚的证券化产品主要分为三大类：住房抵押贷款支持证券(RMBS)、商业用房抵押贷款支持证券(CMBS)和资产支持证券(ABS)。其中，RMBS 占据了绝大部分。

在新兴国家中，印度、韩国的资产证券化发展也较为迅速。其中印度资产证券化的最初尝试是在 1992 年，但初期发展并不顺利。随后，印度资产证券化市场构造了各种各样的非抵押资产证券化产品，但交易的数量和规模都较小，投资者极其有限，发展非常缓慢。2000 年之后，印度资产证券进入指数级增长的快速发展阶段。2002—2005 年，资产证券化市场急速扩大，累积增长率接近 100%。在印度，ABS 占据了其资产证券化市场的最大份额，其中 2005 年一度达到 72%。印度通过民间的和证券市场的金融证券化，使得其配置和调动资源、利用现有资产和财富发展经济的能力都较为显著。

案例点击

东南亚金融危机后，涉及该危机的各国银行体系都产生了大量的不良资产，韩国为了很好地处置上述资产，同时能够控制住金融风险，采取了稳步推进的市场开放步骤。韩国出台了《资产证券化法》，其中限定只有金融机构——“韩国资产管理公司”以及政府设立的公司方可作为此类资产证券化业务的发起人。韩国资产管理公司于 1999 年 6 月 15 日在国内首次推出了不良资产证券化项目，发行额度为 3200 亿韩元(2.71 亿美元)，证券化项目的基础资产是韩国 5 个地方银行的不良贷款。所发行的债券的本金和利息偿付由 5 个银行提供担保。该业务中，韩国资产管理公司把大部分不良资产出售给特殊目的公司，特殊目的公司以不良资产发行证券。同时，特殊目的公司委托韩国资产管理公司作为资产处置服务的提供者。韩国资产管理公司利用资产证券化处置的不良资产占总处置额账面价值的 1/3，收回额也在 1/3 左右，为经济复苏创造了条件。

(资料来源：根据公开资料整理)

三、我国资产证券化的发展概况

资产证券化是全球金融市场的重大创举，并且也被发达国家资本市场所广泛接受，从某种意义上说，证券化已经成为全球金融发展的潮流之一。但由于我国金融市场发展的进程相对缓慢，因此，我国的资产证券化业务起步也较晚，至今也主要是进行了一些探索，尚未大规模地进行开发利用。

我国的资产证券化业务发展可以大致分为两个时期。

1. 自行探索期

自行探索期由 1992 年到 2005 年。1992 年，海南三亚发行了“地产投资券”，这是我国最早的资产证券化业务探索；此后，又相继有珠海大道、中集集团和中远集团发行了离岸证券化产品；2003 年，中国工商银行和华融资产管理公司则在宁波尝试开展了首例不良债权证券化业务。这一时期的资产证券化业务主要以各个机构的自行探索为主，因而形式较为多样，但没有形成市场和规模。

2. 规范发展期

规范发展期由 2005 年至今。2005 年 2 月，国务院正式批准在我国开展信贷资产证券化试点，同年 12 月，国家开发银行和中国建设银行分别发行了国内首笔企业贷款支持证券和住房抵押贷款支持证券。此后，在监管部门的指导下，工商银行等主要商业银行都开展了资产证券化的尝试工作。

与此同时，从 2005 年下半年开始，中国证监会开展了企业资产证券化的试点工作，其中，中国联通作为发起人于 2005 年 8 月完成了首个企业资产管理计划交易，担任计划管理人的证券公司通过设立专项资产管理计划发行了不同系列的资产支持受益凭证，这是我国

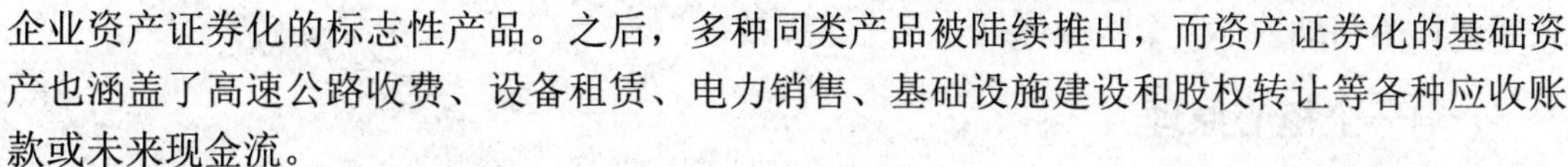

企业资产证券化的标志性产品。之后，多种同类产品被陆续推出，而资产证券化的基础资产也涵盖了高速公路收费、设备租赁、电力销售、基础设施建设和股权转让等各种应收账款或未来现金流。

案例点击

珠海市高速公路证券化

1996 年 8 月，珠海市人民政府在开曼群岛注册了珠海市高速公路有限公司，根据美国证券法律的 144A 规则成功地发行了资产支持债券。该债券的国内投行服务商为中国国际金融公司，美国投资银行摩根士丹利担任承销商。

珠海高速公路有限公司以当地机动车的管理费及外地过境机动车所缴纳的过路费作为支持，发行了总额为 2 亿美元的债券，所发行的债券通过内部信用增级的方法，将其分为两部分：其中一部分为年利率为 9.125%的 10 年期优先级债券，发行量为 8500 万美元；另一部分为年利率为 11.5%的 12 年期的次级债券，发行量为 11 500 万美元。该债券发行的收益被用于广州到珠海的铁路及高速公路建设，资金的筹资成本低于当时从商业银行贷款的成本。

珠海高速公路证券化是在国内外投行的合作与配合下完成的，其成功地在美国资本市场募集了建设资金。该证券化业务中，基础的资产就是高速公路的收费，其是未来可预见的现金流收益，但该案例事实上属于离岸资产证券化业务。

(资料来源：中国资产证券化的发展. http://www.hudong.com/wiki)

在我国，除了信贷资产证券化外，由证监会主导的企业资产证券化也有所发展，由中金公司担任承销商完成的“中国联通 CDMA 网络租赁费收益计划”是最早的，也是最有影响的企业资产证券化业务。

2008 年全球金融危机爆发后，资产证券化业务一度面临较大的争议，尽管目前对于加快该业务发展的共识重新达成，但我国的试点进程还是受到了一定程度的影响，业务至今尚未实质性开展。总体而言，尽管我国在资产证券化业务发展方面有不少创新，而目前各商业银行以“信托+理财”方式开展的准资产证券化业务发展也十分迅速，但实质性的资产证券化业务，受到法律、监管等多方面的制约而尚处于停滞状态，有待进一步发展。

第三节　资产证券化机制及流程

在学习和了解了资产证券化产品的定义、分类及发展现状后，很自然就会对如何开展资产证券化业务产生浓厚的兴趣，因此，有必要深入地了解在一项资产证券化业务中，有哪些参与人，分别承担何种角色与作用，有哪些基本的业务流程，需要遵循哪些具体的原则。本节将围绕这一核心内容展开。

一、资产证券化的基本机制

那么，资产证券化究竟是如何实施的呢？其主要机制和内在逻辑是什么呢？对此，我们可以简单归纳为“一个核心原理、三个关键技术”。

(一)一个核心原理

可预期的现金流是资产证券化运作的核心。证券化表面上是以基础资产为支撑的，实际上是以资产未来所产生的现金流为基础。资产证券化的本质是资产的变现，只有能产生现金流，具有流动性和收益价值的资产，才能够吸引投资者的购买，实现资产的证券化；否则就很难实现资产的变现。只有在未来能够产生可预见的现金流的资产才能够被证券化。换句话说，资产证券化所证券化的不是资产本身，而是资产所产生的现金流，这是其核心所在。

(二)三个关键技术

1. 资产组合技术

资产组合是资产的所有者或支配者为实现发行证券并能够被投资者所购买的目的，通过资产重组，运用一定的方式与手段，对其资产进行重新整合的行为。关键在于对资产中的风险和收益要素进行分离和重组，使其定价和重新配置更为有效，从而使参与各方均受益。对于发起者来说，目的是能够实现资产的变现并募得资金，因此就必须让资产能够吸引投资者的购买；而对于投资者来说，能够在未来通过投资来获得利润才是他们购买产品的理由。因此通过资产组合机制，可以使得资产得以优化配置，吸引投资者投资，从而双方达到双赢的目的。以贷款为例，对某一笔贷款来说，其风险和收益人们往往很难把握；而对于一组贷款而言，情况就不同了。尽管整个组合的风险和收益在很大程度上取决于组合中每一笔贷款的风险和收益，但在大数定律的作用下，整个贷款组合中的风险和收益的变化就能呈现出一定的规律性。因此，尽管预测单个贷款的可能性是不现实的，但人们却可以基于对历史数据的把握，对整个组合的现金流量的平均数作出可信的估计，根据这种可信的估计，可以有效地规避贷款中的提前偿付风险、信用风险等。

2. 风险隔离技术

与传统融资方式相比，资产证券化的革命在于它的信用基础仅仅是被证券化的那部分财产，而非企业的整体信用，是一种只依赖证券化基础资产信用的融资方式，其实现就是通过风险隔离机制来完成的，即让拟证券化的基础资产远离发起人及证券化交易的相关主体的财务及破产风险，使得该笔基础资产具有某种程度的独立性，从而保证和提升基础资产的信用，达到融资的目的。归根结底，风险隔离机制就是一种“破产隔离”机制，即把要证券化的部分资产同企业之间隔离开来，使其没有必然联系，从而提高投资的安全性。

资产证券化的破产隔离包括两个方面：SPV 自身的破产隔离以及与发起人的破产隔离。SPV 自身的破产隔离主要通过一些法律限制来实现，如规定 SPV 职能；SPV 除了证券化交易中的债务外，不得发生其他债务；对于治理机构的设定；法律上的独立性，与母公司的资产和经营活动必须隔离等。另外，财产所有人把要证券化的资产从整体资产中剥离出来以真实出售的方式售给 SPV，从而实现要证券化的资产与发起人的完全隔离。通过破产隔离，保证了证券化资产以及现金流的安全性，使得投资者不能获得利益的可能性降到最低，从而能够吸引投资者的购买，这是资产证券化得以顺利进行的保证。

3. 信用增级技术

信用增级技术是从信用的角度来考察现金流，即如何通过各种手段来保证和提高整个证券资产的信用级别，以吸引投资者并且降低发行成本。只有信用等级较高，才能让投资者相信将来能够可靠地获得收益回报，才能够实现资产变现的本质。其方式主要可以分为外部信用增级和内部信用增级。外部信用增级主要由第三方提供信用支持；内部信用增级主要由资产证券化交易结构的自身设计来完成。

二、资产证券化业务的参与机构

资产证券化的过程当中，主要涉及以下主体：发起人(原始权益人，通常是商业银行等金融机构)、特殊目的载体(SPV)、投资者(也就是证券持有人)、服务商、受托人，以及信用增级机构、信用评级机构和承销商等其他中介机构。

1. 发起人

发起人是证券化的起点，拥有对基础资产的支配权力，也是基础财产的卖方。其作用是组建资产池，然后将其转移给 SPV。

2. 特殊目的载体

特殊目的载体(Special Purpose Vehicle，SPV)是出于对资产证券化这一特定目的设定的机构，是证券化过程中介于发起人和投资者之间的中介机构，是证券的真正发行者。它主要在资产证券化的过程中起到以下作用：①按照真实销售的标准从发起人处购买基础资产；②通过一系列技术手段对基础资产进行信用增级；③聘请信用评级机构对信用增级后的资产进行信用评级；④选择承销商，发行证券；⑤选择服务商，委托其从消费者处收取偿付金，并存入受托人账户；⑥选择受托人，委托其向投资者按照约定方式进行偿付。

不难看出，SPV 虽然是法律概念上的实体，但却几乎是一个空壳公司，它只拥有名义上的资产和权益，没有职工和固定资产，实际的管理工作也都是委托他人去完成。但是 SPV 是整个资产证券化的核心环节，几乎每一个过程都与其有着直接的关联，是整个资产证券化能够顺利进行的保证。其组建目的是为最大限度地降低发行人的破产风险对证券化的影响，实现证券化资产与发起人资产之间的风险隔离，从而保证资产证券化的顺利进行。

3. 投资者

投资者对 SPV 发行的证券进行购买，也即证券持有人。可分为机构投资者和个人投资者。

4. 服务商

服务商对资产项目及其所产生的现金流量进行监理和保管。其职能主要包括负责收取这些资产到期的本金和利息汇给受托人、对过期欠账催收、定期向受托人和投资者提供有关证券化资产的财务报告。服务商一般由发起人担任。

5. 受托人

受托人托管资产组合以及与之相关的一切权利，代表投资者实施职能。包括把服务商存入 SPV 账户的现金流入转付给投资者、对没有立即转付的款项进行再投资、监督证券化中各方的行为、公布违约事宜并采取保护投资者利益的法律行为、当服务商不能履行职能时取代服务商担当其职责。

6. 信用增级机构

信用增级有内部增级和外部增级两种方式。内部信用增级的机构一般是发起人，是指用基础资产中所产生的部分现金流来实现信用增级，其常见的方式有建立优先/次级结构、超额利差和利差账户等。外部信用增级指由外部第三方提供的信用增级工具，其常见的形式包括专业金融担保公司提供的担保、专业保险公司提供的保险等形式。第三方机构一般有政府机构、金融担保公司、保险公司、金融机构等。第三方机构为了自身利益，会对证券化交易进行监督，客观上也有利于证券化产品的安全性。一般证券化过程中会采用多种信用增级的方式，以达到所需要的信用评级。通过信用增级可以使得资产能够更加吸引投资者，从而顺利地实现资产证券化。

7. 信用评级机构

对 SPV 发行的证券进行信用评级，除了对于发行证券的初始评级外，还应该在整个证券的存续期内对其业绩进行追踪监督，及时发现新的风险因素，根据实际情况给出实时的信用评级。一般情况下，资产证券化过程中会同时选择两家评级机构来进行评级，以增强投资者的信心。

8. 承销商

承销商为证券的发行进行路演销售，保证证券的顺利发行。一般来说，承销商都是由投资银行来担任，但投资银行的作用往往不限于此，整个资产证券化的设计和运作，通常是由投资银行来完成的。

三、资产证券化业务的基本步骤

典型的资产证券化可以分为 8 个步骤，其中最重要的环节就是资产转移中的风险隔离和信用增级。资产证券化的一般过程可以用图 11-2 来表示。

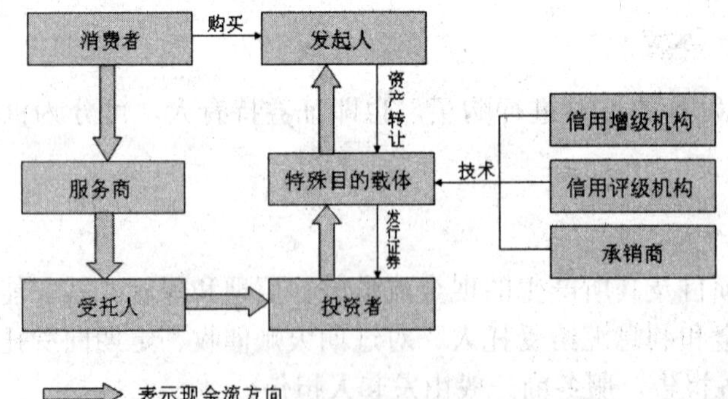

图 11-2　资产证券化的参与主体及流程

具体来讲，资产证券化一般的运作流程包括以下几个步骤。

1. 组成资产池

前面已经分析过可以被证券化的资产的必备条件，发起人根据这些条件挑选出可以被证券化的资产，根据自己的融资需求，从这些符合条件的可被证券化的资产里挑选出需要进行证券化的资产，运用前文提到的资产组合机制及一系列技术手段，形成一个资产组合，也称为资产池。这样既可以做到减小风险的目的，又可以通过形成规模效应，降低融资成本。

2. 组建特殊目的载体

SPV 是专门为资产证券化交易的进行组建的实体，是证券化过程的核心。通过 SPV 的设立，可以实现破产隔离的目的，从而大大降低证券化过程的风险。通常 SPV 可以采取三种形式：信托形式、公司形式和有限合伙形式。信托形式的 SPV 又叫做特殊目的信托(SPT)，通常由发起人设立，同时与信托机构达成一个协议。通过该协议，发起人将需要证券化的资产转移给受托人从而获得信托证书。公司形式的 SPV 就是按照公司法成立的特殊目的公司 SPC。有限合伙由一个以上的普通合伙人和一个以上的有限合伙人组成。

材料解析

我国 SPV 的设立

通常 SPV 可以采取三种形式设立：信托形式、公司形式和有限合伙形式。对于信托形式的 SPV，其设立必须以我国《信托法》为依据。根据该法规定，有效信托大致应具备以下要件，即合法的信托目的、合法且确定的信托财产、符合法律要求的书面形式及其他。公司形式的 SPV 必须依照《公司法》等相关法律的规定对公司设立条件、发行主体资格、公司发行证券性质等几个方面综合考虑和设计。在我国《公司法》中尚未规定两合公司的形式，所以，以有限合伙的形式设立 SPV 在目前的中国没有确实的法律依据。由于法律原因，我国目前主要采用的是信托下的 SPV。

3. 将资产转移给 SPV

根据不同的资产证券化模式，可以选择真实出售或者担保融资的形式。其分别代表了表外融资和表内融资两种融资方式。实际操作过程中会通过签订金融资产书面担保协议，发起人将要证券化的资产卖给了 SPV。

材料解析

资产转移与真实出售

资产转移是实现风险隔离的根本措施，在表外融资业务中，资产转移要实现对资产的真实出售，即在资产转移过程中，卖方将资产的所有权与风险全部转让给买方，卖方对此资产不再享有权利和承担义务，由买方作为新的资产所有人，独立享有权利和承担义务。

在现实业务中，经常需要依据会计确认来判断是否实现了真实出售，而如何判断在资产转移中实现了真实出售，可以从资产转让的真实销售意图、对发起人的追索权安排、发起人的赎回权和控制权问题、资产账户控制权属等角度予以综合判断。事实上，财政部发布的《会计准则第 23 号——金融资产转移》的有关规定为信贷资产证券化业务中的资产转移和真实出售认定提供了标准。

4. 证券形成

在信用增级机构、信用评级机构、承销商三大中介机构作用下实现证券的最终现实化，这中间包括以下几个过程：信用增级、信用评级和证券设计。

1) 信用增级

在信用增级前，SPV 一般会聘请专门的评级机构对需要证券化的资产进行信用评级，然后确定要达到发行人所需要的信用等级所需进行的信用增级方式。信用增级分为内部增级和外部增级。内部信用增级常见的方式有对卖方的直接追索权、超额抵押、利差账户、现金储备、优先与次级结构等。外部信用增级主要有专业保险公司提供的保险，金融机构或大型企业的财务公司提供的担保，金融机构发放的信用证和抵押投资账户等。在设计中，一般会根据需要合理搭配几种信用增级方式以得到所需。

2) 信用评级

在进行完信用增级后，SPV 会邀请专业的评级机构对信用增级完成后的要证券化的资产再次进行评估，并向投资者公布。信用评级就是专门的评级机构通过一系列完整的评判系统向投资者客观而且直接地展现证券按照合同偿付本息的可靠程度。

3) 证券设计

SPV 一般会将证券的设计工作委托给投资银行进行，投资银行作为有着丰富融资经验的承销商，在充分对要证券化的资产进行了解后，会根据实际情况对现金流进行重组，选择适当的设计方式，形成最终市场流通的证券。

5. 发行证券和证券交易

SPV 作为发行人向证券监管机构注册或经其核准后，发行资产支持证券。经与投资银行签订承销协议，由投资银行负责资产支撑证券的承销。证券发行后，可以在资本市场上流通。证券持有者可以按期获得证券收益，并可以随时在市场上出售证券提现。

6. 向发起人支付价款

通过发行证券，SPV 获得了现金收入，用以支付购买发起人资产的款项，并且支付评级机构、投资银行等专业服务机构的费用。

7. 服务商管理资产池

SPV 一般委托发起人为服务商对资产池进行管理，负责收取、记录由资产池产生的现金收入，并对形成的积累基金进行管理，在证券偿付的规定时间内存入由受托人保管的托收账户。

8. 清偿证券

到了证券偿付的终止期限，受托人把服务商存入 SPV 账户的现金流转入，然后受托人再将本金和利息支付给投资者。

本章小结

资产证券化	资产证券化的基本内容	从流动性和融资性的角度来理解资产证券化的定义。 分别从基础资产和偿付结构的角度来理解资产证券化的分类及产品体系。 掌握资产证券化的基本原理和几个关键技术环节。 了解资产证券化的参与者及其主要角色。 熟悉资产证券化的业务流程和基本步骤
	资产证券化的发展概况	美国资产证券化的发展概况，欧洲(英国)、澳大利亚、新兴国家(印度)资产证券化的发展概况、我国资产证券化的发展概况
	资产证券化的机制及流程	资产证券化的基本机制、资产证券化业务的参与机构、资产证券化业务的基本步骤

典型案例

建元2008-1重整资产证券化信托优先级资产支持证券化项目

2008年1月，中国建设银行作为发起人发行了“建元2008-1重整资产证券化信托优先级资产支持证券化项目”，建行与国开行一起，成为我国最早开展资产证券化的商业银行。

一、发起人/资产服务商

该资产证券化产品的发起人及资产服务商为中国建设银行股份有限公司，是一家在中国市场处于领先地位的股份制商业银行，为客户提供全面的商业银行产品与服务。建行的主要经营领域包括公司银行业务、个人银行业务和资金业务，多种产品和服务(如基本建设贷款、住房按揭贷款和银行卡业务等)在中国银行业居于市场领先地位。

二、受托机构

该项目的受托机构为中诚信托有限责任公司，该公司成立于1995年11月，注册资本金为12亿元人民币。2001年9月30日，经中国人民银行核准，成为全国首家完成重新登记的信托投资公司。其经营范围包括资金信托、动产信托、不动产信托、有价证券信托、其他财产或财产权信托；作为投资基金或者基金管理公司的发起人从事投资基金业务；经营企业资产的重组、购并及项目融资、公司理财、财务顾问等业务；受托经营国务院有关部门批准的证券承销业务、法律法规规定或中国银行业监督管理委员会批准的其他业务。

三、资产服务顾问机构

中国信达资产管理公司担任该产品项目的资产服务，该公司成立于1999年4月20日，是经中国人民银行批准成立的中国第一家经营、管理、处置国有银行不良资产的公司，注册资本金为100亿元人民币。其经营范围主要包括收并购经营金融机构剥离的本外币不良资产；追偿本外币债务；对所收购本外币不良贷款形成的资产进行租赁或者以其他形式转让、重组；本外币债权转股权，并对企业阶段性持股等银监会等监管机构批准的业务。

四、主要条款摘要

该资产证券化产品的主要条款如表 11-1 所示。

表 11-1　建元 2008-1 重整资产证券化信托优先级资产支持证券化主要条款

债券名称	建元 2008-1 重整资产证券化信托优先级资产支持证券化
发行人	中国建设银行股份有限公司
债券期限	5 年期
受托/发行人	中诚信托有限责任公司
发行首日	2008 年 1 月 24 日
法定到期日	2012 年 12 月 28 日
发行额	人民币 21.5 亿元
发行价格	按债券面值平价发行
债券利率	6.08%
还本付息	每年 6 月 28 日和 12 月 28 日各付息一次
信用级别	经联合资信评估有限公司综合评定，信用级别为 AAA 级
发行范围	全国银行间债券市场成员
本息兑付	通过中央国债登记结算有限责任公司代理兑付系统办理
上市交易	在全国银行间债券市场上市交易

五、基础资产概况

该资产证券化采用信托方式形成 SPV 资产池，在其中装入建设银行持有的不良贷款资产。截至交易基准日(即 2007 年 6 月 20 日)，资产池的未偿本金余额为 9 550 435 243 元人民币，所欠利息余额为 1 799 394 563 元人民币，本息合计为 11 349 829 806 元人民币。

资产池共涉及借款人 565 户，贷款合同 1000 笔，借款人分布于发起机构 10 个一级分行所辖地区，涉及 17 个行业。

六、结构设计及分析

该交易中，建行以其未偿本金余额为 95.5 亿元的公司类不良贷款为基础资产池发起设立特定目的信托，并以该信托财产所产生的现金流支付证券的本金和收益。该资产证券化产品分为优先级和次级两部分。其中优先级资产支持证券 21.5 亿元，获得 AAA 评级，在银行间市场公开发行；次级资产支持证券 6.15 亿元，向中国信达资产管理公司定向发行。面向投资者发行的只是该产品中的优质部分。

该项目资产池中不良资产分布地域较分散，且大多位于我国经济发达地区，有抵押、质押或第三方保证的担保贷款金额占比达 98%，有利于资产池回收和风险控制。再加上建行熟悉基础资产，具有丰富的不良资产处置和开展资产支持证券的经验，有利于基础资产池的维护管理和回收处置，因此该项目发行也较为顺利。

(资料来源：建元 2008-1 重整资产证券化信托资产支持证券发行说明书. http://www.stockstar.com，2008 年 1 月 17 日)

复习思考题

一、不定项选择题

1. 在资产证券化业务中，“特殊目的载体”的简称为(　　)。

A. SPT　　B. SPC

C. SPV　　D. SPI

2. 下面哪一个不是开展资产证券化业务的主要考虑因素？(　　)

A. 为企业融资　　B. 实现资产流动

C. 获得业务收入　　D. 实现资产多元化

3. 下面哪类基础资产一般不用于开展资产证券化业务？(　　)

A. 住房抵押贷款　　B. 汽车销售贷款

C. 股票资产　　D. 应收账款

4. (　　)不属于抵押贷款证券化产品。

A. RMBS　　B. CMBS

C. CMO　　D. CBO

5. (　　)不属于资产支持证券化产品。

A. 应收账款资产证券化　　B. 高速公路收费权证券化

C. CMO　　D. CBO

6. REIT 指的是(　　)。

A. 住房抵押贷款证券化　　B. 商用房产抵押贷款证券化

C. 担保抵押权证　　D. 房地产信托投资基金

7. (　　)是当前世界上资产证券化产品种类和数量最大的国家。

A. 美国　　B. 英国

C. 德国　　D. 印度

8. 下列哪个技术不是资产证券化的核心技术？(　　)

A. 资产组合技术　　B. 风险隔离技术

C. 承销发行技术　　D. 信用增级技术

9. 下列哪项不是 SPV 设立的主要形式？(　　)

A. 信托形式　　B. 合伙制

C. 公司形式　　D. 有限合伙形式

10. (　　)不属于内部信用增级方式。

A. 第三方担保　　B. 优先/次先结构

C. 现金储备　　D. 利差账户

二、判断题

1. 资产证券化产品必须有未来可预见的稳定现金流。　　(　　)

2. 投资银行既可以作为承销商负责资产证券化产品的销售，也可以为资产证券化业务提供设计服务。　　(　　)

3. 资产证券化业务导致了金融危机，我国应该限制该业务的发展。 （　　）

4. 不管是否稳定，俱乐部的会费收入是无法开展资产证券化的。 （　　）

5. 我国信贷资产证券化业务的监管部门是银监会，而企业资产证券化业务的监管部门是证监会。 （　　）

三、简答题

1. 资产证券化的定义是什么？其核心要点是什么？
2. 资产支持证券化产品的基础资产有哪些？
3. 资产证券化的主要意义有哪些？
4. 资产证券化的参与者都有哪些？分别承担何种角色？
5. 资产证券化业务中的信用增级方式有哪些？
6. 资产证券化业务的基本流程和主要步骤是什么？
7. 真实出售的基本内涵是什么？
8. 资产证券化的核心原理是什么？
9. 资产证券化有哪些关键技术？

第十二章　项 目 融 资

【本章精粹】

- ◆ 项目融资概述
- ◆ 项目融资的程序
- ◆ 项目融资风险管理

【章前导读】

1995 年，恒源电厂获批准建立 2×300 兆瓦火力发电厂。该计划项目总投资 382 261 万元。其中资本金(包括中方与外方)95 565 万元(占总投资额的 25%)，项目融资(包括境内融资与境外融资)286 696 万元(占总投资额的 75%)。境内融得的 86 009 万元主要从国家开发银行获得，而境外拟融资 24 179 万元，恒源电厂拟通过在境外设立 SPC 发债，即资产证券化来实现。

1997 年 5 月 21 日，公司通过招标竞争的方式向美国所罗门兄弟公司、摩根士丹利公司、雷曼兄弟公司、J.P.摩根公司、香港汇丰投资银行及英国 BZW 银行 6 家世界知名投资银行和商业银行发出邀请，为该项目提供融资方案建议书。1997 年 7 月至 9 月，投资各方对上述各家融资方案进行了澄清、分析、评估。6 家均提出了由项目特设 SPC 发债的方案，后两家银行同时也提出了银团贷款的方案。公司经过慎重考虑，决定选择以 ABS 特设工具机构发债的方式融资。由于雷曼兄弟公司有丰富的发债经验及对恒源项目的深入了解，提出了切合实际的融资考虑；同时，雷曼兄弟公司的费用是各家中最低的。基于以上所述的项目特点，以及各种融资渠道和融资顾问提出的融资方案的优劣比较，恒源电厂决定选择雷曼兄弟公司作为融资顾问，通过在美国资本市场发行债券形式进行融资。

那么，什么是项目融资？项目融资的方式有哪些？要进行哪些程序？投资银行在项目融资中的作用是什么？

(资料来源：邢恩深. 基础设施建设项目投融资操作实务. 上海：同济大学出版社，2005)

【核心概念】

项目融资　联合融资　融资租赁　BOT　产品支付　远期购买　系统风险　非系统风险　项目融资担保　项目担保人

第一节　项目融资概述

项目融资是一种新型的国际融资方式，其雏形出现于 20 世纪 60 年代，70 年代最初被运用于建矿融资，后来逐渐在一些大型基础设施建设项目中得到广泛运用，如发电厂、油田、机场、港口、公路、铁路等。目前，项目融资已受到世界上许多国家的重视，被许多国家采用。

项目融资属于投资银行的一项创新业务，因为项目融资整个过程运行复杂，涉及大量的法律和财务问题，专业性很强，为此需要投资银行来协调整个项目融资工作。

一、项目融资的定义与特征

(一)项目融资的定义

项目融资(Project Financing)是一种与公司融资(Corporate Financing)方式相对应的、以

项目公司为融资主体、以项目未来收益和资产为融资基础、由项目的参与各方分担风险的具有有限追索权性质的特定融资方式。

图 12-1 是一个项目融资的简单示意图。项目融资至少有项目发起人、项目公司和贷款人三方参与。

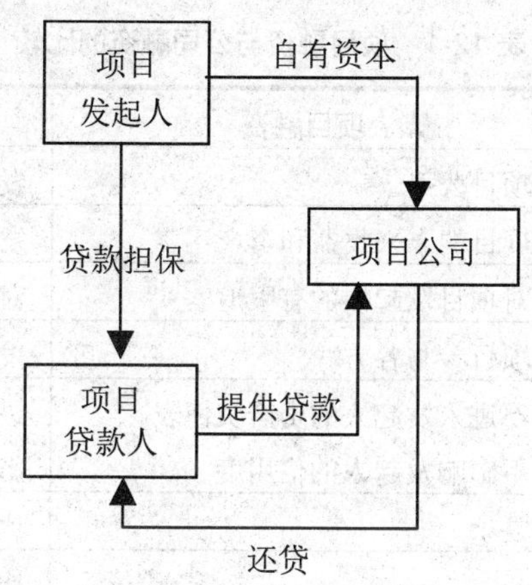

图 12-1　项目融资的简单示意图

1. 项目发起人

项目发起人(Sponsors)是项目的实际投资者，也称为项目投资者，它可以是单独一家公司，也可以是由多家公司组成的投资财团。项目融资中一个普遍的作法是成立一个单一目的的项目公司，则发起人可能在该公司中拥有股份，其性质类似于控股公司，项目发起人是项目融资中的真正借款人，它一般需要以直接担保或间接担保的形式为项目公司提供一定的信用支持。

2. 项目公司

项目公司的主要法律形式是有限责任公司和股份有限公司。项目公司作为一个独立的法人，拥有一切公司资产和处置资产的权利，并承担一切有关的债权债务。投资者通过持股拥有公司，并通过选举任命董事会成员对公司的日常运营进行管理。项目公司以公司法人身份进行融资并承担相关责任。项目公司是项目的直接主办人，直接参与项目投资和项目管理，直接承担项目债务责任和项目风险。

3. 项目贷款人

项目融资中的贷款人主要是商业银行，租赁公司、财务公司、投资基金等非银行金融机构，企业和一些国家政府的出口信贷机构。承担项目融资责任的银行可以是单独的一家商业银行，但一般是银团贷款，参与的银行可达几十家，上百家。其参与数目取决于贷款的规模和项目的风险。银行一般希望通过组织银团贷款的方式减小和分散每一家银行在项目中的风险。贷款人为项目公司提供贷款，贷款人主要依靠项目本身的资产和现金流量作为偿贷保证，而原则上对项目发起人拥有的项目之外的资产没有追索权或只有有限追索权。

(二)项目融资的特征

项目融资是一种与传统的公司融资方式相对应的特定融资方式，项目融资与传统的公司融资方式相比，有许多区别，如表 12-1 所示。

表 12-1　项目融资与公司融资的比较

	项目融资	公司融资
融资主体	项目公司	发起人
还款基础	项目的未来收益和资产	发起人和担保人的信用
贷款银行的追索权	对项目发起人的有限追索	对项目发起人的全额追索
风险承担者	项目参与各方	发起人
债务影响	不进入发起人的资产负债表 不影响发起人的信用度	进入发起人的资产负债表 影响发起人的信用度
贷款技术	复杂	比较简单
项目周期	长	比较短
融资成本	较高	较低
贷款人对项目的管理权	参与项目管理	不参加项目管理
典型负债率	70%～90%	40%～60%

项目融资具有以下主要特征。

1. 有限追索

项目贷款是“有限追索权”的筹资方式。追索是指借款人未按期偿还债务时贷款人要求借款人用以除抵押资产之外的其他资产偿还债务的权力。对于一个工程项目而言，如果采用传统融资方式，贷款人为项目借款人提供的是完全追索形式的贷款。在这种情况下，借款人的资信等级是贷款人最为关心的事情。而项目融资，贷款人的贷款的回收主要取决于项目的经济强度，除了在有些情况或有些阶段，贷款人对借款人有追索权之外，在一般情况下，无论项目成功与否，贷款人均不能追索到项目借款人除该项目资产、现金流量以及所承担的义务之外的任何形式的财产。在项目融资中，项目本身的效益是偿还债务最可靠的保证，因此，项目贷款人更加重视对项目效益的考察，注重对项目本身的债务追索。

2. 项目导向

项目导向是指项目融资不依赖项目发起人的信用和资产，而是以项目本身的未来现金流量和项目资产作为举债的基础，对于一个典型的项目融资，通常需要建立一个单独的项目公司来筹集资金并持有项目资产，由于这个新设公司没有以往的营业记录，除项目以外也并无其他资产，只能依靠这个项目本身的未来收益和资产来筹措资金；项目贷款人的基本保障是项目未来的现金流量和资产，而不是项目发起人以往的财力和资产。因此，项目贷款人出于对自身安全的考虑，需要对项目的谈判、建设、运营进行全程的监控。

3. 风险分担

风险分担是指项目融资普遍建立在多方合作的基础之上，项目参与各方均在自己力所能及的范围内承担了一定的风险，避免了由其中的任何一方独自承担全部风险。

项目发起人通过项目融资可以达到利用外部债务融通项目大部分资金的目的，从而可以把项目的大部分风险转移给项目贷款人，以减少项目发起人所承担的项目风险。对于项目贷款人而言，其风险也只能维持在可接受的水平上，因而只有将项目风险合理地分配给项目的参与各方：原材料及设备的供应商、产品买主和服务用户、承保人和项目东道国政府机构，以及设备供应商所在国的进出口银行。项目的不同参与方对风险的承受能力可能有很大区别，承受风险的大小，取决于他们所希望得到的回报及其风险承受能力。

4. 债务屏蔽

债务屏蔽是指在项目融资中通过对投资结构和融资结构的设计，可以把项目债务的追索权限制在项目公司中，从而对项目发起人的资产负债表没有影响。项目融资是一种非公司负债型融资(Off-Balance Finance)，也称为资产负债表外的融资，即项目的债务不表现在项目发起公司的资产负债表中。项目融资的非公司负债型融资特征使得项目发起公司能够以有限的财力从事更多的投资，且达到将投资风险分散和限制在多个项目之中的目的。非公司负债型融资有利于公司进行其他的融资活动，因为项目的贷款安排不反映在公司的资产负债表上。项目融资的这一特点体现在不会给项目发起人造成不利的资产负债结构，从而不会造成公司的资产负债比例失衡而超出银行所能接受的安全警戒线。

5. 项目周期长

由于项目融资所涉及的资金量和风险都比较大，所以，项目评估由于慎重而延长；在项目谈判中，由于要协调项目参与各方的不同利益，而有关风险分担的每一细节又必须在合同中加以详细规定，因而谈判的时间也会延长；项目实施由于规模庞大而相应地延长，从而使项目周期比较长，一般都需要经历几年甚至十几年时间。一方面，项目融资耗时长短对项目的成败有着重要的影响，如果耗时过长，会徒增直接成本；另一方面，还有可能错过市场和其他机会造成更为严重的经济损失。由于许多大型项目的周期长，项目融资会在项目的生命周期内分阶段、多渠道地筹集资金。

6. 融资成本高

因为在项目融资中，贷款方承担了较高的风险，所以项目融资贷款所要求的利率要高于普通贷款，而融资过程中繁琐的程序，各种担保与抵押及非常复杂的融资效率都增加了项目融资的费用。在项目运营期间，可能还得花费额外的费用来监控技术进展、运营及贷款的使用，这些因素都令项目融资的成本大大上升。

7. 负债能力强

项目融资可以增强项目的债务承受能力。通过建立复杂的多边担保体系，可以提高债务承受能力；通过对项目融资结构的设计，可以排除许多风险因素和不确定因素，对项目潜在的风险也会有较为清醒的认识。

由于项目融资主要依赖于项目的现金流量和资产而不是依赖于项目的投资者或发起人的资信来安排融资，故而有些对于投资者很难筹措到的资金可以利用项目融资来安排，难得到的担保条件可以通过组织项目融资来实现。因此，采用项目融资一般可以获得比传统方式更高的贷款比例。项目资本金的比例取决于贷款人对项目风险和现金流量的分析。一般，项目风险越大，资本金比例应越高，如，公路项目因车流量难以预测，资本金一般应达到 40%～50%，而常规火力发电厂项目的资本金超过 15%就可以了。通常而言，项目融资可以为项目提供 65%～75%的资本需求量，而在某些项目中甚至可能获得 100%的融资。

此外，在国际经济舞台上，项目融资还有利用税收优势降低融资成本、提高项目的综合收益率和偿债能力，利用项目融资促进产品出口等特征。

二、项目融资的主要形式

每一个项目融资都具有自己的特点，但其基本结构经常归于以下两者之一：一是有限追索权或无追索权贷款，借款人主要依靠项目产品现金流量来偿还贷款；二是借款人直接以项目的产品偿还贷款，通过“产品支付”和“远期购买”的方式预先支付一定数量的资金来购买项目收益。

根据项目的实际情况需要，可以在上述基本结构中综合运用其他的融资技术如融资租赁、出口信贷和国家金融机构贷款以及发行债券来进行项目融资。以下对几种主要的融资模式加以介绍和分析。

(一)产品支付和远期购买

产品支付(Production Payment)是项目融资的早期形式之一，起源于 20 世纪 50 年代美国的石油天然气项目开发的融资安排。这种安排是针对项目的还款方式而言的。借款方在项目投产后不是以项目产品的销售收入来偿还债务，而是直接以项目产品来还款付息。在贷款得到偿还前，贷款方拥有项目部分或全部产品的所有权。产品支付一般只是产权的转移，而非产品本身的转移。一般情况下，贷款方会要求项目公司重新购回产品或通过项目公司的代理来销售这些产品。更常用的方式是根据收款或付款协议，以购买商或最终用户承诺的付款责任来收回贷款。产品支付方式一般适用于资源储藏量已经探明并且项目生产的现金流量能够比较准确地计算的项目。

一般来讲，产品支付融资模式具有以下几个特点。

(1) 项目产品是用于支付各种经营成本支出和债务还本付息的唯一来源。因此，比较容易将融资安排成无追索或有限追索的形式。

(2) 贷款的偿还期短于项目的实际经济生命周期。

(3) 在产品支付融资结构中，贷款银行一般只为项目建设所需的资本费用提供融资，而不提供用于项目经营开支的资金，并且要求项目投资者提供最低生产量、最低产品质量标准等方面的担保。图 12-2 是产品支付融资方式的融资结构图。

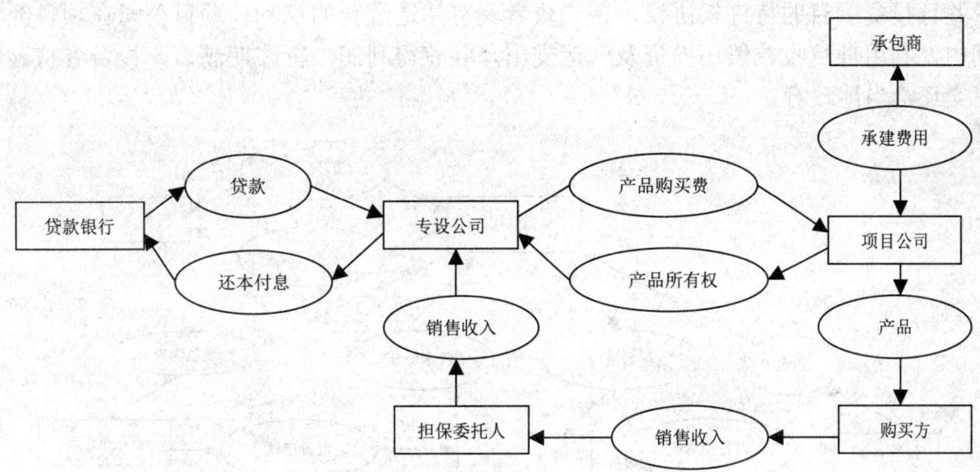

图 12-2　产品支付融资方式的融资结构图

远期购买具有产品支付的许多特点，是更为灵活的项目融资方式。其灵活性表现在贷款人可以成立专设公司，这个专设公司不仅可以购买规定数量的未来产品，还可以直接购买这些产品未来的现金收益。项目公司交付产品或收益的进度将被设计成与规定的分期还款、偿债计划相配合。

(二)融资租赁

融资租赁(Financial Lease)是一种承租人可以获得固定资产使用权而不必在使用初期支付其全部资本开支的一种融资手段。在发达国家中，相当多的大型项目是通过融资租赁方式来筹措资金的。融资租赁的一般形式为：当项目公司需要筹资购买设备时，由租赁公司向银行融资并代企业购买或租入其所需设备，然后租赁给项目公司。项目公司在项目营运期间以营运收入向租赁公司支付租金，租赁公司以其收到的租金向贷款银行还本付息。

融资租赁具有比较高的灵活性。但项目融资中采用融资租赁主要是出于以下两方面的考虑：①融资租赁可以通过厂房和设备的折旧为项目发起方带来资本让税。如企业选择购买，因折旧费可抵消部分所得税，它可以从税收上获得一些减免的优惠。但如果企业选择融资租赁，所有租赁费支出均可抵消所得税，租赁费通常大于折旧费，企业因此而得到更多的税收减免，从而降低了项目总成本。②由于在融资租赁中，租赁资产的所有权没有发生转移，仍在贷款人的掌握之中，因此即使在没有可靠的担保法的国家，债权人对租赁资产比较放心，从而降低了贷款风险。

租赁期结束后，出租人基本上可以收回全部成本并取得预期的商业利润，租约也通常在最低租金水平上延续相当长的一段时间。租约一般不会规定项目公司具有购买权，而很有可能规定项目公司作为唯一代理人在租约期满时以出租人同意的价格销售资产，大部分销售收入将返还给项目公司作为销售代理费。图 12-3 是租赁融资方式的融资结构示意图。

(三)BOT

所谓 BOT，是 Build(建造)—Operate(营运)—Transfer(转让)的缩写。这种融资方式的特点是借助私人投资建设原来要由政府开发的基础设施。BOT 的一般做法是：政府部门与投资者签订投资项目的特许权协议，使投资者具有建造经营的权利。项目公司在项目经营特许期内，利用项目收益偿还投资及营运支出，并获得利润。特许期满后，投资者将该项目无偿交还给当地政府。

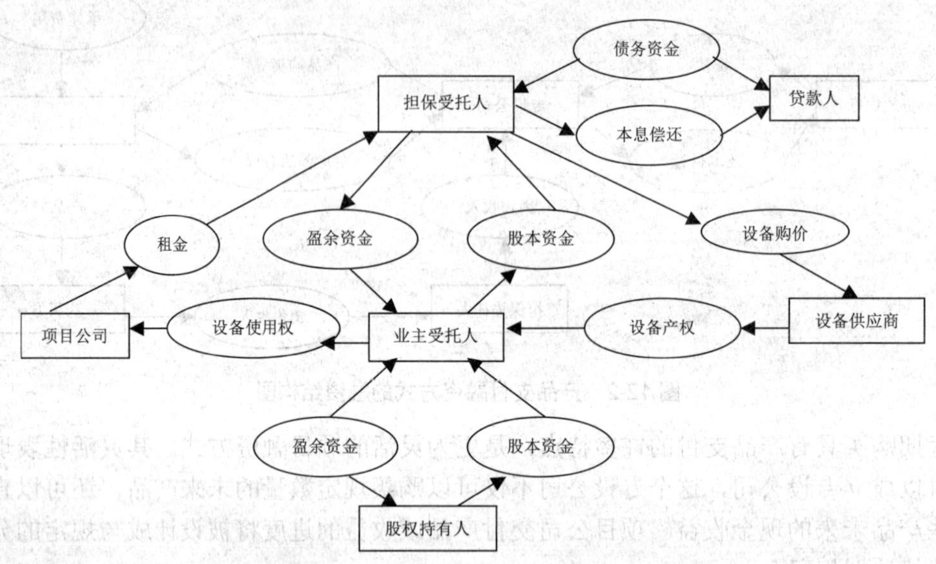

图 12-3　融资租赁方式的融资结构示意图

对于筹资者来说，采用 BOT 方式筹资的主要优点是：①可以直接吸收外商投资开发国家重点建设项目，不额外增加政府偿还外债的责任；②有利于引进国外先进的生产与管理技术，改善和提高项目的管理水平；③方式灵活，能产生一些衍生产品如 BOO(建造—经营—拥有)、BOOT(建造—经营—拥有—转让)、BLT(建造—租赁—转让)、BTO(建造—转让—经营)等。

图 12-4 描述了 BOT 方式的融资结构的一般形式，其过程简述如下。

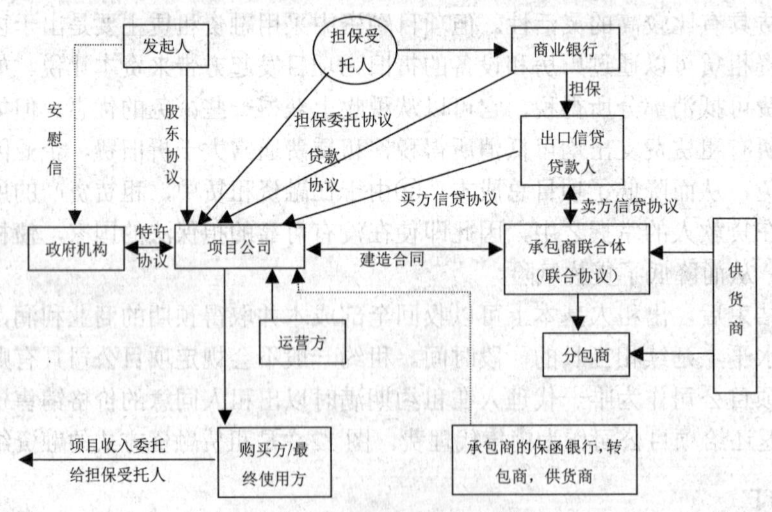

图 12-4　BOT 方式的融资结构

(1)　成立一家专设公司，即项目公司。

(2) 项目公司与承包商签订建设施工合同，接受保函，同时接受分包商、供货商的保函权益转让，并与经营者签订经营协议。

(3) 项目公司与商业银行签订贷款协议，同时与出口信贷机构签订买方信贷合同，商业银行以项目资产作抵押为出口信贷机构的贷款担保。

(4) 项目公司向担保信托方转让收入。

(四)ABS 融资模式

ABS(Asset-backed Securitization)，即资产证券化。ABS 模式是以目标项目的资产作为基础，以未来的收益作为保障，通过向证券市场发行债券的方式筹集资金。

ABS 是一种新型的融资模式，起源于 20 世纪 70 年代，目前在美国等金融业发达的国家得到广泛的应用，已经成为项目融资的一种发展趋势。我国恒源电厂的项目融资就是通过 ABS 融资模式实现的。资产证券化的融资过程已在本书第十一章进行了详细介绍，读者可以参阅。

三、投资银行在项目融资中的作用

项目融资的组织安排工作需要具有专门技能的机构来完成。一般来说，无论是项目的发起人，还是项目的出资者，很难具有协调整个运行复杂、牵涉面广的项目融资工作的专业技能和经验，这项工作通常由投资银行或商业银行的项目融资部门来完成。

(一)担当融资顾问的投资银行的要求

对担当项目融资顾问的投资银行通常有以下要求。

(1) 必须能准确地了解项目投资者的目标、融资战略和具体要求。

(2) 熟悉项目所在国的政治经济制度、社会意识形态、文化观念、生活习俗，以及经济体制、金融体制的变革和产业政策的调整。

(3) 应能正确分析和认识项目本身及项目所属行业部门或产业领域的技术发展趋势、成本结构和投资费用。

(4) 与银行等金融机构建有良好的关系。

(5) 具备丰富的谈判经验和技巧等。

(二)投资银行在项目融资中的作用

投资银行在项目融资中的主要任务是：从项目的外部环境、生产要素、投资收益分析等方面进行项目的可行性研究；协助项目投资者全面地分析和判断项目的风险因素，确定项目的债务承受能力和风险；设计和选择能够准确反映投资者融资战略要求并有助于实现项目投资目标收益率的项目融资结构和投资结构；分析和比较可能的融资方案，综合考虑各类项目融资参与者的意见或建议，协助作出融资方案决策。同时，投资银行在选择融资对象、参与项目谈判、起草文件等方面都发挥着积极作用。

投资银行担任融资顾问通常收取三部分费用：一是聘用费，一般按实际工作量收取；二是项目融资安排费，按项目规模的一定百分比收取，通常是项目越大，百分比越低，但其绝对额可以很高；三是实际支出，包括差旅费、电话、电传费等。如果融资顾问同时兼任贷款银团的经理人，在贷款期间还会按年度收取一定的管理费。整个项目投资银行一般要收取相当于融资总额的0.5%～1%的管理费。

第二节　项目融资的程序

不同项目的融资活动千差万别，很难找到两个完全相同的项目融资。但是，项目融资的运作程序大致相同，一般都要经过以下程序。

一、项目提出阶段

项目融资是由两类项目主体提出的：一类是政府，尤其是以国有经济为主导的国家，根据政治、经济、社会、军事等多方面需要，提出项目，特别是大型基础设施项目和高风险的新技术项目；另一类是企事业单位经过对各种因素的分析，根据社会的需要，向政府部门提出项目建议。

二、项目融资可行性研究与风险分析阶段

项目可行性研究是从项目投资者的角度来分析项目在其生命期内的经济效益，并与同行业的标准投资收益率进行比较，从而判断项目对投资者来说经济上是否合理和技术上是否可行。项目可行性研究的主要内容包括项目本身的财务评价、项目发起人的财务评价、国民经济评价和项目风险分析等工作。

项目融资的风险分析是在项目可行性研究报告获得通过后，从项目债务资金提供者的角度，侧重考察和分析项目融资期内的项目风险，从而判断项目债务资金本息偿还的可靠性和安全程度。项目融资可行性分析为项目融资工作开展提供了最重要的依据。

项目风险存在于项目的各个阶段。因此，在项目可行性研究的基础上，有必要按照项目融资的要求，对项目风险作出进一步详细的分类研究。不仅要对项目风险作定性分析，而且要作定量分析，分析各种风险因素对项目现金流量的影响，以帮助设计出可为各出资方所接受的共同承担风险的项目融资方案。

三、项目融资决策阶段

项目融资决策是在项目融资可行性研究和项目风险分析的基础上，项目投资者对项目的一些根本性问题，诸如对项目融资的方式、聘请融资顾问、融资结构、投资结构等重大问题作出判断和决定。

(一)选择项目融资方式

项目公司可以通过发行股票、债券和票据、融资租赁、BOT、ABS和参与多边合作及利用外国直接投资等方式筹措资金。选择何种项目融资方式，不仅取决于项目的投资规模、项目的投资性质和项目自身的技术经济要求，还取决于投资者对债务责任分担、债务资金

数量、时间、融资成本等方面的要求，以及诸如税务结构和债务会计处理等方面要求的综合评价。

(二)设计项目融资结构

项目融资结构是设计项目融资方案的关键之一。在设计项目融资结构时，必须考虑选择何种项目融资方式或几种融资方式在项目资金使用的不同阶段上的组合，安排股本资金和债务资金的比例关系，并统筹考虑资金使用进度和计划安排项目所需资金的筹措时间和偿还时间，争取实现项目资金结构和资金进出项目的最佳时间组合。

项目融资必须确定恰当的项目股本资金与债务资金的比例。安排项目融资结构的一个基本原则是，在保证项目公司不会因为借债过多而降低项目的经济强度的条件下，尽可能地降低项目的综合资金成本。由于大多数国家税法都规定公司的贷款利息或债券利息的支出可以计入公司成本冲抵所得税，所以项目使用债务资金可以降低项目资金成本，但是，项目的财务状况和抗风险能力会随着债务的增加而相对地减弱。因此，确定项目的股本资金和债务的比例应主要依据该项目的经济强度和项目的债务承受能力。

(三)设计项目投资结构

所谓项目投资结构设计，是指在项目所在国家的法律、法规、会计、税务等外在客观因素的制约条件下，寻求一种能够最大限度地实现其投资目标的项目资产所有权结构。在项目融资中，应用比较普遍的投资结构，通常有公司型合资结构、有限合伙制结构、非公司型合资结构、信托基金结构等。

采用不同的项目投资结构，投资者对其资产的拥有形式，对项目产品、项目现金流量的控制程度，以及投资者在项目中所承担的债务责任和所涉及的税务结构会有很大的差异。这些差异会对项目融资的整体结构设计产生直接的影响。

项目的投资者在面对多种方案的取舍时，应全面考虑各个投资结构的优点与缺点，并根据项目的特点和合资各方的发展战略、利益追求、融资方式、资金来源以及其他限制条件，确定基础的投资结构，并适当地加以修正以满足各方投资目标的要求。

(四)设计和选择项目融资方案

设计和选择项目融资方案，主要是在确定项目的投资结构和项目的融资模式前提下，依据项目融资的可行性分析，并考虑项目股本资金和债务资金的来源及资金成本，运用现金流量模式及其敏感性，来确定最佳的股本资金水平并满足项目投资者和项目债权人对相应风险的要求，从而实现预期的项目投资收益率并据此安排项目融资活动。

四、项目融资合同谈判阶段

项目融资谈判是项目发起人或政府部门，在提出项目并进行了可行性研究和风险分析的基础上，要通过各种渠道、多种形式选择候选合作伙伴，并与他们就融资总额、融资期限、提款方式、还款方式、融资条件和资金提供方的其他要求等重大问题进行会谈，最后选定合作伙伴，并与之进一步协商各方面的条款，形成法律文件，签订合同。

项目融资谈判是资金供求双方为了实现各自的利益通过讨价还价来协调解决某些问题和意见分歧的过程，这一阶段是项目融资最复杂的阶段，并没有一个可以照搬的样板，各个项目都有很大区别。

在项目融资的谈判过程中，投资银行周旋于各有关利益主体之间，通过对融资方案的反复设计、分析、比较和谈判，最后形成一个既能在最大程度上保护项目投资者的利益又能为出资者接受的融资方案。

项目融资谈判结束后，谈判双方在正常情况下都要签署融资协议。在与贷款银团的谈判中，为了满足贷款银团的要求，有时需要调整融资结构和资金结构，甚至修改相应的法律文件。谈判结束后，双方根据谈判中达成的共识，在项目融资顾问和法律顾问的协助下，双方共同起草贷款协议和担保文件，并对贷款银团正式介入之前已经签署的协议根据谈判内容作必要的修改。

五、项目融资实施阶段

在正式签署项目融资的法律文件之后，项目融资就进入其实施阶段。在项目融资中，项目投资者、项目公司及其他参与方之间通常需要签署大量的具有合同性质的融资文件，并通过一系列的融资文件及其信用担保协议，实现项目风险在项目各参与方之间进行合理分担。例如，项目投资者或项目公司多在项目融资协议签订之前，通过标投标确立项目施工单位，并与施工单位签署项目建设承包合同；项目公司依据项目建设承包合同对项目建设开发阶段的全过程进行管理，即对项目建设阶段的质量、工期和费用进行监督、控制和管理。在项目融资中，贷款人将会通过其经理人(一般是由项目融资顾问担任)经常性地监督项目的进展，根据融资文件的规定，管理和控制项目的贷款资金投入和部分现金流量，从而帮助项目投资者加强对项目风险的控制和管理。

项目融资实施应当做好以下几方面的工作：根据项目合资协议(或叫股东协议)和项目融资协议等筹措和运用资金，实现融资项目的开发建设，项目公司在项目建设期完成项目投资计划的执行管理；项目融资中的风险控制与管理；项目融资中的融资文件的执行管理。

第三节　项目融资风险管理

在项目融资中，项目参与各方谈判的核心问题之一就是各方对风险的合理分配和严格管理，这也是项目能否成功的关键。由于项目融资有限追索或无追索的特点，所以对于借款方而言，风险大大降低了；但是就项目而言，其风险依然存在。所以识别、评估项目中存在的风险，制定相应的措施，编制风险管理计划并付诸实施是十分必要的。

项目融资中有两类风险：一类是与市场客观环境有关，超出了项目自身范围的风险，即系统风险；另一类是可由项目实体自行控制和管理的风险，即非系统风险。在系统风险与非系统风险之间并没有绝对的界限，换言之，有时系统风险可以消减，而非系统风险却不一定能回避。

一、项目融资的风险

项目融资的风险可由图 12-5 表示。

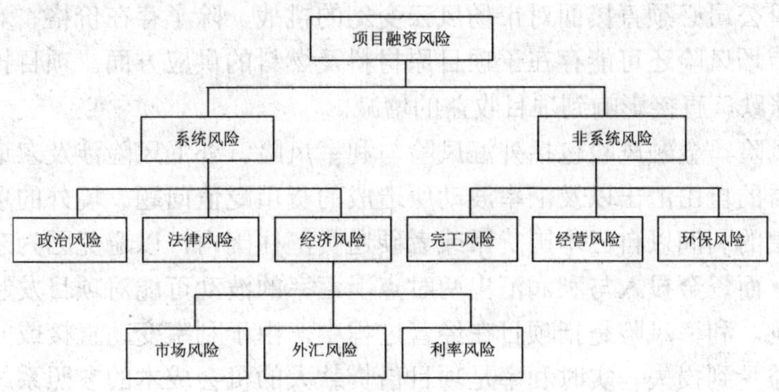

图 12-5 项目融资风险示意图

(一)系统风险的类型

系统风险主要包括政治风险、法律风险和经济风险。

1. 政治风险

政治风险指由于各种政治因素如战争、国际形势变幻、政权更迭、政策变化而导致项目资产和收益受到损害的风险。政治风险的大小与一国政府的稳定性及政策的稳定性有关。政治因素的变化往往是难以预料的，因此，其造成的风险也往往是很难避免的。主要的政治风险可能来自：项目可能需要政府许可证、特许经营权或其他形式的批准；项目本身对国家的基础设施或安全有重要影响；项目对东道国政府的社会政策或国际形象有重大影响等。

2. 法律风险

法律风险指东道国法律的变动或法制不健全给项目带来的风险。主要体现在以下几个方面。

(1) 没有完善的法律体系来解决项目融资过程中出现的纠纷或是不能为项目融资提供相应的令人满意的法律框架。如在一些国家担保和强制获得担保的法律可能不令人满意；现有的法律可能排除对不动产的所有权。有些国家可能还没有制定保护知识产权的法律或是缺乏有关公平贸易和竞争的法律。

(2) 东道国没有独立的司法制度，各方面的干预使得法律体系不能有效地执行法院的裁决结果。

(3) 根据东道国的法律规定，项目发起人不能有效地建立起项目融资的组织结构和日后进行正常的项目经营。

(4) 对东道国的法律不熟悉。

法律的健全与否也是影响项目成败的非常重要的风险因素之一，东道国法律的变动会改变各参与方的约束，进而改变各参与方的地位，从而带来法律风险。

3. 经济风险

经济风险包括市场风险与金融风险两大类。

(1) 市场风险。项目最终产品的市场风险主要由价格风险、竞争风险和需求风险三个方面组成。项目公司必须直接面对市场风云变幻的挑战，除了存在价格、竞争、需求等风险因素之外，市场风险还可能存在于项目原材料及燃料的供应方面。项目投产后，原材料及燃料价格的涨跌，直接影响到项目收益的增减。

(2) 金融风险。金融风险包括外汇风险与利率风险。外汇风险涉及东道国通货的自由兑换、经营收益的自由汇出以及汇率波动所造成的货币贬值问题。境外的项目发起人一般希望将项目产生的利润以自己本国货币或者硬通货汇往国内，以避免因为东道国的通货膨胀而蒙受损失。而资金投入与利润汇出两时点上汇率的波动可能对项目发起方的投资收益产生较大的影响。利率风险是指项目在经营过程中，由于利率变动直接或间接地造成项目价值降低或收益受到损失。实时利率是项目借贷款人的机会成本的参照系统。如果投资方利用浮动利率融资，一旦利率上升，项目的融资成本就上升；而如果采用固定利率融资，一旦市场利率下降便会造成机会成本的提高，而对于借款者而言，则反之。

(二)非系统风险的类型

非系统风险主要包括完工风险、经营风险和环保风险。

1. 完工风险

完工风险指项目无法完工、延期完工或完工后无法达到预期运行标准的风险。完工风险是项目融资的主要风险之一，如果项目不能按照预定计划建设投产，项目融资所赖以依存的基础就受到了根本的破坏，将导致项目建设成本的增加，项目贷款利息负担加重，项目不能按计划取得收益。项目的完工风险主要是因为工业技术水平、管理水平的落后，所以在发展中国家完工风险比较大。判断完工风险的标准主要有：完工和运行标准，即项目需要在规定的时间内达到商业完工的标准，并且在一定时期内保持在这一水平上运行；技术完工标准；现金流量完工标准；等等。

2. 经营风险

项目的经营风险是在项目生产阶段和生产运行阶段存在的技术、资源储量、能源和原材料供应、生产经营、劳动力状况等风险因素的总称。项目的经营风险也直接影响到项目能否正常的运转，并产生足够的现金流量来支付生产费用和还本付息。

项目的经营风险主要包括以下几个方面。

(1) 技术风险。技术风险是指存在于项目生产技术进程中的问题，如项目生产所采用的技术是否为经市场证实的成熟生产技术，会不会被新技术所替代，厂址选择和配套设备是否合适等。

(2) 资源风险。有些生产型项目对某种自然资源形成很大的依赖，因此，项目在生产阶段有无足够的资源保证是一个很大的风险因素。

(3) 生产供应风险。项目的正常生产与经营必须有可靠的原材料、能源的供应。

(4) 经营管理风险。管理风险主要由项目投资者对所开发项目的经营管理能力高低所决定。经营管理者的能力直接影响到项目的质量控制、成本控制和生产的效率。

3. 环保风险

近年来，可持续发展成为各国经济发展战略中一个主要的方面，工业对自然环境及生活、工作环境的破坏越来越引起社会公众的关注，所以有关环境保护的立法在世界大多数国家变得越来越严格。对于项目公司来说，要满足日益“苛刻”的环保法规的各项要求，意味着项目成本的增加，或者增加新的资产投入改善项目的生产环境，更严重的甚至迫使项目停产。对于项目融资的贷款银行来说，也必须直接或间接地承担环境保护的压力与责任。因此，在项目融资期内可能出现的任何环境保护方面的风险也应该受到足够的重视。

二、项目融资风险的管理

(一)系统风险的管理

1. 政治风险的管理

降低项目政治风险程度的办法之一是政治风险保险，包括纯商业性质的保险和政府机构的保险，后者多为几个主要的发达国家为保护本国投资者在海外投资的利益时常用。另外，在安排项目融资时应尽可能寻求项目所在国政府、中央银行、税收部门或其他有关政府机构的书面保证。这些书面保证包括政府对一些特证项目权力或许多证的有效性及可转让性的保证，对外汇管制的承诺，对特殊税收结构的批准认可等。另外，在许多大型项目融资中，政府、出口信贷机构和多边金融机构也能为其他项目的参与方提供一些政治上的保护。此外，还有更微妙的方法来减少项目政治风险，如与地区发展银行、世界银行等机构一同安排平行贷款。贷款结构中具有这样的协调机制将减少东道国政府干涉贷款人利益的风险，而在东道国寻找合作伙伴或是银团中的贷款人来自于东道国友好的国家，也将极大地降低项目融资中的政治风险。

2. 法律风险的管理

对于项目贷款人来说，管理法律风险的最好办法是在早期通过自己的律师对东道国的法律风险进行系统、彻底的研究。如果可能，最好征求东道国政府的法律机构的确认。在一些情况下，可能需要修改东道国的某些法律条款，把针对本项目的新法案作为融资的先决条件。另外，项目公司与东道国政府签订相互担保协议，真正做到互惠互利，在一定程度上也为项目的发起方和贷款人提供了法律保护。

3. 经济风险的管理

市场风险的降低取决于项目初期能否做好充分的可行性研究。在项目的建设和营运过程中，签订在固定价格或是可预测价格基础上的长期原材料及燃料供应协议和“无论提货与否均需付款”产品销售协议，也可以在很大程度上降低项目的市场风险。

金融风险相对较为复杂。金融风险中汇兑风险相对简单，而且一般来讲汇兑风险可能与政治风险、法律风险相关。汇率风险的消除则要利用到一些金融衍生工具，如汇率期权、掉期交易来对冲风险。而在东道国金融市场不发达、金融工具缺乏的情况下，只能通过预测汇率的变动趋势，调整资产与负债的货币结构。另外一种可行的将汇率变化风险转移的

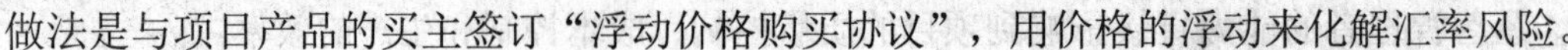

做法是与项目产品的买主签订“浮动价格购买协议”，用价格的浮动来化解汇率风险。

利率风险的消除也可以通过金融衍生工具来对冲其风险，其条件是资产、负债及收益使用的是可交易的硬通货。常用的消除利率风险的金融衍生工具包括利率期货、期权，掉期、远期利率协议等。

(二)非系统风险的管理

1. 完工风险的管理

为了限制和转移项目的完工风险，贷款银行通常要求完工风险由工程承建公司提供相应的“完工担保”作为保证。项目公司也可以通过投保来寻求完工保证。常用的完工保证形式有以下几种。

(1) 无条件完工保证，即投资者提供无条件资金支持以确保项目可以达到项目融资所规定的“商业完工”条件。

(2) 债务收购保证，即在项目不能达到完工标准的情况下，由项目投资者将项目债务收购或转化为负债。

(3) 其他如单纯技术完工保证，提供完工保证基金和最佳努力承诺等。

2. 经营风险的管理

经营风险的消除与降低可以通过以下一些方式来实现，如保证项目公司与信用好和可靠的伙伴，就供应、燃料和运输问题签订有约束力的、长期的、固定的价格合同；项目公司有自己的供给来源和基本设施(如建设项目专用运输网络或发电厂)；在项目文件中订立严格的条款及涉及承包商和供应商的有延期惩罚、固定成本，以及项目效益和效率的标准，另外，提高项目经营者的经营管理水平也是降低生产风险的可行之道。

3. 环保风险的管理

环保风险管理要注意以下几点：投资者应熟悉所在国的相关法律；拟订环保计划作为融资的前提，考虑未来的环保管制；将环保评估纳入监督范围。

总之，项目融资的风险管理的主要原则是让风险爱好者承担风险，通过各种合同文件和担保文件，实行项目风险在各项目参与方之间的合理、有效地分配，将风险带来的冲击降至最低。

三、项目风险的担保

(一)项目担保人

项目担保人包括三个方面。

1. 项目发起人作为担保人

项目的发起人和主办人作为担保人是项目融资中最主要和最常见的一种形式，虽然在大多数情况下，项目公司可以自身的资产作为货款的抵押，但由于项目公司在资金经营历史等方面多不足以支持融资，而使得在很多情况下，货款银行要求项目公司之外的担保作为附加的债权保证，这种担保责任通常落到了项目发起人身上，如果项目发起人对项目公

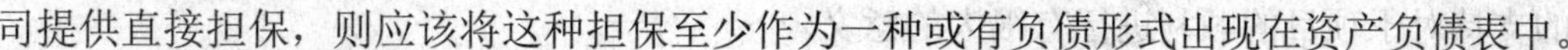

司提供直接担保，则应该将这种担保至少作为一种或有负债形式出现在资产负债表中。

2. 第三方担保人

利用第三方作为担保人是指在项目的发起人之外寻找其他与项目开发有直接或间接利益关系的机构为项目提供担保，这样可以使得项目发起人可以将债务放在资产负债表之外或免受贷款条款的限制。同样，第三方担保人也可以从提供担保中得益。能够提供第三方担保的机构可以有以下几种类型：有关的政府机构；与项目开发有直接利益关系的其他机构，如承包商、供应商及产品用户等；世界银行、地区开发银行等国际性金融机构。

3. 商业担保人

商业担保人提供两种担保服务，并从提供担保中获取利益。这两种担保服务为：第一种，担保项目发起人在项目中或者项目融资中所必须承担的义务，这类担保服务主要为商业银行、投资公司和一些专业化的金融机构提供，所提供的担保一般为银行信用证或银行担保等；第二种，为意外事件发生提供担保，这类服务一般由各类保险公司提供。

(二)项目融资中风险担保的形式

1. 项目融资中的信用担保

项目融资信用担保亦称为人的担保，是一种以法律协议形式作出的表明担保人向债权人承担一定义务的承诺。这种义务就是：在被担保人不履行其对债权人所承担的义务的情况下，必须承担起被担保人的合约义务或是在担保受益人的要求下立即支付给担保受益人规定数量的资金，而不论债务人是否真正违约。项目融资的信用担保主要有以下几种形式。

(1) 完工担保。完工担保是针对完工风险而言的，主要由项目的投资者作为完工担保人或是由工程承包公司及金融机构相结合作为完工担保人。在任何的完工担保协议中，都至少包含了完工担保责任、项目投资者履行完工担保义务的方式及保证项目投资者履行担保义务的措施三个方面的基本内容。

(2) 资金缺额担保。资金缺额担保(Deficiency Guarantees)是一种在担保金额上有所限制的直接担保，主要作为一种支持已进入正常生产阶段的项目融资结构的有限担保。

(3) 以“无论提货与否均需付款”协议和“提货与付款”协议为基础的项目担保。“无论提货与否均需付款”和“提货与付款”是国际项目融资所特有的项目担保形式，是项目融资结构中项目产品(服务)的长期市场销售合约的统称。虽然无论提货与否和提货与付款在法律上体现为项目产品买方与卖方的商业合同关系，但实质上是项目产品买方对项目融资提供的一种间接担保。

(4) 安慰信。安慰信一般是项目主办方政府写给贷款人表示支持其对项目公司贷款的信，信中一般表明三个方面对贷款人的支持，即经营支持、不剥夺资产(没收或国有化)及提供资金等。安慰信的条款一般不具有法律约束力，所以这通常是担保人不愿接受法律约束的情况下所采用的一种担保形式。

(5) 东道国政府的支持。东道国政府可能不是借款人或是项目公司的股东，但仍有可能通过代理机构进行权益投资或是项目产品的最大买主或用户。一些项目，特别是基础设施建设项目，东道国政府将参与项目的规划、融资、建设和营运的各个阶段。所以东道国政府的支持对于项目的顺利进行有很大的意义。

2. 项目融资的物权担保

项目融资中与人的担保相对的是物权担保，物权担保是指项目公司或第三方以自身资产为履行贷款债务提供担保。项目融资物权担保按担保方式有以下几种形式。

(1) 固定担保。固定担保又可以按标的物的性质分为不动产物权担保和动产物权担保。

① 不动产物权担保，不动产指土地、建筑物等难以移动的财产，在项目融资中，一般以项目公司的项目资产作为担保标的，而不包含或除非有协议，包含部分项目发起方的不动产。在借款方违约或项目失败的情况下，项目公司往往被贷款方接管，贷款方可以接管经营或是拍卖项目资产以弥补其贷款损失。但是，项目的失败往往导致项目资产，特别是不动产本身价值的下降，因此这种弥补通常难以使贷款方收回全部贷款，在项目资产专用性强的情况下，项目失败后，项目资产的价值也就变得很低了。

② 动产物权担保。动产与不动产相对，可以将其分为有形动产和无形动产两类。有形动产如船舶、车辆、设备、商品等；无形动产如合同、股份和其他证券、应收账、保险单、银行账户等都可以被借款方——项目公司来作为履行合同的保证。同不动产相比，动产物权担保技术更为方便易行，故而在项目融资中被广泛使用。

(2) 浮动设押。浮动设押(Floating Charge)与固定担保不同，后者是指借款方以确定的资产作为还款保证，而前者则是一种把公司资产(包括未来的资产)和经营收益作为担保并获取收益的担保方式，同时公司具有正常经营这些资产的权利。这种担保方式常见于英格兰和威尔士。由于这种担保方式不以特定的动产或不动产作为担保标的，只是在特定事件发生时方能确定受偿资产，所以被称为浮动设押。

浮动设押比固定担保更有利的原因是：浮动设押方式允许公司获得、加工和处置资产，包括原材料、营业用具、现金和其他动产的权利，而不必为新获得的资产签订担保合同或为每一次资产处置请求许可。

项目融资中还有消极担保条款、准担保交易、从属债等其他担保方式。

四、项目融资中的保险

保险在项目融资中扮演着一个非常重要的角色，如果贷款人在保险方面得到充分的保障，项目将会有利于吸引贷款方。在项目融资中，一般需要保险顾问作为项目公司的专业顾问。保险顾问参与风险辨别和评估，视项目实际情况和贷款方要求而设定一个可以保障项目各方利益的保险计划。

在项目融资中，保险是分为建设阶段和运营阶段来考虑的。

(一)建设期的保险

1. 建设工程一切险

建设工程一切险的基本概念是为工程项目的财产损失提供“全险”保障，每一个风险都包括在内，除非特殊列明除外。

2. 第三者责任险

第三者责任险保障由于施工所致对第三者的身体伤害和财产损失所导致的法律责任。

3. 海运险

海运险是保障进口设备在运输期间的风险。

4. 预期利润损失险

预期利润损失责任险(ALOP，这是与开工完工拖延有关的一项保险)是保障由于工期延误导致对业主的某种损失(如此期间的利息费用和其他相关固定运营成本)，一般有最长的期限，如12～24个月责任险。

5. 施工机械设备险

施工期材料设备险，一般这个保险由承包施工单位自己长期年度报单单独给予保障，但大部分中国施工单位并没有购买这个保险。

6. 劳工保险

劳工保险是保障所有承包商和为此项目工作的人员。

(二)运营期的保险

1. 财产损失保险

财产损失保险是保障由于外力所引起的项目资产的损失。一般来说投保额是以重建费用为标准。地震保险可以作为一个额外险种来购买。

2. 业务中断保险

业务中断保险是保障项目公司在业务由于某种原因中断而不能履行还本付息的责任而设。这个险种的购买是视项目种类而定，几乎所有发电厂项目都需要，而收费公路则视情况而定。

3. 机器故障保险

机器故障保险是保障机器故障发生时对项目本身机电设备所引起破坏而设。这个险种对发电厂而言比较重要。

4. 机器故障引起业务中断保险

(前面已介绍，此处不再赘述)

5. 第三者责任险

(前面已介绍，此处不再赘述)

6. 劳工险

(前面已介绍，此处不再赘述)

7. 现金保值险

现金保值险用于有很大现金流量的项目，如收费的高速公路项目。

本 章 小 结

项目融资	项目融资概述	项目融资的定义与特征：项目融资是一种与公司融资方式相对应的、以项目公司为融资主体、以项目未来收益和资产为融资基础、由项目的参与各方分担风险的具有有限追索权性质的特定融资方式。其主要特征有：有限追索、项目导向、风险分担、债务屏蔽、项目周期长、融资成本高、负债能力强。 项目融资主要形式：产品支付和远期购买、融资租赁、BOT、ABS。 投资银行在项目融资中的作用：投资银行在项目的可行性评价、项目投资模式设计、融资模式设计、选择项目融资方案及融资谈判等方面都发挥着积极作用
	项目融资的程序	项目融资程序由项目提出阶段、项目融资可行性研究与项目风险分析阶段、项目融资决策阶段、项目融资合同谈判阶段、项目融资实施阶段组成
	项目融资风险管理	项目融资风险：包括系统风险和非系统风险两类。 项目融资主体要针对系统风险和非系统风险分别进行有效管理。 风险管理项目风险担保：主要从项目融资担保文件、项目融资中风险担保形式、项目担保人三方面进行考虑。 项目融资中的保险：主要从建设阶段和运营阶段分别考虑

典型案例

深圳沙角B电厂的项目融资

1986年动工兴建的广东沙角火力发电B厂项目是国内最早尝试(同时是世界上最早的几个)使用BOT融资方式兴建的基础设施建设项目，这个项目在国际上产生了比较大的影响，引起了国际上对中国项目融资发展前景的看好。

一、项目背景

广东省沙角火力发电厂B处(通称为“深圳沙角B电厂”)于1984年签署合资协议，1986年完成融资安排并动工兴建，并在1988年建成投入使用。深圳沙角B电厂的总装机容量为70万千瓦，由两台35万千瓦发电机组成。项目总投资为42亿港币(5.4亿美元，按1986年汇率计算)，被认为是中国最早的一个有限追索的项目融资案例，也是事实上在中国第一次使用BOT融资概念兴建的基础设施项目。深圳沙角B电厂的融资安排，是我国企业在国际市场举借外债开始走向成熟的一个标志。

二、项目的投资结构及融资结构

1. 深圳沙角B电厂的投资结构

深圳沙角B电厂采用中外合作经营方式兴建(图12-6)。合作经营是我国改革开放前期比较经常采用的一种中外合资形式，合资中方为深圳特区电力开发公司(A方)，合资外方是一家在香港注册专门为该项目成立的公司——合和电力(中国)有限公司(B方)。项目合作期为 10 年。在合作期间内，B 方负责安排提供项目全部的外汇资金，组织项目建设，并且负责经营电厂 10 年(合作期)。作为回报，B 方获得在扣除项目经营成本、煤炭成本和支付给 A 方的管理费之后百分之百的项目收益。合作期满时，B 方将深圳沙角 B 电厂的资产所有权和控制权无偿地转让给 A 方，退出该项目。在合作期间，A 方主要承担的义务如下。

(1) 提供项目使用的土地、工厂的操作人员，以及为项目安排优惠的税收政策。

(2) 为项目提供一个具有“供货或付款”(Supply or Pay)性质的煤炭供应协议。

(3) 为项目提供一个具有“提货与付款”(Take and Pay)性质的电力购买协议。

(4) 为 B 方提供一个具有“资金缺额担保”性质的贷款协议，同意在一定条件下，如果项目支出大于项目收入则为 B 方提供一定数额的贷款。

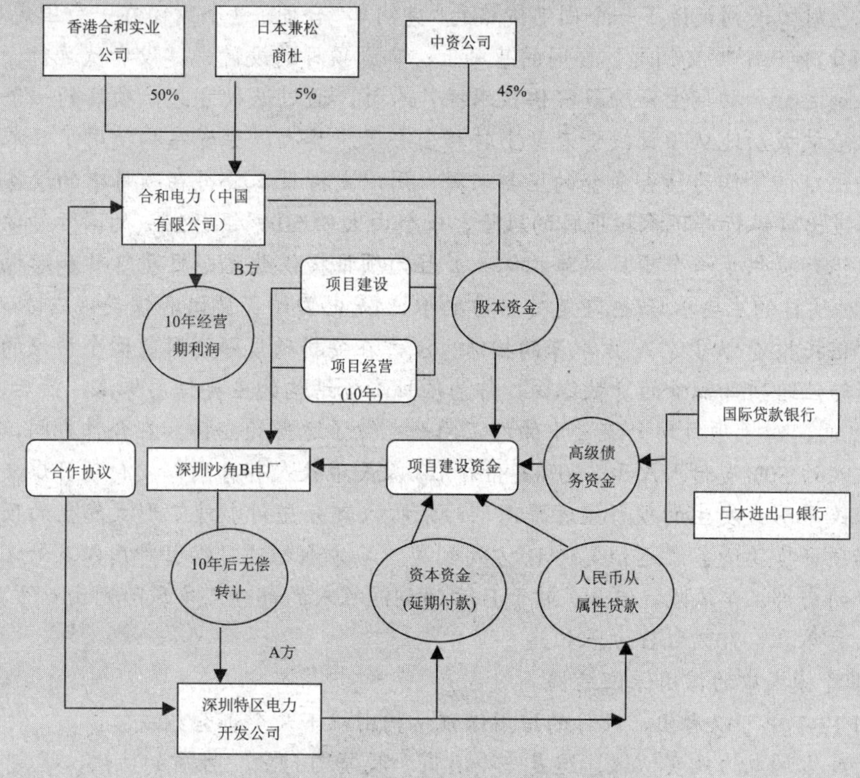

图 12-6 深圳沙角 B 电厂融资结构示意图

2. 深圳沙角 B 电厂的融资模式

深圳沙角 B 电厂的资金结构包括股本资金、从属性贷款和项目贷款三种形式。其具体的资金构成为(以 1986 年汇率换算为美元)如下。

股本资金:

股本资金/股东从属性贷款(3.0 亿港元)	3850 万美元
人民币延期付款(5334 万元人民币)	1670 万美元

债务资金:

A 方的人民币贷款(从属性项目贷款) (2.95 亿元人民币)	9240 万美元
固定利率日元出口信贷(4.96 兆亿日元)	26 140 亿美元

——日本进出口银行：

欧洲日元贷款(105.61 亿日元)	5560 万美元
港币贷款(5.86 亿港币)	7500 万美元
资金总计	53 960 万美元

根据合作协议安排，在深圳沙角 B 电厂项目中，除人民币资金之外的全部外汇资金安排由 B 方负责，项目合资 B 方——合和电力(中国)有限公司利用项目合资 A 方提供的信用保证，为项目安排了一个有限追索的项目融资结构。

在融资结构中，首先，B 方与以日本三井公司等几个主要日本公司组成的电厂设备供应和工程承包财团谈判获得了一个固定价格的“交钥匙”合同。这个财团在一个固定日期(1988 年 4 月 1 日)和一个“交钥匙”合同的基础上，负责项目的设计、建设和试运行，并且同意为项目在试运行和初期生产阶段提供技术操作人员。通过这种方式，项目的一个主要风险即完工风险被成功地从项目投资者身上转移出去了。其次，融资结构使用了日本政府进出口银行的出口信贷作为债务资金的主要来源，用以支持日本公司在项目中的设备出口。但是，日本进出口银行并不承担项目的风险，一个由大约 50 家银行组成的国际贷款银团为日本进出口银行提供了一个项目风险担保，并且为项目提供欧元、日元贷款和港币贷款。再次，A 方对项目的主要承诺(也即是对 B 方的承诺)是电力购买协议和煤炭供应协议，以及广东省国际信托投资公司对 A 方承诺的担保。B 方在安排项目融资时将两个协议的权益以及有关担保转让给项目融资的贷款银团，作为项目融资结构的主要信用保证。最后，在 A 方与 B 方之间，对于项目现金流量中的外汇问题也做了适当的安排。在合作期间，项目的电力销售收入的 50%支付人民币，50%支付外汇。人民币收入部分用以支付项目煤炭的购买成本以及人民币形式发生的项目经营费用，外汇收入部分支付以外汇形式发生的项目经营费用，包括项目贷款债务偿还和支付 B 方的利润。A 方承担项目经营费用以及外汇贷款债务偿还部分的全部汇率风险，但是，对于 B 方的利润收入的部分汇率风险则由双方共同分担，30%由 A 方承担，70%由 B 方承担。

3. 融资模式中的信用保证结构

从图 12-7 中可以看出，项目的信用保证结构由以下几个部分组成。

(1) A 方的电力购买协议。这是一个具有“提货与付款”性质的协议，规定 A 方在项目生产期间按照事先规定的价格从项目中购买一个确定的最低数量的发电量，从而排除了项目的主要市场风险。

(2) A 方的煤炭供应协议。这是一个具有“供货或付款”性质的合同，规定 A 方负责按照一个固定的价格提供项目发电所需的全部煤炭，这个安排实际上排除了项目的能源价格及供应风险以及大部分的生产成本超支风险。

(3) 广东省国际信托投资公司为 A 方的电力购买协议和煤炭供应协议所提供的担保。

(4) 广东省政府为上述三项安排所出具的支持信；虽然支持信并不具备法律约束力，但是，正如在第六章中指出的，一个有信誉的机构出具的支持信，作为一种意向性担保，在项目融资安排中具有相当的分量。

(5) 设备供应及工程承包财团所提供的“交钥匙”工程建设合约，以及为其提供担保的银行所安排的履约担保，构成了项目的完工担保，排除了项目融资贷款银团对项目完工

风险的顾虑。

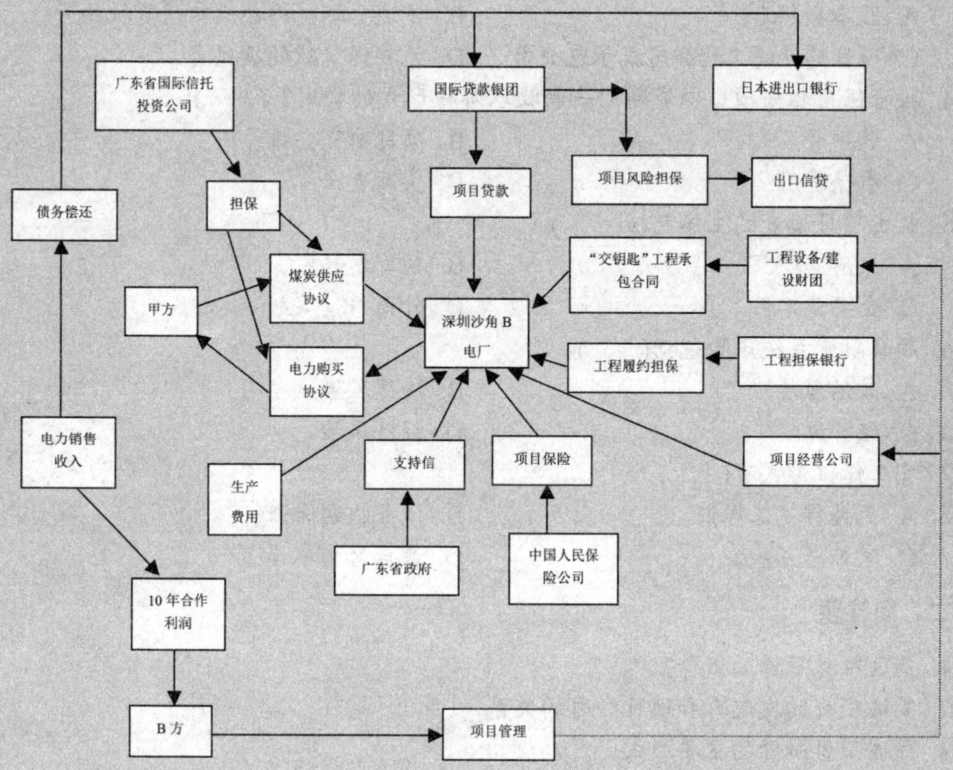

图 12-7　项目融资的信用保证结构示意图

(6)　中国人民保险公司安排的项目保险：项目保险是电站项目融资中不可缺少的一个组成部分，这种保险通常包括对出现资产损害、机构设备故障以及相应发生的损失的保险，在有些情况下也包括对项目不能按期投产情况的保险。

通过以上六点，可以清楚地勾画出深圳沙角 B 电厂项目的种种风险要素是如何在与项目建设有关的各个方面之间进行分配的。这种项目风险的分担是一个成功的项目融资结构所不可缺少的条件。

(资料来源：李凤云. 现代项目管理. 上海：上海财经大学出版社，2003)

复习思考题

一、不定项选择题

1. 项目融资的特征包括(　　)。

A. 有限追索　　B. 项目导向

C. 风险分担　　D. 债务屏蔽

2. 项目融资方式的优势有(　　)。

A. 实现融资的无追索或有限追索　　B. 实现资产负债表外融资

C. 允许较高的债务比例　　D. 实现风险隔离和分散风险的目的

3. 项目融资方式的当事人，主要包括(　　)。

A. 股本提供者　　B. 多边金融机构和出口信贷机构

C. 项目建设的工程公司或承包公司　　D. 无担保贷款的提供者

4. 投资银行担任项目融资顾问一般收取哪种形式的费用？(　　)

A. 聘用费　　B. 项目融资安排费用

C. 承销费用　　D. 实际支出

5. 提出项目融资的主体包括(　　)。

A. 政府　　B. 项目发起人

C. 企事业单位　　D. 外商

6. 项目融资系统风险包括(　　)。

A. 政治风险　　B. 法律风险

C. 经营风险　　D. 经济风险

7. 完工保证形式有(　　)。

A. 无条件完工保证　　B. 债务收购保证

C. 完工保证基金　　D. 最佳努力承诺

二、简答题

1. 简述项目融资的概念。
2. 简述项目的发起人和项目公司的关系。
3. 简述项目融资的主要形式。
4. 简述项目融资的程序。
5. 简述项目融资系统风险的内容及管理。
6. 简述项目融资非系统风险的内容及管理。
7. 项目担保有哪些形式？
8. 项目保险在建设期有哪些保险？

第十三章 金融工程

【本章精粹】

- ◆ 金融工程的定义
- ◆ 投资银行与金融工程
- ◆ 金融衍生工具
- ◆ 远期和期货、期权、互换

【章前导读】

2010 年 6 月 21 日，由中国银行间市场交易商协会主办的“中国场外金融衍生品发展第二届高峰论坛”在北京举行。与会专家和学者表示，我国应稳步推进金融市场特别是金融衍生品市场的发展。

“金融衍生品市场的发展，是经济发展的客观需要，也是市场主体对风险控制的需要”。中国人民银行金融市场司司长谢多指出，不能因为发生了金融危机，就对金融衍生品市场一概否定。

北京大学国家发展研究院教授黄益平持同样的观点。他认为，未来几十年我国经济将从过去 30 年的高增长时期转入平稳增长阶段，这就需要市场提高对资金的使用效率，降低对资金运用的风险，这其中金融衍生品市场的健康发展具有重要意义。

“从金融危机后全球金融衍生品发展和监管改革来看，金融衍生品市场已经逐步从危机中恢复，从繁杂到简单的回归，是未来一段时期金融衍生品的发展趋势。”国务院发展研究中心金融研究所副所长巴曙松介绍说。

中国银监会业务创新监管协作部主任李伏安指出，目前我国发展金融衍生品市场，应以基础性金融衍生产品为主，可发展结构简单、报价透明的金融衍生产品，如期货、期权和互换等。

作为金融衍生品之一的次贷产品是此次金融危机的导火索，在这种情况下，为何众专家学者仍认为应积极推动我国金融衍生品市场的发展？到底什么是金融衍生品？什么是金融工程？

(资料来源：期货日报，2010 年 6 月 4 日)

【核心概念】

金融工程　金融衍生工具

第一节　金融工程概述

一、金融工程的定义

金融工程是在 20 世纪 80 年代末 90 年代初，随着金融创新不断推进而发展起来的一门新兴学科。对于金融工程的定义，学术界众说纷纭。

洛茨・格利茨认为金融工程是指应用各种金融工具，将现有的金融结构进行重组以获得更为理想的结果的行为。该定义强调了金融工程的应用性，即对各种金融工具的具体应用，而且包含了金融工程的创造性特征。另外，该定义也指出了金融工程的目的。

克里・史密斯和查尔斯・史密森认为金融工程创造的是导致“非标准现金流”的金融合约，它主要是指运用基础的资本市场工具组合成新工具的过程。

约翰・芬尼迪认为金融工程包括各种创新型金融工具和金融手段的设计、开发与实施，以及对金融问题给予创造性的解决。约翰·芬尼迪的定义也强调了对金融工具的运用和对金融手段的运用，更加突出了金融工程的实质——创新与创造。目前，约翰·芬尼迪的定义被接受程度最高。

尽管没有形成一个统一的定义，但是不同学者的定义中对于金融工程都有类似的内容表述，即金融工程是综合金融衍生工具、风险管理和金融创新三个方面的一门学科。

二、金融工程发展的背景

金融工程出现以后，在西方欧美国家迅速发展，总结金融工程快速发展的原因，主要有以下三大动因。

1. 经济动因

经济动因主要包括两个方面：一方面是经济环境急剧变化导致的经济活动中的不确定性增强，或者说是各类价格的波动增大。进入 20 世纪 60 年代，布雷顿森林体系崩溃导致了汇率急剧波动，紧接着 70 年代两次石油价格冲击导致了全球性通货膨胀，在这样的背景下，各种风险管理技术和金融创新便应运而生，推动了金融工程的发展。另一方面是经济发展水平的提高促进了社会财富的增长，引致了经济生活中广泛的理财需求，如家庭理财、公司理财等，这些需求推动了个性化金融服务和金融产品的创新。

2. 理论动因

金融工程是金融理论发展到一定阶段的产物。现代金融学理论始于 20 世纪 50 年代马柯维茨的资产组合理论，接下来，莫迪里格阿尼与米勒提出了 MM 理论，这两大理论为现代金融理论的定量化发展指明了方向。此后，定量化的分析思想和方法逐渐取代了早期学者偏重于描述的研究方式。资本资产定价模型和套利定价模型的发表，标志着分析型的现代金融和财务理论开始走向成熟。在此背景下，金融从业人员开始实际地应用这些发展出来的理论和工具进行资产组合选择和套期保值决策。金融工程实物的发展得到了理论的良好支撑。

3. 技术动因

这里的技术动因主要是指相关技术性科学发展对金融工程的推动作用，包括数理分析技术、计算机信息技术以及数值计算等。数理分析技术主要包括数学方法和统计计量学方法，这些方法应用于经济研究领域，不但促进了经济学的科学化进程，反过来，社会科学的复杂性特征也促进了这些学科自身的发展。计算机信息技术对金融工程的发展也起到很大的推动作用。一方面，大规模数据演算能力的提高，使得研究者可以扩展理论和分析技术，例如，以前一些研究方法和思路可能因为计算方面的原因而被迫放弃，而现在这些研究重新变得有意义了；另一方面，信息技术为金融交易员提供了在线分析工具，使交易员能够利用金融市场的实时数据进行复杂计算。为此，许多大型金融机构都在开发研制分析技术及软件，这些系统和分析工具的使用，大大缩短了开发金融产品和进行交易决策的时间。

三、金融工程的作用

金融工程是现代金融学发展到一定阶段的产物，在现代金融体系运作中发挥着非常重要的作用，主要体现在以下几个方面。

1. 创造新的金融产品

目前，金融形势日渐复杂，传统的期货、期权、掉期协议已无法完全满足市场参与者日益细分、独特的风险选择需求，市场急需新的金融产品。金融工程根据各种不同的具体情况来为客户设计出最令其满意的金融产品，并充当或寻找其交易对手来增加产品的流动性，甚至创造交易该产品的市场，尽可能地满足市场需要。

2. 优化金融机构内部运作

优化金融机构内部运作主要包括推动金融机构资产负债管理方法体系的进步及其业务上的创新，如何在不违背监管法令的前提下追求利润的实现，如何对负债业务、资产业务及中间业务进行开发与创新等。

3. 优化金融机构组织形式

随着市场条件的变化与客户需求的发展以及监管法则的演进，原来运行良好的组织与管理模式可能在竞争中不再处于有利地位。金融工程师通过把握金融市场发展变化的趋势，对金融机构进行改造，如采取拆分、业务剥离、股权出让、并购等形式。

4. 发掘套利机会，增强市场有效性

由于金融市场中产品结构、信息传播等特性及不同市场组织形式和运行均存在差别，市场中有时会出现套利的机会，市场参与者通过金融工程可以发现这些市场不均衡的结果并实现有效套利，客观上增加了市场的有效性。

四、投资银行参与金融工程的原因

在金融工程的发展过程中，始终有投资银行的身影。目前，投资银行是金融工程的大力倡导者和主要参与者，并且，金融工程在投资银行业务中占据着重要地位。分析投资银行积极介入金融工程的原因，主要有以下几个方面。

1. 金融工程可以帮助投资银行提高盈利能力

投资银行利用金融工程提高盈利能力，是从节约成本和增加收入两个角度实现的。

在节约成本方面，金融工程首先可以使投资银行节约代理成本。目前大多数投资银行采用的都是现代股份制，因此，这些投资银行大都存在公司治理的问题，即存在代理成本。投资银行通过积极参与金融工程业务，可以完善内部公司治理机制，例如，运用股权激励可以有效地激励公司管理层为公司股东的最大利益工作，从而有效地降低代理成本。其次，投资银行可以利用金融工程创造出一些能用来合法避税的金融工具，减轻自身的税务负担。

利用金融工程增加收入，则是建立在投资银行强大的资金和信息优势之上的。投资银行参与金融工程可以充分挖掘和利用市场中的不合理的价格关系进行套利或投机，从而提

高营业收入，进而增加利润额。

2. 金融工程可以帮助投资银行提高风险管理水平

投资银行业是一个高风险的行业，在投资银行的各个业务环节都不同程度地存在风险，规避和管理风险对投资银行来说具有重大的意义。另外，投资银行主要业务之一是为客户管理和规避风险。所以，无论是为了自身还是客户，投资银行都有必要参与金融工程来进行风险管理。金融工程为风险的管理提供了强大的理论和实体工具。

3. 金融工程可以提高投资银行的流动性

由于投资银行是一个高杠杆率的行业，流动性对于投资银行来说尤其重要，金融工程恰好为投资银行提供了一种增加流动性的手段。从期货合约的出现背景中，我们可以看出金融工程是怎样为投资银行提供流动性的。远期合约的出现为投资者规避现货的风险提供了一种很好的工具，但是，由于远期合约并不是一种标准化的合约，当投资者需要转让远期合约时，往往由于缺少对手方而难以成交，这种对流动性的需求催生了期货合约的产生，期货作为一种在交易所交易的标准合约，既能对冲现货市场上的风险，又能很好地满足投资者的流动性需求。

五、投资银行在金融工程中的作用

(一)设计开发者

投资银行是资本市场上的核心，而资本市场是金融工程发挥作用的主要领域，所以，开发和设计各种市场需要的金融工具是投资银行参与金融工程的主要工作。投资银行主要从事资本市场业务，为各种不同的市场主体提供投资银行服务，所以对各种最新的市场需求能够最先察觉，并且，投资银行具有强大的信息和人才优势，有能力开发出满足市场需求的新的金融工具和金融技术。另外，投资银行本身是资本市场上的市场参与主体，能够较为及时和准确地发现和确定金融产品的价格，这也是开发和设计金融工具和金融技术所必需的。

(二)组织者

投资银行在从事资本市场业务中发现市场需求，然后组织人员和资金来开发和设计金融工具或金融技术。在这一阶段之后，投资银行要组织对此金融工具有需求的市场主体进行交易和使用。一种金融工具只有得到大多数市场主体的认可和使用才能发展下去。投资银行所组织安排的各种证券、期权、期货交易就体现了这个作用。

(三)使用者

投资银行不仅开发新的金融工具，在培育出市场之后，投资银行本身作为市场参与者也会使用金融工具来管理风险或获取收益。

(四)检验改进者

在金融工程开发完毕后的运营阶段里，投资银行不断通过其他市场主体以及自身的参与对该项金融工程的功能缺陷进行校验。作为某个特定时期的金融工程，它总是与该时期的宏观环境相适应的；而宏观环境发生变化时，该项金融工程原来的运作模式就不一定是合理的。因此，投资银行在这种动态的校验过程中，挖掘金融工程的功效，发现金融工程的缺陷，并通过以下两种方式把金融工程推进下去：一是把同类的金融工程沿着原定的方向继续深化下去，体现为该类型的金融工程的使用范围更广、功能更加细化、体系更加严密；二是在原来金融工程的基础上开发出新的金融工程，达到扬长避短的目的。

第二节　金融衍生工具概述

一、金融衍生工具的定义

金融衍生工具又称“金融衍生品”，是与基础金融产品相对应的一个概念，指建立在基础产品或基础变量之上，价格随基础金融产品的价格(或数值)变动的派生金融产品。这里所说的基础产品是一个相对的概念，不仅包括现货金融产品(如债券、股票、银行定期存款单等)，也包括金融衍生工具。作为金融衍生工具基础的变量则包括利率、汇率、各类价格指数甚至天气(温度)指数等。

二、金融衍生工具的分类

目前国际上金融创新频繁，金融衍生品的种类也五花八门。从基本的分类来看，主要有以下五种。

1. 根据产品形态分类

根据产品形态，金融衍生工具大致分为远期和期货、期权、互换三大类合约。

远期合约和期货合约都是交易双方约定在未来某一特定时间、以某一特定价格、买卖某一特定数量和质量资产的交易形式。期货合约是期货交易所制订的标准化合约，对合约到期日及其买卖的资产的种类、数量、质量作出了统一规定。远期合约是根据买卖双方的特殊需求由买卖双方自行签订的合约。因此，期货交易流动性较高，远期交易流动性较低。

期权交易是买卖权利的交易。期权合约规定了在某一特定时间、以某一特定价格买卖某一特定种类、数量、质量标的资产的权利。期权合同有在交易所上市的标准化合同，也有在柜台交易的非标准化合同。

互换合约是一种交易双方签订的在未来某一时期相互交换某种资产的合约，通常称为掉期。较为常见的是利率互换合约和货币互换合约。如果互换合约中规定的交换货币是同种货币，则为利率掉期；若是不同种货币，则为货币掉期。

2. 根据基础资产分类

根据基础资产的不同，大致可以分为以股票、利率、汇率和商品为基础的金融衍生工具。

对上述分类再加以细化，股票类衍生品中又包括由具体的股票直接产生的衍生品(如股票期货、期权合约等)和由股票组成的股票指数所产生的期货和期权合约。

利率类衍生品中又可以分为以短期存款利率为代表的短期利率类衍生品(如利率期货、利率远期等)和以长期债券利率为代表的长期利率类衍生品(如债券期货、期权合约等)。

汇率类衍生品中包括由不同币种之间的比值产生的衍生品。

商品类衍生品中包括由各类大宗实物商品产生的衍生品。

3. 根据交易地点分类

根据交易地点的不同，可以分为场内交易金融衍生工具和场外交易金融衍生工具。

场内交易即是通常所说的交易所交易，指所有的供求方集中在交易所进行的竞价方式的交易。

场外交易就是柜台交易，指交易双方直接成为交易对手的交易方式，其参与者仅限于信用度高的客户。

4. 根据基础资产交易形式分类

根据基础资产交易形式的不同，可以分为两类：交易双方风险收益对称的金融衍生工具和交易双方风险收益不对称的衍生工具。

金融衍生工具的交易双方可能是风险收益对称的，也有可能不是对称的。比如，在利率互换协议中，协议的参与双方都要承担利率波动的风险，交易双方风险收益对称；而在期权合约中，期权的购买方获得的是一项权利，购买方可以自由选择是否行权，此时，协议双方的风险收益是不对称的。

5. 按金融衍生工具的复杂程度分类

按金融衍生工具的复杂程度，可以分为普通型金融衍生工具和结构性金融衍生工具。

普通型衍生工具也称第一代衍生工具，即指远期合约、期货、期权、互换，这些衍生工具的结构与定价方式已基本标准化和市场化。另一类是结构性金融衍生工具，它是将各种普通型衍生工具组合在一起，形成一种特制的产品。结构性金融衍生工具大多是银行为满足客户的特殊需要或出于自身造市获利及推销包装的目的，根据银行对金融市场走势的判断，运用数学模型进行推算而制作的。由于结构性金融衍生工具的内部结构一般被视为一种“知识产权”而不向外界透露，因而其价格与风险都难以从外部加以判断与分析。

三、金融衍生工具的特征

由于金融衍生工具是在金融基础工具的基础上演变、发展而形成的，因而除了与金融基础工具有许多相同点之外，还具有一些其他的特点。

(1) 金融衍生工具交易的对象并不是标的资产，而是对这些标的资产在未来某种条件下处置的权利和义务，这些权利和义务以契约形式存在，构成所谓的产品。

(2) 金融衍生工具交易是在现时对标的资产未来可能产生的结果进行交易。交易结果要在未来时刻才能确定盈亏。

(3) 保证金交易，即金融衍生工具只要支付一定比例的保证金就可以进行全额交易，不需要实际上的本金转移。合约的执行一般也采用现金差价结算的方式进行，只有在到期日以实物交割方式履行的合约才需要买方交足货款。

(4) 杠杆效应。由于金融衍生工具能做保证金交易，所以可以使用较少成本获取现货市场上需较多资金才能完成的交易，保证金越低，杠杆效应越大，风险也越大。

四、金融衍生工具的功能

(一)规避风险功能

目前，经济活动的范围越来越广、规模越来越大，由于利率市场化和汇率波动等各种不确定因素所导致的价格波动加大了经济活动的风险，以期货交易为首的金融衍生工具的产生，为投资者找到了一条比较理想的转移基础产品市场上价格风险的渠道。金融衍生工具最基本的经济功能就是转移价格风险，这是通过套期保值来实现的，即利用现货市场和期货市场的价格差异，在现货市场上和期货市场做相反一笔交易，从而在两个市场之间建立起一种互相冲抵的机制，进而达到保值的目的。正是金融衍生工具有规避风险的功能，才吸引了越来越多的投资者，这也是金融衍生工具赖以存在、发展的基础。

(二)价格发现功能

金融衍生工具之所以具有价格发现功能，是因为金融衍生工具集中了各方面的参加者，带来了关于衍生工具基础资产的各种供求信息和市场预期，通过交易所类似拍卖方式的公开竞价，形成了市场均衡价格。又由于金融衍生工具市场与基础市场具有高度相关性，因而提高了整个市场的效率。

(三)提高信息透明度

金融衍生工具的价格发现功能可以降低信息的不对称性。金融市场上的信息不对称是指当事人双方都有一些只有自己知道的私人信息，这种私人信息是指影响当事人双方交易利益的一些信息，并非任何信息。金融衍生工具的交易市场吸引了大量的市场参与者，他们根据基础市场的供求情况，对金融衍生工具的未来价格趋势作出判断和预期，从而作出自己的交易报价。金融衍生工具市场参与者尽可能地收集来自各方面的信息，使这些信息迅速地体现在金融衍生工具的价格波动上，因而金融衍生工具的价格发现也有利于提高信息透明度。

(四)套利

套利是指利用不同市场或不同形式的同类或相似金融产品的价格差异牟利。金融衍生工具市场存在大量具有内在联系的金融产品，在通常情况下，一种产品总可以通过其他产品分解或组合得到。因此，相关产品的价格应该存在对应的数量关系，如果某种产品的价格偏离这种数量关系时，总可以低价买进某种产品、高价卖出相关产品，从而获取价差。

虽然金融衍生工具具有以上功能，但它同时是一柄双刃剑，运用不适当也会带来一系列问题。首先，金融衍生工具虽然可以用来套期保值，但是投资者也可以利用金融衍生工

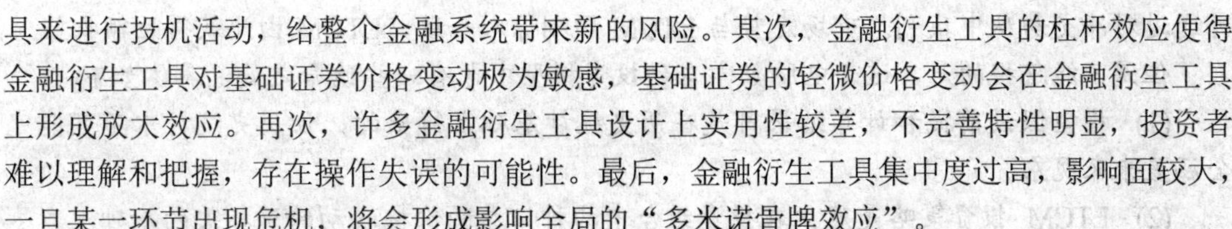

具来进行投机活动，给整个金融系统带来新的风险。其次，金融衍生工具的杠杆效应使得金融衍生工具对基础证券价格变动极为敏感，基础证券的轻微价格变动会在金融衍生工具上形成放大效应。再次，许多金融衍生工具设计上实用性较差，不完善特性明显，投资者难以理解和把握，存在操作失误的可能性。最后，金融衍生工具集中度过高，影响面较大，一旦某一环节出现危机，将会形成影响全局的“多米诺骨牌效应”。

案例点击

长期资本管理公司的套利活动

长期资本管理公司(Long-Term Capital Management，LTCM)是美国的一家成立于1994年的对冲基金，活跃于国际债券和外汇市场，利用私人客户的巨额投资和金融机构的大量贷款，主要从事定息债务工具套利活动。

LTCM的主席约翰·麦利瓦泽(John Meriwether)曾经是华尔街一颗闪耀的明星，被誉为能“点石成金”的华尔街债务套利之父。作为所罗门兄弟(Salomon Brothers)的固定收益交易商，他可以说是所罗门公司最伟大的交易员之一，但他因为1991年的财政拍卖丑闻而辞职。1994年，John和其他著名的交易商以及著名金融学者一起组建了LTCM。他们中间有1997年诺贝尔经济学奖得主Robert Merton和Myron Scholes，他们因Black-Scholes期权定价公式荣获桂冠；前财政部副部长及美联储副主席David Mullis；前所罗门兄弟债券交易部主管Rosenfeld。

LTCM以“不同市场证券间不合理价差生灭自然性”为基础，制定了“通过电脑精密计算，发现不正常市场价格差，资金杠杆放大，入市图利”的投资策略。Scholes和Merton将金融市场历史交易资料、已有的市场理论、学术研究报告和市场信息有机结合在一起，形成了一套较完整的电脑数学自动投资模型。他们利用计算机处理大量历史数据，通过连续而精密的计算得到两种不同金融工具间的正常历史价格差，然后结合市场信息分析它们之间的最新价格差。如果两者出现偏差，并且该偏差正在放大，电脑立即建立起庞大的债券和衍生工具组合，大举套利入市投资；经过市场一段时间调节，放大的偏差会自动恢复到正常轨迹上，此时电脑指令平仓离场，获取偏差的差值。比如说，LTCM根据公司债券和国债之间的历史溢价分析认为它们之间的溢价会缩窄。为了从中获利，他们决定买入公司债券，卖出国债。他们在大量的其他利率产品，包括美国的和国际的产品之间使用这种策略。然后LTCM借助回购协议和衍生品来放大交易。只要前述资产之间的历史关系存在，那么公司就能赚钱。

在1994—1997年间，LTCM业绩辉煌骄人。成立之初，资产净值为12.5亿美元，到1997年末，上升为48亿美元，净增长2.84倍。每年的投资回报率分别为：1994年28.5%，1995年42.8%，1996年40.8%，1997年17%(简单平均为32.275%)。

LTCM从事的衍生性金融商品交易中，占大多数的是“利率交换”。公司与其交易对象签约，若在约定期限利率差距变大，就必须支付对方一笔金额；相反，若利率差距缩小，对方就得向LTCM支付。由于这是一种杠杆交易，使得LTCM只需少量资金，即可从事巨额交易活动。1996年，LTCM持有大量意大利、丹麦和希腊等国政府债券，同时沽空德国政府债券。LTCM认定，随着欧元启动的临近，上述三国与德国的债券息差预期会收紧，可通过对冲交易从中获利。市场走势与LTCM预测惊人一致，LTCM由此获得巨额收益。

但是不能忽视的是，这套电脑数学自动投资模型中也有一些致命之处，具体如下。

(1) 模型假设前提和计算结果都是在历史统计基础上得出的，但历史统计永不可能完全涵盖未来现象。

(2) LTCM投资策略是建立在投资组合中两种证券的价格波动的正相关的基础上。尽管它所持核心资产德国债券与意大利债券正相关性为大量历史统计数据所证明，但是历史数据的统计过程往往会忽略一些小概率事件，亦即上述两种债券的负相关性。

LTCM万万没有料到，俄罗斯金融风暴引发了全球的金融动荡，结果它所沽空的德国债券价格上涨，它所做多的意大利债券等证券价格下跌，它所期望的正相关变为负相关，结果两头亏损。它的电脑自动投资系统面对这种原本忽略不计的小概率事件，错误地不断放大金融衍生产品的运作规模。LTCM利用从投资者那儿筹来的22亿美元作资本抵押，买入价值3250亿美元的证券，杠杆比率高达60倍。由此造成该公司的巨额亏损。

它从5月俄罗斯金融风暴到9月全面溃败，短短的150天资产净值下降90%，出现43亿美元巨额亏损，仅余5亿美元，已走到破产边缘。9月23日，美联储出面组织安排，以美林、摩根为首的15家国际性金融机构注资37.25亿美元购买了LTCM的90%股权，共同接管了该公司，从而避免了它倒闭的厄运。

(资料来源：罗杰·洛温斯坦. 拯救华尔街——长期资本管理公司的崛起与陨落. 广州：广东经济出版社，2009. 百度百科. http://baike.baidu.com/view/127967.htm)

第三节 远期和期货、期权、互换

远期和期货、期权、互换是几类最基本的金融衍生工具，本节将详细对它们进行介绍。

一、远期和期货

(一)远期和期货的基本概念

远期合约是买卖双方签订的一份合约，它规定在将来某个时间买卖双方以一定价格交割某项资产。远期合约的特点是买卖双方在合约签订之日就规定了未来交割的时间、交割的价格以及交割的资产，这个资产一般称为标的资产，交割的时间称为交割日，事先确定的价格称为交割价。

远期合约在金融衍生工具发展的早期，为市场参与者提供了避险的途径，发挥了重要作用，但是在随后的交易过程中遇到了一系列困难，如商品品质、等级、价格、交货时间、交货地点等都是根据双方的具体情况达成的，当双方情况或市场价格发生变化，需要转让已签订的合同时，就会非常困难。另外，远期交易最终能否履约主要依赖对方的信誉，而对对方信誉状况作全面细致的调查费时费力、成本较高，难以进行。

在这种情况下，芝加哥期货交易所率先推出了期货合约。所谓期货合约，也是买卖双方签订的在未来某个时间以一定的价格买卖标的资产的合约，但是它是由期货交易所统一制定的标准化合约。

与远期合约相比，期货合约由于是标准化的合约，弥补了远期合约流动性不足的缺点。

另外，期货合约在专门的期货交易所交易，每个市场参与者的对手方都为交易所，一定程度上降低了市场参与者的风险。但是，远期合约在签订合约之前，双方可以就交割地点、交割时间、交割价格、合约规模等细节进行谈判，以便尽量满足双方的需求，因此具有较大的灵活性。

远期合约中标的资产的购买方称为多头，而卖方称为空头。如果在远期合约到期日，标的资产的价格比远期合约规定的交割价要高，多头就会得到正的收益，而空头将会承担相应的损失；反之，空头将获利而多头承受损失。远期合约是一个零和博弈，合约买卖双方的风险利益是对称的，一方通过交易获取的收益恰好等于另一方的损失。

以 S 代表到期日标的资产的价格，K 代表交割价格，对于远期合约多头来说，远期合约在到期日的收益为 $(S-K)$，而空头方的收益为 $(K-S)$。

(二)期货运作制度

期货合约在正规的期货交易所交易，有一系列制度保证其顺利运作，这些制度具体如下。

1. 保证金制度

保证金制度是期货交易的特点之一，是指在期货交易中任何交易者必须按照其买卖期货合约价值的一定比例交纳资金，用于结算和保证履约。比如，我国股指期货目前的最低保证金比率为12%。

2. 逐日盯市制度

期货交易所实行逐日盯市制度，是指每日交易结束后，交易所按当日结算价结算所有合约的盈亏、交易保证金及手续费、税金等费用，对应收应付的所有款项同时划转，相应增加或减少会员的保证金。

3. 持仓限额制度

持仓限额制度是指交易所规定会员或客户可以持有的、按单边计算的某一合约投机头寸的最大数额。该制度的目的在于防范操纵市场价格的行为和防止期货市场风险过度集中于少数投资者。

4. 交割制度

交割是指合约到期时，按照期货交易所的规则和程序，交易双方通过该合约所载标的物所有权的转移，或者按照结算价格进行差价结算，了结到期未平仓合约的过程。一般来说，商品期货以实物交割为主，金融期货以现金交割为主。

5. 强行平仓制度

强行平仓制度是指当会员、客户违规时，交易所对有关持仓实行平仓的一种强制措施。它是交易所控制风险的手段之一。

6. 风险准备金制度

风险准备金制度是指为了维护期货市场正常运行、弥补因不可预见的风险带来的亏损而提取专项资金的制度。我国规定期货交易所应从收取的会员交易手续费中提取一定比例的资金，作为确保交易所担保履约的备付金。

二、期权

(一)期权的基本概念

1. 期权的定义

期权是这样一种合约，在买方向卖方支付一定数量的金额后，它赋予合约购买方在未来一段时间内或未来某一特定日期以事先规定好的价格向卖方购买或出售一定数量的特定标的物的权利。

期权是一种比较特殊的金融衍生工具，它交易的对象既非物质商品，又非价值商品，而是一种权利。不同于期货合约和远期合约的持有人不仅有权利而且有义务执行合约，期权的权利义务对象是分开的，即期权的买方有权利执行合约而期权的卖方有义务执行合约。当期权到期时，期权购买者可以选择行使期权合约赋予他的权利，或者放弃权利。一旦期权的购买方选择行使合约赋予他的权利，期权的卖方必须履行他的义务，即按事先约定好的价格将标的物出售给期权购买方(或从期权购买方处购买某种商品)。在期权合约中，双方的权利义务明显是不对等的，不需要承担义务的权利是有价值的，为了使出售者愿意接受合约规定的义务，期权的购买者必须支付给出售方一定的费用，这笔费用成为期权费用，也就是期权的价格。

2. 期权合约要素

1) 标的资产

期权的标的资产就是执行期权用来交易的资产，理论上任何形式的资产都可以作为标的物，如股票、黄金、货币、商品等。值得注意的是，期权出售者不一定持有标的资产。当期权到期时，期权合约双方不一定会进行标的资产的实物交割，而只需结清双方由期权到期产生的价款。

2) 到期日

期权合约所赋予期权购买者的权利是有限的，一旦超过这个期限，期权就将失效。因此，在期权的到期日，期权持有者必须决定是否要行使权利。

3) 执行价格

执行价格有时也称为履约价格，是由期权合约所约定的在未来进行交割标的资产的价格，也就是说，期权合约的持有者有权按照期权合约所规定的执行价格购买(或出售)一定数量的标的资产。

4) 看涨期权和看跌期权

按照合约授予期权持有人权利的类别，期权可以分为看涨期权和看跌期权两大类。看涨期权是投资者通过支付一定的期权费取得的，在未来特定时间以一定价格买入标的资产的权利。其授予权利的特征是“购买”，因此也可以称为“择购期权”或“买权”。而看跌期权是投资者通过支付一定的期权费取得的，在未来特定时间以一定价格卖出标的资产的权利，其授予权利的特征是“出售”，因此也可以称为“择售期权”或“卖权”。

5) 美式期权与欧式期权

按照合约规定的行权时间的不同，期权可以分为美式期权和欧式期权。美式期权是指期权合约的买方，在期权合约的有效期内的任何一个交易日，均可决定是否执行权利的一种期权。欧式期权是指期权合约买方在合约到期日才能决定其是否执行权利的一种期权。美式期权比欧式期权更灵活，赋予买方更多的选择，而卖方则时刻面临履约的风险，因此，美式期权的期权费用相对较高。

(二)期权价值的影响因素

1. 期权的内在价值和时间溢价

期权价值由两部分构成，即内在价值和时间价值。

1) 期权的内在价值

期权的内在价值是指期权立即执行产生的经济价值。内在价值的大小，取决于期权标的资产的现行市价与期权执行价格的高低。

对于看涨期权来说，现行标的资产价格高于执行价格，立即执行期权能够给持有人带来净收入，其内在价值为现行标的资产价格与执行价格的差额。如果资产的现行市价等于或低于执行价格时，立即执行不会给持有人带来收入，理性的持有人都不会执行期权，此时的看涨期权的内在价值为零。以 S 代表标的资产的现行价格，X 代表期权的执行价格，看涨期权的内在价值可以表示为 $\mathrm{Max}(S-X, 0)$。

对于看跌期权来说，现行标的资产价格低于执行价格时，其内在价值为执行价格与现行标的资产价格之差；如果现行标的资产价格等于或高于执行价格，看跌期权的内在价值等于零。因此，看跌期权的内在价值可以表示为 $\mathrm{Max}(X-S, 0)$。

由于标的资产的价格随着时间的变化会不断变化，所以期权的内在价值也是变化的。当执行期权能给持有人带来正的回报时，称该期权处于“实值状态”；当执行期权将给持有人带来负的回报时，称该期权处于“虚值状态”；当标的资产的现行市价等于执行价格时，该期权处于“平价状态”。

当期权处于虚值状态或平价状态时不会被执行，只有处于实值状态才有可能被期权持有人执行。

2) 期权的时间价值

期权的时间价值是指期权价值中超过内在价值的部分。期权的时间价值是一种等待的价值。期权购买方之所以乐于支付这部分费用，是因为他希望随着时间的推移和市场价格的变动，该期权的内在价值会得以增加。正是由于期权时间价值的存在，期权处于虚值状态时，仍然可以按正的价格出售，尽管其内在价值为零。

2. 影响期权价值的因素

影响期权价值的主要因素有标的资产价格、执行价格、到期期限、标的资产价格波动率、无风险利率和标的资产预期红利。

1) 标的资产价格

以看涨期权为例，在其他因素不变的情况下，看涨期权的价值随着标的资产价格的上升而增加；看跌期权与看涨期权相反，其价值随着标的资产价格的上升而下降。

2) 执行价格

执行价格对期权价格的影响与标的资产价格相反。看涨期权的执行价格越高，其价值越小；看跌期权的执行价格越高，其价值越大。

3) 到期期限

对于美式期权来说，较长的到期时间能增加期权的价值。这是因为，到期期限越大，发生不可预知事件的可能性越大，标的资产价格变动的范围也越大。期权购买者能在价格最适合的时点执行期权。

而对于欧式期权来说，较长的到期期限并不一定能增加期权价值。这是因为，欧式期权只能在到期日行权，到期日的标的资产价格可能并不利于期权持有者。

4) 标的资产价格波动率

标的资产价格波动率是指标的资产价格变动的不确定性，通常用标准差衡量。标的资产价格的波动率越大，股票上升或下降的机会越大。对于看涨期权持有者来说，当标的资产价格下降时，其可以不执行期权锁定损失，但可以通过行权分享标的资产价格上升带来的收益；对于看跌期权持有者来说，当标的资产价格上升时，其可以不执行期权锁定损失，但可以通过行权分享标的资产价格下降带来的收益。

5) 无风险利率

利率对于看涨期权、看跌期权的影响是相反的。较高的利率会导致执行价格现值的降低，从而增加看涨期权的价值，降低看跌期权的价值。

6) 期权有效期内标的资产预期红利

红利的发放将引起标的资产价格的降低，这样，看涨期权的价格将会随着红利的发放而降低，看跌期权的价格会随着红利的发放而增加。

以上六个变量对于期权价值的影响，综合起来，如表 13-1 所示。

表 13-1 期权价值影响因素分析

变　量	欧式看涨期权	欧式看跌期权	美式看涨期权	美式看跌期权
标的资产价格	+	−	+	−
执行价格	−	+	−	+
到期期限	不一定	不一定	+	+
标的资产价格波动率	+	+	+	+
无风险利率	+	−	+	−
标的资产与其红利	−	+	−	+

三、互换

(一)互换的基本概念

所谓互换是指两个或两个以上的当事人，通过达成互换协议，在约定的时间内，交换

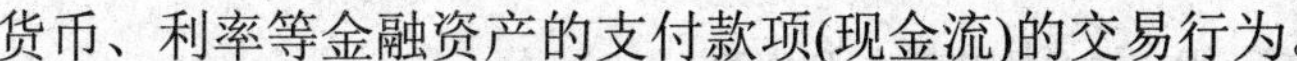

货币、利率等金融资产的支付款项(现金流)的交易行为。

互换可以分为两大类：利率互换和货币互换。

利率互换是指互换双方根据约定的名义本金交换现金流的行为，双方持有的币种、总值和期限都相同，现金流的计算一般是以某一个名义本金乘以某种利率。最普通的利率互换是一方用固定利率乘以名义本金计算现金流量，另一方用浮动利率乘以名义本金计算现金流量。

货币互换交换的是货币，双方借款的总值、期限、计息方法都相同，但是币种不同，双方根据互换协议，按期为对方借入的货币偿还本金和利息。使用的汇率一般为即期汇率。

可以简单地理解为，利率互换是相同货币间的债务互换，而货币互换是不同货币间的债务互换。

(二)利率互换运用

首先，利率互换可以改变利息支付的性质，即由固定利率换为浮动利率或者由浮动利率换为固定利率，从而减少或消除利率风险。以下例简单说明：假定有甲、乙两家银行，甲银行的资金敏感性缺口为负值，乙银行的资金敏感性缺口为正值。当市场利率上升时，甲银行的净利息收入会下降，乙银行的净利息收入会上升；反之，则相反。通过利率互换，两家银行可以锁定利息收入，消除利率不确定性所带来的风险。具体的操作过程如图 13-1 所示。

图 13-1　甲、乙银行利率互换

两家银行分别与中介机构签订合同，进行利率互换。如果利率上升，甲银行付固定利率收浮动利率，在互换交易中获利，从而抵消资金负缺口由于利率上升带来的利息收入减少。如果利率下降，乙银行收固定利率付浮动利率，在互换交易中获利，从而弥补资金正缺口由于利率下降带来的利息收入减少。

材料解析

资 金 缺 口

所谓资金缺口是指利率敏感资产与负债的差额。资金缺口用于衡量银行净利息收入对市场利率的敏感程度。资金缺口表示了利率敏感资产和利率敏感负债之间的绝对值。而所谓利率敏感资产与利率敏感负债是指那些在一定时限内到期的或需要根据最新市场利率重新确定利率的资产与负债。

其次，利率互换可以使互换参与者利用各自在金融市场上的比较优势筹集资金，减少成本，增加收益。例如，甲、乙公司的借款年利率如表 13-2 所示。

表 13-2　甲、乙公司借款年利率表

公司＼项目	固定利率	浮动利率
甲	10%	LIBOR+0.5%
乙	11%	LIBOR+1%

虽然，甲公司的借款利率无论是固定利率还是浮动利率都要低于乙公司，但是可以看出，甲公司在固定利率方面具有比较优势，乙公司在浮动汇率方面具有比较优势。如果甲公司需要浮动利率的借款，而乙公司需要固定利率的借款，两家公司可以通过进行互换节省借款成本。

首先，甲以固定年利率 10%借入 2000 万美元，乙以浮动年利率 LIBOR+1%借入 2000 万美元。

然后，两个人互换利息。乙支付给甲固定年利率 11%，甲支付给乙浮动年利率 LIBOR+0.5%。

这样，甲乙两公司的总成本为：10%+LIBOR+1%=11%+ LIBOR。

如果不进行互换，直接从市场上借款，两公司的总成本为：11%+LIBOR+0.5%=11.5%+ LIBOR。

通过利率互换，两家公司总共节省了 0.5%的年利率，这就是互换产生的利益，这部分利益可以根据甲乙的商定在双方间分配。

(三)货币互换运用

货币互换通常要经历三个步骤：第一，初期本金互换；第二，期间利息互换；第三，到期本金再互换。下面举例具体说明。假定甲公司需要筹资 2 亿美元，而乙公司需要筹资 1 亿欧元，美元兑欧元的汇率为 2∶1，甲、乙公司的欧元借款利率与美元借款年利率如表 13-3 所示。

表 13-3　甲、乙公司欧元、美元借款年利率表　　%

公司＼项目	美元借款利率	欧元借款利率
甲	8	6
乙	7	8

由上表可知，甲公司的欧元借款利率较低，而乙公司的美元借款利率较低。如果甲乙公司签订货币互换协议，由甲公司发行 1 亿欧元债券，乙公司发行 2 亿美元债券，然后双方将筹得资金进行互换，在利息支付期间，甲公司只需支付 7%的美元年借款利息，乙公司只需支付 6%的欧元年借款利息，这比甲乙公司各自筹资分别节省了 1%、2%的年利息支出；在债券到期时，双方再将借款本金互换各自归还给投资者。通过货币互换，甲乙双方均有获利，双方可以事先约定对节省的资金成本进行合理分配。

本章小结

金融工程	金融工程概述	1. 金融工程是综合金融衍生工具、风险管理和金融创新三个方面的一门学科。 2. 金融工程快速发展有三大动因：经济动因、理论动因和技术动因。 3. 金融工程的作用包括：培育新的金融产品；优化金融机构内部运作；优化金融机构组织形式；发掘套利机会，增强市场有效性
	投资银行与金融工程	投资银行参与金融工程的原因、投资银行在金融工程中的作用
	金融衍生工具概述	金融衍生工具定义、分类、特征、功能
	远期和期货、期权、互换	远期和期货、期权、互换合约的基本概念及相关内容

典型案例

中信泰富金融衍生业务巨额亏损

一、事件回顾

2008年10月20日，中信泰富有限公司(香港交易所代码：00267，下简称中信泰富)发布公告称，该公司与银行签订的澳元累计目标可赎回远期合约(AUD Target Redemption Forward)，由于澳元大幅贬值而跌破锁定汇价，已经造成155亿港元亏损额。鉴于公司2007年全年才净赚108.43亿港元，如果这次亏损不能设法及时弥补，2008年全年业绩很可能出现亏损。

2009年3月26日，中信泰富年度业绩报告显示，2008年公司业绩出现净亏损，亏损金额为126.62亿港元，而在2007年，中信泰富还实现了108.43亿港元的盈利，2008年其业绩较之去年下滑235.05亿港元。和此前市场预期一致，造成中信泰富盈利巨幅下降的主要原因正是其庞大的外汇亏损。公告显示，2008年公司外汇合同所导致的变现市场公允值税后亏损金额为146.32亿元。若剔除该项亏损，中信泰富去年仍可盈利19.7亿元。在这146.32亿的外汇亏损中，若扣除来自澳洲附属公司杠杆式外汇合约的回拨12.59亿元，其亏损实际应为158.91亿元。而中信泰富在2007年的外汇投资是盈利的，盈利金额为2200万元。

二、套期保值与高杠杆投机之辩

从中信泰富的官方声明中我们看到，公司试图将其金融衍生品投资归属于套期保值，将其巨大的风险敞口归因于非授权交易。

据中信泰富2008年10月20日发表的公告称，为对冲澳元升值风险，锁定公司在澳洲铁矿项目的开支成本，中信泰富与香港的银行签订了四份杠杆式外汇买卖合约，其中令中信泰富损失最为惨重的是“含敲出障碍期权及看跌期权的澳元/美元远期合约”与“含敲出障碍及看跌期权的欧元-澳元/美元双外汇累计远期合约”。根据合约规定，公司须每月以固定价格用美元兑换澳元，合约2010年10月期满。双方约定汇率1∶0.87。根据金融知识我们知道，如果澳元汇率上涨，在涨到一定幅度，合约自动终止前，中信泰富可以赚取与市场汇率的差价，也就是说，盈利上限是一定的，相关机构计算的最高赚取为5350万美元；但一旦澳元汇率下跌，中信泰富不仅要支付差价损失，还要按照合同约定加倍买入澳元，也就是说，损失不仅没有底线，更会成倍放大，最高损失可达94.4亿澳元。这类被统称为Accumulator(累计期权)的金融衍生工具，在中信泰富一案曝光前，已经有市场人士向参与的企业提出预警，因为专业的投资者在签署这类风险极其不对称的合约时会作出相应的对冲安排，将下行风险锁定，而非专业的企业投资者，常常低估了外汇衍生品市场的凶险程度。

外汇衍生产品可以避险保值，可以投机获利，可能降低风险，也可能蒙受风险。那么，中信泰富这一衍生品投资行为究竟是套期保值还是投机？

根据报道，首先，中信泰富的澳元开支预算仅有16亿澳元，与这项交易所需要的94亿澳元的数目相差甚远；其次，若是仅为了套期保值，可选择的范围非常广，如简单的远期期货或外汇互换合约，不仅定价简单，而且作为衍生品的对冲准备很合适，而中信泰富选择的却是复杂的累计期权；最后，虽然公司最高可赚得5000余万美元，但根据合约规定，当澳元上涨即中信泰富盈利时，交易对手可以通过“敲出障碍期权”来取消合约，可见这完全不能行使套期保值功能。由这三点可以推断，中信泰富做的是高杠杆投机，而非套期保值。

三、小结

中信泰富巨额亏损事件的爆发，给全球参与金融衍生工具交易的企业发出了一个警示：金融业务存在风险，尤其是金融衍生工具业务。金融衍生工具本来是规避市场风险的一种工具，但是，越来越多的企业利用金融衍生工具进行投机，最终给自己带来巨大损失，因此，企业需要合理地运用金融衍生工具。

(资料来源：根据新浪财经相关资料整理，http://finance.sina.com.cn/focus/zxtfjka)

复习思考题

一、单选题

1. 以下哪项不是金融工程迅速发展的动因？(　　)

A. 经济动因　　B. 技术动因　　C. 理论动因　　D. 人才动因

2. 投资银行在金融工程中的作用不包括(　　)。

A. 设计开发者　　B. 组织者

C. 检验改进者　　D. 消费者

3. 期权价值由(　　)和(　　)构成。

A. 内在价值 时间价值　　B. 内在价值 标的资产价格

C. 执行价格 时间价值　　D. 执行价格 标的资产价格

4. 投资者利用现货市场和期货市场的价格差异，在现货市场上和期货市场做相反一笔交易，从而在两个市场之间建立起一种互相冲抵的机制，这是利用了金融衍生工具的(　　)。

A. 规避风险功能

B. 价格发现功能

C. 提高信息透明度

D. 套利

5. 看涨期权内在价值可以表示为(　　)。(以 S 代表标的资产的现行价格，X 代表期权的执行价格)

A. Max($S-X$，0)　　　　B. Max($X-S$，0)

C. S　　　　D. X

6. 根据产品形态，金融衍生工具分为(　　)。

A. 远期、期权、期货、互换四大类合约

B. 交易双方风险收益对称的金融衍生工具和交易双方风险收益不对称的衍生工具

C. 以股票、利率、汇率和商品为基础的金融衍生工具

D. 场内交易金融衍生工具和场外交易金融衍生工具

7. 期货交易中，交易所每天按当日结算价结算所有合约的盈亏、交易保证金及手续费、税金等费用，对应收应付的所有款项同时划转，相应增加或减少会员的结算准备金，这种制度安排是(　　)。

A. 逐日盯市制度　　　　B. 持仓限额制度

C. 强行平仓制度　　　　D. 保证金制度

8. 下列因素中，与欧式看涨期权价格成负相关的是(　　)。

A. 标的资产价格　　　　B. 执行价格

C. 无风险利率　　　　D. 标的资产价格波动率

9. 交易双方根据约定的名义本金交换现金流，并且双方持有的币种、总值和期限都相同，而现金流根据名义本金乘以某种利率得出，此种金融衍生工具可能是(　　)。

A. 期货　　　　B. 利率互换

C. 货币互换　　　　D. 期权

10. 以下说法正确的是(　　)。

A. 在货币互换中，本金通常没有交换

B. 在货币互换开始时，本金的流动方向通常是和利息的流动方向相反的，而在互换结束时，两者的流动方向是相同的

C. 在货币互换开始时，本金的流动方向通常是和利息的流动方向相同的，而在互换结束时，两者的流动方向是相反的

D. 在货币互换中，本金通常是不确定的

二、判断题

1. 与期货合约相比，远期合约是标准化的、统一在交易所进行交易的。　(　　)

2. 投资银行利用金融工程提高盈利能力，是从节约成本和增加收入两个角度实现的。　(　　)

3. 金融衍生工具的基础产品只能是现货金融产品(如债券、股票、银行定期存款单等)。　(　　)

4. 期权合约赋予期权买卖双方的权利、义务是对等的。（　　）

5. 金融衍生工具交易是在现时对标的资产现在的情况进行交易，交易结果立即就能确定。（　　）

三、简答题

1. 简述投资银行参与金融工程的原因。
2. 简述金融衍生工具的定义。
3. 金融衍生工具有哪些功能？
4. 什么是期权合约？
5. 简述影响期权价值的因素。
6. 简析远期、期货、期权之间的异同。
7. 简述互换的分类及特征。

第十四章　投 资 管 理

【本章精粹】

- 证券投资基金
- 资产管理业务
- 投资组合管理

【章前导读】

投资管理也称为资产管理或资本管理。不论是在成熟市场还是新兴市场，投资管理都已经成为投资银行不可或缺的业务组成，成为金融服务业中最具有吸引力的部门之一。

投资管理在国外已经发展出多种形式，如投资基金、私募基金、独立账户管理、现金管理账户、经纪人管理等。在这些管理形式中，投资基金因其管理规范、信息披露及时充分、客户基础面广、控制的资金量大等独特的优势日益受到普通大众的青睐。2009 年底，全球的共同基金近 23 万亿美元，在美国管理的共同基金就达 11.12 万亿美元。中国的共同基金虽然起步较晚，但管理的资产也达到了 3812 亿美元。[①]

几乎所有的美国投资银行都拥有为富裕的投资者服务的投资管理业务，美林证券把任何拥有超过 100 万美元流动金融资产的客户定义为“高净值个人”，为其建立个人账户，账户可以由投资银行直接管理，也可以由投资银行提供建议。对于相对不太富裕的人群，投资银行则提供了共同基金。

投资管理扩展了投资银行向客户提供产品和服务的范围，提升了产品和服务的附加价值，能够通过一站式金融服务保持竞争性；而且，投资管理能够提供相对稳定的现金流，能平衡投资银行业务收入的波动性。

在美国投资银行业，资产管理的概念与投资管理的概念是一致的。而在中国，仅把投资银行为中高端投资者提供的投资管理业务称为资产管理业务，我们称其为狭义的资产管理业务。

【核心概念】

投资基金　资产管理　投资组合管理

第一节　投资基金管理

世界上不同的国家和地区对投资基金有不同的称谓，投资基金在美国通常被称为“共同基金”，在英国和我国香港地区被称为“单位信托基金”，在日本和我国台湾地区被称为“证券投资信托基金”。

投资银行的投资基金业务包括：作为基金发起人，发起和建立基金；接受基金发行人的委托，出任基金管理人，帮助其管理基金，也可作为基金管理者管理自己开发的基金；作为基金的承销人，帮助其他基金发行人向投资者发售受益凭证，募集投资者的资金。

① 2010 Investment Company Fact Book，http://www.icifactbook.org/

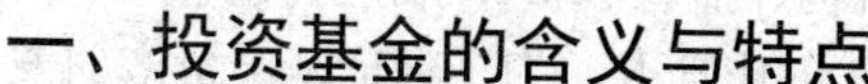

一、投资基金的含义与特点

(一)投资基金的基本含义

投资基金是指一种利益共享、风险共担的集合投资方式，即通过发行基金份额，集中投资者的资金，交由专业人士管理，以资产的保值增值等为根本目的，主要从事股票、债券等金融证券投资，投资者按投资比例分享其收益并承担风险的一种制度。

视各国的具体情况不同，投资基金的投资对象可以是资本市场上的上市股票和债券、货币市场上的短期票据和银行同业拆借，也可以是金融期货、黄金、期权交易、不动产等，有时还包括虽未上市但具有发展潜力的公司债券和股权。

(二)投资基金的特点

1. 集合理财、专业管理

基金将众多投资者的资金集中起来，委托基金管理人进行投资管理和运作，从而形成规模优势，降低投资成本。基金管理人一般拥有大量的专业投资研究人员、强大的信息网络和完善的投资决策机制，可以使中小投资者享受到专业化的投资管理服务。

2. 组合投资、分散风险

为了降低非系统性风险，基金管理人会通过投资组合方式进行分散化投资。基金经理通常会购买几十种甚至上百种股票，基金持有人购买基金就相当于用很少的资金购买了一揽子股票，从而有效降低投资单一证券带来的风险，享受到组合投资、分散风险的好处。

3. 利益共享、风险共担

基金持有人是基金资产的所有者，基金投资收益在扣除由基金承担的费用后的盈余全部归基金持有人所有，并依据各基金持有人所持有的基金份额比例进行分配。当然，基金本身的投资损失风险也要投资者自身承担，基金管理人不承担投资风险。

4. 严格监管、信息透明

为了保护基金持有人的利益，增强基金持有人对基金投资的信心，各国(地区)基金监管机构都对基金业实行严格的监管，对各种有损于基金持有人利益的行为进行严厉的打击，并强制基金进行及时、准确、充分的信息披露。

5. 独立托管、保障安全

基金管理人负责基金的投资操作，本身并不参与基金财产的保管，基金财产的保管由独立于基金管理人的基金托管人负责，这种相互制约、相互监督的制衡机制对基金持有人的利益提供了重要的保障。

二、投资基金的参与主体

在基金市场上，存在许多不同的参与主体。依据所承担的职责与作用的不同，可以将基金市场的参与主体分为基金当事人、基金市场服务机构、监管和自律机构三大类。

基金当事人包括基金份额持有人、基金管理人与基金托管人。为了保证基金资产的安全，基金应按照资产管理和托管分开的原则进行运作，并由专门的基金托管人保管基金资产。基金主要投资于证券市场，为保证基金资产的独立性和安全性，基金托管人应为基金开设独立的银行存款账户，并负责账户的管理。即基金银行账户的款项收付及资金划拨由基金托管人负责，基金投资于证券后，有关证券交易的资金清算由基金托管人负责。基金管理人的主要职责是负责投资分析、决策，并向基金托管人发出买进或卖出证券的相关指令。从某种程度上来说，基金托管人和基金管理人是一种既相互合作，又相互制衡、相互监督的关系。

(一)基金份额持有人

基金份额持有人简称基金持有人，亦即基金投资者，是基金的出资人、基金资产的所有者和基金投资回报的受益人。按照《中华人民共和国证券投资基金法》(以下简称《证券投资基金法》)的规定，我国基金份额持有人享有以下权利：①分享基金财产收益；②参与分配清算后的剩余基金财产；③依法转让或者申请赎回其持有的基金份额；④按照规定要求召开基金份额持有人大会；⑤对基金份额持有人大会审议事项行使表决权；⑥查阅或者复制公开披露的基金信息资料；⑦对基金管理人、基金托管人、基金销售机构损害其合法权益的行为依法提出诉讼；⑧基金合同约定的其他权利。

(二)基金管理人

基金管理人是基金产品的募集者和管理者，其最主要职责就是按照基金合同的约定，负责基金资产的投资运作，在有效控制风险的基础上为基金投资者争取最大的投资收益。基金管理人在基金运作中具有核心作用，基金产品的设计、基金份额的销售与注册登记、基金资产的管理等重要职能多半由基金管理人或基金管理人选定的其他服务机构承担。

基金管理人在不同国家和地区有不同的称谓。例如，英国称其为投资管理公司，美国称其为基金管理公司，日本多称其为投资信托公司，我国台湾省称其为证券投资信托事业，但其职责是基本一致的，即运用和管理基金资产。

基金管理人是基金资产的管理和运用者，基金收益的好坏取决于基金管理人管理运用基金资产的水平，因此必须对基金管理人的任职资格作出严格限定，才能保护投资者的利益，只有具备一定条件的机构才能担任基金管理人。

在我国，基金管理人只能由依法设立的基金管理公司担任。根据《证券投资基金管理法》的规定，设立基金管理公司，应当具备的条件是：①有符合《证券投资基金管理法》和《中华人民共和国公司法》规定的章程；②注册资本不低于 1 亿元人民币，且必须为实缴货币资本；③主要股东具有从事证券经营、证券投资咨询、信托资产管理或者其他金融资产管理的较好的经营业绩和良好的社会信誉，最近三年没有违法记录，注册资本不低于 3 亿元人民币；④取得基金从业资格的人员达到法定人数；⑤有符合要求的营业场所、安全防范设施和与基金管理业务有关的其他设施；⑥有完善的内部稽核监控制度和风险控制制度；⑦具备中国证监会规定的其他条件。

南方基金管理有限公司

1998 年 3 月 6 日，经中国证监会批准，南方基金管理有限公司作为国内首批规范的基金管理公司正式成立，成为我国“新基金时代”的起始标志。

南方基金总部设在深圳，注册资本 1.5 亿元人民币。股东结构为：华泰证券股份有限公司(45%)；深圳市机场(集团)有限公司(30%)；厦门国际信托有限公司(15%)；兴业证券股份有限公司(10%)。目前，公司在北京、上海、合肥等地设有分公司，在香港设有子公司——南方东英资产管理有限公司，这也是境内基金公司获批成立的第一家境外分支机构。

公司经历了中国证券市场多次牛熊交替的长期考验，以持续优秀的投资业绩、完善周到的客户服务，赢得了广大基金投资人、社保理事会、企业年金客户、专户客户的认可和信赖。截至 2010 年 3 月底，公司管理资产规模突破 1800 亿元，位居行业前列。旗下管理公募基金共 22 只，产品数量位列行业第二，其中开放式基金 20 只、封闭式基金 2 只，公募基金资产管理规模突破 1200 亿元，累计向基金持有人分红达到 435 亿元，拥有客户突破 1000 万人。私募业务管理规模超过 600 亿元，在行业中持续保持领先地位。

(资料来源：南方基金网站，http://www.southernfund.com/main/abontnf/gsjj/)

(三)基金托管人

为了保证基金资产的安全，《证券投资基金法》规定，基金资产必须由独立于基金管理人的基金托管人保管，从而使得基金托管人成为基金的当事人之一。基金托管人的职责主要体现在基金资产保管、基金资金清算、会计复核以及对基金投资运作的监督等方面。

一般来说，基金托管人主要有以下职责。

(1) 安全保管全部基金资产。

(2) 执行基金管理人的投资指令。

(3) 监督基金管理人的投资运作，如果发现基金管理人有违规行为，有权向证券主管机关报告，并督促基金管理人予以改正。

(4) 对基金管理人计算的基金资产净值和编制的财务报表进行复核。

由于基金托管人在基金运作中扮演着非常重要的角色，在国外，对基金托管人的任职资格都有严格的规定，一般都要求由商业银行及信托投资公司等金融机构担任，并有严格的审批程序。在我国，基金托管人只能由依法设立并取得基金托管资格的商业银行担任。

(四)基金市场服务机构、监管和自律机构

基金管理人、基金托管人既是基金的当事人，又是基金的主要服务机构。此外，证券投资基金的参与主体还包括基金销售机构、注册登记机构、律师事务所、会计师事务所、基金投资咨询公司、基金评级公司等服务机构。基金市场上的各类中介服务机构通过自己的专业服务参与基金市场。

基金监管机构则对基金市场上的各种参与主体实施全面监管。自律机构包括证券交易所，以及由基金管理人、基金托管人或基金销售机构等行业组织成立的同业协会等。

图 14-1 展示了证券投资基金各参与主体之间的关系。

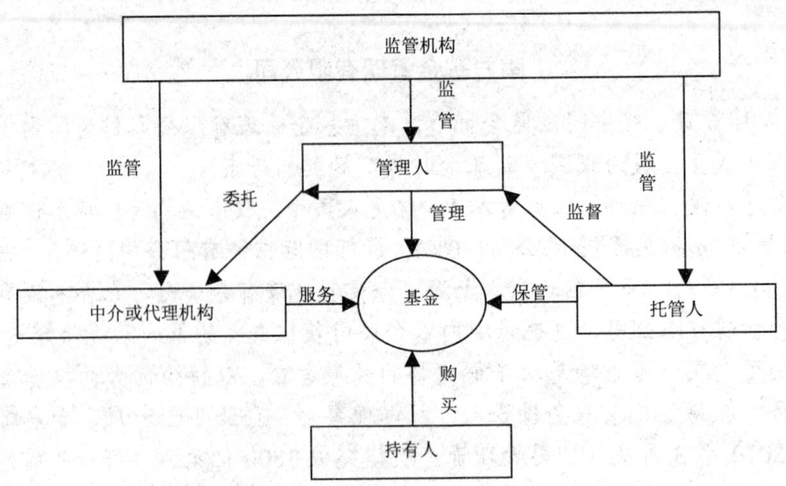

图 14-1　证券投资基金各参与主体之间的关系

(资料来源：中国证券业协会编. 证券投资基金. 北京：中国财政经济出版社，2009)

三、投资基金的主要类型

根据不同的标准可以对基金产品进行不同的分类。

(一)根据法律形式分类

根据基金的法律组织形式不同，基金可以分为契约型基金与公司型基金。

1. 契约型投资基金

契约型投资基金也称信托型投资基金，它是依据信托契约通过发行受益凭证而组建的投资基金。该类基金一般由基金管理公司、基金托管人及基金投资人三方当事人订立信托契约。基金管理公司是基金的发起人，通过发行受益凭证将资金筹集起来组成信托财产，并依据信托契约进行投资。基金托管人一般由银行担当，根据信托契约，负责保管信托财产，具体办理证券、现金管理及有关代理业务等。投资者也是受益凭证的持有人，通过购买受益凭证，参与基金投资，享有投资收益。基金发行的受益凭证表明投资者对投资基金所享有的权益。目前我国的证券投资基金主要是契约型基金。

2. 公司型基金

公司型基金依公司法成立，通过发行基金股份将集中起来的资金投资于各种有价证券。公司型投资基金在组织形式上与股份有限公司类似，基金公司资产为投资者(股东)所有，由股东选举董事会，由董事会选聘基金管理公司，基金管理公司负责管理基金业务。公司型基金的设立要在工商管理部门和证券交易委员会注册。目前美国的证券投资基金主要是公司型基金。

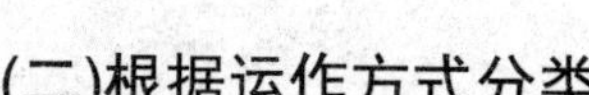

(二)根据运作方式分类

根据运作方式不同，可将基金划分为封闭型基金与开放型基金。

1. 封闭型投资基金

封闭型投资基金是相对于开放型投资基金而言的。它是指基金资本总额及发行份数在未发行之前就已确定下来，在发行完毕后和规定的期限内，不论出现何种情况，基金的资本总额及发行份数都固定不变的投资基金，故有时也称为固定型投资基金。

由于封闭型投资基金的股票及受益凭证不能被追加、认购或赎回，投资者只能通过证券经纪商在证券交易所进行基金的买卖，因此有人又称封闭型投资基金为公开交易共同基金。封闭型投资基金在取得收益后，以股利、利息和可实现的资本利得(或损失净值)等形式支付给投资者。

封闭型投资基金的单位价格虽然以基金净资产价值为基础，但更多的是随证券市场供求关系的变化而变化，或高于基金净资产价值(溢价)，或低于净资产价值(折价)，并不必然反映基金净资产价值。

2. 开放型投资基金

开放型投资基金是指基金的资本总额及份额总数不是固定不变的，而是可以根据市场供求状况随时追加发行新份额或被投资人赎回的投资基金。为此，又称为追加型投资基金。由于基金的持份总额随时因市场供求变动而变化，从而引起基金投资组合中的资产变动。若基金被赎回的份额过大，超过基金正常的现金储备，基金管理机构须出售手中的有价证券以换取现金。

开放型投资基金的买卖价格是由基金的净资产价值加一定手续费确定的。由于基金的资本总额根据市场供求关系的变化而变化，基金的买卖价格必然反映基金的净资产价值。

(三)根据投资目标分类

根据投资目标不同，可将投资基金划分为成长型基金、收入型基金和平衡型基金。

1. 成长型基金

成长型基金是以追求长期资本增值为目的，投资标的以成长型公司股票为主，尤其集中投资于有长期成长前景或盈余增长较快的成长性公司的股票。

2. 收入型基金

收入型基金是指追求稳定的经常性收入为基本目标的基金。为达成这个目的，投资标的主要以分红率高的大盘蓝筹股、债券以及短期票券(如商业本票、定存、债券附条件交易等)为投资对象。

3. 平衡型基金

平衡型基金介于成长型基金与收入型基金之间，即将资金分散投资于股票和债券上，以求得长期资本增值与当期收入之间的平衡。投资者既可以获得当期收入，又可以分享到资金的长期增值。

(四)根据投资理念分类

依据投资理念的不同，可以将基金分为主动型基金与被动型基金。

1. 主动型基金

主动型基金是由基金管理人依据自己对资本市场和投资标的的判断，积极主动地管理投资组合，力图取得超越市场基准的业绩的基金。

2. 被动型基金

与主动型基金不同，被动型基金并不主动寻求取得超越市场的表现，而是试图复制指数的表现。被动型基金一般选取特定的指数作为跟踪对象，因此，通常又被称为指数型基金。指数型基金按所选定指数(如美国标准普尔500指数，日本日经225指数等)的成分股在指数所占的比重，选择同样的资产配置模式投资，以获取和大盘同步的收益。

(五)根据投资对象分类

根据投资对象不同，可将基金划分为股票基金、债券基金、货币市场基金和混合基金等。

1. 股票基金

股票基金是最主要的基金品种，以股票作为投资对象，包括优先股票和普通股票。股票基金可以按照股票种类的不同分为优先股基金和普通股基金。优先股基金是一种可以获得稳定收益、风险较小的股票基金，其投资对象以各公司发行的优先股为主，收益主要来自股利收入。而普通股基金以追求资本利得和长期资本增值为投资目标，风险较优先股基金高。

2. 债券基金

债券基金是一种以债券为投资对象的证券投资基金。由于债券是一种收益稳定、风险较小的有价证券，因此，债券基金适合于想获得稳定收入的投资者。债券基金基本上属于收入型投资基金，一般会定期派息，具有低风险且收益稳定的特点。

3. 货币市场基金

货币市场基金以货币市场工具为投资对象。主要投资于短期货币工具如国库券、银行大额可转让存单、商业票据、公司债券等。投资货币市场基金是希望取得的投资收益比现金和银行存款高。

4. 混合基金

混合基金同时以股票、债券等为投资对象，以期获得在不同资产类别上的投资收益与风险之间的平衡。根据中国证监会对基金类别的分类标准，投资于股票、债券和货币市场工具，但股票投资和债券投资的比例不符合股票基金、债券基金规定的为混合基金。

(六)根据募集方式分类

根据募集方式的不同，可以将基金分为公募基金和私募基金。

1. 公募基金

公募基金是指可以面向社会公众公开发售的一类基金。公募基金主要具有如下特征：可以面向社会公众公开发售基金份额和宣传推广，基金募集对象不固定；投资金额要求低，适宜中小投资者参与；必须遵守基金法律和法规的约束，并接受监管部门的严格监管。

2. 私募基金

私募基金只能采取非公开方式，面向特定投资者募集发售的基金。与公募基金相比，私募基金不能进行公开的发售和宣传推广，投资金额要求高，投资者的资格和人数常常受到严格的限制。与公募基金必须遵守基金法律和法规的约束并要接受监管部门的严格监管相比，私募基金在运作上具有较大的灵活性，所受到的限制和约束也较少。它既可以投资于衍生金融产品进行买空卖空交易，也可以进行汇率、商品期货投机交易等。私募基金的投资风险较高，主要以具有较强风险承受能力的富裕阶层为目标客户。

(七)根据资金的来源和用途分类

根据基金的资金来源和用途的不同，可以将基金分为在岸基金和离岸基金。

1. 在岸基金

在岸基金是指在本国募集资金并投资于本国证券市场的证券投资基金。由于在岸基金的投资者、基金组织、基金管理人、基金托管人及其他当事人和基金的投资市场均在本国境内，所以基金的监管部门比较容易运用本国法律法规及相关技术手段对证券投资基金的投资运作行为进行监管。

2. 离岸基金

离岸基金是指一国的证券投资基金组织在他国发售证券投资基金份额，并将募集的资金投资于本国或第三国证券市场的证券投资基金。

(八)其他类型基金

1. 伞型基金

伞型基金又称为系列基金，是指多个基金共用一个基金合同，子基金独立运作，子基金之间可以进行相互转换的一种基金结构形式。

2. 保本型基金

保本基金是指通过采用投资组合保险技术，保证投资者在投资到期时至少能够获得投资本金或一定回报的证券投资基金。保本基金的投资目标是在锁定下跌风险的同时力争有机会获得潜在的高回报，因此比较适合那些不能忍受投资亏损、比较稳健和保守的投资者。目前，我国已有多只保本型基金。

3. 对冲基金

对冲基金(Hedge Fund)是一种私募投资基金，其典型特征是具备多空双向运作机制，运用杠杆和衍生金融工具进行避险或套利。对冲基金可在全球各地的股市、债市、汇市、商品市场进行投资。对冲基金通常采取有限合伙的组织形式，对冲基金的投资者提供大部分资金，成为有限合伙人，一般合伙人掌握投资决策权。

4. 基金中的基金

基金中的基金(Fund of Funds，FOF)是指以其他证券投资基金为投资对象的基金，其投资组合由其他基金组成。基金中的基金可以在各种不同类型、不同投资区域的基金中自由转换。

5. 交易型开放式指数基金

交易型开放式指数基金通常又被称为交易所交易基金 (Exchange Traded Funds， ETF)，是一种在交易所上市交易的、基金份额可变的一种开放式基金。ETF 基金最早产生于加拿大，但其发展与成熟主要是在美国。一般 ETF 基金采用被动式投资策略跟踪某一标的市场指数，因此具有指数基金的特点。

6. 上市开放式基金

上市开放式基金(Listed Open-ended Funds，LOF)是一种既可以在场外市场进行基金份额申购赎回，又可以在交易所(场内市场)进行基金份额交易和基金份额申购或赎回的开放式基金。它是我国对证券投资基金的一种本土化创新，是根据中国的证券登记、结算、交易系统以及法律、税务等方面的现状，设计的具有中国特色的金融产品。

四、投资基金的运作

基金的运作包括基金市场营销、基金的募集、基金的投资管理、基金资产的托管、基金份额的登记、基金的估值与会计核算、基金的信息披露以及其他基金运作活动在内的所有相关环节。基金的运作活动从基金管理人的角度来看，可以分为基金的市场营销、基金的投资管理与基金的后台管理三大部分。基金的市场营销主要涉及基金份额的募集与客户服务；基金的投资管理体现了基金管理人的服务价值；而包括基金份额的注册登记、基金资产的估值、会计核算、信息披露等后台管理服务则对保障基金的安全运作起着重要的作用。

(一)基金的设立

发起设立基金的机构称为基金发起人，发起人是完成筹办基金法定程序的执行者和代表者。基金发起人一般由基金管理人担任。证券投资基金的设立一般要完成以下工作。

(1) 确定基金性质。按组织形态不同，基金有公司型和契约型之分；按基金券可否赎回，又可分为开放型和封闭型两种，基金发起人首先应对此进行选择。

(2) 选择共同发起人、基金管理人与托管人，制定各项申报文件。根据有关对基金发起人资格的规定慎重选择共同发起人，签订“合作发起设立证券投资基金协议书”。选择

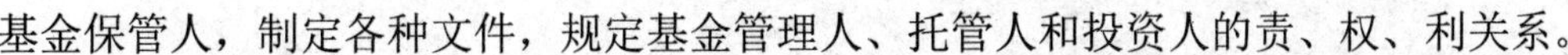

基金保管人，制定各种文件，规定基金管理人、托管人和投资人的责、权、利关系。

(3) 向主管机关提交规定的报批文件。同时，积极进行人员的培训工作，为基金成立做好各种准备。

(4) 基金发起人在收到监管机构批准后，于发行前公布基金招募说明书，并公布具体的发行方案。

案例点击

南方基金的设立

1997年11月14日，国务院批准发布了《证券投资基金管理暂行办法》。1997年12月12日，中国证监会发布《关于申请设立基金管理公司有关问题的通知》、《关于申请设立证券投资基金有关问题的通知》，规定了申请设立基金管理公司、证券投资基金的程序。

当时，中国三足鼎立、规模最大的证券公司——南方证券、华夏证券、国泰君安作为首批主要发起人参与筹建基金管理公司。1998年2月5日，以三大证券公司为基础的南方基金、华夏基金、国泰基金同时获得中国证监会的筹建批准。

1998年2月24日，中国工商银行成为第一家证券投资基金的托管银行，成立了专门的基金托管部。

1998年3月3日，南方基金管理有限公司首家获得中国证监会的开业批准，并于1998年3月6日在深圳成立。

(资料来源：南方基金管理公司提供)

(二)基金的发行和交易

基金的发行也称为基金的募集，是指基金的发起人向投资者推销基金份额、募集资金的行为。

我国封闭式基金都是采用自办发行方式通过证券交易所交易系统进行基金券发行的，但开放式基金由于其交易(认购、申购、赎回)是在投资者与基金管理人或其代理人之间进行的，故开放式基金券除了由基金管理人自办发行外，一般还选择一些机构(如银行、证券公司等)代理销售。

按照规定，证券投资基金的发行只有在符合以下条件时才能成立。

(1) 封闭式基金的募集期限为自该基金批准之日起计算的3个月，只有在募集期限内募集的资金超过该基金批准规模的80%时，该基金方可成立。

(2) 开放式基金的募集期限也是3个月，在募集期限内净销售额超过2亿元时，基金方可成立。

如果基金的募集未达到上述要求，基金的发行即告失败，基金发起人应承担募集费用，并将已募集资金加计银行活期存款利息于30日内退还给基金认购人。

基金的发行是在基金的一级市场上进行的。基金的交易是基金发行后在基金的二级市场上进行的买卖活动。封闭式基金在证券交易所挂牌上市交易，开放式基金则是通过指定的销售网点进行申购或赎回。

案例点击

南方基金“基金开元”的发行

1998 年 3 月 23 日，由南方基金三家股东发起的契约型封闭式基金——开元证券投资基金在深圳证券交易所公开上网发行，3 月 27 日正式成立，4 月 7 日在深圳证券交易所挂牌上市。正如其名称，“基金开元”成为中国证券投资基金的起点。基金开元限定募集规模 20 亿元，结果网上认购超过了 42 倍。

截至 2010 年 3 月底，南方基金管理公司旗下管理公募基金共 22 只，产品数量位列行业第二，其中开放式基金 20 只、封闭式基金 2 只，公募基金资产管理规模突破 1200 亿元，累计向基金持有人分红达到 435 亿元，拥有客户突破 1000 万人。南方基金已经发展成为国内产品种类最丰富、业务领域最全面、经营业绩优秀、资产管理规模最大的基金管理公司之一。

(资料来源：南方基金管理公司提供)

(三)基金的投资管理

投资管理是基金管理和运作中最重要的环节，决定着基金的投资业绩。

基金投资管理的首要问题是投资目标与投资政策。基金的投资目标和投资政策通常都在基金招募说明书中列明。

基金的投资管理要遵循一定的投资决策程序。我国基金管理公司一般的投资决策程序如下。

1. 公司研究发展部提出研究报告

研究发展部负责向投资决策委员会和其他投资部门提供研究报告。研究报告通常包括宏观经济分析报告、行业分析报告、上市公司分析报告和证券市场行情报告等。通常研究发展部负责建立并维护股票池。

2. 投资决策委员会决定基金的总体投资计划

投资决策委员会在认真分析研究发展部提供的研究报告及其投资建议的基础上，根据现行法律法规和基金合同的有关规定，决定基金的总体投资计划。

3. 基金投资部制定投资组合的具体方案

在投资决策委员会制订的总体投资计划的基础上，基金投资部在研究发展部研究报告的支持下，构建投资组合方案，对方案进行风险收益分析，并在投资执行过程中将有关投资实施情况和风险评估报告反馈给投资决策委员会。基金投资部在制订具体方案时要接受风险控制委员会的风险控制建议和监察稽核部门的监察、稽核。

4. 风险控制委员会提出风险控制建议

证券市场由于受到政治、经济、投资心理及交易制度等各种因素的影响，导致基金投资面临较大的风险。为降低投资风险，风险控制委员会通过监控投资决策实施和执行的整个过程，并根据市场价格水平及公司的风险控制政策，提出风险控制建议。

基金管理公司要按照基金合同和招募说明书的规定，按照一定的投资范围和投资比例，遵循其投资决策程序将资金投入股票、债券、货币市场工具等投资标的。

基金投资管理的核心是投资组合管理，投资组合管理的方法及步骤将在第三节中介绍。

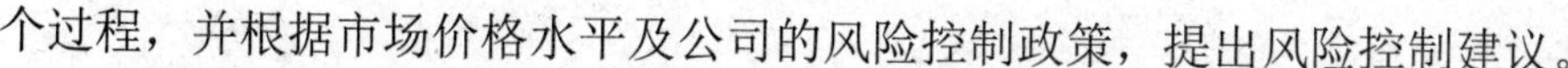
案例点击

南方积极配置证券投资基金产品说明(概要)

1. 投资目标

本基金为股票配置型基金，通过积极操作进行资产配置和行业配置，在时机选择的同时精选个股，力争在适度控制风险并保持良好流动性的前提下，为投资者寻求较高的投资收益。

2. 基金的风险收益特征

本基金定位为股票配置型基金，强调采用积极策略通过三级配置(资产配置、行业配置和个股配置)进行投资，因此属于证券投资基金中较高预期风险和较高预期收益的品种。

3. 投资范围和投资对象

本基金的投资范围为国内依法公开发行的各类股票、债券及中国证监会批准的其他投资品种。

其中，股票投资范围为所有在国内依法公开发行的、具有良好流动性的 A 股；债券投资范围包括国债、金融债、企业债、可转债、短期票据和回购等；剩余部分的现金资产将主要投资于各类银行存款。

在以上投资范围内，根据本基金的投资目标、投资理念和投资策略，本基金将从中选择出适合的投资对象，完成资产配置、行业配置和个股选择的过程。

其中，资产配置将在上述各大类投资品种之间进行，以决定股票和债券的投资比例，本基金大类资产投资的目标比例为：股票 85%，债券 10%，现金 5%，可能比例为：股票 40%～95%，债券 0～50%，现金 5%～10%；行业配置将以与国民经济增长具有高度关联性、贡献度大、成长性快、投资价值高的六个行业为主，这六个行业的投资比例不低于整个股票投资的 65%；在资产配置和行业配置的基础上，本基金进行个股的选择。

4. 投资理念

本基金将股票型、配置型和积极操作型基金相结合，采用定量分析和定性分析相结合的方法，在秉承南方基金管理公司一贯的投资理念的基础上，按照以下理念进行投资。

(1) 积极投资原则：本基金认为中国证券市场是一个非完全有效市场。因此，通过积极投资，动态资产配置和行业配置，挖掘出投资价值被市场低估的股票或债券，可以获得超过市场平均水平的收益。

(2) 价值投资原则：通过对中国经济发展的结构变化和各行业发展周期的研究，通过对上市公司投资价值的定性和定量研究，进行价值投资。

(3) 研究为本原则：本基金坚信在中国证券市场，研究创造价值。通过对上市公司具有前瞻性的研究，挖掘上市公司内在投资价值，有助于规避上市公司的道德及信用风险。

5. 投资策略

本基金秉承的是“积极配置”的投资策略。通过积极操作进行资产配置和行业配置，在此基础上选择个股，力争达到“在适度控制风险并保持良好流动性的前提下，为投资者寻求较高的投资收益”的投资目标。

在本基金中，配置分为一级配置、二级配置和三级配置，其中一级配置就是通常所说的资产配置，二级配置是指股票投资中的行业配置，三级配置也就是个股选择。

(资料来源：南方基金网站，http://www.southerfund.com)

(四)基金的信息披露

为了保证投资者能够按照基金合同约定的时间和方式查阅相关信息，基金要对相关信息公开披露，如：基金招募说明书、基金合同、托管协议；募集情况；基金净值；基金申购、赎回价格等，还要按期公布季度报告、半年度报告、年度报告。相关信息还要由会计师事务所和律师事务所出具意见。

(五)基金的终止

在下列情况下，经主管机关批准，基金应该终止，结束营业。

(1) 基金封闭期满，未获批准续期的。

(2) 因原基金管理人或原基金托管人退任而无新的基金管理人或基金托管人承接的，或在基金存续期内有超过基金招募说明书规定的连续数量工作日以上，基金持有人数量不足100人或基金资产净额低于5000万元的。

(3) 经基金持有人大会表决终止的。

(4) 因重大违法违规行为，被中国证监会责令终止的。

(5) 由于投资方向变更而引起基金合并、撤销的。

(6) 法律、法规或中国证监会允许的其他情况。

基金终止时，必须组成清算小组对基金资产进行清算，清算结果应当报中国证监会批准并予以公告。

(六)基金的收费

在基金运作过程中涉及的费用可分为两大类：一类是基金销售过程中发生的由基金投资者自己承担的费用，主要包括申购费、赎回费及基金转换费。这些费用直接从投资者申购、赎回或转换的金额中收取。另一类是基金管理过程中发生的费用，主要包括基金管理费、基金托管费、信息披露费等。这些费用由基金资产承担。目前，我国的基金管理费、基金托管费及基金销售服务费均是按前一日基金资产净值的一定比例逐日计提，按月支付。对于不收取申购、赎回费的基金，还可以按照不高于0.25%的比例从基金资产中计提一定的费用，专门用于本基金的销售和对基金持有人的服务。

1. 基金管理费

基金管理费是指基金管理人管理基金资产而向基金收取的费用。基金管理费率通常与基金规模成反比，与风险成正比。基金规模越大，基金管理费率越低；基金风险程度越高，

基金管理费率越高。不同类别及不同国家、地区的基金，管理费率不完全相同。但从基金类型看，证券衍生工具基金管理费率最高。如，认股权证基金的管理费率约为1.5%～2.5%；股票基金居中，约为1%～1.5%；债券基金约为0.5%～1.5%；货币市场基金最低，管理费率约为0.25%～1%。目前，我国基金大部分按照1.5%的比例计提基金管理费，债券基金的管理费率一般低于1%，货币市场基金的管理费率为0.33%。

2. 基金托管费

基金托管费是指基金托管人为基金提供托管服务而向基金收取的费用。基金托管费收取的比例与基金规模、基金类型有关。通常基金规模越大，基金托管费率越低。基金托管费年费率国际上通常为0.2%左右，目前我国封闭式基金为0.25%；开放式基金根据基金合同的规定比例计提，通常低于0.25%；股票基金的托管费率要高于债券基金及货币市场基金的托管费率。

3. 基金销售费

基金销售服务费是指从基金资产中扣除的用于支付销售机构佣金以及基金管理人的基金行销广告费、促销活动费、持有人服务费等方面的费用。基金销售服务费目前只有货币市场基金和一些债券型基金收取。费率大约为0.25%。收取销售服务费的基金通常不收取申购费。

4. 基金交易费

基金交易费是指基金在进行证券买卖交易时所发生的相关交易费用。目前，我国证券投资基金的交易费用主要包括印花税、交易佣金、过户费、经手费、证管费。交易佣金由证券公司按成交金额的一定比例向基金收取，印花税、过户费、经手费、证管费等则由登记公司或交易所按有关规定收取。

5. 基金运作费

基金运作费是指为保证基金正常运作而发生的应由基金承担的费用，包括审计费、律师费、上市年费、信息披露费、分红手续费、持有人大会费、开户费、银行汇划手续费等。

第二节　资产管理业务

需要指出的是，本节中的资产管理业务指的是为中高端投资者提供的狭义的资产管理业务。2003年12月18日，中国证监会公布了第17号令《证券公司客户资产管理业务试行办法》(以下简称《试行办法》)，于2004年2月1日起施行，为我国投资银行开展资产管理业务提供了制度基础。

一、资产管理的概念

所谓资产管理是指由投资银行凭借其专业的理财团队、完备的信息系统以及丰富的市场运作经验，代理资产所有者经营资产，以使资产所有者的资产增值。资产管理业务具有以下特点。

1. 资产管理体现了金融契约的委托代理关系

在资产管理业务中，客户作为委托人，是资产的所有者，当其与投资银行签订《资产委托管理协议书》以后，委托投资银行代其管理资产，投资银行便成为资产的受托方，享有在协议规定范围内按委托人的意愿和在授权范围内对受托资产进行经营管理的权利。

2. 资产管理可以为投资者提供个性化的服务

投资银行可以根据委托人的要求，制定符合投资者需求的目标，量身订制个性化的产品，对各个客户的资产分别设立账户进行管理。在投资者授权和法律禁止性规定之外的范围内，管理人有充分的投资组合自由。

3. 资产管理投资范围的广泛性

投资银行所管理的资产所投资的对象范围比基金更广，既包括风险较大的股票市场，也包括收益较稳定的债券市场、银行间市场以及基金市场。例如，基金中的基金(FOF)产品主要投资于各类基金，混合型集合理财产品可以投资于股票、债券、各类基金等。

4. 资产管理偏重于中高端客户

投资银行的资产管理不同于公募基金，公募基金主要面向普通投资者，而投资银行的资产管理业务的门槛更高，往往偏重于中高端客户，主要面向具有一定投资经验和风险承担能力的投资者。因此，难以获得更加广泛的普通投资者的参与。

5. 资产管理更加注重投资业绩

基金只能收取管理费，不能提取业绩报酬。而在资产管理业务中，投资银行除了可以收取管理费外，更加注重提取业绩报酬(有的投资银行甚至只提取业绩报酬而不提取管理费)，也更加关注投资的绝对正收益。

6. 收费模式的灵活性

投资银行资产管理的收费模式相比基金更加灵活，除提取固定管理费外，一般还在业绩达到一定标准后进行业绩提成。和投资者分享收益，对管理人的激励程度会更高。

7. 资产管理风险的分担

基金不能设置本金和最低收益率等保障措施，不能进行有限补偿。而投资银行自有资金的投入给了投资者一定程度的保障，如果出现亏损或者达不到预定的收益率，投资银行将用自有资金参与的份额、投资收益和管理费等进行有限补偿，表现出与投资者风险共担的精神。

8. 资产管理业务体现了一对一的信息披露

资产管理业务具有保密性，管理人需向投资者以一对一的方式定期报告资产的风险、收益状况，不必向社会公众披露信息。

二、资产管理业务的基本类型

(一)按照资产管理服务的客户划分

投资银行资产管理业务分为针对多个客户的集合资产管理业务、针对单一客户的定向资产管理业务和针对客户特定目的的专项资产管理业务。集合资产管理业务主要针对中小投资者；定向资产管理业务主要针对机构客户和富裕的个人；专项资产管理业务主要满足特定客户的特定需求。

1. 集合资产管理

集合资产管理是投资银行通过设立集合资产管理计划并担任计划管理人，与多个客户签订集合资产管理合同，将客户资产交由具有客户交易结算资金法人存管业务资格的商业银行或者中国证监会认可的其他机构进行托管，通过专门账户为客户提供的资产管理服务。集合资产管理计划设定为均等份额，客户按其拥有的份额享有利益，承担风险。集合资产管理又可以进一步细分为限定性集合资产管理和非限定性集合资产管理。

1)　限定性集合资产管理

限定性集合资产管理计划资产主要用于投资国债、国家重点建设债券、债券型证券投资基金、在证券交易所上市的企业债券、其他信用度高且流动性强的固定收益类金融产品；投资于业绩优良、成长性高、流动性强的股票等权益类证券以及股票型证券投资基金的资产不得超过该计划资产净值的20%，并应当遵循分散投资风险的原则。

2)　非限定性集合资产管理

非限定性集合资产管理计划的投资范围由集合资产管理合同约定。

投资银行办理集合资产管理业务，只能接受货币资金形式的资产。若是限定性集合资产管理计划，接受单个客户的资金数额不得低于人民币5万元；若是非限定性集合资产管理计划的，则接受单个客户的资金数额不得低于人民币10万元。

材料解析

集合资产管理业务与证券投资基金的区别

集合资产管理业务与证券投资基金具有以下区别。

(1)　管理主体不同。集合资产管理业务的主体是依法设立并经监管部门核准可以从事此项业务的投资银行，证券投资基金的管理主体是依法成立的基金管理公司。

(2)　行为规范不同。投资银行设立集合资产管理计划、开展集合资产管理业务，应当基于集合资产管理合同、有关法律行政法规和《试行办法》的规定进行。证券投资基金的设立和运作则按照《证券投资基金法》等有关法律、行政法规和部门规章的规定进行。

(3)　市场定位和客户群体不同。集合资产管理业务面向具有一定投资经验和风险承担能力的特定投资者，而证券投资基金则主要面向广大的公众投资者。

(4)　推广方式不同。与证券投资基金不同，集合资产管理计划不得公开销售或推广。根据《试行办法》的规定，投资银行及推广机构不得通过广播、电视、报刊及其他公共媒体推广集合资产管理计划。同时，参与集合资产管理计划的客户，应当是有关投资银行或推广机构的客户。

总之，集合资产管理计划与证券投资基金虽然都属于资产管理业务类型，但是相互之间有明显的差异，在业务开展上有很强的互补性，可以满足不同投资者的投资偏好。

2. 定向资产管理

定向资产管理是投资银行接受单一客户委托，根据约定的方式、条件、要求及限制，并通过该客户的账户为客户提供的一种资产管理服务。定向资产管理业务的主要特点是一对一的资产管理服务，投资银行对客户的资产净值有一定的要求，我国现行规定为单个客户的资产净值不得低于人民币100万元。

在美国，单独账户资产管理的客户主要是机构及富有的个人投资者，委托资产数量一般较大，对资金投向和资金的规模收益有特别要求。投资银行对每个客户采取一对一的方式进行专家理财。客户通过单独与管理人签订协议的方式完成委托行为，当事人在法定的范围内享有较大的契约自由。

3. 专项资产管理

投资银行针对客户的特殊需要和资产的具体情况，设定特定投资目标，通过专门的账户为客户提供特定目的的专项资产管理服务。

案例点击

广发证券的专项资产管理计划“莞深高速公路收费收益权专项资产管理计划”

管理人本着应有的注意和谨慎，将专项计划资金投资于东莞控股名下的莞深高速(一、二期)公路收费权中的18个月的收益权。预期收益率为3.0%～3.5%。专项计划目标规模为5.8亿元。专项计划期限为18个月，自专项计划成立之次日起计算。

参与投资者应保证其为参与专项计划的合格投资者。合格投资者必须满足以下条件。

(1) 具有足够的证券投资经验，对复杂的证券产品有很好的分析能力。

(2) 参与本专项计划时已充分理解专项计划风险，具有足够的风险承受能力。

(3) 参与专项计划的资金系参与投资者的自有资金或具有合法处分权的资金，资金来源合法。

(4) 参与投资者承诺拥有的合法资产50万元(含50万元)以上。

(5) 参与投资者需持有深圳A股账户卡或基金账户卡。

参与费率为0.2%。

最低认购金额为15万元，在推广期内可多次参与专项计划，且每次投资金额必须是1万元的整数倍。

(资料来源：莞深高速公路收费收益权专项资产管理计划. 广发证券网站)

从比较优势的角度看，投资银行资产管理业务的最大优势在于可以为客户提供一对一的服务，满足客户个性化的投资需求，并且更能体现投资银行的资产管理水平。虽然资产管理业务与基金管理业务都是为客户提供投资管理服务，但资产管理业务主要提供的是一

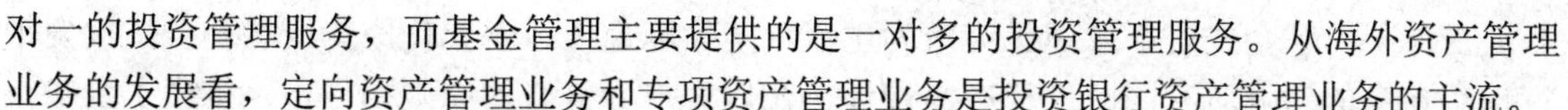

对一的投资管理服务，而基金管理主要提供的是一对多的投资管理服务。从海外资产管理业务的发展看，定向资产管理业务和专项资产管理业务是投资银行资产管理业务的主流。

(二)按照委托管理资产的形态划分

按照委托管理资产的形态可以将资产管理业务划分为现金管理、企业年金管理等。

1. 现金管理

投资银行通过现金管理期望使客户从暂时沉淀的现金中获得收益。投资银行对企业的有关财务统计数据进行分析和预测，利用相关软件建立有关的数学模型，确定企业日常经营活动中应保留的最佳现金存量；制订有关的现金收支计划，对企业财务实行动态管理，通过收账业务、减少短期债务等手段，尽可能增加企业闲余资金的余额。然后投资银行为该企业建立一种最佳现金流动组合，该组合能够在保证现金流动性和风险一定的情况下收益最大。

2. 企业年金管理

企业年金是由企业发起，企业和员工个人共同缴费的养老金，将积累形成数量庞大的企业年金资产，这类资产需要通过安全投资来达到保值增值的目的。投资银行通过管理企业年金基金，将其投资于银行存款、国债和其他具有良好流动性的金融工具，从而实现企业年金基金的保值增值。

在国外，资产管理的形态非常广泛，如美林的资产管理就包括代客管理现金、流动资产、营运资本、组合投资等。与之相比，国内投资银行的资产管理内容则显得非常单一，基本上就是代理客户进行投资，对象也一般是风险较大的股票市场，收益较稳定的债券市场、基金市场。

(三)按照资产的运作方式分类

资产管理业务按照资产的运作方式可分为基金式资产管理和独立账户式资产管理。

1. 基金式资产管理

基金式资产管理是一种“批量化”的资产管理方式，其运作的方式是将客户的资金汇集到“资金池”，形成统一的基金账户，然后在基金投资目标和原则指导下，按照一定的投资规则和程序进行投资组合，把资金分散投资到证券、不动产、实业及实物中，以取得投资收益。其管理流程如图 14-2 所示。

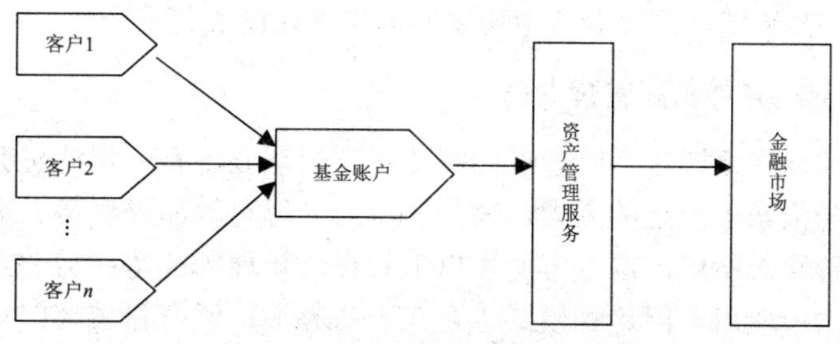

图 14-2　基金式资产管理

在海外，基金式资产管理已经成为主流，产品基金化、多元化成为一种趋势。投资银行运用自身的专业研究团队进行产品设计，在以客户为核心的原则指导下，推出了金融市场上所有产品可能的最优组合，供客户按需选择。如美林现有的基金品种不仅涵盖了金融市场上所有的主要种类，还不断推出顺应市场发展潮流的金融创新型基金品种。在高度多元化的金融市场上，最大限度地满足客户多元化的金融资产管理需求。

2. 独立账户式资产管理

独立账户式资产管理是为每一个投资者设立专门的账户，按各个客户的投资目标，实行账户分开管理，是一种提供“个性化”的资产管理方式。在美国，单独账户资产管理的客户主要是机构及富有的个人投资者，委托资产数量一般较大，对资金投向和资金的规模收益有特别要求。投资银行对每个客户采取一对一方式进行专家理财。客户通过单独与管理人签订协议的方式完成委托行为，当事人在法定的范围内享有较大的契约自由。

(四)按照收益分配方式的不同分类

按照收益分配方式的不同，可将资产管理业务分为全权委托型、固定回报型和投资顾问型。

1. 全权委托型

全权委托型是指客户与投资银行签订全权委托协议，由投资银行对客户委托的资产进行全权操作，若有损失由客户承担，有收益则按一定的比例由投资银行和客户共同分享。

2. 固定回报型

固定回报型是指客户将资产交给投资银行全权运作，客户不管实际运作过程中的盈亏，只要求获得固定的回报；投资银行运用委托资产投资产生的超出固定回报的收益由投资银行单独享有或者与委托方共同分享。

3. 投资顾问型

投资顾问型是指投资银行不接受客户的全权委托，不直接替委托方操作，只是凭借其专业优势向委托方提供研究报告、操作建议和咨询服务等，并按照一定的比例向客户收取顾问费。

三、资产管理业务的模式

目前投资银行开展资产管理业务主要采取以下三种模式。

1. 设立下属部门开展资产管理业务

投资银行通过设立下属资产管理部门经营资产管理业务有一定的优势：投资银行在长期发展过程中已经积累了一定的人力、物力和财力，现有的品牌优势、智力资源和交易系统都可以为资产管理人所用，这一方面可以节省资产管理的成本；另一方面也可以使投资银行资源发挥最大的效用。但这种模式也存在一些弊端：资产管理部门只是投资银行下属的一个分支机构，并不是独立的法人机构，故资产管理人与投资银行的其他部门之间极有

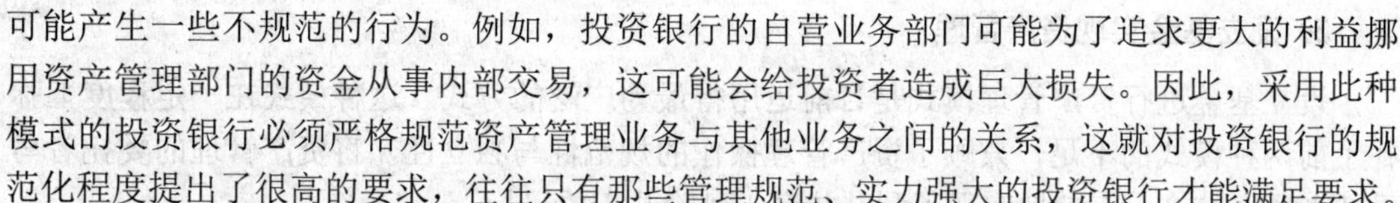

可能产生一些不规范的行为。例如，投资银行的自营业务部门可能为了追求更大的利益挪用资产管理部门的资金从事内部交易，这可能会给投资者造成巨大损失。因此，采用此种模式的投资银行必须严格规范资产管理业务与其他业务之间的关系，这就对投资银行的规范化程度提出了很高的要求，往往只有那些管理规范、实力强大的投资银行才能满足要求。

案例点击

中信投资银行的资产管理

中信投资银行于 1998 年初正式设立资产管理部，统一管理公司客户资产管理业务。2002 年 5 月，经中国证监会核准，中信证券成为首批具有从事受托投资管理业务资格的全国性综合类投资银行之一。2003 年，根据《投资银行客户资产管理业务试行办法》，公司的受托投资管理业务资格继续有效，并自 2004 年 2 月 1 日起自动变更为客户资产管理业务资格。

根据该《试行办法》，资产管理部可以为单一客户办理定向资产管理业务；为多个客户办理集合资产管理业务；为客户办理特定目的的专项资产管理业务。

中信证券资产管理部开展客户资产管理业务的经营理念就是依据国家法律、法规和监管部门的规章制度，通过专业化的管理和科学的投资运作，满足客户的投资需求，取得最佳的投资回报。

(资料来源：搜狐证券，2006 年 4 月 20 日)

2. 设立资产管理公司开展资产管理业务

设立资产管理公司开展资产管理业务可以将资产管理业务与投资银行的其他业务分离开来，从制度上消除混合操作和内部交易的行为，有效弥补了第一种模式的不足。资产管理人作为独立的机构在操作上更加自由、拓展的空间更加宽广，这种模式为中小投资银行从事资产管理业务开辟了一条新的道路。但是与第一种模式的优点相比，独立的资产管理公司也存在着明显的先天不足，因此独立的资产管理公司必须扬长避短，一方面致力于建立完备的组织机构；另一方面还要不断加强与外界的合作与交流，增强自身的实力。

案例点击

东方证券成首家获批投资银行系资产管理公司

上海东方证券资产管理公司获得中国证监会批复，正式开始筹建工作。资产管理业务是东方证券的传统强项，其“东方红”系列集合理财产品目前规模约为 70 亿元，委托客户人数超过 2 万人，多年来一直名列行业前茅，“东方红”系列集合理财产品的业绩表现也在投资者中积累了良好的口碑。这几个因素都决定了东方证券的资产管理业务具有“先行先试、率先成立”的良好基础。

证监会核准的上海东方证券资产管理公司注册资本为 3 亿元人民币，业务范围为证券资产管理业务，包括合格境内机构投资者境外证券投资管理业务(QDII 业务)。东方证券旗下的“东方红”系列集合理财产品和其他相关业务均将由资产管理公司负责管理、运作，初期管理规模约为 70 亿元。公司成立后，将发挥投资银行理财产品规模小、灵活性高的特点，大力发展创新业务，积极推动多样化理财产品，充分满足客户多样化的理财需求。

(资料来源：上海证券报，2010 年 5 月 6 日)

3. 设立基金实现资产管理

设立基金进行资产管理模式是目前运用得最为广泛的方式。这种模式在一定程度上弥补了前两种模式的不足，兼顾了资产管理操作的规范性与独立性，将资产管理的委托者与受托者紧密结合，有效地实现了利益共享、风险共担的目标。

在以美国为代表的现代资产管理模式中，共同基金处于核心地位。国际性投资银行都设立自己的基金，美国等发达国家的投资银行，虽然多数公司都在内部设有资产管理部，但仅是协调机构，具体的资产管理业务要通过设立共同基金，通过基金形式实现资产管理。或者通过设立资产管理公司来管理共同基金，大型的资产管理公司下也可能有多只基金。

四、投资银行资产管理的程序

(一)资产管理业务的申请与审批

投资银行从事资产管理业务，必须经中国证监会批准。《投资银行客户资产管理业务试行办法》的第十七条和第十八条对于投资银行从事资产管理业务的条件作出了明确规定。

(1) 经中国证监会核定为综合类投资银行。

(2) 净资本不低于人民币 2 亿元，且符合中国证监会关于综合类投资银行各项风险监控指标的规定。

(3) 客户资产管理业务人员具有证券从业资格，无不良行为记录，其中具有三年以上证券自营、资产管理或者证券投资基金管理从业经历的人员不少于五人。

(4) 具有良好的法人治理结构、完备的内部控制和风险管理制度，并得到有效执行。

(5) 最近一年未受到过行政处罚或者刑事处罚。

(6) 中国证监会规定的其他条件。

对于设立集合资产管理计划还应具备以下条件：①健全的法人治理结构、完善的内部控制和风险管理制度，并得到有效地执行；②设立限定性集合资产管理计划，净资本不低于人民币 3 亿元，设立非限定性集合资产管理计划，净资本不低于人民币 5 亿元；③最近一年不存在挪用客户交易结算资金等客户资产的情形。此外，投资银行开展资产管理业务后需要编制资产管理报告报中国证监会备案，接受动态监督。

(二)资产管理业务的客户选择

资产管理业务开展之前，投资银行要选择具备资格的客户，为其提供咨询和建议，然后与有意向的客户签订《资产委托管理协议书》。

投资银行要按照有关规则，根据客户的具体情况、风险认知与承受能力、投资偏好等，推荐与客户风险承受能力相匹配的产品或者服务，引导客户审慎投资。

投资银行要制作风险揭示书，充分揭示客户参与资产管理业务的市场风险、管理风险、流动性风险及其他风险。

投资银行在营销活动中必须向客户全面、准确地讲解资产管理合同内容和业务规则，对于集合资产管理客户还要介绍集合计划的产品特点、投资方向、风险收益特征，讲解客户投资集合计划的操作方法等。

(三)资产管理的运作

投资银行根据《资产委托管理协议书》中投资者的目标和要求制订资产管理计划，并依据资产管理计划进行投资管理和向投资者定期提供资产状况的报告，投资银行和资产托管机构要为投资者提供查询资产状况和交易记录的便利。资产管理业务启动后，投资银行必须逐日对客户委托资产净值进行评估确定。

五、投资银行开展资产管理业务的动因

资产管理业务是投资银行的核心业务，在未来有巨大的发展空间，从资产管理业务的需求环境来看，资产管理业务的开展具有现实的动因：一方面是随着经济的发展，社会财富不断增加，居民资产对资本保值增值有着巨大的需求，对于普通投资者而言，由于缺乏专业知识，通过投资成功实现保值与增值的可能性不大，因而需要委托专业机构来管理。另一方面是随着市场环境的改变，投资银行的经纪业务和证券承销等传统业务已无法满足其盈利和发展的要求，使得资产管理业务的开展具有紧迫性；从资产管理业务的供给环境来看，投资银行已初步具备为客户提供资产管理服务的业务能力和专业技巧，《证券公司客户资产管理业务试行办法》的实施为投资银行开展资产管理业务提供了制度供给环境。

投资银行开展资产管理业务可以整合并拓展其传统业务，提高其核心竞争力。资产管理业务自身的特点，要求投资银行全面了解各类投资者的需求，掌握投资者的个性和风险偏好，对投资者进行分类并给予指导，进而将委托资金进行相应组合投资。资产管理业务中投资银行与市场投资者密切的业务关系为其开展其他业务打下了良好基础。

投资银行开展资产管理业务能够提供相对稳定的现金流，能平衡投资银行收入的波动性。资产管理不仅能获得管理费，而且往往还有业绩收入。这些收入比其他来源的收入，如投资银行业务的收入以及自营账户交易，现金流更加平稳和可预见。

投资银行开展资产管理业务可以降低其业务风险。资产管理业务体现的是一种委托与代理关系，投资银行依靠专业投资知识充当资金与金融产品的中介来获取管理费和一定的业绩报酬，自身不承担风险。虽然一些集合资产管理品种也由投资银行部分资金参与，与客户共同承担风险和分享收益，但其风险的大小和性质毕竟不同于用自身资本金去博弈的自营业务。

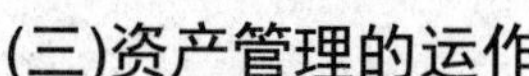

美国券商资产管理收费结构

在美国，券商收费的结构组成一般为：①基本费。不管资产管理的成效如何，委托方都要付给投资银行基本的管理费用。②达标费。根据委托管理合同的标准，投资银行若达到预期效果，即可获得一定的达标费。③增值奖励。以资产管理所产生的新的价值为奖励标准，管理增值则可取得；反之则无。如双方规定有奖励和处罚的约定，则在收益超出一定水平后，管理者提取相应的业绩报酬；若亏损达到一定幅度后，管理者用风险准备金弥补客户部分损失。

(资料来源：孙俊，陈晓云. 中美券商资产管理业务现状研究. 集团经济研究，2006 年第 12X 期)

六、中国投资银行资产管理业务的历史与发展

中国投资银行开展资产管理业务的历史较短，资产管理业务是伴随着投资银行业务发展起来的。1999 年后，投资银行的主营方向由经纪业务转向投资银行业务，与之配合需要定向引进一些大的客户，久之形成了相对固定的业务关系和良好的信任基础，大客户将资金委托给投资银行进行新股认购等投资活动。进入 1999 年后，资本市场的急剧扩张，引发了巨大的投资需求，使得投资银行的资产管理业务蓬勃发展起来。2000 年和 2001 年得以迅速扩张，2002 年则随着自 2001 年下半年以来股市系统性风险的集中释放而受到遏制，规模有所收敛。

但早期的资产管理存在着缺乏有效的法律监管、契约管理不完善、账户管理混乱、缺少投资途径、准入管理不善等问题。大规模的保底型资产管理业务造成了极大的潜在市场风险。2004 年，投资银行综合治理全面启动，中国证监会将违规的保本保息投资银行委托理财业务全部关闭，规定所有投资银行的开展形式各样的委托理财业务全部暂停。《投资银行客户资产管理业务试行办法》于 2004 年 2 月 1 日起施行，这是我国首次对投资银行资产管理业务作出明确而严格的规定。

2005 年 3 月，经证监会审核批准，广发证券的“广发理财 2 号”和光大证券的“光大阳光集合资产管理计划”正式推广发行，标志着投资银行集合资产管理计划正式开始。此后多家投资银行都开展了集合理财业务。投资银行集合理财计划发行数量、发行规模日益增长，参与投资银行不断增加。

中国证监会 2008 年 5 月 31 日正式发布了《投资银行定向资产管理业务实施细则(试行)》和《投资银行集合资产管理业务实施细则(试行)》，并于 2008 年 7 月 1 日起正式施行。这两个细则的实施，是投资银行资产管理项下定向资产管理和集合资产管理两项业务常规发展的新起点。截至 2010 年 2 月，国内投资银行集合理财总金额已超 1000 亿元，已开发集合理财基金 91 只，共 32 家投资银行开展集合理财业务。

第三节　投资组合管理

一、投资组合管理的含义及特点

(一)投资组合管理的基本含义

投资者为了分散投资的非系统风险，将资金分散投资于多种有价证券或资产，这种由多种有价证券和资产构成的集合称为投资组合。

投资组合管理的意义在于采用适当的方法选择多种投资对象，以达到既定的风险水平下投资收益最大化的目标，或在既定的收益水平下，风险最小化的目标。

(二)投资组合管理的特点

投资组合管理的特点主要表现在两个方面。

1. 投资的分散性

投资组合的风险随着组合所包含证券数量的增加而降低，尤其是证券间关联性极低的多元化证券组合可以有效地降低非系统风险，使证券组合的投资风险趋向于市场平均风险水平。因此，投资组合管理强调构成组合的证券应多元化。

2. 风险与收益的匹配性

投资收益是对承担风险的补偿。承担风险越大，收益越高；承担风险越小，收益越低。因此，组合管理强调投资的收益目标应与风险的承受能力相适应。

二、投资组合的类型

投资组合按不同的投资目标可以分为避税型、收入型、增长型、收入和增长混合型、货币市场型、国际型及指数化型等。

(1) 避税型证券组合以避税为首要目的，通常投资于市政债券，这种债券免交联邦税，也常常免交州税和地方税。

(2) 收入型证券组合追求基本收益的最大化。能够带来基本收益的证券有附息债券、优先股及一些避税债券。

(3) 增长型证券组合以资本升值(即未来价格上升带来的价差收益)为目标。投资于此类证券组合的投资者往往愿意通过延迟获得基本收益来求得未来收益的增长。这类投资者很少会购买分红的普通股，投资风险较大。

(4) 收入和增长混合型证券组合试图在基本收入与资本增长之间达到某种均衡，因此也称为“均衡组合”。二者的均衡可以通过两种组合方式获得：一种是使组合中的收入型证券和增长型证券达到均衡；另一种是选择那些既能带来收益，又具有增长潜力的证券进行组合。

(5) 货币市场型证券组合是由各种货币市场工具构成的，如国库券、高信用等级的商业票据等，安全性很强。

(6) 国际型证券组合投资于海外不同国家。实证研究结果表明，这种证券组合的业绩总体上强于只在本土投资的组合。

(7) 指数化型证券组合模拟某种市场指数。根据模拟指数的不同，指数化型证券组合可以分为两类：一类是模拟内涵广大的市场指数；另一类是模拟某种专业化的指数，如道·琼斯公用事业指数。

三、投资组合管理的方法

根据组合管理者对市场效率的不同看法，其采用的管理方法可大致分为主动管理和被动管理两种类型。被动管理和主动管理的理论基础是市场效率理论，采取主动管理方法的投资者认为市场是非有效的，通过积极配置可能获取超额收益；而采取被动管理方法的投资者则认为市场是有效的，对公开信息和历史数据的分析无助于提高收益，被动跟踪投资基准是最好的投资策略。在美国，20 世纪 70 年代以前，所有的资产都采用主动管理模式，进入 90 年代后，被动管理模式被广泛采用。

1. 主动管理方法

所谓主动管理方法指经常预测市场行情或寻找定价错误的证券，并借此调整证券组合以获得尽可能高的收益的管理方法。采用此种方法的管理者认为，市场并不总是有效的，加工和分析某些信息可以预测市场行情趋势和发现定价过高或过低的证券，进而对买卖证券的时机和种类作出选择，以实现尽可能高的收益。

2. 被动管理方法

所谓被动管理方法指长期稳定持有模拟市场指数的证券组合以获得市场平均收益的管理方法。采用此种方法的管理者认为，证券市场是有效率的市场，凡是能够影响证券价格的信息均已在当前证券价格中得到反映。因此，他们坚持“买入并长期持有”的投资策略，他们通常购买分散化程度较高的投资组合，如市场指数基金或类似的证券组合进行长期投资。

案例点击

2009年被动管理的指数基金明显战胜主动管理的股票型基金

通过对各投资类型基金2009年投资业绩进行分析，明显看出被动管理型的指数型基金表现最为突出，远超出其他类型基金，包括主动管理型的偏股型基金。

按大类进行比较，指数型基金收益率最高，股票型(不包含指数型)次之，后面依次是封闭性股票型、混合型、QDII、保本型、债券型、货币型。被动管理的指数基金明显战胜主动管理的股票型基金，指数基金平均净值增长率超出股票基金18.86个百分点，这表明在股市上涨阶段，指数型基金的高仓位占有明显优势，也说明通过主动管理战胜基准指数、获取超额收益并不是一件容易的事情。

(资料来源：齐鲁证券研究员金明琦. 基金大扩容 被动赢主动，2010年1月6日)

四、投资组合管理的基本步骤

投资组合管理通常包括以下几个基本步骤。

(一)明确投资目标

投资目标是指投资者在既定风险的前提下，投资的最大化，或者在既定的收益水平下，风险最小化。

投资组合主要由有价证券组成，而有价证券的收益主要来源于两个方面：当前收益和资本利得。其中，当前收益是指以股息、红利和利息形式获得的长期稳定的收益来源。而资本利得是指投资者低价买进、高价卖出各种证券的差价收益。不同的投资者，对收益来源的偏好各不相同。风险回避型投资者更多地青睐于获得长期稳定的收益，而风险偏好者则偏向于在波动的市场中获得巨大的差价收益，还有的投资者则希望在既有经常收入的基础上又获得资本增值。

投资银行作为投资管理者，应考察了解投资者的投资目标，充分认识投资者不同的风

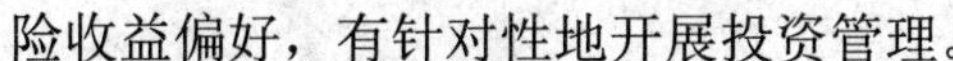
险收益偏好，有针对性地开展投资管理。

(二)制定投资政策

制定投资政策是投资管理的重要环节，投资政策恰当与否将直接关系到投资目标能否顺利实现。投资政策是投资者为实现投资目标应遵循的基本方针以及应采取的投资策略。投资政策反映了投资组合管理者的投资风格，并最终反映在投资组合中所包含的金融资产类型特征上。

投资的基本方针主要体现在以下几方面：①如何构建资产的投资组合，即进行资产配置(Asset Allocation)；②充分投资的程度，即投资基金、股票等占全部资金的比例；③投资目标取向，即偏重于经常收入的稳定性，还是偏重于资本增值等。

投资策略是实现投资目标的重要手段。按照投资策略的理念划分，投资策略可以分为主动型投资策略和被动型投资策略。这两类投资策略在构建投资组合、运作等方面都有各自不同的特点。

(三)进行证券投资分析

证券投资分析是指对投资组合中的单个证券或证券组合的具体特征进行的考察分析。这种考察分析的一个目的是明确这些证券的价格形成机制和影响证券价格波动的诸因素及其作用机制；另一个目的是发现那些价格偏离其价值的证券。从分析的内容来看，证券投资分析方法主要包括基本面分析和技术分析，第六章详细地介绍了这些方法。从投资分析的不同流程来看，证券投资分析方法主要包括“自上而下”(Top-Down)和“自下而上”(Bottom-Up)两种。

1. 自上而下的方法

通常从考察整个经济环境入手，分析国际、国内经济趋势，找出在今后一段时间内有较好发展前景的行业。这种分析方法常常关注的方面有：利率变化趋势、整个经济活动、市场技术性因素、企业价值衡量及市场的情绪等。在找出最有发展潜力的行业之后，投资管理者往往选择其行业内著名的大型公司进行投资。这种方法在一些特定的经济环境下会十分有帮助。关键是在预测经济走势时，是否都能做到十分准确。

2. 自下而上的方法

自下而上的方法并非专门着眼于整个经济环境，而更关注于分析、选择最有潜力的公司股票。其分析的主要因素主要是针对行业和公司自身的独特因素，包括企业的基本状况、竞争优势、管理素质、现金流、盈利能力以及收购合并活动等。

许多著名的投资专家，如著名基金经理彼得·林奇和巴菲特都采用这种自下而上的方法。关注企业而非宏观及行业的原因在于，这些最有潜力的企业作为领导者，通常可以在各种经济环境下都能保持可观的增长。故着眼于长线投资的人，可不必担忧短期的市场波动，投资在盈利能力强、处于行业领导者的公司股票上，长期持有，往往投资收益最为可观。同时，投资者也应注意避开投资在那些行业已开始进入长期下滑趋势的股票上。

上述两种方法都各有其优势和不足。在实际操作中，根据经济及市场变化，投资组合管理者大多以某种投资分析方法为主，同时也会借鉴另外一种投资分析方法，力图达到最佳的投资效果。

案例点击

南方基金投资研究采用的4P管理体系

南方基金投资研究采用的4P管理体系，即投资理念(Investment Philosophy)、投资流程(Investment Process)、投研团队(Investment People/Personnel)和投资业绩(Investment Performance)。在投资理念上，南方基金奉行研究为本、价值投资、稳健投资、长期投资、理性投资的投资理念；通过基金经理、投资经理采用纪律严谨、研究驱动的投资流程，充分利用全方位的投资资源，按照客户和契约的指引，构建投资组合，实现客户的投资目标；南方基金依据不同投资产品的投资目标与风格，采用自下而上、自上而下或者两者相结合的投资流程，通过多维的定性与定量投资研究，构建投资组合；以投研团队的专业、勤勉、诚信、高尚和收益/风险共享，为客户创造长期、持续的优秀投资业绩，并与客户及时有效地沟通，为客户提供一流的投资服务。

(资料来源：南方基金管理公司提供)

(四)构建投资组合

构建投资组合主要是确定具体的证券投资品种和在各证券上的投资比例。在构建证券投资组合时，需要注意个别证券选择、投资时机选择和投资分散化三个问题。个别证券选择主要是预测个别证券的价格走势及其波动情况；投资时机选择涉及预测和比较各种不同类型证券的价格走势和波动情况；投资分散化则是指在一定的现实条件下，通过合理的分散投资，组建一个在一定收益条件下风险最小的投资组合。

(五)调整投资组合

投资组合确定一段时间后，过去构建的投资组合对投资者来说，可能已经不再是最优组合了，这可能是因为投资者改变了对风险和回报的态度，或者是其预测发生了变化。故投资管理者需重新调整投资组合，以确定一个新的最佳组合；此外，若投资管理者对市场分析不到位，导致原有投资组合表现不佳也需及时调整投资组合，以防损失扩大。

(六)评估投资绩效

投资组合管理的目的是实现资产的保值、增值，这就需要定期对投资组合管理的绩效进行评估。投资绩效评估是投资组合管理过程中的一种反馈与控制机制。投资绩效评估主要是指对委托管理资产的收益、风险、目标完成情况等方面的综合评判与衡量。

五、资产配置

(一)资产配置的概念及功能

资产配置(Asset Allocation)是指根据投资者的风险偏好和资产的风险收益特征，确定不同资产类别在投资组合中所占比重，从而达到降低投资风险和提高投资收益的目的。

资产配置是投资过程中最重要的环节之一，也是决定投资组合相对业绩的主要因素。资产配置之所以能对投资组合的风险与报酬造成一定的影响力，在于其可以利用各类资产具有的不同报酬率及风险特性，以及彼此价格起伏的相关性，来降低投资组合的风险。资产配置对投资组合业绩的影响说明，投资者选择投资标的物与买进卖出时点的掌握固然重要，但如何决定最适的资产配置才是获取收益的核心所在。而且，相关研究表明，资产规模越大，越需要进行资产配置。

材料解析

资产配置对投资组合业绩的影响

1986 年的《金融分析师杂志》(*The Financial Analysts Journal*)刊载了布林森(Brinson)、霍德(Hood)和比鲍尔(Beebower)(简称 BHB)的名为“投资组合表现的决定性因素”(Determinants of Portfolio Performance)的著名文章。三位作者告诫投资者“应该忘掉市场时机选择；应该忘掉个股选择；在投资组合的收益中，几乎 94%可以由其资产的配置单来解释；应该做一个资产的配置者”。1991 年，布林森、辛格(Singer)和比鲍尔在《金融分析师杂志》撰文“投资组合表现的决定性因素”，重申了 BHB 的结论，即投资组合中的资产配置策略对于组合业绩起决定性的作用，并且在一定的投资期内对投资收益的贡献率超过 90%。美国最大的基金公司 Vanguard 的董事长柏哥(John Bogle)为了验证布林森等结论是否正确，特别组成一个内部委员会针对旗下的退休基金进行研究，结果有了类似的发现：在 1987—1996 年间，资产配置的方式为基金的季报酬率贡献了 88.7%。

一般来说，资产配置的主要资产类型有货币市场工具、固定收益证券、股票、不动产和贵金属(黄金)等。资产配置会根据资产类别的历史表现与投资者的风险偏好，对资产类别进行多样化的组合，从单一资产扩展到多资产类型，从国内市场扩展到国际市场，从而帮助投资者降低单一资产的非系统性风险，在同等风险水平下，获取更高的长期收益，或者在风险水平降低的基础上提供相似的收益。

资产配置作为投资管理中的核心环节，其目标在于协调提高收益与降低风险之间的关系。为此，在资产配置过程中，必须考虑以下几个因素：①影响投资者风险承受能力和收益要求的各项因素，包括投资者的年龄或投资周期、资产负债状况、财务变动状况与趋势、财富净值和风险偏好等因素；②影响各类资产的风险收益状况以及相关关系的资本市场环境因素，如国际经济形势、国内经济状况与发展动向、通货膨胀、利率变化、经济周期波动和监管等；③资产的流动性特征与投资者的流动性要求相匹配的问题；④投资期限以及税收问题。

(二)资产配置的策略

资产配置在不同层面有不同的含义。从范围上看，可分为全球资产配置，股票、债券资产配置和行业风格资产配置等；从时间跨度和风格类别上看，可分为战略性资产配置、战术性资产配置和资产混合配置等。从配置策略上可分为买入并持有策略、恒定混合策略和投资组合保险策略等。

1. 买入并持有策略

买入并持有策略(Buy and Hold Strategy)是指按确定恰当的资产配置比例构造了某个投资组合后，在诸如3～5年的适当持有期间内不改变资产配置状态，保持这种组合。买入并持有策略是消极型的长期再平衡方式，适用于有长期计划水平并满足于战略性资产配置的投资者。

买入并持有策略着眼于长期投资，其投资组合价值取决于最初的战略性资产配置所决定的资产构成。买入并持有策略适用于资本市场环境和投资者的偏好变化不大，或者改变资产配置状态的成本大于收益时的状态。

2. 恒定混合策略

恒定混合策略(Constant Mix Strategy)是指保持投资组合中各类资产的比例固定，即在各类资产的市场表现出现变化时，资产配置应当进行相应的调整，以保持各类资产的投资比例不变。例如，某基金是60%股票和40%债券的组合，为保持这一比例，要根据股市、债市的相对变化而相应地调整。如果股市相对于债市上涨了，则该组合中股票相对于债券的比例上升了，就要主动进行调整，卖出部分股票而增持债券，以保持初始的相对比例；相反，当股市相对于债市下跌时，基金经理要卖出部分债券而增持股票。

恒定混合策略假定资产的收益情况和投资者偏好没有大的改变，因而最优投资组合的配置比例不变。恒定混合策略适用于风险承受能力较稳定的投资者。

3. 投资组合保险策略

投资组合保险策略(Insured Asset Allocation)是在将一部分资金投资于无风险资产从而保证资产组合最低价值的前提下，将其余资金投资于风险资产，并随着市场的变动调整风险资产和无风险资产的比例，同时不放弃资产升值潜力的一种动态调整策略。

投资组合保险策略假定投资者的风险承受能力将随着投资组合价值的提高而上升，同时假定各类资产收益率不发生大的变化。投资组合保险策略在股票市场上涨时提高股票投资比例，而在股票市场下跌时降低股票投资比例，从而既保证资产组合的总价值不低于某个最低价值，同时又不放弃资产升值潜力。

投资组合保险策略包括的具体策略比较多，其中的一种简化形式是“固定比例”投资组合保险(Constant Proportion Portfolio Insurance，CPPI)。

本章小结

投资管理	投资基金管理	1. 投资基金是指一种利益共享、风险共担的集合证券方式，具有五大特点。 2. 基金当事人包括基金份额持有人、基金管理人与基金托管人。 3. 投资基金可以根据法律形式、运行方式、投资目标等进行多种分类。 4. 投资基金运作过程涉及基金的设立、发行和交易、投资管理、信息披露等

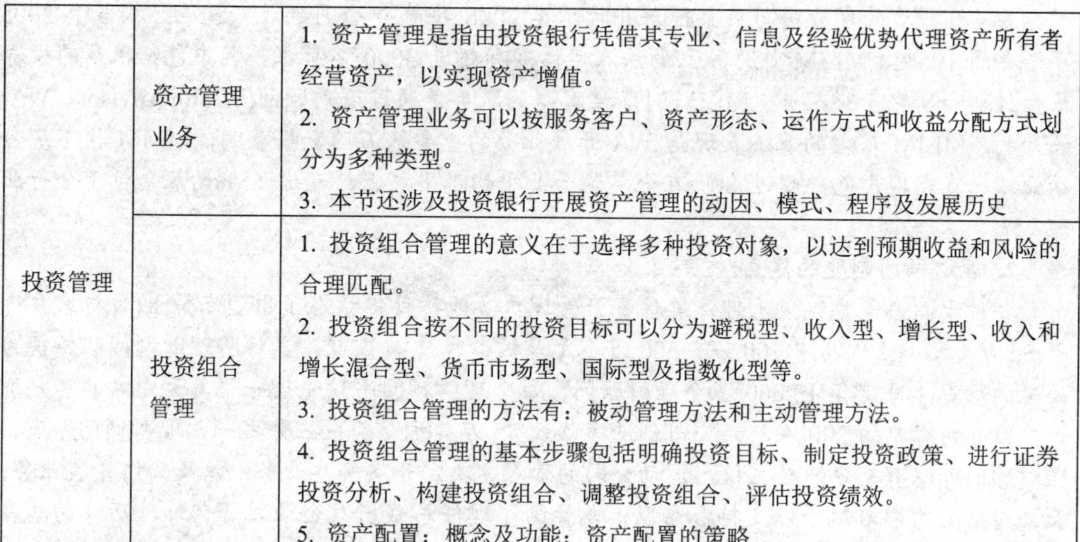

投资管理	资产管理业务	1. 资产管理是指由投资银行凭借其专业、信息及经验优势代理资产所有者经营资产，以实现资产增值。 2. 资产管理业务可以按服务客户、资产形态、运作方式和收益分配方式划分为多种类型。 3. 本节还涉及投资银行开展资产管理的动因、模式、程序及发展历史
	投资组合管理	1. 投资组合管理的意义在于选择多种投资对象，以达到预期收益和风险的合理匹配。 2. 投资组合按不同的投资目标可以分为避税型、收入型、增长型、收入和增长混合型、货币市场型、国际型及指数化型等。 3. 投资组合管理的方法有：被动管理方法和主动管理方法。 4. 投资组合管理的基本步骤包括明确投资目标、制定投资政策、进行证券投资分析、构建投资组合、调整投资组合、评估投资绩效。 5. 资产配置：概念及功能；资产配置的策略

典型案例

美林证券资产管理业务

美林证券(Merrill Lynch)世界最著名的证券零售商和投资银行之一，一直将资产管理业务作为经营的重点。尽管在2008年的金融危机中被美国银行收购，但美林证券的资产管理业务依然在2009年为美林证券带来了43.15亿美元的收益，占其经营收入的19%(高盛资产管理业务对主营业务收入的贡献为10.8%)。

从美林证券2007、2008及2009三年的财务报表可以看出，由于受到金融危机的影响，公司的自营业务损失最大，这也是造成美林证券被收购的主要原因(2007年和2008年分别亏损120亿和270亿美元)，而投资银行业务和股权投资业务的收益也表现出较大波动。但美林证券的资产管理业务却在这几年期间维持了较高水平，每年的收入都超过40亿美元，是公司利润最稳定的来源。美林证券的资产管理业务之所以取得巨大成功，主要应归功于其自身运作的特色，以下将从几个方面介绍美林证券的资产管理业务。

1. 美林证券资产管理架构

美林证券实行证券控股公司下的事业部制的组织架构，以业务为划分的事业部是独立的利润中心，这也是国际大型投资银行所普遍采用的内部组织结构。美林主要业务单位均为美林集团下属集团，将主要业务内容分成三大块：全球市场与投资银行集团(Global Market Investment Banking，GMI)、全球私人客户集团(Global Private Client，GPC)、美林投资管理集团(Merrill Lynch Investment Management，MLIM)。GMI面向全球的公司、机构客户、政府客户提供融资服务和产品。GPC面向个人、中小企业和雇员福利计划，提供财富管理的产品和服务。MLIM管理来自个人、机构和公司客户的金融资产。美林证券的资产管理业务主要由美林投资管理集团负责。2006年9月29日，美林投资管理公司与著名的贝莱德(BlackRock)合并，不再作为一个单独业务单位存续，在合并前美林投资管理公司管理资产规模将近6000亿美元，而合并后贝莱德管理的资产规模超过1万亿美元。

在美林投资管理公司与贝莱德合并时，其 2006 年前 9 个月的收入就已经相当于 2005 年全年的 105%。MLIM 作为独立的法人实体拥有超过 3000 名员工，其中包括很多的投资基金经理和研究专业人员。MLIM 对零售客户的服务是通过理财顾问(Wealth Advisor，WA)展开的。MLIM 基金的业绩表现是 WA 开展业务的重要基石。数据表明，MLIM 旗下基金的业绩一直表现出色，超过 80%在全美基金业平均水平之上，超过 65%的基金位于全行业前 25%。

2. 理财顾问制度的建立

相对于高盛等贵族俱乐部，美林资产管理更多地将目标放在了中型客户上(目标客户资产 50 万美元以上，其中 100 万～500 万美元是核心客户)。因此，美林将理财顾问队伍视为公司的基石，目前有 13 000 多个理财顾问，每个理财顾问平均管理一亿美元左右的客户资产，服务的客户约 200 人，为公司创造净收入 75 万美元，其中三分之一归理财顾问所有。理财顾问可以有充分的自主权，调动公司的资源，决定开展哪些业务，以及如何开展业务。而公司也全力以赴地予以支持和帮助。美林除了现任总裁出自企业融资部外，历任的总裁都是出自公司的私人客户部。在管理体制上，私人客户部下属的业务管理部门内都设有服务支持副经理，专门负责协调公司内部资源对理财顾问的支持。

美林对理财顾问建立了一整套严格的考核制度，考核内容除了营业收入，客户资产增长量外，还有客户的反馈和执业纪律等指标。业务管理部门内设有负责监察的副经理，对理财顾问的执业情况进行监督。严格管理和严肃纪律的管理体制和公司文化保证了理财顾问业务的健康发展。

3. 合理的投资策略和资产组合设计

美林资产管理公司的理财顾问(Financial Advisor)根据个人投资者和机构投资者对于风险收益的不同要求制定不同的投资策略，以实现效用的最大化。美林的个人资产管理步骤如下。

第一步，理财顾问根据投资者的投资时间期限和风险承受能力制定出长期和短期的投资目标(未来现金的流入、流出及收益率)。

第二步，理财顾问根据第一步制定的投资目标设定投资策略和风险资产组合，以使预期的现金流与目标相匹配。

第三步，理财顾问通过资本市场投资交易持有风险资产。

第四步，理财顾问定期观测投资者的目标、策略和风险资产组合收益率的变化，根据实现目标的可能性随时进行调整。

4. 多样化的投资选择

美林资产管理公司为投资者提供了多样化的投资选择，使不同层次和需求的客户可以根据自身的需求进行选择。

在股权投资方面，美林对超过 2850 家公司的基本面进行研究，在全球范围对 20 多个产业逐个作深入的证券分析和研究。同时，美林的理财顾问还通过寻找负 beta 值的资产构造非传统的股权投资工具以剔除市场的影响。

对于固定收益产品的选择，美林通过投资于可转换债券、高收益证券、不动产抵押证券、市政债券、优先股、零票息债券、机构发行证券、定期存单及商品等为客户带来稳定的收益。

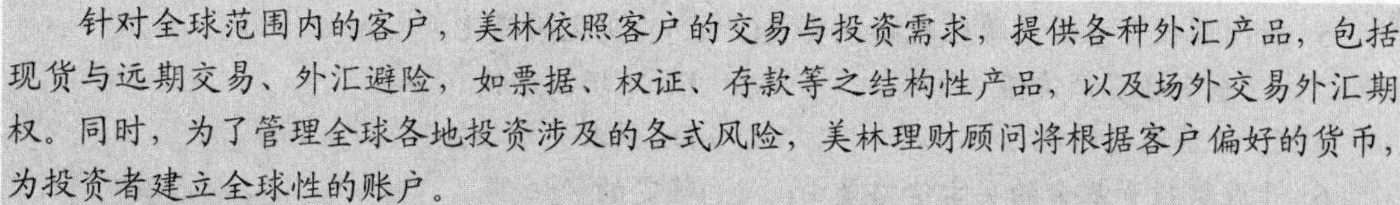

针对全球范围内的客户，美林依照客户的交易与投资需求，提供各种外汇产品，包括现货与远期交易、外汇避险，如票据、权证、存款等之结构性产品，以及场外交易外汇期权。同时，为了管理全球各地投资涉及的各式风险，美林理财顾问将根据客户偏好的货币，为投资者建立全球性的账户。

5. 跨部门业务合作

美林证券资产管理业务的成功也得到了许多其他业务部门的帮助，例如投资银行部在进行并购、资产重组和发行承销的过程中积累的客户资源很多也成为资产管理部的客户。但由于美国的证券监管法规和自律组织对于跨部门的合作有相关规定，这种客户资源的共享需要以不能泄露客户信息为前提，因此跨部门的协作在一定程度上受到了限制。

综上所述，美林证券资产管理业务的成功更多地源自对于客户的重视，良好的服务和专业的投资团队使得投资者信任美林，愿意将资产交付美林管理。

资料来源：

(1) 美林、高盛、摩根士丹利历年年报

(2) 何诚颖，陶鹅春，都成秀. 海外券商资产管理模式比较级我国创新流程. 证券市场导报，2003 年 9 月

(3) 陈峥嵘. 美林证券风险管理之道. 资本市场，2008 年第 7 期

(4) 朱有为，包学诚. 证券公司资产管理业务发展的机遇、定位与路径分析. 证券与保险，2008 年第 8 期

复习思考题

一、不定项选择题

1. 证券投资基金运作中的三方当事人一般是指基金的(　　)。

A. 发起人、管理人和基金份额持有人

B. 管理人、托管人和基金份额持有人

C. 托管人、发起人和基金份额持有人

D. 受益人、管理人和基金份额持有人

2. 在我国，基金托管人只能由依法设立并取得基金托管资格的(　　)担任。

A. 商业银行　　B. 证券公司

C. 保险公司　　D. 财务公司

3. 按基金的法律形式不同，证券投资基金可分为(　　)。

A. 契约型基金和公司型基金

B. 成长型基金、收入型基金和平衡型基金

C. 封闭式基金和开放式基金

D. 国债基金、股票基金、货币市场基金和指数基金

4. 基金按(　　)，可分为封闭式基金和开放式基金。

A. 法律形式不同　　B. 运作方式不同

C. 投资标的划分　　D. 投资目标划分

5. 封闭型投资基金的单位价格主要随(　　)的变化而变化。

A. 基金净资产价值　　B. 市场流动性

C. 经济运行情况　　D. 供求关系

6. 开放型投资基金的买卖价格是由(　　)确定的

A. 基金净资产价值　　B. 基金的净资产价值加一定手续费

C. 市场供求关系　　D. 交易商报价

7. 依据投资理念的不同，可以将基金分为(　　)。

A. 主动型基金和被动型基金　　B. 成长型和收入型基金

C. 股票型和债券型基金　　D. 进取型和保守型基金

8. 交易型开放式指数基金(ETF)接近于(　　)。

A. 开放式基金　　B. 主动型基金

C. 指数型基金　　D. 股票基金

9. 封闭式基金只有在募集期限内募集的资金超过该基金批准规模的(　　)时，该基金方可成立。

A. 50%　　B. 80%

C. 90%　　D. 100%

10. (　　)是基金管理和运作中最重要的环节，决定着基金的经营业绩。

A. 基金设立　　B. 基金发行和交易

C. 基金信息披露　　D. 基金的投资管理

11. 下列哪些费用是由基金投资者自己承担？(　　)

A. 申购费　　B. 赎回费

C. 基金转换费　　D. 基金管理费

12. 集合资产管理又可以进一步细分为(　　)。

A. 限定性集合资产管理和非限定性集合资产管理

B. 定向资产管理和专项资产管理

C. 公共资产管理和私人资产管理

D. 现金管理和非现金管理

13. 投资组合管理特点主要表现为(　　)。

A. 投资的专业性　　B. 投资的透明性

C. 风险与收益的匹配性　　D. 投资的分散性

二、判断题

1. 基金管理人、托管人和投资人共同参与基金收益的分配。(　　)

2. 基金托管人通常由有实力的商业银行或信托投资公司担任。(　　)

3. 基金市场的参与主体分为基金当事人、基金市场服务机构、监管和自律机构三大类。(　　)

4. 上市开放式基金(LOF)既可以在场外市场进行基金份额申购赎回，又可以在交易所进行基金份额交易和基金份额申购或赎回。(　　)

5. 开放式基金的募集期限是3个月，在募集期限内净销售额超过2亿元时，基金方可

成立。（　　）

6. 我国的基金管理费、基金托管费及基金销售服务费均是按当日基金资产净值的一定比例逐日计提，按月支付。（　　）

7. 专项资产管理是为单个投资者服务的，可以投资多种资产。（　　）

三、简答题

1. 简述证券投资基金的特点。
2. ETF和LOF是分别是什么。各具有哪些特点？
3. 目前投资银行开展资产管理业务主要采取哪些模式？
4. 定向资产管理和专项资产管理的区别是什么？
5. 简述投资组合管理的基本步骤。
6. 简述资产配置的策略。

第十五章　投资银行的风险管理与监管

【本章精粹】

- 风险和风险管理概述
- 投资银行主要风险及其应对方法
- 市场风险管理工具——VaR 分析法及其补充
- 信用风险管理工具——KMV 模型与 Creditmetrics 模型
- 投资银行监管制度

【章前导读】

一场席卷全球的次贷危机开始让人们重新审视华尔街的投资银行，曾经叱咤风云的它们缘何经此一役，或如贝尔斯登、雷曼兄弟般黯然落幕；或如高盛、摩根士丹利般无奈转型。其间，美国商业银行虽遭打击但表现尚可，甚至如美国银行还充当了一回“救世主”的角色。风险管理是其中的重要原因之一。相比投资银行高杠杆、勇创新的“天马行空”，商业银行由于受到《新巴塞尔资本协议》对于最低资本金、监督审查程序以及市场纪律的严格约束，其运营无疑要安全稳妥许多。投资银行也需要完善的风险管理已成如今各国的共识，问题是如何有效进行内部控制和外部监管，形成一个目标明确、重点突出、程序严谨、方法科学的投资银行风险管理体系。

【核心概念】

全面风险管理　VaR 方法　压力测试　返回检验　KMV 模型　Creditmetrics 模型　集中型监管模式　自律型监管模式　综合型监管模式　市场准入制度　投资银行保险制度

第一节　投资银行的风险管理概述

对现代金融机构来说，风险是一种很微妙的事物，承担太多也许将使之遭受破产之痛，完全回避又意味着回避掉一切机会。如何理解风险、把握风险、利用风险(机会)是所有金融机构，包括投资银行值得研究的问题。

本节从风险和风险管理的概念开始，对投资银行风险管理的目标、原则、流程以及可能面临的各类风险进行介绍，以期给读者一个概览式的了解。

一、投资银行面临的主要风险

何为风险？一般经济学把它解释为事件未来可能结果发生的不确定性。这种定义的风险有两层含义：第一，风险并非单纯的损失，而是收益与损失的结合体；第二，风险是可测的，它的测度工具是收益分布的方差。

对于身处社会的任何一个个体或是群体，不可能规避掉所有可能面对的风险(否则也意味着将放弃所有可能获得的收益)，投资银行更是如此。从风险成因来看，投资银行可能面临的风险主要包括以下七类。

(一)政策风险

每个行业都或多或少将受到国家政治局面和政策导向的影响。投资银行业的发展和其所在国资本市场的成熟程度直接相关，因此受到国家经济政策影响较大，尤其是在金融自由化程度不高、国家宏观调控效果显著的国家。这些国家资本市场处于不断完善的进程之中，投资者相对不够理性，政府财税、货币政策的变化经常会引起证券市场的异常波动。

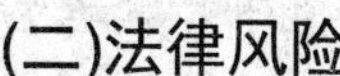

(二)法律风险

规范有序是成熟资本市场的标志之一。要实现市场的规范有序，有一套完善的法律体系必不可少。投资银行面临的法律风险主要有两种：一是法律变动对投资银行经营范围和经营品种的限制；二是合约潜在的非法性或者交易对手无权签订合同的可能性。

(三)体系风险

体系风险指的是因单个公司倒闭、单个市场或结算系统混乱而使整个金融市场产生“多米诺骨牌效应”，导致金融机构相继倒闭，从而引发整个市场周转困难，使投资者出现“信心危机”。

(四)市场风险

市场风险是金融体系最核心的风险之一，通常指市场变量(如利率、汇率、商品价格、股票价格等)的变化给金融机构带来的风险。根据对投资银行的影响，市场风险又可以细分为以下三类。

1. 利率风险

利率风险即利率变动致使证券供求关系失衡，从而导致证券价格波动而使投资银行发生损失的可能性。特别是当投资银行使用利率敏感性工具进行交易时，这种风险尤为突出。

2. 汇率风险

汇率风险即外汇价格变化而对投资银行的经营造成损失的可能性。这对于在浮动汇率制下从事外汇买卖业务、承销以外币面值发行的证券业务的投资银行来说，是一种要经常面对的风险。

3. 资本市场容量风险

资本市场容量风险即投资证券的最大资金容量变化引起投资银行业务损失的可能性。投资证券的最大资金容量由居民储蓄总额、可供投资的渠道以及投资者偏好等因素决定。测算资本市场容量对于证券发行和交易业务方面有指导作用。

案例点击

2008 年 10 月 20 日香港恒指成分股中信泰富突然惊爆，因投资杠杆式外汇产品而巨亏 155 亿港元，其中包括约 8.07 亿港元的已实现亏损和 147 亿港元的估计亏损。2009 年 4 月 8 日中信泰富在港交所网站发布公告称，荣智健卸任中信泰富主席，北京中信集团副董事长兼总经理常振明接任。究其原因，撇开中信泰富高层的“内聚力”现象以及对荣智健的过度信任，误判市场风险才是中信泰富败走外汇衍生品市场的关键。

2007 年由于特种钢生产业务的需要，中信泰富动用 4.15 亿美元收购了西澳大利亚两个分别拥有 10 亿吨磁铁矿资源开采权公司的全部股权。这个项目使得中信泰富对澳元有着巨大需求。因此，中信泰富在市场上购买了数十份外汇合约(远期、看涨期权等)，这也意味着中信泰富把宝完全押在了澳元多头上。在荣智健看来，澳元最近几年的持续升值趋势还将保持，做多澳元肯定会盈利。然而，一场全球金融海啸最终让澳元急转直下。对澳元价值前景的误判导致了荣智健决策的失误，并最终让中信泰富付出了惨痛代价。

如果说中信泰富在全球经济上升期做多澳元的行为尚合情理的话，荣智健在2007年8月到2008年8月全球经济已显危险征兆之时，依旧密集买入澳元就显得过于自负了。尤其是到了2008年，所有不同经济体衰退的趋势非常显著，中信泰富此时已发生明显亏损却仍在一味做多澳元。与其说荣智健认为澳元跌势已经见底因而作出乐观预期，倒不如说对宏观经济下行趋势和市场风险严重估计不足，甚至抱着对赌市场的心态。

(资料来源：卢亚娟. 金融风险管理案例集. 2009)

(五)信用风险

信用风险一般被界定为债权人由于债务人或交易对手违约造成损失的可能。《新巴塞尔资本协议》给出了可以被视为违约的几种情况。

(1) 有充分证据表明，债务人不可能全额偿还其借款(包括本金、利息、手续费)。

(2) 债务人的信誉下降，如冲销、特别准备或被迫进行重组(包括本金、利息、手续费的减免和延期)。

(3) 债务人超过到期日90天仍未偿还债务。

(4) 债权人或债务人已申请债务人破产保护或寻求类似保护。

按照传统定义，只有当违约行为发生时才产生信用风险，这不利于信用风险管理部门在违约行为出现之前采取措施加以防范。由于人们对信用风险重视程度的提升，金融机构资产价值和交易对手的信用状况和履约能力息息相关。一旦交易对手资信状况恶化引起信用评级下降，会导致金融机构持有的相关资产价值下降。这样，信用风险定义被扩展为交易对手履约能力下降引起金融机构持有相关资产价值损失的风险。

(六)流动性风险

对于投资银行而言，流动性风险指的是由于其持有资产流动性差和对外融资能力枯竭而造成的损失或破产的可能性。投资银行属于高杠杆经营的企业，一旦由于财务结构不合理导致资产负债期限不匹配，一方面没有能够迅速变现的资产，另一方面又不具备足够的外部短期融资能力，投资银行就将陷入债务危机之中。

(七)操作风险

操作风险是指投资银行由于内部控制机制或者信息系统失灵而造成意外损失的风险。这种风险一般由人为错误(有些定义中将员工道德风险纳入其中)、系统失灵、操作程序发生故障或控制失效引起。

巴塞尔委员会将典型操作风险事件分为七大类，分别是：①内部欺诈；②外部欺诈；③雇佣合同以及工作状况带来的风险事件；④客户、产品以及商业行为引起的风险事件；⑤有形资产的损失；⑥经营中断和系统出错；⑦涉及执行、交割以及交易过程管理的风险事件。

案例点击

美国东部时间2010年5月6日下午2点42分到2点47分之间，道·琼斯指数从10 458点瞬间跌至9869.62点，与前一交易日收盘相比，下跌了998.5点。到2点58分，道指又回到10 479.74点。这是道·琼斯指数历史上第二大单日波幅。另据纽约证券交易所的消息，当天在纽交所交易的股票中，有8只股票出现了交易价为零或者1美分的异常情况。

据多家外电报道，造成这一异常波动的原因竟很有可能是因为一名交易员在卖出股票时，本应输入字母M(million)开头的“百万”，却错按成了B(billon)开头的“10亿”，从而瞬间引发全面的恐慌性抛售，酿成股指暴跌近千点。

(资料来源：http://news.sohu.com，2010年5月7日)

二、投资银行风险管理的概念和原则

(一)风险管理概念

美国全国虚假财务报告委员会下属发起人委员会(COSO)在《企业风险管理——整合框架》中将风险管理定义为一个贯穿整个企业发展的过程。这个过程受企业董事会、管理层和其他人员的影响，应用于企业的战略制定及各个方面，旨在确定影响企业的潜在重大事件，将企业的风险控制在可接受的程度内，从而为实现企业的目标提供合理保证。

COSO委员会强调的是一个全面风险管理的概念，也就是说：

(1) 企业风险管理不是某个阶段的特定工作，它贯穿于企业成长的始终；

(2) 企业风险管理不是某个层级的专属任务，它需要上下携手，通力合作；

(3) 企业风险管理更不仅仅是某个部门的独立职责，如果将风险管理完全视为风险控制部门的事情，必然难以全盘考虑，综合分析，从而产生协同效应。

全面风险管理理念已经为国际金融机构及其监管部门所接受。但作为常年经营风险并管理风险的一类企业，投资银行除了需要遵循上述普适定义之外，还应有特殊的风险管理原则。

(二)投资银行风险管理原则

1. 全面性原则

全面性原则源自全面风险管理理念。应该把风险管理理解为一个动态的过程，它涵盖投行各个业务单位、各种业务产品、各名员工等风险因素，通过全面、有效地识别、计量、监控风险，在单一风险的有效管理基础上，对风险进行全面汇总和整合，实现对组合风险的管理，形成统一的风险管理体系。

2. 独立性原则

要保证风险管理的有效进行，就必须维护风险管理部门的独立性，包括独立的风险管理委员会、审计委员会及其下属各专业委员会(或相应其他部门)的设立，以及这些部门的人员也要具备高度独立性。尤其要避免风险管理部门与业务部门相互渗透、职能不清导致无法客观执行风险监控和防范的情况出现。

3. 防火墙原则

现在使用比较多的“防火墙”概念最早是由美联储主席格林斯潘于 1987 年在美国众议院银行委员会的证词中提出的。格林斯潘对于防火墙的设想主要考虑的是如何防范银行和证券部门间的利益冲突问题。演变至今，防火墙大体被分为三类：外在防火墙、内在防火墙和中国墙(Chinese Wall)。

外在防火墙旨在区隔不同金融市场的相互渗透，比如银行介入证券业务后可能引发的混业经营风险。内在防火墙则是为了防止同一金融控股公司内部，母公司与子公司或者子公司之间的关联交易。中国墙主要是将投资银行内各项业务，如投资管理业务、研究工作、投资决策和交易清算等在空间上和制度上严格隔离，对因业务需要获取内幕信息和穿越防火墙的人员制定严格的审批程序。比如，规定交易员不得在清算部门兼职，投资经理和集中交易室要在空间上分隔，客户资金和投行自有资金要严格区分，等等。

4. 时效性原则

投资银行所处的环境风云变幻，所面临的风险也是瞬息万变的。投资银行内部的经营战略和方针也处于不断调整之中。外部环境和内部理念的改变使得风险管理系统也要相应完善，因为滞后的系统是无法匹配新形势下的管理要求的。

三、投资银行风险管理的基本流程

一般来说，投资银行风险管理包括风险识别、风险评估、风险控制、风险监察和效果评价五个步骤，如图 15-1 所示。

图 15-1 风险管理流程图

投资银行风险管理的具体流程如下所述。

(一)风险识别

风险识别是任何风险管理的基础。它要求采用一种有计划的、经过深思熟虑的方法，来识别业务的每个方面存在的潜在风险，并识别可能在合理的时间段内影响每项业务的较为重大的风险。风险识别又包括以下几个步骤。

(1) 将公司按照业务或者部门分为不同的风险单位。

(2) 详细列出各风险单位的业务流程，这是对步骤(1)的进一步细化。

(3) 将风险单位各业务流程中面临的风险点一一列出，如前面所述的市场风险、信用风险、操作风险等。

(二)风险评估

风险评估是在风险识别的基础上，针对已识别的风险点进行定性分析和定量测度，对该风险发生的可能性大小及其潜在影响的相对重大程度进行评估。

常见的风险评估定性方法有风险评估系图(见图 15-2)。

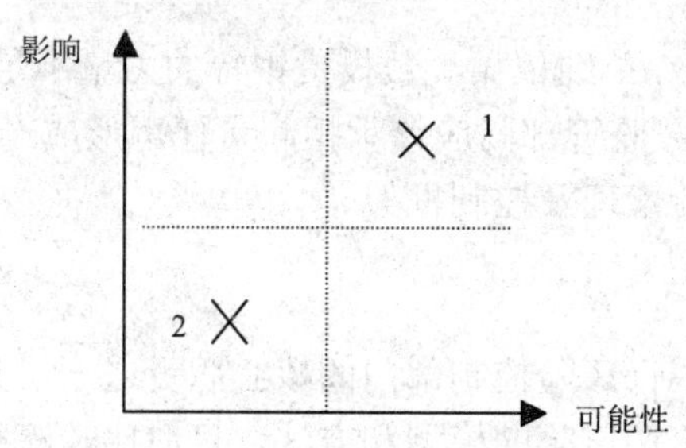

图 15-2　风险评估系图

风险评估系图根据风险可能性大小和对企业的潜在影响分成四个象限，企业对识别的风险点进行定性分析，并将其绘入上图中。越往右侧代表风险发生的可能性越大，越往上方代表对企业的潜在影响越大。位于第一象限中的点(如点 1)，说明该风险极有可能发生，且一旦发生影响甚大，因此该风险可被定性为重大风险。至于点 2，该风险对应的两个数值均相对较小，暂时不必过于关注。

风险评估的定量方法包括 VaR 方法、返回检验、压力测试法以及一些衡量不同风险的模型，这些都将在下一节详细介绍。

(三)风险控制

风险控制是整个风险管理流程最实质和核心的部分。它指的是根据风险评估的结果，针对不同种类的风险采取相应的风险应对策略(主要包括风险降低、风险消除、风险转移和风险保留)，以期将总体风险控制在一个可以接受的程度。对于前述七大类风险，投资银行的基本控制方法也不尽相同。

1. 政策风险应对

普通投资银行难以通过自身的影响去左右国家经济政策的变化。因此对于政策风险，投资银行从业人员只能努力把握国家政治、经济形势，预测或通过渠道了解国家经济政策的可能走向并有所准备。当然，其核心思想并不在于超前政策预先行动，而在于使自身的运作不致滞后于政策太多而引发风险。

2. 法律风险应对

投资银行业的发展日新月异，这要求投资银行在维持基本业务优势地位的同时，更多进入新的领域和开发更多的创新产品，这便加大了触动第一类法律风险(法律变动对投资银行经营范围和经营品种的限制)的可能性。因此，现代投资银行应该加强对业务所在国法律法规的研究理解，不仅是当前状况，还包括发展趋势，争取在业务创新和稳定经营之间找到最合适的平衡点。

对于第二类法律风险(合约潜在的非法性或者交易对手无权签订合同的可能性)，投资银行应该建立专门管理机构，仔细签订和实施对外合同以及与雇员的合同。在明知对方从事超越权限业务或者无权代理的情况下，不与之签订合同。在不知情的状况下，很多国家法律都有保护善意第三人的条款。

3. 体系风险应对

要避免市场的体系风险，单纯依靠少数投资银行的力量不足也不可靠 (大型投资银行拥有扩张和逐利的内在动力)。监管部门应该承担起责任，形成一套要求充足资本金、对大型投资银行有制衡效力的风险管理及控制框架。

4. 市场风险应对

市场风险控制是投资银行风险控制部门的核心职责之一。其风控程序主要如下。

(1) 确定计量、评估市场风险的模型和方法。目前比较流行的方法主要是 VaR 分析法及其补充方法(返回检验、压力测试法等)。

(2) 风险管理部门下属市场风险管理部门要定期对各业务单位进行风险评估。在明确了测量市场风险的模型之后，接下来要做的是确定各项业务的具体市场风险因素(如利率、汇率等)。再通过已确定的模型度量出各市场风险因素的风险暴露。

(3) 根据确定的风险暴露制定风险限额。制定风险限额时要采取定性与定量相结合的方法。可以采用敏感性分析的方法确定出一个风险限额的浮动区间，并使之与风险管理的总体目标相一致。

5. 信用风险应对

投资银行控制信用风险的传统方法主要有：尽量进行场内交易；场外交易中，谨慎选择交易对手；邀请其他方共同参与期限长、规模大的金融交易，分散信用风险。

随着信用风险技术的提高，投资银行可以参考现代商业银行信用风险管理的一些方法。如：建立交易对手资信状况信息库；强调事前主动型信用风险管理；采用信用风险量化模型；使用信用衍生产品分散信用风险等。

6. 流动性风险应对

控制流动性风险要求投资银行资产结构尽量向高流动性、易变现的资产倾斜，而不宜过多参与长期投资。另外，保持一定的储备金或者危机应对基金(需由流动性高的现金或金融工具组成)也是较有效的办法。

7. 操作风险应对

投资银行控制操作风险的方法主要有：健全内部控制机制和防火墙制度；完善信息系统，并建立畅通的信息反馈机制；优化人力资源管理机制，制定相应的奖惩制度。

委托-代理问题也是操作风险的一种表现形式。应该在公司内部建立以绩效考核为核心的激励机制，促使各层级员工的个人目标与公司整体目标相一致或者呈正相关关系，从而为企业的持续良性发展提供保障。

(四)风险监察

采取了一定的风险控制措施并不意味着这种措施必然有效，还应该由诸如风险监视委员会、审计稽核部这样的部门对已识别的风险和风险控制系统的运转进行持续监控。监控的内容主要包括风险管理措施的执行情况、风险管理目标的实现过程、新产生的风险以及相关损失，尤其是要对风险控制有缺陷的部门进行重点稽核。

(五)效果评价

以上四个步骤的实施还不能构成一个完整的风险管理程序。一个有效的系统还会拥有反馈机制。即对风险控制工具的使用状况和管理效果进行整体性的检验，并将检验结果反馈给风险管理委员会、审计委员会等风险管理高层组织，为风险管理系统的发展和经营战略的调整提供有效信息。

四、投资银行风险管理评价

投资银行风险管理流程中效果评价的实质是内部反馈，但它并不等同于完备的风险管理评价体系。完备的评价体系应由投资银行自评、外部机构审查并复核构成。更为重要的是，该评价体系应该拥有一套权威机构制定的评价指标和标准作为基准。

以我国情况为例。中国证监会于 2009 年 5 月发布《证券公司分类监管规定》。该规定将证券公司评价计分高低作为其类别划分的依据，而评价计分则是基于风险管理能力、市场竞争力、持续合规状况之上的。其中，考量证券公司风险管理能力的评价指标及其标准无疑是这一体系的核心。

证券公司风险管理能力评价指标分为资本充足、公司治理与合规管理、动态风险监控、信息系统安全、客户权益保护、信息披露 6 类。每一类指标均有相应评价标准①，以反映证券公司对流动性风险、合规风险、市场风险、信用风险、技术风险及操作风险等管理能力，具体如下②。

(1)　资本充足。主要反映证券公司净资本以及以净资本为核心的风险控制指标情况，体现其资本实力及流动性状况。

(2)　公司治理与合规管理。主要反映证券公司治理和规范运作情况，体现其合规风险管理能力。

(3)　动态风险监控。主要反映证券公司风险控制指标及各项业务风险的动态识别、度量、监测、预警、报告及处理机制情况，体现其市场风险、信用风险的管理能力。

(4)　信息系统安全。主要反映证券公司 IT 治理及信息技术系统运行情况，体现其技术风险管理能力。

(5)　客户权益保护。主要反映证券公司客户资产安全性、客户服务及客户管理水平，体现其操作风险管理能力。

---

①　参见《证券公司分类监管规定》附件《证券公司风险管理能力评价指标与标准》

②　引自《证券公司分类监管规定》

(6) 信息披露。主要反映证券公司报送信息的真实性、准确性、完整性和及时性，体现其会计风险及诚信风险管理能力。

上述规定给证券公司内部风险管理提供了参考性指标和可行性标准，同时也实现了对证券公司的外部监管。因此，它对于规范和促进中国证券公司风险管理的重要性不言而喻。

第二节　投资银行风险管理的模型与方法

在投资银行所面临的风险中，最核心的是市场风险和信用风险。投资银行的核心业务共同面临这两类风险，而且无论是投资银行内部风控部门还是外部监管机构，都将其视为风险管理的主要对象。因此也诞生了不少量化、评估和控制市场风险、信用风险的模型和工具。

其中比较流行的有衡量市场风险的 VaR 分析法及其补充方法，度量信用风险的 KMV 模型和 Creditmetrics 模型(随着风险管理技术的发展，VaR 方法也逐渐运用于信用风险的度量，Creditmetrics 模型实际上也蕴含了这种思想)。这些都是本节将着重介绍的内容。

除此之外，CreditRisk$^+$模型和 CreditPortfolio View 模型在信用风险管理中也具有很大的影响力。限于篇幅，在此不作介绍。

一、市场风险管理工具——VaR 分析法及其补充

(一)VaR 方法

1. VaR 定义

VaR(Value at Risk)的定义是，在正常市场条件下，给定持有期间和置信水平(通常为 95%和 99%)，某一投资组合可能发生的最大损失。例如，在 99%置信水平上，某持有期为一天的投资组合 VaR 值为 *W*，其含义是该投资组合一日之内损失额超过 *W* 的概率仅为 1%，或者说，100 天之内该投资组合日损失额达到 *W* 水平的天数依概率收敛于 1 天。图 15-3 为假设某投资组合价值变化服从正态分布时的 VaR。

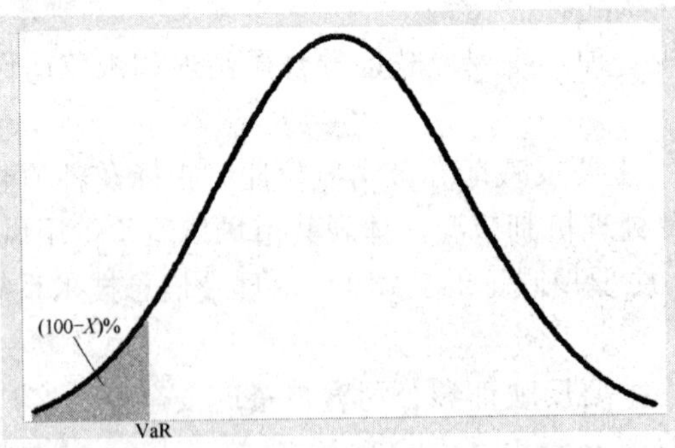

图 15-3　交易组合价值变化服从正态分布、置信水平为 X%的 VaR

但事实上，投资组合的价值变化未必服从正态分布，确定该价值变化的概率密度函数可以采取三种模拟方法，后面会有所介绍。

2. VaR 的三个重要参数

此处，我们首先约定一个普遍但是并不必然正确的假设，即假设交易组合价值变化服从期望为 0 的正态分布。在上述零均值正态分布假定情况下，VaR 有一个简便计算公式：

$$\text{VaR} = \sigma N^{-1}(X) \tag{15-1}$$

式中，σ 为对应持有期限的交易价值变化的标准差；X 为置信水平；N^{-1} 代表累积正态分布反函数。可见，VaR 取决于置信水平 X 和投资组合收益(损失)变化标准差σ，而σ 又与持有期限密切相关。再加上观察期间，便得到了影响 VaR 的三个参数：观察期间、持有期限、置信水平。

1)　观察期间

观察期间是考察给定持有期限的投资组合回报波动性的整体时间长度，比如半年或一年。观察期间越长，选取数据的时间跨度越大，有利于避免行业周期造成的影响；但是观察期越长，收购兼并等市场结构性变化可能性越大，历史数据难以准确反映当年情况和未来走势。因此，观察期的选取需要在历史数据的可能性与市场结构性变化的危险之间进行权衡。

2)　持有期限

持有期限是衡量投资组合回报波动性的时间单位，如观察数据是日收益率、周收益率、月收益率等。持有期限的选取应该视投资组合交易活跃程度或者调整速度而定。如果某投资组合交易活跃，价值波动频繁，则每天计算交易组合的 VaR 较有意义。如果某投资组合交易行为不活跃，资产流动性也不好，则可考虑选取较长的持有期限。

在现实操作中，风险管理人员往往会先计算出持有期限为一天的 VaR。对于其他持有期限，可以通过下面公式进行转换：

$$\text{VaR}_{n\text{-day}} = \text{VaR}_{1\text{-day}} \times \sqrt{n} = \sqrt{n}\sigma N^{-1}(X) \tag{15-2}$$

式中，$\text{VaR}_{n\text{-day}}$ 代表持有期限为 n 天的 VaR 值；$\text{VaR}_{1\text{-day}}$ 代表持有期限为一天的 VaR 值。但是，该公式仅在每天交易组合价值变化相互独立，且服从均值为零的正态分布时绝对成立。而对于其他情况，这是一个近似式。

3)　置信水平

统计学上，置信水平是衡量假设检验的可靠程度。置信水平过低，损失超过 VaR 值的极端事件发生概率较高，VaR 的度量失去意义；置信水平过高，则样本中出现极端事件的概率极低，这可能导致 VaR 法估计的临界值不够准确。

实践中选取的置信水平往往比投行报告中选取的置信水平要小，这是因为高置信水平下 VaR 的估计会变得较为困难。保持组合价值变化服从零均值正态分布的原假设，持有期限相同、置信水平不同的投资组合 VaR 也可以通过计算相互转化。计算公式为

$$\text{VaR}(X') = \text{VaR}(X)\frac{N^{-1}(X')}{N^{-1}(X)} \tag{15-3}$$

3. 投资组合价值变化概率分布的确定

前面已经说过，对于投资组合回报服从正态分布的假设其实未必正确，其概率分布仍然需要推定。如果能够获取某投资组合中所有金融工具的收益分布，再以此推算出整个组

合的收益分布，VaR 值便不过只是这个概率分布函数的一个分位数。

然而实际上，要获取组合中所有金融工具收益的分布函数非常困难。一般采取的方法是将这些金融工具的收益转化为若干风险因子的收益，再通过一些统计方法计算出这些风险因子收益的概率分布。根据风险因子收益概率分布求得整个组合收益的概率分布后，组合 VaR 的估计就非常简单了。目前，估计风险因子收益分布的方法主要有三种：历史模拟法、方差-协方差法、蒙特卡罗模拟法。

1) 历史模拟法

历史模拟法的假设前提是历史会在将来重演，所以其核心思想是根据风险因子的历史样本变化模拟风险因子未来变化，再推算投资组合未来收益分布。具体步骤如下。

步骤一：识别相关市场风险因子(如利率、汇率、股价等)，并收集这些风险因子(假设有 100 个)足够多的历史数据。假设纪录了所有 100 个风险因子过去 501 天的数据，分别标记为 0 天，1 天，……，501 天，每一天都包含了 100 个因子的数据。

步骤二：用情形 1(scenario-1)表示第 0 天到第 1 天 100 个风险因子数据的变化比率，……，情形 k(scenario-k)表示第 k-1 天到第 k 天 100 个风险因子数据的变化比率($1 \leqslant k \leqslant 500$)。这样，每个风险因子都对应有 500 个变化比率。

步骤三：用每个风险因子的当前数值分别乘以其对应的 500 个变化比率，即得到 500 个不同的下一期数值。这样在每一种情形(共 500 种)下，均模拟出了 100 个风险因子的下一期数值。

步骤四：根据每一种情形下的 100 个风险因子下期数值求出在该情形下，投资组合的下一期价格。总共能预测出投资组合下期价格的 500 种可能取值(有可能部分取值相等)。

步骤五：将投资组合下期价格的 500 种可能取值分别减去其当前价格，得到 500 个价值变化(收益或损失)值，即得到了由这 500 个变化值构成的投资组合离散收益分布。

步骤六：根据推算出的收益分布，求出一定置信水平下投资组合价值变化的 VaR 值。如设置信水平为 1%，总共有 500 个取值，因此选取第 5 个最坏情形作为此时的 VaR 值。

历史模拟法的优点在于直观明确。更重要的是，它没有假设样本的分布形式，这样可以有效避免模型设定风险。但问题在于，此时 VaR 的估计值非常依赖历史数据。若特定历史条件下的部分样本包含极端值，则很可能造成 VaR 值发生较大幅度的偏离。

2) 方差-协方差法

方差-协方差法又被称作模型构建法。它通常假定风险因子收益变化要服从特定分布(如正态分布)以及组合价值变化与风险因子价值变化之间遵循某种线性关系。在这两种假设之下，很容易求得组合的 VaR。

例如，假设某投资组合中含有 n 种不同资产，组合中资产 i(i=1，2，…，n)的数量为 x_i，其日回报率为 r_i。同时假设 r_i 的期望值为 0。另外，假设 σ_i 为第 i 项资产的日波动率，即 r_i 的标准差为 σ_i。r_i 与 r_j 的相关系数为 ρ_{ij}。

由以上假设，整个资产组合价值变化为

$$\Delta P = \sum_{i=1}^{n} x_i r_i \tag{15-4}$$

因为 $E(r_i)=0$，所以 $E(\Delta P)=0$

ΔP 的总方差为

$$\sigma_p^2=\sum_{i=1}^{n}\sum_{j=1}^{n}x_i x_j \sigma_i \sigma_j \rho_{ij} \tag{15-5}$$

此时可求出组合 VaR=$\sigma_p N^{1}(X)$，X 为置信水平。

方差-协方差法的最大问题在于对风险因子收益分布做了特定假设，一旦模型设定错误，就会导致这种方法下的估计没有意义。为了克服方差-协方差法的局限性，该模型已经可推广到市场变量每天变化不服从正态分布以及组合价值与市场变量之间未必呈线性关系的情形。

3)　蒙特卡罗模拟法

蒙特卡罗模拟是一种随机模拟方法。它也需要先假定资产组合价值变动服从某一特定分布(如多元正态分布)或者随机过程，再通过对该概率分布或随机过程进行计算机模拟，并计算出参数的统计特征，最后估计出 VaR。推算过程如下。

步骤一：利用当前市场风险因子数值(或称作市场变量)对交易组合进行定价。

步骤二：假设市场风险因子变化服从某一概率统计模型或随机过程。

步骤三：从风险因子变化服从的概率分布或随机过程中模拟一次抽样，并根据抽样结果计算出交易日末的市场风险因子数值。

步骤四：根据新产生的市场风险因子数值对交易组合重新定价。

步骤五：用第四步求出的交易组合价格减去第一步的交易组合价格，得到交易组合价值变化的一个抽样。

步骤六：重复步骤二到步骤五的过程，得到交易组合价值变化的概率分布。

步骤七：根据组合价值变化的概率分布求出给定置信水平和持有期限的组合 VaR。

蒙特卡罗模拟在模型设定偏差较小时，能处理非线性组合的情况，而且计算准确。但是与模型构建法一样，这种方法也依赖于特定的随机过程选择，并且计算量庞大，相对比较繁复。

4. VaR 方法的局限性

对于 VaR 法的局限性，在前面的讨论中实际上已有涉及，在此作一个补充和总结。

(1)　从风险测度指标选取的角度来看，VaR 存在两个缺陷。

①　VaR 测度不符合次可加性，即两交易组合合并成一个新交易组合的风险测度未必小于前两个交易组合风险测度之和。这可以通过一些实例证明，由于篇幅所限，不尽详述。但很明显，这与投资组合分散化降低风险的理念不太一致。

②　VaR 保证的是在一个较大概率水平下，组合的价值损失不会超过某一临界值。但一旦超过该临界值，可能损失巨大，即存在较大的尾部风险。事实上，若使用预期亏损(Expected Shortfall)或者光谱型风险测度(Spectral Risk Measure)可克服这两个问题。

(2)　从操作性和实用性来看，VaR 存在以下三个问题。

①　VaR 对数据要求严格，对于某些流动性差，交易不够活跃的资产难以直接度量。需将其分解为流动性较强的金融产品组合方可进行分析。

②　对于衡量投资组合价值波动的概率分布存在三种模拟方法，不同的模拟方法可得到不同的 VaR 值，导致现实操作难以把握。

③　对历史数据依赖性较强，但未来不一定会重复历史，这样 VaR 法未必实用。

(二)返回检验

由于 VaR 存在上述局限性，金融机构风险管理部门通常会采取一些补充方法去检验其估计是否准确或者使其尽可能完善。返回检验、压力测试、情景分析都属于这类常用方法。我们先看返回检验。

统计学上的返回检验是指将实际的数据输入检验模型中，然后检验该模型预测值是否与现实结果相吻合的过程。比如在 VaR 返回检验中，模型显示在 99%置信水平下，某组合未来 1 年内的每日 VaR 值为 10 万元。也就是在未来一年观察期间内，每日损失额超过 10 万元的概率为 1%。对 VaR 进行返回检验，如果损失额超过 10 万元的天数占整体天数的比例远高于 1%(如 9%)，我们就有理由怀疑此时低估了 VaR 值。而损失额超过 10 万元的天数占整体天数比例远低于 1%(如 0.1%)，VaR 的估计可能就有所偏高。

需要指出的是，VaR 返回检验对样本空间数据量的大小要求较高。持有期限越长，置信水平越高，同样观察期间内所能获得的小概率事件历史数据越少，检验起来也愈加困难。

(三)压力测试

因为 VaR 对投资组合市场风险衡量的有效性是以市场正常运行为前提条件的。尽管市场发生极端情况的概率很小，但是只要发生就会对投资银行造成极大的影响。压力测试考察的正是这种在正常 VaR 模型中不会出现的极端情形。以下一些对市场变量的假定往往会被用于压力测试。

(1) 将利率曲线平行移动 100 个基点。

(2) 将某种主要汇率变化 6%，或将某种非主要汇率变化 20%。

(3) 将股指变化 10%。

(4) 将资产隐含波动率变动 20%。

压力测试的主要问题是它虽然能说明极端事件的影响程度，但并不考察极端事件发生的可能性。比如说某一极端事件会造成 1000 万元的损失，但它的发生概率仅为 0.1%，而另一极端事件会造成 800 万元的损失，但发生概率为 1%。单纯的压力测试可能会使管理者进行决策时更关注第一个事件，但事实上第二个事件也许更值得考察。因此，将情景分析与压力测试结合起来是一种不错的选择。

案例点击

美林控股公司在华尔街显赫一时，本次金融危机却让它陷入被廉价收购的命运，曾经以之为傲的风险控制模型开始被重新审视。实际上，这些复杂的模型也是以 VaR 分析方法为基础的，VaR 法的缺陷对美林公司战略决策的影响不言而喻。

根据美林集团 2007 年度的财务报告，由于该年度金融市场发生剧烈震荡，美林对原先采用的 VAR 评估体系进行了修改，利用新模型算出的 2007 年底的 VAR 指标为 15.7 亿美元，而利用原模型计算出的数值只有 8.3 亿美元。这是因为在新模型中加入了次贷因素，所以新模型算出的处于风险中的价值几乎比原模型计算的数值大了一倍。美林在年报中也指出，传统的 VAR 技术是无法准确显示市场风险水平的。可见，当美林不断加大交易砝码的时候，其风险调控措施却远没有跟上。它并没有考虑到自身实际的资产交易情况，也没有准确预计与次级抵押贷款相关的金融衍生品所存在的风险。

(资料来源：张世芹，武振杉，吴海燕. 从雷曼、美林的风险管理看 VAR 模型的运用.法制与社会，2009)

二、信用风险管理工具——KMV 模型与 Creditmetrics 模型

(一)KMV 模型

KMV 模型又称违约预测模型，是由著名信用风险评估公司 KMV 公司开发而出的一个信用风险计量模型。该公司以其三位创始人名字(Kealhoferh、McQuown、Vasicek)首字母命名。

KMV 模型以 Merton 模型(1974)为理论基础并加以改进，将公司的股票作为对公司资产的看涨期权，期权的执行价格则是其负债水平。当公司在时间 t 的资产价值 V_t 大于负债水平 D 时，公司会支付时间 t 的负债，此时公司股价 E_t 为 V_t，股票价格为 V_t-D；当公司在时间 t 的资产价值 V_t 小于负债水平 D 时，公司会选择违约，此时公司股价 E_t 为 0。即 $E_t=\max\{V_t-D，0\}$。

根据这一思想，公司违约可能性是与其资产市值、负债水平和资产结构相关的内生变量。KMV 模型用预期违约概率(Expected Default Frequency，EDF)代表公司违约可能性。KMV 模型最主要的意图就是通过一系列计算，得出特定公司的 EDF，并以此衡量与该公司进行交易所面临的信用风险。

度量 EDF 的具体步骤如下。

(1) 首先应该估计资产当前价值 V_0 和资产波动性 σ_v。这两个变量我们无法直接得到，但可以通过市场直接观测出公司股权价值 E 和股权价值波动性 σ_E。根据 B-S-M 公式和上文对于违约选择权相似性的介绍，可得到这一期权的当前价格：

$$E_0 = V_0N(d_1) - De^{-rt}N(d_2) \tag{15-6}$$

其中，$d_1 = \dfrac{\ln(V_0/D)+(r+\sigma_v^2)t}{\sigma_v\sqrt{t}}$，$d_2 = d_1 - \sigma_v\sqrt{t}$。

由随机微分方程中伊藤引理(Ito's Lemma)，可得

$$\sigma_E E_0 = \frac{\partial E}{\partial V_0}\sigma_v V_0 = N(d_1)\sigma_v V_0 \tag{15-7}$$

将式(15-6)与式(15-7)联立，两个方程两个未知量，可解出 V_0 和 σ_v。

(2) 估算违约距离 DD(Distance to Default)。在前面的介绍中，我们假定当公司市场价值降低到负债水平 D 时，就会发生违约。这个负债水平称为违约触发点 DP(Default Point)，在上述模型中被认为是公司负债账面价值。但事实上，如果负债结构中长期负债比例较高，即便公司资产市值下降到负债账面价值，也并不会导致立即违约。KMV 公司根据违约实证分析，将违约触发点确定在流动负债(一年之内)加上 50%的长期负债，即：DP=CL+50%LL，其中 CL 为流动负债，LL 为长期负债。

违约距离 DD 指的是公司资产预期价值下降到违约触发点 DP 的百分比幅度是其资产价值波动率(用百分比标准差表示)的倍数。用公式表示为

$$DD = \frac{E(V) - DP}{E(V)\sigma_v} \tag{15-8}$$

式中，$E(V)$是对资产价值 V_0 在时间 t 的预期。

如果从 B-S-M 模型出发，可以推导出违约距离 DD 的另一种表现形式：

$$DD = \frac{\ln(\frac{V_0}{DP}) + (\mu - \frac{\sigma_v^2}{2})t}{\sigma_v \sqrt{t}} \tag{15-9}$$

式中，μ 为公司预期资产增长率。

违约距离是一个标准化指标，因此不同公司可以用该指标进行比较。违约距离 DD 越大，说明该公司到期发生违约可能性越小，与该公司进行交易所面临的信用风险越小；反之，违约距离 DD 越大，说明与该公司进行交易面临的信用风险越大。

(3) 确定预期违约概率 EDF。KMV 公司使用的是经验 EDF。经验 EDF 需要一个庞大的历史数据库作为支撑，通过对该数据库中不同时期样本公司违约距离 DD 与实际违约率的关系进行分析、拟合，确定一定时期内违约距离 DD 与预期违约率 EDF 之间的一一映射。这样，通过前两步求出目标公司的违约距离之后，便能通过该映射关系找到目标公司一定时期内的 EDF。比如，取期限为 1 年，数据库中年初违约距离为 5 的公司有 N 家，其中有 M 家公司在年末到期时违约。则在该期限下，若某公司 DD 为 5，其预期违约概率为

$$EDF = \frac{M}{N}$$

(二)Creditmetrics 模型

Creditmetrics 模型是 J.P.摩根在 1997 年推出的一种用于衡量信用风险的模型。Creditmetrics 模型有以下几点值得注意的思想。

(1) 模型认为与对手公司交易的信用风险源自对手公司的信用状况，而该公司的信用状况可由其信用评级代表。

(2) 模型把风险资产价值变化同该资产发行公司的信用等级变化紧密联系。同时，模型在测量信用风险时运用了 VaR 分析思想。

(3) 模型是从资产组合而非单一资产的角度看待信用风险的。由于信用风险中的系统性成分无法完全消除，因此模型通过资产市值变化的相关系数来估计这种信用状况的相互联系。

(4) 模型提出了边际风险贡献率的概念，即将单一风险资产置于整个投资组合中对组合风险状况的影响。

下面具体考察 Creditmetrics 模型是如何度量资产信用风险的。

1. 单一资产(信用工具)信用风险度量

我们以信用等级为 BBB 级的某五年期无担保优先债券为例，设其面值为 100 美元，票面利率为 6%。

步骤一：确定信用转移矩阵。这种转移矩阵一般由专业信用评级机构给出。它表示的是信用工具由初始信用级别一年后转为其他级别的概率。如表 15-1 所示，初始级别为 BBB 的信用工具一年后信用级别变为 A 的概率为 5.95%。

表 15-1　一年期信用转移矩阵

%

初始评级	一年后评级							
	AAA	AA	A	BBB	BB	B	CCC	Default
AAA	90.81	8.33	0.68	0.06	0.12	0	0	0
AA	0.70	90.65	7.79	0.64	0.06	0.14	0.02	0
A	0.09	2.27	91.05	5.52	0.74	0.26	0.01	0.06
BBB	0.02	0.33	5.95	86.93	5.30	1.17	0.12	0.18
BB	0.03	0.14	0.67	7.73	80.53	8.84	1.00	1.06
B	0	0.11	0.24	0.43	6.84	83.46	4.07	5.20
CCC	0.22	0	0.22	1.30	2.38	11.24	64.86	19.79

(资料来源：standard & poor's Credit Week，1996)

步骤二：估计信用工具现值。不同信用等级适用的远期收益率不同，即存在信用利差，可以通过零息票收益率曲线表示。表 15-2 反映的是 Creditmetrics 模型技术文件(Technical Document)中所使用的不同信用等级债券零息收益率。

表 15-2　不同信用等级债券零息收益率

%

信用等级	第一年	第二年	第三年	第四年
AAA	3.60	4.17	4.73	5.12
AA	3.65	4.22	4.78	5.17
A	3.72	4.32	4.93	5.32
BBB	4.10	4.67	5.25	5.63
BB	5.55	6.02	6.78	7.27
B	6.05	7.02	8.03	8.52
CCC	15.05	15.02	14.03	13.52

(资料来源：Creditmetrics：Technical Document，1997)

回到 BBB 级无担保优先债券的例子。假设该债券一年后上升为 A 级，则其一年后的市场价值为

$$V=6+\frac{6}{1+0.0372}+\frac{6}{(1+0.0432)^2}+\frac{6}{(1+0.0493)^3}+\frac{106}{(1+0.0532)^4}=108.66$$

根据相同的计算方法，可以得到该 BBB 级债券一年后转变为不同信用等级(违约除外)的市场价值。而针对一年后债券违约的情况，由于没有稳定的利息收入，我们无法通过现金流贴现的方法求出其一年后市场价值，而是利用平均违约回收率得到该违约债券远期市场价值。表 15-3 为不同等级债券违约后的回收金额均值(假设票面价值为 100 美元)和方差。

表 15-3　不同等级债券违约回收金额均值及方差

美元

债券等级	Carty & Lieberman		
	债券数目	均　值	方　差
有担保优先债券	115	53.80	26.86

续表

债券等级	Carty & Lieberman		
	债券数目	均　值	方　差
无担保优先债券	278	51.13	25.45
高级别次级债券	196	38.52	23.81
次级债券	226	32.74	20.18
低级别次级债券	9	17.09	10.90

(资料来源：Creditmetrics：Technical Document，1997)

由上表可得 BBB 级无担保优先债券若在第一年违约，其平均违约回收金额为 51.13 美元。结合上面计算的贴现值，可以得到该 BBB 级债券一年后在不同信用等级(含违约)的市场价值，如表 15-4 所示。

表 15-4　BBB 级无担保优先债券一年后市场价值(5 年期、面值 100 美元，票面利率 6%)

一年后信用级别	市场价值/美元
AAA	109.37
AA	109.19
A	108.66
BBB	107.55
BB	102.02
B	98.10
CCC	83.64
Default	51.13

(资料来源：Creditmetrics：Technical Document，1997)

步骤三：度量 VaR。前两个步骤已经求出了 BBB 级无担保优先债券转移到其他各级别的概率以及对应市场价值。根据 VaR 定义，需要先求出该债券在不同信用等级下的市场价值变化 ΔV，这只需用其他信用级别对应的市场价值减去 BBB 级下的市场价值即可，见表 15-5。

表 15-5　BBB 级无担保优先债券一年后价值变化及概率

一年后信用等级	变化概率 P_i/%	一年后市场价值 V_i/美元	价值变化 ΔV_i /美元
AAA	0.02	109.37	1.82
AA	0.33	109.19	1.64
A	5.95	108.66	1.11
BBB	86.93	107.55	0
BB	5.30	102.02	−5.53
B	1.17	98.10	−9.45
CCC	0.12	83.64	−23.91
Default	0.18	51.13	−56.42

此处我们假设 ΔV 服从正态分布，ΔV 的期望、方差分别为

$$E(\Delta V)=\sum_{i=1}^{8}P_i\Delta V_i=-0.46$$

$$\sigma^2=\sum_{i=1}^{8}P_i\left[\Delta V_i-E(\Delta V)\right]=8.9477,\quad \sigma=2.99$$

综上，$\Delta V \sim N(-0.46,\ 2.99^2)$。

其 99%置信度下的 VaR=$E(\Delta V)-2.33\sigma=-7.43$；

其 95%置信度下的 VaR=$E(\Delta V)-1.65\sigma=-5.39$。

2. 组合资产(信用工具)信用风险度量

用 Creditmetrics 模型度量两种或两种以上资产组合的信用风险，基本思想与单一资产并无二致。但在考察两种资产的联合转移概率时，需要考虑资产之间的相关性。同时还要测算信用级别变化的阈值。

在这里考虑两种资产的情况：一种还是上例中的 BBB 级无担保优先债券；另一种是三年期 A 级无担保优先债券，面值为 100 元，票面利率为 5%。

步骤一：用同上方法，求出 A 级债券一年后在不同信用级别下的远期市场价值(见表 15-6)。并由此测算两种债券在一年后 64 种情况下的远期市场价值之和(见表 15-7)。

表 15-6　A 级无担保优先债券一年后市场价值(3 年期、面值 100 美元，票面利率 5%)

一年后信用级别	市场价值/美元
AAA	106.59
AA	106.49
A	106.30
BBB	105.64
BB	103.15
B	101.39
CCC	88.71
Default	51.13

(资料来源：Creditmetrics：Technical Document，1997)

表 15-7　债券组合一年后 64 种情况下的市场价值

A 级债券		AAA	AA	A	BBB	BB	B	CCC	Default
BBB 级债券		106.59	106.49	106.30	105.64	103.15	101.39	88.71	51.13
AAA	109.37	215.96	215.86	215.67	215.01	212.52	210.76	198.08	160.50
AA	109.19	215.78	215.68	215.49	214.83	212.34	210.58	197.90	160.32
A	108.66	215.25	215.15	214.96	214.30	211.81	210.05	197.37	159.79
BBB	107.55	214.14	214.04	213.85	213.19	210.70	208.94	196.26	158.68
BB	102.02	208.61	208.51	208.33	207.66	205.17	203.41	190.73	153.15
B	98.10	204.69	204.59	204.40	203.74	201.25	199.49	186.81	149.23

续表

A 级债券		AAA	AA	A	BBB	BB	B	CCC	Default
BBB 级债券		106.59	106.49	106.30	105.64	103.15	101.39	88.71	51.13
CCC	83.64	190.23	190.13	189.94	189.28	186.79	185.03	172.35	134.77
Default	51.13	157.72	157.62	157.43	156.77	154.28	152.52	139.84	102.26

(资料来源：Creditmetrics：Technical Document，1997)

步骤二：计算两种债券信用级别变化的阈值。该模型假设每一个信用级别都对应着公司资产价值水平的一个区间，而某个恰好使信用等级发生变化的资产价值就被称为“阈值”。

如果我们知道某个公司不同信用级别的资产阈值，就可以通过用公司资产价值变化(资产回报率 R)去预测信用等级转移。此处假设资产回报率服从均值为 0 的正态分布，其方差为σ^2。我们便能够建立一个资产回报率阈值和信用等级的一一映射，前面的信用转移矩阵又给出了信用等级转移的概率，这样我们就可得出每个信用等级阈值和其转移概率的对应关系。将信用等级 n 的回报率阈值记作 Z_n。

对于例中的 BBB 级债券来说，当回报率 $R<Z_{\mathrm{Def}}$ 时，违约发生；当 $Z_{\mathrm{Def}}<R<Z_{\mathrm{CCC}}$ 时，债券降为 CCC 级；以此类推。用数学式可表示为

$$P_{\mathrm{Def}}=P(R<Z_{\mathrm{Def}})=\Phi(Z_{\mathrm{Def}}/\sigma)$$

$$P_{\mathrm{CCC}}=P(Z_{\mathrm{Def}}<R<Z_{\mathrm{CCC}})=\Phi(Z_{\mathrm{CCC}}/\sigma)-\Phi(Z_{\mathrm{Def}}/\sigma)$$

$$\vdots$$

$$P_{\mathrm{AAA}}=P(R>Z_{\mathrm{AA}})=1-\Phi(Z_{\mathrm{AA}}/\sigma)$$

例如，BBB 级债券一年后降级为 CCC 级债券，转移概率为 1.12%。则$\Phi(Z_{\mathrm{CCC}}/\sigma)=P_{\mathrm{CCC}}+\Phi(Z_{\mathrm{Def}}/\sigma)=P_{\mathrm{CCC}}+P_{\mathrm{Def}}=0.30\%$(见表 15-1)。则 $Z_{\mathrm{CCC}}=\sigma\Phi^{-1}(0.30\%)=-2.75\sigma$。

以此类推，可求得 BBB 级债券一年后转移为任何信用等级的回报率阈值。A 级债券同理。由此得到表 15-8。

表 15-8 BBB 级债券和 A 级债券信用等级转移概率及阈值

一年后	BBB 级债券		A 级债券	
信用级别	转移概率 P_n/%	阈值 Z_n	转移概率 P'_n/%	阈值 Z'_n
AAA	0.02		0.09	
AA	0.33	3.55σ	2.27	$3.12\sigma'$
A	5.95	2.70σ	91.05	$1.98\sigma'$
BBB	86.93	1.53σ	5.52	$-1.51\sigma'$
BB	5.30	-1.49σ	0.74	$-2.30\sigma'$
B	1.17	-2.18σ	0.26	$-2.72\sigma'$
CCC	0.12	-2.75σ	0.01	$-3.19\sigma'$
Default	0.18	-2.91σ	0.06	$-3.24\sigma'$

注：σ为 BBB 级债券资产回报率标准差，σ'为 A 级债券资产回报率标准差。

步骤三：找出两种债券相关系数ρ。一般来说，资产组合中各种资产的平均相关系数在 20%～35%之间。对于本例，我们假定此 BBB 级债券和 A 级债券之间的相关系数为 30%。

步骤四：确定两种债券联合信用转移概率矩阵。由步骤二我们得到了两种债券不同信用等级的阈值，步骤三得到了这两种债券的相关系数(设为 0.3)，随后就能据此得到 64 种情况的联合信用转移概率。根据前面资产回报率服从正态分布的假设，两种债券的联合资产回报率则服从相关系数为 ρ 的二元正态分布。

如本例中，BBB 级债券和 A 级债券下一年均维持目前信用等级的联合概率应为

$$P_{\mathrm{BBB,A}} = P(Z_{\mathrm{BB}} < R < Z_{\mathrm{BBB}}, Z_{\mathrm{BBB}} < R' < Z_{\mathrm{A}}) = \int_{Z_{\mathrm{BB}}}^{Z_{\mathrm{BBB}}}\int_{Z_{\mathrm{BBB}}}^{Z_{\mathrm{A}}} f(R,R',\rho)\mathrm{d}R\mathrm{d}R' \quad (15\text{-}10)$$

以此类推，我们便可得到这 64 种情况的联合信用转移矩阵，见表 15-9。

表 15-9　BBB 级债券和 A 级债券一年后联合信用转移矩阵　　%

A 级债券		AAA	AA	A	BBB	BB	B	CCC	Default
BBB 级债券		0.09	2.27	91.05	5.52	0.74	0.26	0.01	0.06
AAA	0.02	0.00	0.00	0.02	0.00	0.00	0.00	0.00	0.00
AA	0.33	0.00	0.04	0.29	0.00	0.00	0.00	0.00	0.00
A	5.95	0.02	0.39	5.44	0.08	0.01	0.00	0.00	0.00
BBB	86.93	0.07	1.81	79.69	4.55	0.57	0.19	0.01	0.04
BB	5.30	0.00	0.02	4.47	0.64	0.11	0.04	0.00	0.01
B	1.17	0.00	0.00	0.92	0.18	0.04	0.02	0.00	0.00
CCC	0.12	0.00	0.00	0.09	0.02	0.00	0.00	0.00	0.00
Default	0.18	0.00	0.00	0.13	0.04	0.01	0.00	0.00	0.00

(资料来源：Creditmetrics：Technical Document，1997)

步骤五：表 15-7 和表 15-9 已经得到了 BBB 级债券和 A 级债券一年后所有 64 种情况的联合信用转移概率和对应市场价值。剩余工作与单一资产完全一致，求出各种情况市场价值变化的均值和方差，并据此得到一定置信水平下的 VaR。具体方法参加单一资产情况步骤三。

(三)KMV 模型和 Creditmetrics 模型比较和评价

KMV 模型和 Creditmetrics 模型是目前国际最流行的两个信用风险管理模型。但这两种模型在基本思路和设计上存在较大的差异，在此作一个归纳。

(1) KMV 模型的衡量更具个体特征，在针对性加强的同时对企业信用相关性却没有充分考虑。而 Creditmetrics 模型意味着同一信用级别企业发行的信用工具是同质的，具有相同的转移概率和相同的违约率。虽然针对性有所减弱，但注重对资产组合中不同资产相关性的分析，更加与现代组合投资管理理论相吻合。

(2) KMV 模型采用的是股票市场价格分析方法，将股权视为企业资产的看涨期权，这样可以将最新观测的企业股票市场价值 E 及其波动率 σ_E 输入模型之中，得到企业资产价值 V_0 和 σ_v，并由此求出更新的企业预期违约率 EDF。Creditmetrics 模型则是将信用转移矩阵和每种情况下资产价值的变化相结合，以求得给定置信水平下的 VaR。由于股票价值瞬息万变，KMV 被认为是一种动态模型，能比较及时地反映企业信用状况变化。而企业信用级别相对稳定，更新周期较长，因此 Creditmetrics 模型更具静态特征。

(3) KMV 模型估测的 EDF 基于对股票市场价值的实时分析，其中反映了市场中投资者对企业信用状况未来发展的预期。Creditmetrics 模型则主要依赖信用转移的历史数据。所以，KMV 模型可在一定程度上避免 Creditmetrics 模型“历史在未来将重演”的假设缺陷。

第三节 投资银行的监管

投资银行是整个资本市场的核心，业务遍及资本市场方方面面，单纯的内部管理并不能充分保障资本市场运行的稳定有效和投资银行业务的安全规范，因此外部机构或组织的监管必不可少。本节从外部监管目标和原则、模式和具体监管制度等方面讨论投资银行监管问题。

一、监管目标和原则

由于市场一体化的程度不断提高，跨境市场发展给只限于在本国行事的证券监管者的工作带来了困难。在这种情况下，建立一套可以“共享的监管目标和共同的指导原则”①对于证券监管来说是必不可少的。1998 年 9 月，国际证券事务监察委员会组织(International Organization of Securities Commissions，IOSCO)正式对外颁布了《证券监管的目标和原则》，并于 2002 年 2 月和 2003 年 5 月两度更新，但更新内容全部在附录部分。该文件确定了证券监管的三大目标和三十条原则，是发展各国国内证券监管体系的重要参考。

(一)监管目标

IOSCO《证券监管的目标和原则》确定了证券监管的三大核心目标：保护投资者；确保市场的公平、效率和透明度；减低系统风险。这三项目标紧密相连，甚至在某些方面还是相互重叠的。国际证监会组织针对以上三个目标做了详细解释，具体可参见 IOSCO《证券监管的目标和原则》。

根据 IOSCO 设定的证券监管统一目标，并结合我国证券行业的发展状况，中国证券监管的目标应在于以下几点。

(1) 充分发挥证券市场机制的积极作用，限制其消极作用。

(2) 规范证券中介机构经营活动，创建高效、有序运行的证券市场。

(3) 调控证券市场交易规模，引导投资流向，使虚拟经济的发展有助于产业结构优化升级。

(4) 重中之重在于保护投资者利益，防止人为操纵、欺诈等不法行为对投资者利益的侵害。

(二)监管原则

IOSCO 另外还确定了共计三十条监管原则，分别从监管机构、自律、证券监管执法、监管合作、发行人、共同投资基金、市场中介、二级市场 8 个方面进行了阐述。具体可参

① 引自张文译. Michael Taylor：IOSCO《证券监管的目标和原则》述评. 载《证券市场导报》，2004(8)

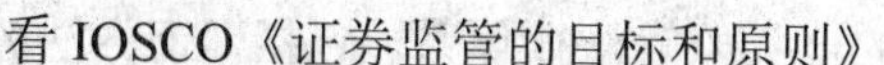

看 IOSCO《证券监管的目标和原则》。

根据我国《证券法》的规定，中国证券市场监管应遵循如下原则。

1. 合法原则

证券市场监管必须拥有一套可以依据的法律，明确规定参与各方的权利和义务，因为任何违法的监管都是不具备效力的。没有完善的法律规范，就难以真正做到保护投资者，尤其是中小投资者的合法权益。

2. "三公"原则

我国《证券法》第三条规定，证券的发行、交易活动，必须实行公开、公平、公正的原则。从监管的角度来说，其意义分别如下。

(1) 公开原则要求实现市场信息的公开化。在内容上，一切可能影响投资者作出投资决策的重要信息都要公开，如公司章程、招股说明书、财务报表等；在形式上，信息披露包括向社会公告、将有关信息刊登在报刊之上、将资料置备于相关场所供投资者查阅；在质量上，公开的信息要求及时、完整、真实、准确。

(2) 公平原则是指证券监管要保证市场上所有参与者机会均等、平等竞争，其合法权益要受到公平的保护。

(3) 公正原则是指证券监管部门对所有被监管对象都要一视同仁，给予公正待遇。无论是处于立法还是执法环节，证券主管机构都要体现出公正对待每一个市场合法参与者的态度。

3. 政府统一监管与行业自律原则

在我国，这一原则是指在加强国务院证券监督管理机构及其派出机构对全国证券市场进行集中、统一监督管理的同时，设立有效的行业自律组织，以实现证券从业者的自我约束、自我教育和自我管理。

4. 国家审计监督原则

国家审计监督原则是指国家审计机关对证券交易所、证券公司、证券登记结算机构和证券监督管理机构依法进行审计监督，以促进证券机构依法经营和开展活动。

二、监管模式

世界各国由于历史文化传统、经济体制选择和市场发展水平的差异，所选择的证券市场监管模式也不尽相同。从世界范围来看主要有政府主导型(集中型)、自律型和综合型三种监管模式。前两种模式均存在各自的缺陷，因而融汇为综合型模式成了目前的趋势，只是由于历史、现实等诸多因素，在集中和自律的侧重点上各有不同。

(一)政府主导型监管模式

政府主导型监管模式有三个主要特点：一是拥有一系列系统而专业的证券法规；二是设立权力高度集中的全国性证券监管机构对全国资本市场进行统一监管；三是对触犯证券法规的行为依法进行处罚。采用这一模式的主要国家有美国、日本、中国等。

以美国为例来介绍这种模式。美国拥有一套完整的证券监管法律体系。包括《证券法》(1933)、《证券交易法》(1934)、《信托契约法》(1939)、《投资公司法》(1940)、《投资顾问法》(1940)和《证券投资保护法》(1970)。另外，各州还订立了各自的证券监管法规。

从监管机构体系上说，美国投资银行监管呈金字塔状。最上层是证券交易管理委员会(SEC)作为全国统一管理证券活动的最高机构。中间层是自律组织，包括纽约及其他证券交易所、全国证券交易协会、清算机构和市政证券管理委员会等。它们作为政府监管的必要补充，主要职责是建立、审查和实施自律组织成员的行为规则。金字塔的基础则是投资银行内部监管部门，主要是指各个投资银行对自身的管理。这三个层次相互配合，形成了以集中统一管理为主，辅以市场自律的证券管理模式。

政府主导型监管模式最大的优点在于权威性和客观性。它营造了超脱于市场参与者之外的监管机构，把包括监管在内的所有活动都纳入到一个法制轨道，这对于公正地保护投资者合法权益是很有助益的。

它的缺点主要体现在对市场反应的时滞性上。法规的制定通常需要一个过程，而市场瞬息万变，因而法规的颁布很有可能滞后于市场的变化，这对于要求预防性和时效性的证券监管工作显然是不利的。

(二)自律型监管模式

与政府主导型模式恰好相反，自律型监管模式有三个主要特点：一是除了某些必要的立法进行调整之外，不存在规范证券市场的系统法规；二是国家一般不设专门的政府性监管机构，而是由证券交易所、证券商协会等自律组织实施管理；三是自律组织制定的章程、准则在证券市场管理中发挥主要作用。采用这种模式的主要国家和地区有英国、荷兰、中国香港等。

英国是自律型监管模式的代表。在《金融服务法》(1986)出台之前，英国长期以来并没有形成一套系统的证券监管法律体系，也没有设立全国统一的证券监管部门。这段时期，英国证券市场的监管主体实际上是证券交易所协会、收购与兼并问题专门小组和证券业理事会等自律组织。它们派代表征询政府机构(如贸易部、英格兰银行、公司注册署等)意见，并维持与政府部门的联系。其中，证券交易所协会是英国证券市场的最高管理机构，它主要管理伦敦及其他交易所内的业务，其制定的《证券交易所监管条例和规则》是各种交易的主要依据，并对新上市及发行证券公司连续公开信息、收购兼并时公司财务资料公布及其他特殊情况作出了规定。

自律型监管模式的优点在于它的灵活性和时效性。由于自律组织的成员更加贴近市场，它们参与管理规则制定相比统一的证券法更加灵活高效、符合实际，并且能针对市场突发情况迅速作出反应，有利于证券市场的活跃和创新。

其缺陷是不够客观和权威。首先，由于自律组织成员的双重身份，这种模式的重点在于保证市场效率和会员利益，但对于投资者的保护则未必充分。其次，没有政府机构的权威性作保障，自律模式的监管力度和执法能力同样值得怀疑。最后，自律监管模式对证券行业专业人才的要求很高，因此并不适合证券市场尚处于不成熟阶段的经济体。

(三)综合型监管模式

综合型监管模式兼具政府主导型和自律型两种模式的特点，既设有专门系统的证券法规和统一的政府监管机构，又注重自律组织的自我管理。采用这种模式的国家主要有德国、法国、意大利等。

以德国为例。德国是实行全能银行制度的国家，商业银行兼营投资银行业务。1961 年通过的《联邦德国银行法》授权建立隶属于财政部的联邦银行监督局，负责对银行的监管工作，包括对投资银行业务的立法、审计、监察等。但由于联邦银行监督局并没有获得在各州执法的权限，因此只能借助其中央银行——德意志联邦银行在各州的机构网点进行监管。但这些政府机构一般不采取直接干预的措施，而是更强调交易所委员会、证券审批委员会和公职经纪人协会等组织的自律管理。可以说，德国拥有一个比较完整的综合性监管模式。

综合性模式在理论上是一种比较理想的监管模式，但是对采用国法律体系和专业人才的要求均相对较高，而且如何协调政府机构和自律组织的关系也是需要考虑的一个问题。

从当前各国证券监管模式的选择来看，采用政府主导型或者自律型的国家逐渐向综合型监管模式融合。比如美国日益重视发挥证券交易所、证券交易协会等自律组织的作用。而在英国，1986 年《金融服务法》的出台结束了其资本市场管理的松散自律状态，确立了法律框架下的自律管理模式。1997 年，英国对其金融管理体制全面改革，当年 12 月将证券投资局更名为金融服务管理局(Financial Services Authorities，FSA)，2001 年 12 月即成为单一的监管机构，统一负责监管银行、证券及保险行业。不过，在发展过程中基于国情差异，各国在集中和自律间选择的侧重点或有不同。

(四)中国证券监管模式选择

我国目前实行的是集中统一的监管体系，即以政府监管为主导，辅以市场自律管理的模式。由于中国证券市场处于早期发展阶段，市场参与者相对不成熟，法律体系的不完善和专业人才的缺失等原因，使得本来就缺乏客观性和权威性的自律监管难以独立实施。

但是，政府机构监管在微观领域效率偏低，对市场不够敏感的劣势依然明显。因而，建立一个以政府统一监管为主导，同时充分发挥市场自律组织作用的二元监管模式是适合我国证券市场发展历程和当前状况的。要达到这一目标，可以采取如下措施。

(1) 完善证券监管法律制度，明确划分政府监管机构和市场自律组织的职权范围，使得证券监管有法可依。

(2) 加强市场自律组织建设和证券行业专业人才培养，提高证券交易所、证券业协会及相关从业人员的自我管理水平。

(3) 调整政府监管机构职能，对于市场交易的日常监督和具体运行规则的制定，应放权由交易所等自律组织完成，充分发挥其对市场变化敏感、处理高效的优势。

三、投资银行监管制度

外部监管机构或组织应该在投资银行的设立—日常经营—破产的整个周期都发挥规范

投资银行运营活动、保护投资者利益的作用。也就是说，监管部门应该规定从市场准入到投资银行破产保险等不同制度以确保投资银行的稳健经营和投资者的资产安全。

具体来说，可从以下三方面进行分类。

(一)有关市场准入的制度

世界上任何一个存在资本市场的国家都会对投资银行设定一个市场准入的最低资格条件。这个最低标准是防范资本市场系统风险的第一道防线。通过准入条件筛选掉一批不具备设立条件的意向机构对于保证整个投资银行业的稳定是有所帮助的。

世界上投资银行市场准入制度可以分为两种：一是注册制，即投资银行只要符合相关规定，所提供的资料全面、真实、可靠并在相应监管部门注册，便可以经营投资银行业务。美国是采用这种制度的代表国家。二是特许制。在特许制下，投资银行在设立之前必须向监管机构提交申请，监管机构会综合考虑该投资银行实力、证券市场竞争状况等多方面因素，以确定是否批准其进入市场以及批准其经营何种业务。日本是采用这种制度的代表国家。我国对券商的设立采取的也是特许制。

(二)有关经营管理的制度

1. 经营报告制度

经营报告制度要求投资银行必须将其经营活动按照统一的格式和内容报告给监管部门。如我国《证券法》规定，证券公司应当按照规定向国务院证券监督管理机构报送业务、财务等经营管理信息和资料。并且当国务院证券监督管理机构认为有必要时，可以委托会计师事务所、资产评估机构对证券公司的财务状况、内部控制状况、资产价值进行审计或者评估。

这种报告制度有利于监管部门随时了解投资银行的经营状况，并及时发现那些经营活动出现问题的投资银行，以便于采取措施防止危机的发生。

2. 纯资本比例制度

为了防止投资银行过度风险投资，监管机构往往会设定一个纯资本与负债的最低比例限制。纯资本包括现金和可迅速变现的自有资本。比如美国证券交易委员会将该比例设为1∶15。

其目的在于保证投资银行维持比较充足的现金资产，以避免过度杠杆化给其带来不可承受的财务风险。

3. 经营收费标准

投资银行在证券承销、经纪和咨询等业务中都要收取佣金。监管部门会对佣金比例设定一个上限，防止投资银行收取过高费用，从而提升筹资成本，造成证券市场的低效率。比如我国证券公司经纪业务中，A 股佣金不得超过交易额的 3‰；而承销业务中，包销佣金为包销总金额的 1.5%～3%，代销佣金为实际售出总金额的 0.5%～1.5%。

4. 证券评级制度

证券评级制度是在投资银行承销业务中对资产质量进行评价的一种制度。对证券发行

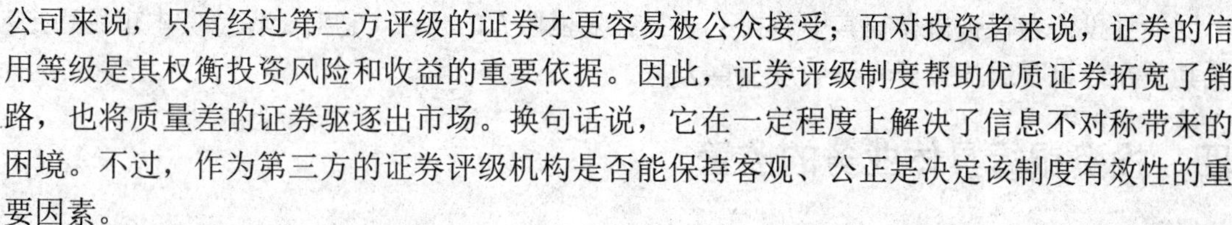

公司来说，只有经过第三方评级的证券才更容易被公众接受；而对投资者来说，证券的信用等级是其权衡投资风险和收益的重要依据。因此，证券评级制度帮助优质证券拓宽了销路，也将质量差的证券驱逐出市场。换句话说，它在一定程度上解决了信息不对称带来的困境。不过，作为第三方的证券评级机构是否能保持客观、公正是决定该制度有效性的重要因素。

5. 投机经营管理制度

投机经营管理制度主要是针对投资银行自营业务中的投机行为而制定的。投资银行的证券投机行为是不可避免的，但是需要建立在非垄断、非欺诈的基础之上。监管机构会为此制定反垄断、反欺诈假冒、反内部沟通条款。

反垄断条款是为了防止投资银行凭借其雄厚的资本和特殊的渠道，人为操纵证券价格的行为。一般会规定某一投资银行购买证券数量的上限不得超过该证券发行公司所发行证券总量的一定百分比，或者不得超过该发行公司证券总额的一定百分比。

反欺诈假冒条款是为了禁止投资银行采取蓄意损害交易对手利益的欺诈假冒行为，比如制造并散布虚假信息以误导交易对手。

反内部沟通条款的目的是禁止公司内部人员或其亲属利用内幕信息上的优势在证券交易中牟利。

6. 缴纳管理费制度

投资银行除缴纳注册费之外，还需要按营业收入的一定百分比向证券监管机构和证券交易所缴纳管理费用。这部分费用主要用于对投资银行经营活动进行监督、检查等方面的行政开支。

(三)有关违规惩罚和破产保险的制度

1. 对投资银行违规行为的惩罚制度

在相关法律健全的证券市场中，投资银行的一切违法违规行为都将依法受到惩处。对于投资银行信息披露中出现虚假陈述、纯资本比例等风险控制指标不符要求、经营收费超过最高限额，或者有内幕交易、操纵市场、欺诈客户等违法违规行为，证券监管部门可以对其采取限制业务活动、责令暂停部分业务或停业整顿、取消营业执照等行政处罚措施。严重的还要向法院提起诉讼，对相关违法犯罪人员追究民事或刑事责任。

2. 投资银行保险制度

如果把市场准入制度看做保护投资者利益的第一道防线，投资银行保险制度则可以被称作终极防线。

美国是实施这一制度的代表国。1970 年《证券投资者保护法》颁布之后，在该法基础上又建立了证券投资者保护协会。证券交易委员会和联邦证券交易所一旦发现某一投资银行陷入财务困境，便会立即通知证券投资者保护协会。该协会便对此进行具体调查。如果调查之后发现危机投行尚有可能扭转局面，协会就会为其提供资金援助或帮助其重整经营。如果发现危机投行已无力翻盘，协会便会通知法院对其进行破产清算。如果清算财产在支付必要费用之后不足以清偿债务，协会有义务承担有限偿债责任。

证券投资者保护协会在其中承担了一个有限担保人的角色，它对于保持资本市场稳定，尤其是在危机时维护投资者信心意义重大。

四、投资银行具体业务的监管

随着投资银行业务的不断发展，投资银行业务监管也在与时俱进。从承销、经纪等传统业务到公司并购、基金管理、金融创新、咨询服务等创新业务，外部监管机构也面临越来越高的要求。

(一)投资银行承销业务监管

投资银行通过证券的发行与承销为企业筹资，同时也努力将承销的证券出售给投资者。承销业务监管的重点如下。

(1) 禁止投资银行承销未经核准，如超过其承销能力的证券，避免过度投机。

(2) 严禁投资银行在承销过程中，进行虚假或误导投资者的宣传推介活动或以不正当手段诱使投资者申购股票。

(3) 禁止投资银行在承销过程中的信息披露含有虚假记载、误导性陈述或重大遗漏。

(4) 禁止任何形式的内幕交易。

(二)投资银行经纪业务监管

投资银行在经纪业务中不承担任何投资风险，其收入来自交易金额一定百分比的手续费。经纪业务监管包括如下几个方面。

(1) 投资银行从事经纪业务时要坚持诚信原则，禁止欺诈和牟取私利的行为。

(2) 投资银行向客户提供的贷款不得超过证券市场价格的一定百分比，而且需要满足保证金要求。

(3) 投资银行不得违规劝诱或者限制客户的交易行为，不得从事有损投资者利益的活动。

(4) 投资银行不得私自决定收取佣金标准。

(5) 除特殊情况之外，投资银行需对客户资料保密。

(三)投资银行自营业务监管

相比承销与经济业务，投资银行自营业务风险较大，而且存在操纵市场的可能性。因此，更需要外部监管机构的严格监管，具体如下。

(1) 限制投资银行的负债规模以及大量购买问题证券的行为，并要求投资银行提取足额准备金，将其承担风险限制在一定范围。

(2) 限定投资银行所能购买证券数量，防止其操纵市场行为。

(3) 投资银行自营业务与经纪业务必须严格区分，防止相互混淆损害投资者利益。

(4) 投资银行应努力维护证券市场秩序，禁止其过度投机行为。

案例点击

南方证券曾经各项主要业务指标在国内券商中名列前茅，然而正值 1999—2001 年的牛市之时，南方证券的管理层开始铤而走险，涉嫌操纵股市交易价格、挪用客户保证金，甚至非法吸存和逃汇。在南方证券非法资金运作中，问题最突出的莫过于操纵哈飞与哈药股票价格事件，这也被认为是直接导致南方证券走向破产的重要原因。

2000 年 12 月，哈飞航空工业股份有限公司获准发行 6000 万 A 股，发行价为 7.85 元人民币，南方证券成为其主承销商。2001 年开始，南方证券与受其控制的天发投资和华德资产两家公司一道参与哈飞股份的投资工作。这三家公司陆续在上海、深圳、南京、北京等全国 25 个城市 45 家证券营业部以法人名义或自然人名义开设了 289 个资金账户，并下挂 1611 个股东账户，参与哈飞股份的分仓买卖。其间，它们大量开展委托理财业务，对外获取资金，其中有 64.6 亿元人民币被汇入 289 个资金账户参与炒作。此外，南方证券和华德资产还采用透支的方式，集中资金，用于操纵哈飞股份证券交易价格。

另一个例子是哈药集团。据哈药集团发布的数据，截至 2003 年 6 月 30 日，南方证券持有哈药集团流通股 9088.9 万股，比 2002 年 12 月 31 日增加了 1470.6 万股，所增持股份均通过二级市场购买，南方证券同华德资产分列第二及第三大股东，也就是说，南方证券共持有 10 156.4 万股哈药集团股票，占其流通股的 24.4%，南方证券因此投入的资金达 22 亿元。除哈药、哈飞外，天发、华德两公司的自营账户还重仓持有多只股票，所持股份均占流通股的大部分，显然有操纵证券交易价格的违法犯罪迹象。

(资料来源：http://www.guosen.com.cn/webd/eBook/redandblack.股市红与黑)

(四)投资银行并购业务监管

投资银行在企业并购中扮演中间人兼财务顾问的角色。投资银行并购业务监管的重点在于信息披露制度。

(1) 上市公司重大购买或出售资产的行为、董事会决议、中介机构报告、监事会意见、关联交易、同业竞争等问题，均需及时披露。持续时间较长的并购需要定期连续公告。

(2) 股东获得某公司有投票权股份达到一定比例时，需要披露权益变动等信息。

(3) 禁止投资银行中参与某公司并购方案实施的职员利用内部消息，从事内幕交易。

(五)投资银行基金管理业务监管

投资银行可以作为基金的发起人、承销人和管理人，但由于其在证券市场的特殊地位，更多的是接受基金发起人委托管理基金，进行组合投资。对于投资银行该项业务的监管主要包括以下内容。

(1) 投资银行不得将其固有资产和他人资产混同进行证券投资。

(2) 投资银行不得不公平地对待其管理的不同基金财产。

(3) 投资银行不得向基金份额持有人承诺收益或者承担损失。

(4) 强化基金信息披露以及基金操作规范化的监管。

(六)投资银行金融创新监管

投资银行的金融创新在很大程度上促进了金融繁荣，但复杂衍生品的涌现也加大了金融风险。这对于外部监管提出了更高的要求。

(1) 扩大投资银行监管范围，将各种衍生业务纳入其中。

(2) 加强监管灵活度，在加强立法和放松管制中寻找最合适的平衡点。

(3) 完善监管硬件设施，使其适应不断变化的交易规模和成交速度。

(4) 会计核算制度要强调市场价值，对投资银行财务报告进行更准确的评估。

(5) 加强外部监管跨国合作，确保全球金融稳定。

案例点击

2010 年 4 月 16 日，美国证监会(SEC)正式向高盛公司提起民事诉讼，称其在 2007 年 4 月发行合成债务抵押债券(Synthetic CDO)产品“Abacus 2007-AC1”时，没有向德国工业银行(IKB)、ACA Capital Holdings 等多方投资者透露对冲基金保尔森公司(Paulson & Co.)进行“做空”交易的事实，这为投资者带来最多 10 亿美元损失。SEC 因此起诉了高盛公司和该产品的主要负责人法布雷斯·托雷(Fabrice Tourre)。

高盛案曝出一周后，美国总统奥巴马在纽约曼哈顿距离华尔街只有几个街区的库珀联合学院发表演说。他将美国政府在金融监管改革中的目标归纳为四点：其一，要求金融机构缴纳“保险”，避免对机构的救助再由纳税人埋单。同时要发挥“沃尔克法则”的作用，对投资银行的杠杆率和在自营业务中的投资作出限制。其二，整顿衍生品市场。奥巴马声称要建立对企业、投资人和监管机构“公开、全面监督”的市场，对“标准化”衍生品进行交易。其三，成立消费者保护委员会，规范信用卡、住房、汽车贷款业务，防止金融机构欺骗消费者。其四，通过 SEC 的规定和监督，使股东对金融机构高管薪酬具有更大的话语权，防止奖金驱动下从业人员过高吸入风险，“过度套现”未来收入。

(资料来源：http://business.sohu.com，2010 年 4 月 27 日)

本 章 小 结

投资银行的风险管理与监管	投资银行的风险管理概述	1. 投资银行面临政策、法律、体系、市场、信用、流动性、操作七大类风险。 2. 投资银行风险管理包括风险识别、风险评估、风险控制、风险监察、效果评价五个步骤。 3. 完备的评价体系应由投资银行自评、外部机构审查并复核构成。更为重要的是，该评价体系应该拥有一套权威机构制定的评价指标和标准作为基准

<table>
<tr><td rowspan="2">投资银行的风险管理与监管</td><td>投资银行风险管理的模型与方法</td><td>1. VaR 方法用于度量市场风险。它有观察期间、持有期限、置信水平三个重要参数；估计投资回报分布的方法主要有历史模拟法、方差-协方差法、蒙特卡罗模拟法；VaR 补充方法包括返回检验和压力测试。
2. KMV 基本思路在于通过一系列计算，得出特定公司的 EDF，并以此衡量与该公司进行交易所面临的信用风险。
3. Creditmetrics 模型力图得到风险资产组合市场价值在不同信用等级下的概率分布，然后利用 VaR 方法度量资产组合的信用风险</td></tr>
<tr><td>投资银行的监管</td><td>1. IOSCO《证券监管的目标和原则》规定了证券监管的三大核心目标和三十条原则。
2. 建立一个以政府统一监管为主导，同时充分发挥市场自律组织作用的二元监管模式是适合我国证券市场发展历程和当前状况的。
3. 外部监管部门应该规定有关市场准入、经营管理、违规惩罚和破产保险三类制度去确保投资银行的稳健经营和投资者的资产安全</td></tr>
</table>

典型案例

摩根士丹利的风险管理架构

在美国投资银行中，摩根士丹利的风险管理架构是比较值得研究的。国内有研究人员将其分为四个层级[①]。

第一个层级是董事会下属的审计委员会(Audit Committee)，它完全由独立董事组成。其主要职责在于授权并监控第二层级的公司风险委员会负责风险管理工作中的各种决策；审核、批准风险委员会的章程和定期提交的风险报告；定期评估公司风险管理的整个流程等。

第二个层级是公司风险委员会(Firm Risk Committee)，它由公司大部分高级管理人员组成，监视公司风险管理各部门。其主要职责包括制定审核公司风险管理的原则、流程和公司所允许承受的最大风险限额；监控公司面临的重大市场、信用、流动性、法律、运营、财务等风险以及管理这些风险的程序。

第三个层级是首席风险官(Chief Risk Officer)，他是公司风险委员会的成员，并负责向首席执行官汇报。其主要职责在于监视公司所承担的风险使之不超过既定的限额；批准公司承担风险在一定范围内的超限；评估重大市场、信用、运营等风险；并同审计委员会一道评估风险管理程序的效果。

第四个层级是公司控制组(Company Control Groups，包括市场风险部、信用风险部、财务控制部和法律合规部等)和各事业部内的风险管理组织(包括风险委员会、操作和信息技术控制组等)。

公司控制组独立于公司其他业务部门，其主要职责是通过一系列控制程序，协助高级管理人员及公司风险委员会监控和管理公司的风险。

事业部风险委员会负责确保本事业部设定了各种特定风险限额，并且其风险测量、监控、管理政策和流程与公司风险委员会确立的风险管理框架相符合。事业部的内部控制组

① 参见冯玉明，刘娟娟. 我国证券公司有效风险管理体系探讨. 证券市场导报，2006(1)

则与公司控制组一起评估本事业部各项风险监控和管理的政策和流程。另外，控制组的高级管理人员要确保事业部风险管理的政策和流程、风险超限的例外原则、新产品的推出、有重大风险的交易等经过了事业部风险委员会和公司风险委员会的全面评估。

除了这四个层级之外，摩根士丹利的风险管理组织架构中还包括内部审计部门。该部门行政上由公司首席法律官领导。其职责是定期对公司的运营和控制环境进行检查，对公司所有类别的风险进行审计，并向审计委员会提供独立的风险控制评估报告。摩根士丹利风险管理组织架构可参见图 15-4。

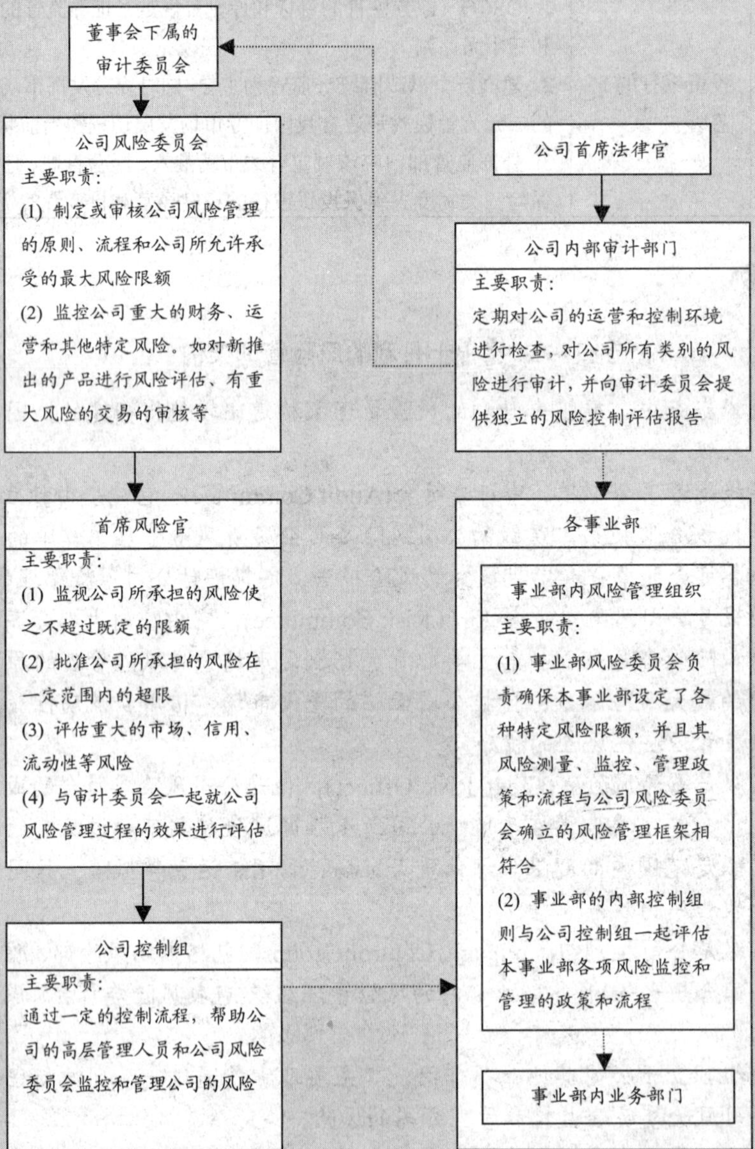

董事会下属的审计委员会

公司风险委员会
主要职责：
(1) 制定或审核公司风险管理的原则、流程和公司所允许承受的最大风险限额
(2) 监控公司重大的财务、运营和其他特定风险。如对新推出的产品进行风险评估、有重大风险的交易的审核等

公司首席法律官

公司内部审计部门
主要职责：
定期对公司的运营和控制环境进行检查，对公司所有类别的风险进行审计，并向审计委员会提供独立的风险控制评估报告

首席风险官
主要职责：
(1) 监视公司所承担的风险使之不超过既定的限额
(2) 批准公司所承担的风险在一定范围内的超限
(3) 评估重大的市场、信用、流动性等风险
(4) 与审计委员会一起就公司风险管理过程的效果进行评估

各事业部

事业部内风险管理组织
主要职责：
(1) 事业部风险委员会负责确保本事业部设定了各种特定风险限额，并且其风险测量、监控、管理政策和流程与公司风险委员会确立的风险管理框架相符合
(2) 事业部的内部控制组则与公司控制组一起评估本事业部各项风险监控和管理的政策和流程

事业部内业务部门

公司控制组
主要职责：
通过一定的控制流程，帮助公司的高层管理人员和公司风险委员会监控和管理公司的风险

注：——▶ 管理路线　　┈┈▶ 业务路线

图 15-4　摩根士丹利风险管理组织架构图

复习思考题

一、不定项选择题

1. 投资银行风险管理目标不包括(　　)。

A. 安全性目标　　B. 整体性目标

C. 经济性目标　　D. 流动性目标

2. 风险评估的定量方法有(　　)。

A. VaR 法　　B. 压力测试

C. 风险评估系图　　D. KMV 模型

3. VaR 法的三个参数是(　　)。

A. 置信水平　　B. 观察期间

C. 持有期限　　D. 标准差

4. KMV 模型对信用风险的测度用(　　)指标代表。

A. EAD　　B. PD

C. LGD　　D. EDF

5. 美国投资银行传统监管模式为(　　)。

A. 政府主导型模式　　B. 自律型模式

C. 综合型模式　　D. 分离型模式

6. 美国证券交易委员会将纯资本比例设为(　　)。

A. 1∶5　　B. 1∶10

C. 1∶15　　D. 1∶12

7. 以下哪几项属于投资银行经营管理制度？(　　)

A. 经营报告制度　　B. 证券评级制度

C. 投资银行保险制度　　D. 缴纳管理费制度

二、简答题

1. 投资银行面临哪几类主要风险？分别应该如何应对？

2. 简述投资银行风险管理的流程。

3. 防火墙可以分为哪几类？分别是什么？

4. 中国证监会发布的《证券公司分类监管规定》将证券公司风险管理能力评价指标分为哪几类？

5. VaR 分析法的基本思想是什么？它有什么局限性？并阐述其补充方法是如何弥补这些局限的。

6. 简述 KMV 模型的基本思想和步骤。

7. 简述 Creditmetrics 模型的基本步骤。

8. 试比较 KMV 模型与 Creditmetrics 模型的不同之处。

9. 中国证券市场监管的目标和原则分别是什么？应该选择什么样的监管模式？

10. 简述投资银行监管制度。

后　记

在国内，有很多冠以投资银行名称的教材，而有意思的是，在国外甚至很难找到以投资银行命名的教材，倒是那本投资银行业职业导引的小册子(Vault Career Guide to Investment Banking)卖得相当不错。我 2005 年到哥伦比亚商学院做访问学者期间，曾经选修了一门投资银行的课程，上课时也没有教材。授课的教授曾在国际一流投行瑞士信贷第一波士顿银行(CSFB)的股权部门及资产管理部工作多年，后来创建了一家著名的精品店投行。还记得第一讲介绍的是华尔街投行的组织结构，投资银行靠什么赚钱，以及如何随着时代的变化赚钱的方式也随之变化。讲课的大纲是提前确定的，授课内容主要涉及投行的主要业务及发展趋势。讲义是课前发到网上的，很简单，都是提纲式的。有意思的是，这门课像许多其他的与实践相关的课程一样，会请来一些业界的专家(Guest Lecturer)来做讲座。哥大的优势在于离华尔街近，摩根士丹利、花旗等投资银行部门、资产管理部等部门的负责人都被请来讲授自己做过的案例。案例会提前一周发给学生，让学生熟悉案例，准备回答案例所提的问题，课上投资银行家和学生会有互动，学生的课上表现及作业情况都被记入考试成绩，而且占很大比例。课程的最后，还请来了投行负责招聘的主管来介绍投行所需要的人才，以及如何应聘。

在中国，投资银行业并非如此发达，也不是所有地区的学生都有条件听到来自一流投行的投资银行家的授课，但是，有条件的大学践行这种授课方式对学生而言是大有裨益的。也许请投资银行业界的人来编写教材、案例是件值得尝试的事情。但常常是业界的人忙于业务，很难来做这类事情。国外也有投资银行家写书介绍从业的情况，比如国内翻译过来的米歇尔·弗勒里耶所著的《一本书读懂投资银行》、乔纳森·尼的《半路出家的投资银行家：华尔街 10 年变迁内幕》等，这些书籍是学生们了解投资银行业的另一种途径。

在本课程的教学过程中，我做了一些教学改革的尝试，针对投资银行从业人员对估值技能的要求，我将学生们分成小组，由学生自己选择公司作估值报告，并在课上作演示。当然，学生们在做的过程中会有一些问题，需要具体的指导工作。应该说，实践的效果还是非常喜人的，很多同学们经过努力作出了高质量的价值评估报告，同学们会在课下一次次演练展示的报告，从声音、语速、仪态等方面训练自己，并在课上有限的时间内展示自己的报告过程及结果。

本书特意安排了估值的理论和方法的内容，这是本书最具特色和价值的部分，对于学生打下投行核心技能的坚实基础具有实质性的帮助。实际上，在美国，有的介绍投资银行的书籍中主要的内容就是估值，而且，美国很多大学，如沃顿商学院，金融专业的学生都有公司估值的专门课程。

投资银行业是莘莘学子梦寐以求进入的行业，许多人看到的是其华丽的外表：高额的薪水、高档的衣装、五星级的酒店，接触的人大多是精英，等等。但是，学生们还应该知道的是，这个行业最大的特点是创新，是根据客户的需求设计出新的方案、新的产品。这就要求学生具有坚实的理论基础，还要有创新的意识和开放的思维；当然，这个行业还是一个凭借信誉生存的行业，对员工的道德操守有极高的要求，这就要求学生们从日常行为做起，不断修炼自己的道德修养、慎独的意识；这个行业还是一个十分辛劳的行业，这就要求意图进入这个诱人行业的学生能够有健壮的体魄、坚强的意志，以及敬业的精神；还有，这个行业是一个风险极高的行业，这就要求学生们有风险意识，学会风险控制的本领，对自己的行为有自制力；等等。这些大都是投资银行课堂上所不能给予学生的，只有靠自己去修炼。

李凤云

于中国人民大学明德主楼

参考文献

1. (美)查里斯・R. 吉斯特著. 郭浩译. 金融体系中的投资银行. 北京：经济科学出版社，1998
2. (美)罗伯特・劳伦斯・库恩著. 李申译. 投资银行学. 北京：北京师范大学出版社，1996
3. (美)弗兰克・J. 法博齐，弗朗哥・莫迪利亚尼等著. 唐旭译. 资本市场：机构与工具. 北京：经济科学出版社，1998
4. (美)J. 弗雷德・威斯通著. 唐旭译. 兼并、重组与公司控制. 北京：经济科学出版社，1998
5. (美)杰弗里・C. 胡克著. 陆猛译. 兼并与收购：实用指南. 北京：经济科学出版社，2000
6. (美)K. 托马斯・利奥著. 黄嵩，郑仁福译. 投资银行实务(第 2 版). 大连：东北财经大学出版社，2010
7. (美)乔纳森・尼著. 贝多广，叶扬，覃扬眉译. 半路出家的投资银行家：华尔街 10 年变迁内幕. 北京：中信出版社，2008
8. (美)米歇尔・弗勒里耶著. 朱凯誉译. 一本书读懂投资银行. 北京：中信出版社，2010
9. (美)约翰・赫尔. 风险管理与金融机构. 北京：机械工业出版社，2009
10. (美)达摩达兰著. 朱武祥译. 投资估价. 北京：清华大学出版社，2004
11. (美)约翰・马歇尔，维普尔・班赛尔著. 宋逢明等译. 金融工程. 北京：清华大学出版社，1998
12. (美)帕特里克・A. 高根著. 朱宝宪，吴亚君译. 兼并、收购与公司重组. 北京：机械工业出版社，2006
13. 李子白. 投资银行学. 北京：清华大学出版社，2005
14. 谢剑平. 现代投资银行. 北京：中国人民大学出版社，2004
15. 何小锋，黄嵩. 投资银行学(第 2 版). 北京：北京出版社，2008
16. 韩复龄. 投资银行学. 北京：对外经济贸易大学出版社，2009
17. 任淮秀. 投资银行业务与经营. 北京：中国人民大学出版社，2005
18. 阮青松. 投资银行学精讲. 大连：东北财经大学出版社，2009
19. 范学俊. 投资银行学. 上海：立信会计出版社，2002
20. 张东祥. 投资银行学. 武汉：武汉大学出版社，2004
21. 中国证券业协会. 证券交易. 北京：中国财政经济出版社，2009
22. 中国证券业协会. 证券投资基金. 北京：中国财政经济出版社，2009
23. 中国证券业协会. 证券发行与承销. 北京：中国财政经济出版社，2009
24. 吴晓求. 证券投资学. 北京：中国人民大学出版社，2004
25. 王长江. 现代投资银行学. 北京：科学出版社，2002
26. 李凤云. 金融危机深度解读. 北京：人民邮电出版社，2009
27. 贝政新. 投资银行学. 上海：复旦大学出版社，2003
28. 任映国，徐洪才. 投资银行学. 北京：中国人民大学出版社，2005
29. 张极井. 项目融资. 北京：中信出版社，2003
30. 金德环. 投资银行学. 上海：上海财经大学出版社，2002
31. 刘荔娟，李凤云. 现代项目管理(第 2 版). 上海：上海财经大学出版社，2003
32. 刘威汉. 财金风险管理理论、应用与发展趋势. 北京：中国人民大学出版社，2005
33. 姜建清. 商业银行资产证券化：从货币市场走向资本市场. 北京：中国金融出版社，2004
34. 朱毅峰，吴晶妹，宋玮. 银行信用风险管理. 北京：中国人民大学出版社，2006

35. 古川令治，张明. 资产证券化手册. 北京：中国金融出版社，2006
36. 财政部 CPA 考试委员会. 经济法. 北京：经济科学出版社，2009
37. 刘毅. 银行业风险与防范机制研究. 北京：中国金融出版社，2009
38. 应展宇. 功能视角下投资银行组织模式变迁的回顾与前瞻. 国际金融研究，2009(7)
39. 张亦春，黄霞，蔡庆丰. 投资银行的利益冲突及其监管：实证研究的质疑. 金融研究，2005(7)
40. 冯晶，何宝. 投资银行模式是否已经终结. 证券市场导报，2008(12)
41. 陆晓明. 美国投资银行模式沿革与未来. 银行家，2009(6)
42. 冯玉明，刘娟娟. 我国证券公司有效风险管理体系探讨. 证券市场导报，2006(1)
43. 姜海军. 交易员主导下的投资银行——业务体系、资产分类、财务杠杆和收益结构. 金融理论与实践，2009 (7)
44. 蔡真，袁增霆. 投资银行与全能型银行在金融危机中的殊途命运. 中国金融，2009(1)
45. 窦文章，刘西. 基于 CreditMetrics 模型评估银行信贷的信用风险. 改革与战略，2008(10)
46. 李兴法，王庆石. 基于 CreditMetrics 模型的商业银行信用风险应用研究. 财经问题研究，2006(12)
47. Michael Taylor 著. 张文译. IOSCO《证券监管目标和原则》述评. 证券市场导报，2004(8)
48. Leonard Soffer, Robin Soffer . Financial Statement Analysis : A Valuation Approach. 北京：清华大学出版社，2005
49. Aswath Damodaran. Damodaran on Valuation: Security Analysis for Investment and Corporate Finance .Wiley Finance, 2006
50. Tim Koller, Marc Goedhart, David Wessels .Valuation: Measuring and Managing the Value of Companies, 5th Edition.Wiley Finance，2010
51. Joshua Rosenbaum, Joshua Pearl, Joseph R. Perella. Investment Banking: Valuation, Leveraged Buyouts, and Mergers and Acquisitions. Wiley Finance, 2009
52. CuRs, Amy Crews, Robert A.Van Order.On the Economics of Subprime Lending. The Journal of Real Estate Finance and Economics, 30:2, 167-196, 2005
53. Douglas Arnere, Merging Market Economies and Government Promotion of Securitization,Duke J Comp&Intel II, 2002(Spring)
54. John Deacon, Securitization: Principles, Markets and Terms,Asia Law Practice Publishing Ltd.，1998
55. Kit Weitnauer, Substantive Consolidation of Non-debtors:Another Perspective, 23—4 ABIJ, 2004
56. Michael J.Cohn, Asset Securitization:How Remote is Bankruptcy Remote?26 Hofstra L.Rev，1998
57. JP. Morgan. CreditMetrics™ -Technical Document，1997